KLAUS WINKLER

Landwirtschaft und Agrarverfassung im Fürstentum Osnabrück
nach dem Dreißigjährigen Kriege

QUELLEN UND FORSCHUNGEN ZUR AGRARGESCHICHTE

Herausgegeben von

Prof. Dr. Dr. Friedrich Lütge
München

Prof. Dr. Günther Franz   Prof. Dr. Wilhelm Abel
Marburg / Lahn   Göttingen

BAND V

Landwirtschaft und Agrarverfassung im Fürstentum Osnabrück nach dem Dreißigjährigen Kriege

Eine wirtschaftsgeschichtliche Untersuchung staatlicher Eingriffe in die Agrarwirtschaft

Von

DR. KLAUS WINKLER

GUSTAV FISCHER VERLAG STUTTGART

1959

Gustav Fischer Verlag Stuttgart
Alle Rechte vorbehalten
Satz und Druck: Offizin Andersen Nexö in Leipzig
Einband: E. A. Enders, Leipzig
Printed in Germany

FÜR INGRID

VORWORT

In seinem kurz vor der Jahrhundertwende erschienenen Buch «Die Grundherrschaft in Nordwestdeutschland» hat WERNER WITTICH, Schüler von G. F. KNAPP, eine umfassende, für seine Zeit großartige und auch heute als Gesamtkonzeption noch nicht überholte Gesamtdarstellung der Agrarverfassung Niedersachsens gegeben. Die Arbeit WITTICHs schließt zwar auch die west-hannoverschen Gebiete ein, befaßt sich jedoch vor allem mit der Entwicklung der grundherrlich-bäuerlichen Rechtsverhältnisse in den sog. «Hannoverschen Stammlanden».

Die vorliegende wirtschaftsgeschichtliche Untersuchung ist bemüht, WITTICHs umfassende Darstellung in einigen Details zu ergänzen. Seine «Grundherrschaft in Nordwestdeutschland» behandelt vor allem die agrargeschichtlich-rechtlichen Verhältnisse in jenem Raum. Dabei werden die insbesondere von den welfischen Regenten durchgeführten Bauernschutz-Maßnahmen durchforscht. Hingegen liegt der Schwerpunkt der hiermit vorgelegten Arbeit einmal nur in einem Teilgebiet des von WITTICH bearbeiteten (geographischen) Raumes, nämlich dem Territorium Osnabrück; zum anderen liegt er bei einer Untersuchung der obrigkeitlichen Eingriffe auf den verschiedensten Sektoren in den Wirtschaftsablauf, damals vornehmlich die Landwirtschaft. Ferner wurde besonderes Gewicht gelegt auf eine Darstellung von staatlich gelenkten Wiederaufbaumaßnahmen nach den Wirren und Zerstörungen des Dreißigjährigen Krieges.

Das Problem des Bauernschutzes umfaßt bei WITTICH natürlich auch – geographisch wie zeitlich – den zu dieser Arbeit herangezogenen Raum, doch verbot schon die Themastellung von WITTICHs «Grundherrschaft», sich mit der Untersuchung allgemeiner Probleme der Wirtschaftslenkung in der damaligen Landwirtschaft zu befassen, so, wie es die vorliegende Abhandlung zu tun bemüht ist. Interessanterweise zeigt sich, daß gerade im Gebiet des Territoriums Osnabrück manche Entwicklungen und Tatbestände der Agrarverfassung mehr an den westfälischen statt den niedersächsischen Verhältnissen orientiert sind, als es bei WITTICH manchmal den Anschein hat. Dies dürfte durch die geographische Nähe Westfalens begründet sein. Es versteht sich, daß der Einfluß Hannovers stark zunimmt, als der Welfe ERNST AUGUST I. von Braunschweig-Lüneburg, der spätere erste Kurfürst von Hannover, im Jahre 1661 Bischof des Fürstentums (Hochstift) Osnabrück wird.

Die Auswahl des untersuchten Zeitabschnittes schien aus mehreren Gründen besonders interessant: einmal war es die Beendigung des Dreißigjährigen Krieges und der Zwang der damaligen Staatsgewalt, aus verschiedenen Motiven ordnend in den Wirtschaftsablauf einzugreifen. Weiterhin hat die Geschicke des Fürstentums Osnabrück in der zweiten Hälfte des 17. Jahrhunderts überwiegend Bischof ERNST AUGUST I. gelenkt. (Die Geschichtsforschung bezeichnet ihn als einen markanten Regenten, den Prototyp eines modern denkenden, absolutistischen Fürsten. Unter seiner ehrgeizigen Führung gerät das Fürstentum Osnabrück in die Wirren der großen europäischen Politik.) Schließlich ist es der auch in Deutschland in dieser Zeit aufkommende Merkantilismus, der den erwähnten Zeitabschnitt zu untersuchen interessant macht. Im Merkantilismus dient ja die volkswirtschaftliche Produktivität vor allem als Mittel für politische Zwecke. Entsprechendes auch hier herauszuarbeiten, schien ein lohnendes Unterfangen. Die Untersuchungen zeigten jedoch eigenartigerweise, daß merkantilistische Maßnahmen hier erst mit dem 18. Jahrhundert, also unter den Nachfolgern ERNST AUGUSTs I., beginnen. Die Begründung dafür ist nicht einfach. Aber vielleicht lag es daran, daß sich für ERNST AUGUST, der ja fast ständig in der großen europäischen Politik engagiert und dadurch oft und lange von Osnabrück abwesend war, in dem *geistlichen* Fürstentum zu wenig – besser: kaum – Ansätze für eine Entwicklung der Gewerbe und Manufakturen boten. (Auf diesen Tatbestand weist besonders KUSKE für die westfälischen geistlichen Territorien hin.) Und in der Landwirtschaft waren die entsprechenden Maßnahmen des Bauernschutzes bereits seit Jahrzehnten eingeführt, als daß sich der Merkantilismus noch hätte mit ihnen befassen müssen; entscheidende Erfindungen und Entwicklungen auf dem Agrarsektor aber erfolgen erst später.

Die vorliegende Untersuchung ist bestrebt, neben der Herausarbeitung der speziellen Verhältnisse im Fürstentum Osnabrück immer mit der generellen Entwicklung auf den jeweiligen Sektoren zu vergleichen, sei es im Untersuchungsgebiet von WITTICHS «Grundherrschaft» wie anderswo. Als Spezialuntersuchng soll die vorliegende Arbeit mithelfen, das von WITTICH gewonnene Bild zu erweitern und ein breiteres Fundament für weitere wirtschaftsgeschichtliche Erkenntnis zu erarbeiten.

Es handelt sich bei der vorliegenden wirtschaftsgeschichtlichen Untersuchung um einen ungekürzten Abdruck der Arbeit, die im Juli 1954 der Staatswirtschaftlichen Fakultät der Ludwig-Maximilians-Universität zu München als Inaugural-Dissertation eingereicht wurde. Die Aufnahme in die wissenschaftliche Reihe «Quellen und Forschungen zur Agrargeschichte» veranlaßte mein verehrter Lehrer, Herr Professor Dr. Dr. FRIEDRICH LÜTGE, Ordinarius für Volkswirtschaftslehre und Wirtschaftsgeschichte an der Universität München, Referent der 1954 vorgelegten Dissertation.

Es sei an dieser Stelle noch gestattet, dem Verlag Gustav Fischer in Stuttgart, für seine freundliche Beratung bei den Druckvorbereitungen zu danken. Dank gebührt nicht zuletzt auch den Damen und Herren des Niedersächsischen Staatsarchivs zu Osnabrück für ihre stets bereite Hilfe bei der Sammlung des Materials aus den Akten, vor allem Herrn Staatsarchivdirektor Dr. WREDE, Herrn Staatsarchivrat Dr. SCHRÖTER, jetzt Archivdirektor der Stadt Essen/Ruhr, und Herrn Dr. HAASE, jetzt Staatsarchivrat in Oldenburg i. O.

Bramsche bei Osnabrück, 6. 5. 1959.

KLAUS WINKLER

INHALT

Einleitung

I. Zum Problem 1
 a) Wirtschaftslenkung und Wirtschaftsgeschichte 1
 b) Umgrenzung und Ziel der Untersuchung 1
 c) Anwendungsmöglichkeit des Begriffes «Agrarpolitik» in der Wirtschaftsgeschichte 1
 d) Beginn staatlicher Fürsorge für die Landwirtschaft 2
 e) Merkantilismus, Territorialstaat und ihre Stellung zur Landwirtschaft 4
 f) Lage der Landwirtschaft und der landwirtschaftlichen Technik im 17. Jahrhundert 5
 g) Lage der Landwirtschaft nach dem Dreißigjährigen Kriege 7
II. Das Fürstentum Osnabrück nach dem Dreißigjährigen Kriege 9
 a) Geographische und politische Lage 9
 b) Aufgaben und Lösungsmöglichkeiten der Obrigkeit nach Kriegsende 11
 c) Bischof Ernst August I. von Osnabrück 11

Erstes Kapitel: Schutz der Höfeverfassung

I. Die Höfeverfassung als Basis der Steuerverfassung 13
II. Teilungsverbote 13
 a) Maßnahmen der Redintegrations- und Dismembrationsverbots-Gesetzgebung .. 13
 b) Allgemeine Entwicklung des Höfeschutzes 14
 c) Bedeutung der Anlegung von Katastern im Jahre 1667 durch Bischof Ernst August I. 15
 d) Der sog. «Retrakt» aus dem Jahre 1697 16
 e) Entwicklung in den Nachbarterritorien, Beurteilung 16
 f) Herauslösung sog. «Zuschläge» aus der Mark 17
III. «Wüste» und «vakante» Höfe 19
 a) Umfang und Bedeutung im Fürstentum Osnabrück 19
 b) Obrigkeitliche Maßnahmen und grundherrliche Einziehungsbestrebungen 20
 c) Unrentable Kleinbetriebe 24
 d) Zusammenfassung 25
IV. Entwicklung von Erbsitte und Besitzrecht 26
 a) Abäußerung 26
 b) Entwicklung des grundherrlichen Pfandrechts 27
 c) Das sog. «Näherrecht»
 d) Anerbenrecht und -sitte, Realteilungen 28
 e) Interimswirtschaft 29
 f) Grundherrliches «unbedingtes» Kündigungsrecht 30
 g) Zusammenfassung 30
V. Kampf gegen die sog. «Tote Hand» (Amortisationsgesetzgebung) 30
 a) Ursprünge und Motive 30
 b) Maßnahmen im Fürstentum Osnabrück 31
 c) Allgemeine Beurteilung 32

Zweites Kapitel: Entwicklung der bäuerlichen Lasten

I. Problem der bäuerlichen Belastung allgemein 34
 a) Der Bauer als Hauptsteuerzahler und Träger aller Staatslasten . 34

II. Exkurs: Typen der Hörigkeit (Unfreiheit) in Nordwestdeutschland 34
    a) Allgemeine Merkmale der Hörigkeit 34
    b) Westfälische Eigenbehörigkeit, besonders im Fürstentum Osnabrück 35
    c) Niedersächsisches Meierrecht 37
    d) Hinweis auf die ostdeutsche Erbuntertänigkeit 37

III. Exkurs: Formen der Belastung im Fürstentum Osnabrück 38
    a) Abgrenzung zu den ordentlichen Staatssteuern 38
    b) Fixierung der bäuerlichen Leistungen 38
    c) Die «gewissen» Gefälle 39
        1. Die Zehnten 39
        2. Sonstige Naturalabgaben 39
        3. Hand- und Spanndienste 40
        4. Umwandlungsbestrebungen in Dienstgeld 42
    d) Grundherrliche Gegenleistungen (Präbenden) 43
    e) Die «ungewissen» Gefälle 44
        1. Sterbfall 44
        2. Winne (Weinkauf) und Auffahrt 45
        3. Abfindung und Freikaufung 46
        4. Bettemund 46
    f) Sonstige Belastungen; Zusammenfassung und Beurteilung 47

IV. Weiterentwicklung der bäuerlichen Lasten im Fürstentum nach Kriegsende 49
    a) Wirtschaftliche Lage der Bauern 49
    b) Steigerung schon bestehender Leistungen 50
        1. Umwandlungsbestrebungen und Umwandlungen von Diensten und Dienstgeldern seitens Obrigkeit und Bauern 50
        2. Vermietung landesherrlicher Dienste an Dritte 53
        3. Reaktionen der Bauern 54

V. Neue Belastungen 55
    a) Sog. «Militärlasten» 55
        1. Lange Fuhren und Kriegsfuhren 55
        2. Einquartierungen, Proviant- und Futterlieferungen 55
    b) Baudienste aller Art 56
        1. Straßen-, Brücken-, Fluß- und Deichbauten 57
        2. Festungs- und Residenzbauten 57
    c) Wirkung und Beurteilung 57

VI. Obrigkeitlicher Schutz vor Diensterhöhungen 58
    a) Private Grundherren 58
    b) Beamte und Unterbeamte 58

VII. Lastenermäßigung in Notlagen 59

VIII. Bedeutung der grundherrlichen Gegenleistungen (Präbenden) nach Kriegsende 60

IX. Stellung der Stände zu den staatlichen Lastenerhöhungen 61

X. Zusammenfassung und Beurteilung 61

Drittes Kapitel: Landwirtschaft und Besteuerung

I. Steuerwesen und absoluter Staat des 17. Jahrhunderts 62
    a) Entwicklung der Steuern und Steuerquellen 62
    b) Die naturalen Leistungen der Bauern als Steuern 63

II. Die direkten Staatssteuern im Fürstentum Osnabrück 63
    a) Entwicklung bis zum 17. Jahrhundert 63
    b) Steuerprivilegien (Exemtionen) und deren Bedeutung für die Osnabrücker Landwirtschaft 64
III. Ausbau und Wirkung der Besteuerung auf die Landwirtschaft nach dem Kriege 65
    a) Die finanziellen Verpflichtungen des Fürstentums nach Kriegsende 65
    b) Weiterführung und Ausbau überlieferter Steuern 66
       1. Viehbesteuerung (Viehschatz) 66
       2. Feuerstättenbesteuerung (Feuerstättenschatz) 66
       3. Gewerbebesteuerung (Trafikantengelder) 68
       4. Personenbesteuerung (Kopfschatz) 68
       5. Versuch der Einführung einer Verbrauchssteuer («Consumtions-Accise») 69
    c) Einführung der Realbelastung im Jahre 1667 69
    d) Wirkung der Besteuerung auf die Landwirtschaft 71
       1. Verschuldung 71
       2. Steuerhinterziehungen 73
       3. Remissionen und Befreiungen 73
    e) Entwicklung der Exemtion und Bedeutung für die Landwirtschaft 74
    f) Stellung der Stände zur Steuerpolitik Ernst Augusts I. 75
    g) Zusammenfassung 76

Viertes Kapitel: Landwirtschaftlicher Kredit und Verschuldung

I. Der Landwirtschaftskredit bis zum 17. Jahrhundert 77
    a) Kreditwesen allgemein 77
    b) Das landwirtschaftliche Kreditwesen in der damaligen Zeit 77
    c) Ursachen der bäuerlichen Verschuldung und Beurteilung der Kreditlosigkeit 78
II. Entwicklung von Kredit und Verschuldung im Fürstentum Osnabrück 78
    a) Verbreitung des Rentekaufes und Verschuldung des Adels 78
    b) Verschuldung des Bauernstandes vor dem Dreißigjährigen Kriege 79
III. Wirkungen des Dreißigjährigen Krieges auf Kredit und Verschuldung 81
    a) Umfang der bäuerlichen Verschuldung 81
    b) Maßnahmen von Reichs wegen 83
    c) Obrigkeitliche Maßnahmen im Fürstentum Osnabrück 83
    d) Beurteilung 85

Fünftes Kapitel: Landarbeiter und ländliche Arbeitsverfassung

I. Exkurs: Das Landarbeiterproblem in der Wirtschaftsgeschichte 87
    a) Allgemeines 87
    b) Der Landarbeiterstand seit Beginn der Neuzeit 87
    c) Gesindezwangsdienst und Vormietrecht 88
II. Das Landarbeiterproblem im Fürstentum Osnabrück 89
    a) Sonderproblem des Heuerlingswesens 89
    b) Die Hollandgänger und ihre materielle Lage 91
    c) Lage und obrigkeitliche Maßnahmen bis zum Dreißigjährigen Kriege, besonders hinsichtlich des Heuerlingswesens 91
III. Situation der Landarbeiter und der ländlichen Arbeitsverfassung im Fürstentum nach dem Dreißigjährigen Kriege 93
    a) Allgemeine Lage 93
    b) Entwicklung im Fürstentum Osnabrück 94

    1. Hollandgang, Gesindelöhne, Heuerwesen 94
    2. Zwangsdienst und Freikaufung 95
IV. Zusammenfassung und Beurteilung 97

Sechstes Kapitel: Territorialstaat und Landhandwerk

I. Exkurs: Stellung des Landhandwerks im Territorialstaat 98
II. Das Landhandwerk im Fürstentum Osnabrück 99
    a) Umfang und Bedeutung 99
    b) Territorialherr und Landhandwerk 100
III. Obrigkeitliche Unterstützung des Landhandwerks nach dem Dreißigjährigen Kriege 101

*Siebentes Kapitel: Aktive Förderungsmaßnahmen der Obrigkeit auf dem Agrarsektor
Agrikultur, Viehzucht, Forst-, Jagd- und Fischereiwesen)*

I. Exkurs: Stand der deutschen Landwirtschaft bis zum Dreißigjährigen Kriege 103
    a) Feldsysteme und Bebauungintensität 103
    b) Bodenkultur, Werkzeuge und Pflanzen 103
    c) Viehzucht 105
    d) Wirkungen des Flurzwanges 107
    e) Forst- und Jagdwesen 108
    f) Zusammenfassung und Beurteilung 109
II. Die Landwirtschaft im Fürstentum Osnabrück bis zum Dreißigjährigen Kriege 109
    a) Feldsystem und Ackerbau 109
    b) Viehzucht 111
    c) Jagd-, Forst- und Fischereiwesen 113
    d) Vergleich mit anderen Territorien 115
III. Kriegswirkungen und obrigkeitliche Maßnahmen 115
    a) Agrikultur und Viehzucht 115
    b) Jagdwesen 116
    c) Fischereiwesen 118
    d) Forstwesen 118
    e) Zusammenfassung und Vergleich 119

Achtes Kapitel: Obrigkeitliche Eingriffe in die Preisbildung landwirtschaftlicher Produkte

I. Exkurs: Die obrigkeitliche Preisregelung, insbesondere für landwirtschaftliche Produkte, in der Wirtschaftsgeschichte 121
    a) Ursprünge, Motive, Methoden 121
    b) Umfang der Preisregelung bis nach dem Dreißigjährigen Kriege 121
II. Preisentwicklung und Geldwertbewegung infolge des Dreißigjährigen Krieges 123
III. Obrigkeitliche Preisregelung im Fürstentum Osnabrück 126
    a) Grundsätzliches, Entwicklung und Motive 126
    b) Sonderstellung der Stadt Osnabrück 127
IV. Maßnahmen der Obrigkeit nach dem Kriege 128
    a) Marktordnungen, Preisregulierung 128
    b) Getreidepolitik 128
        1. Planmäßigkeit der Maßnahmen 128

    2. Das Territorium Osnabrück als Getreidezuschußgebiet; Importe und obrigkeitliche Getreidekäufe ... 129
    3. Zollprivilegien ... 130
    4. Obrigkeitliche Bestrebungen für eine Vorratspolitik ... 131
    5. Getreide-Exportverbote ... 131
    6. Brennverbote ... 133
  c) Sonstige Zollpolitik ... 134
    1. Fiskalischer Charakter der Zölle ... 134
    2. Vieh, bes. Schlachtvieh und Lebensmittel ... 134
    3. Verkehrszölle auf durchgehende Güter ... 136
    4. Holz und Pferde ... 137
    5. Versuch der Einführung einer territorialen Allverbrauchssteuer (Akzise) ... 138

V. Zusammenfassung ... 139
    Ergebnis der Untersuchung

Anhang

Tabellen und Karten ... 143
Verwendete Abkürzungen ... 154
Quellen- und Literaturverzeichnis ... 155

EINLEITUNG

I. Zum Problem

a) Wirtschaftslenkung und Wirtschaftsgeschichte

Die vorliegende wirtschaftsgeschichtliche Untersuchung hat die Darstellung staatlicher Eingriffe in den Wirtschaftsablauf zum Inhalt. Nach Ereignissen, die Umwälzungen auf dem Gebiete des wirtschaftlichen wie politischen Lebens zur Folge haben, ist eigentlich regelmäßig zu beobachten, daß der Staat – heute nicht anders als in den zurückliegenden Jahrhunderten – sich der Mittel und Maßnahmen der Wirtschaftslenkung bedient.

Auch nach dem Dreißigjährigen Kriege, der ja entscheidend auf das wirtschaftliche, politische wie kulturelle Geschehen einwirkte, sind umfassende obrigkeitliche Eingriffe festzustellen. Es ist deshalb nicht überraschend, wenn auch die Regierung des ehemaligen Fürstentums Osnabrück in jener Zeit Einfluß auf das wirtschaftliche Geschehen, im besonderen auf die Landwirtschaft, nimmt.

b) Umgrenzung und Ziel der Untersuchung

Als Untersuchungsgebiet wurde im vorliegenden Falle das Territorium des ehemaligen geistlichen Fürstentums (Hochstifts) Osnabrück gewählt[1]. Die in diesem Raum von der damaligen Obrigkeit in der Agrarwirtschaft verfügten Eingriffe laufen in zwei – einander meist konträren – Richtungen: einmal Wiederaufbau- und Erhaltungsmaßnahmen für die eigenbehörigen Bauern, zum anderen Maßnahmen zur Sicherung der staatsfinanzwirtschaftlichen Einnahmen, d. h. zur Erhaltung der steuerlichen Leistungsfähigkeit der Bauernhöfe, den damaligen Hauptsteuerquellen. Diese beiden Gruppen von Maßnahmen darzustellen und zu untersuchen, ist das Ziel der vorliegenden Arbeit. Die Zeitspanne erstreckt sich vom Ende des Krieges 1648 bis etwa zur Wende des 17. Jahrhunderts.

c) Anwendungsmöglichkeit des Begriffes «Agrarpolitik» in der Wirtschaftsgeschichte

Von der wirtschaftsgeschichtlichen Forschung werden heute die seinerzeitigen Maßnahmen der Obrigkeit oft zusammenfassend mit der modernen Bezeichnung «Agrarpolitik» benannt. Ob es aber zutreffend ist, diese Eingriffe mit einer solchen neuzeitlichen Definition zu belegen, soll zuvor untersucht werden.

Nach BUCHENBERGER[2] versteht man unter «Agrarpolitik» «den Inbegriff der Grundsätze, von denen der Staat bei der Pflege des landwirtschaftlichen Gewerbes sich leiten läßt. Eine solche staatliche Pflege (landwirtschaftliche Staatsfürsorge) ist in allen Kulturstaaten wahrzunehmen und findet ihre Erklärung in dem Interesse, das das Staatsganze an dem Wohlergehen der Landbevölkerung sowie daran hat, daß die Bodenkultur jederzeit den der allgemeinen volkswirtschaftlichen Entwicklung entsprechenden Inten-

---

[1] Ausf. üb. das Territorium: PRINZ, «Das Territorium des Fürstentums Osnabrück». Göttingen 1934. — Vgl. auch Karten im Anhang.
[2] BUCHENBERGER, Agrarwesen. S. 48.

sitätsgrad aufweist». CONRAD[3] definiert: «Agrarpolitik ist ein Teil der Volkswirtschaftspolitik oder Volkswirtschaftspflege. Sie ist damit die Lehre von den Aufgaben des Staates zur Förderung der Landwirtschaft oder man begreift darunter auch die Gesamtheit dieser Aufgaben selbst, sowie die Thätigkeit der Staatsgewalt, diese Aufgaben zu erfüllen.» DIETZE[4] versteht unter Agrarpolitik eine planmäßige Einwirkung auf a) die Agrarverfassung, b) den Stand der landwirtschaftlichen Erzeugung (Landeskulturpolitik), c) den Agrarschutz. BUCHENBERGER[5] hebt schließlich noch das Interesse des Staates am Wohlergehen der Landwirtschaft im Rahmen der Agrarpolitik besonders hervor.

Die Definitionen sehen in der Agrarpolitik also einen Teil der Volkswirtschaftspolitik, eine bewußte Pflege der agrarwirtschaftlichen Belange innerhalb einer Volkswirtschaft. Kann man in dem zu behandelnden Zeitabschnitt von einer solchen planmäßigen Pflege sprechen? Das Ergebnis des folgenden Abschnittes sei vorweggenommen: man kann es nicht.

d) Beginn staatlicher Fürsorge für die Landwirtschaft

Manche Maßnahmen der damaligen Regierungen auf dem Agrarsektor sind zweifellos als staatliche Fürsorge für die Landwirtschaft, nach Kriegsende als Wiederaufbaumaßnahmen zu bezeichnen[6]. Diese staatliche Fürsorge für die Landwirtschaft ist nach BELOW ein Ergebnis der Neuzeit[7]. KELTER[8] allerdings kritisiert BELOW; er weist auf staatliche Fürsorge- und Erhaltungsmaßnahmen nach den Pestzügen am Ende des Mittelalters hin, datiert ihren Beginn also weiter zurück.

Die Stellung des Staates gegenüber den agrarpolitischen Problemen ist im Laufe der Zeiten einem ständigen Wandel unterworfen. Die Territorialfürsten lassen noch in den ersten Jahrhunderten der Neuzeit dem Bauern nur geringe Sorge angedeihen[9]. Die Stände, also insbesondere die Ritterschaft (im Fürstentum Osnabrück Ritterschaft und Domkapitel), haben nach BELOW[10] deswegen keine positive Stellung zum Bauern, weil sie überwiegend nicht landwirtschaftlich tätig waren und ihren Besitz gegen Zins und Pacht ausgetan hatten. Als erstes Motiv für das Eintreten des Staates für die Landwirtschaft nennt BELOW, immer unter militärischem und steuerpolitischem Gesichts-

---

[3] CONRAD, Agrarpolitik, H. d. St. — Ähnlich: WEBER-MEINHOLD, S, 100. Vgl. auch ABEL, Agrarpolitik, S. 32 ff., und ders., Art. «Agrarpolitik», T. I und II, H. d. Sw., 3. Lieferung.

[4] DIETZE, Agrarpolitik, W. d. V.

[5] BUCHENBERGER, Agrarwesen, S. 53.

[6] Einige sind zwar nicht als Schutz gedacht, wirken aber als solcher: der Grundherr im Fürstentum Osnabrück muß für die wüstliegenden Höfe Steuern zahlen. Er wird also deshalb das Land sobald als möglich wieder an Bauern austun. St. A. O. AA 23, Nr. 6. Es dürfte deshalb nicht richtig sein, bereits für die 16. und 17. Jhdt. schon von einer «Agrarpolitik des Hauses Braunschweig-Lüneburg» zu sprechen, wie dies MEYER, s. d., tut.

[7] Nach BELOW ist das Kriterium, ob eine Maßnahme als modern oder nicht anzusehen ist, die Planmäßigkeit derselben. BELOW, Agrargeschichte, H. d. St.; ders., Territorium, S. 165. — Heute ist das Wohlergehen der Landwirtschaft schlechthin ein Ziel der Agrarpolitik. BUCHENBERGER, Agrarwesen, S. 53.

[8] KELTER, Pestzüge, S. 165 ff.; im einzelnen weist er auf die Niedrighaltung der Landarbeiterlöhne zur Steigerung der Erzeugung hin. Seiner Meinung nach war dies die Ursache von Überangebot und Preisverfall in den Jahren nach den Pestzügen. Ferner nennt er provinzweise Festsetzung der Getreidepreise im Reichslandfrieden von 1158 und das Verbot der Preistaxenaufstellung für die Zünfte 1258.

[9] BELOW, Untergang, S. 472.

[10] BELOW, Fürsorge, S. 702.

punkt, den Erwerb von Bauerngütern durch die Kirche[11]. Denn geistlicher Besitz war steuerfrei, und steuerpflichtiges Land, welches in Kirchenbesitz kam, wurde «exemt» und ging damit dem Territorialstaat als Steuerquelle verloren. In den ersten, dem Mittelalter folgenden Jahrhunderten tritt der Staat, sofern er sich überhaupt wirtschaftlich und sozial interessiert zeigt, für städtische Interessen ein und wendet der Landwirtschaft, wenn überhaupt, seine Fürsorge nur in ganz indirekter Weise zu[12]. Am Ende des 16. Jahrhunderts tauchen landesherrliche Unteilbarkeitsordnungen auf, auch ein gewisses Interesse an technischen Fragen der Land- und Forstwirtschaft[13]. Erst die Neuzeit bringt dann den schon angedeuteten Wandel[14]. Von dieser Fürsorge nennt BELOW[15] die Verbesserung des Besitzrechtes in Niedersachsen als besonders bedeutsam. Im übrigen weisen seiner Meinung nach «die landwirtschaftlichen Verhältnisse Altdeutschlands neben jener Fürsorge auf dem Gebiete des Besitzrechtes bis zum Zusammenbruch des alten Reiches keine besonderen Veränderungen auf»[16]. Indem der Staat durch Maßnahmen solcher Art auf dem Agrarsektor eingreift, stellt er sich über den Grundherrn: er verbessert die bestehenden Besitzverhältnisse und behält sich weitere Eingriffe vor. Rechtsgeschäfte wie Verkäufe können ohne seine Erlaubnis nicht mehr vollzogen werden. Die Grundherrschaft wird dadurch gewissermaßen «verstaatlicht». Die Herrschaftsbeziehungen zwischen Grundherren und Pflichtigen, ursprünglich personaler Natur, erfahren dadurch eine weitere Verdinglichung, «wie sie dem Wesen des modernen Staates entspricht und wie sie dann im liberalen Staate des 19. Jahrhunderts voll zur Ausbildung gekommen ist»[17]. WITTICH[18] und WYGODZINSKI[19] bezeichnen im Gegensatz zu BELOW verschiedene Maßnahmen, vor allem im norddeutschen Raum, als besonders erfolgreich auf dem landwirtschaftlichen Sektor: die Verleihung des Erbrechts an den niedersächsischen MEIER und das Verbot der Zinssteigerung. WYGODZINSKI[20] weist auch auf die verschiedenen Erlasse von Wald- und Fischereiordnungen hin. Hinsichtlich der Unteilbarkeitsordnungen betont er mit Recht, daß es sich noch nicht um eigentliche Förderungsmaßnahmen für die Landwirtschaft, sondern um die Erhaltung des landwirtschaftlichen Grundbesitzes als Steuerquelle handelte.

Zusammenfassend ist zu sagen: von einer «Agrarpolitik» kann für jene Zeit im Sinne der modernen Bedeutung dieses Wortes in der Volkswirtschaftspolitik noch nicht

---

11 BELOW, Probleme, S. 538. Diese Maßnahmen, welche den Erwerb von Grundvermögen durch die Kirche beschränken, finden sich bereits, schon damals nicht neu, am Ende des Mittelalters. Ebda. — Der Grunderwerb erfolgte durch Schenkungen und erbrechtliche Verfügungen von privater Seite. Ebenso suchten die geistlichen Korporationen ihre reichen Geldmittel anzulegen, wozu der Erwerb von Grundvermögen besonders geeignet war. Vgl.: BUCHENBERGER, Agrarwesen, S. 342. — BELOW begründet das Desinteresse der Fürsten für wirtschaftliche und agrarische Probleme damit, daß ihre «Tätigkeit im 16. und meistens auch im 17. Jahrhundert mehr anderen Fragen als den wirtschaftlichen gewidmet ist». BELOW, Untergang, S. 630.
12 BELOW, Fürsorge, S. 696.
13 BELOW, Probleme, S. 538.
14 BELOW, Agrargeschichte, H. d. St.
15 BELOW, Agrargeschichte, H. d. St.
16 BELOW, Agrargeschichte, H. d. St.
17 LÜTGE, Bayr. Grundherrschaft, S. 5, 25 f.
18 WITTICH, Epochen, S. 14.
19 WYGODZINSKI, Agrarpolitik, H. d. St.
20 WYGODZINSKI, Agrarpolitik, H. d. St. Er folgt sonst weitgehend den Darstellungen BELOWS. — DIETZE, Agrarpolitik, W. d. V., sieht ebenfalls in der Gewährung des Erbrechts an den nordwestdeutschen Meier, verbunden mit einem Verbot der Zinserhöhung die ersten derartigen erfolgreichen Maßnahmen ebenso wie in den in anderen deutschen Territorien entstehenden Teilungsverboten für bäuerliche Besitzungen.

gesprochen werden. Man kann jedoch viele Maßnahmen als «staatliche Fürsorgemaßnahmen für die Landwirtschaft» bezeichnen, ein Ausdruck, der von BELOW stammen dürfte[21]. Alle derartigen Anordnungen entsprangen finanziellen oder militärischen Motiven, und nur aus diesen Gründen oder überwiegend unter Berücksichtigung derselben nimmt der Staat Einfluß auf die Landwirtschaft. BELOW[22] vor allem weist immer wieder darauf hin, ähnlich für Westfalen KUSKE[23] und SCHOTTE[24].

Es erscheint merkwürdig, daß sich der Staat in den ersten Jahrhunderten der Neuzeit seines Hauptsteuerträgers und Hauptproduktionszweiges so wenig fürsorglich annimmt[25]. Die Erklärung ist nur darin zu suchen, daß er wirtschaftlich völlig uninteressiert ist. Und diese Einstellung schlägt sich damals natürlich in erster Linie bei der Landwirtschaft nieder.

e) Merkantilismus, Territorialstaat und ihre Stellung zur Landwirtschaft

Welche Stellung nimmt nun der heraufkommende Merkantilismus zur Landwirtschaft ein? HECKSCHER[26] nennt ihn «Wirtschaftspolitik im Dienste der Macht». Nach MAX WEBER[27] bedeutet er «Übertragung des kapitalistischen Erwerbstriebes auf die Politik». BELOW[28] meint, daß der Merkantilismus eine einseitige Wertschätzung der städtischen Berufe zeige. CONRAD[29] vertritt einen ähnlichen Standpunkt, wenngleich er den Merkantilisten zugesteht, daß sich ihr Interesse auch auf die Landwirtschaft erstreckt habe. LÜTGE[30] aber betont ausdrücklich, daß zwar der Merkantilismus Handel und Gewerbe gefördert hat, die Landwirtschaft jedoch in keiner Weise von ihm vergessen worden sei. Wir haben es ja in dieser Zeit, wie schon BUCHENBERGER[31] meint, mit einer «eudämonistischen Bevormundung des gesamten wirtschaftlichen Lebens» zu tun. Ähnlich NAUDÉ[32], der darauf hinweist, es sei nichts irriger zu glauben, als daß in allen Staaten und zu jeder Zeit die einseitige Begünstigung von Industrie und Außenhandel unter völliger Vernachlässigung der Landwirtschaft das Wesen des Merkantilismus ausmache. Das Machtstreben des Territorialstaates umfaßt alle Bereiche des Lebens und somit auch die Wirtschaft, deren bedeutendster Teil damals die Landwirtschaft ist[33]. Dazu kommt die Erkenntnis, daß Steigerung der Macht über Pflege der

---

21 BELOW, Fürsorge, pass.
22 BELOW, Fürsorge, S. 716.
23 KUSKE, S. 24.
24 SCHOTTE, S. 32, 35.
25 BELOW deutet allerdings einige Gründe des erwachenden Interesses im Territorialstaat an der Landwirtschaft an: a) wachsende Nachfrage nach landwirtschaftlichen Produkten, zusammengehend mit einer Verbesserung der Verkehrsbedingungen sowie mit einer Zunahme des Handels und mit dem Wachstum der Städte, b) teilweise Erreichung eines bescheidenen technischen Fortschrittes in Form der Besömmerung der Brache, c) Ausbildung größerer Hofesländereien (Umwandlung von Grund- zur Gutsherrschaft). Er weist allerdings darauf hin, daß diese Beziehungen noch zuwenig erforscht seien, um als Urteilsgrundlage dienen zu können und warnt vor monokausalen Schlüssen. BELOW, Fürsorge, S. 705 f., 710, 716.
26 HECKSCHER II, S. 7 f.
27 WEBER, MAX, S. 296. — Dies einschränkend: LÜTGE, Sozial- und Wirtschaftsgeschichte, S. 231.
28 BELOW, Fürsorge, S. 712.
29 CONRAD, H. d. St.
30 LÜTGE, Bauernbefreiung, S. 376.
31 BUCHENBERGER, Agrarwesen, S. 58.
32 NAUDÉ, S. 1.
33 LÜTGE, Sozial- und Wirtschaftsgeschichte, S. 230.

Wirtschaft möglich ist[34]. Die Merkantilisten sehen das Wirtschaftsleben als Ganzes und keine einzelnen Probleme oder diese um ihrer selbst willen[35]. Und die neue Lehre bezeichnet sich ja nicht «als Lehre von der Volkswirtschaft, sondern als Lehre von der Staatswirtschaft, als politische Ökonomie, als die Staatswissenschaft»[36].

Festzuhalten ist also, daß sich der merkantilistische Staat im Rahmen seiner wirtschaftlichen Betätigung sehr wohl auch der Landwirtschaft annimmt: «Der ältere Gesichtspunkt, der die Sicherung der Grundrentenablieferung in den Vordergrund stellte, wird durch den merkantilistischen Produktivitätsgesichtspunkt ersetzt, der auf die Steigerung der agrarischen Produktion schlechthin (ohne wirkliche Berücksichtigung der volkswirtschaftlichen Verwertbarkeit des Produktionszuwachses) und entsprechenden Anbau eingerichtet ist»[37].

Eines dürfte besonders dazu beigetragen haben, den Eindruck zu erwecken, der merkantilistische Staat habe sich in keiner Weise des Bauerntums angenommen: die niedrige soziale Stellung des Bauern in dieser Zeit. Er genießt, nachdem er mit dem 14. Jahrhundert den Höhepunkt seiner Geltung überschritten hat, zwar den Schutz des Staates, ist aber staatsferner denn je in seiner Geschichte[38]. Es muß hier scharf zwischen sozialen und wirtschaftlichen Aspekten unterschieden werden.

Der Wille zu einer Wirtschaftspolitik, die der politischen, besonders aber der außenpolitischen Machtentfaltung dienen sollte, war von Territorium zu Territorium natürlich verschieden. «Sie war bei den geistlichen Gewalten geringer als bei den weltlichen. Jene beruhten in der Regel auf anderen Grundanschauungen, die sie in der Regsamkeit zur Steigerung von Wirtschaft und Arbeit zurückbleiben ließen»[39]. KUSKE[40] meint besonders die westfälischen Territorien und urteilt über das Fürstentum Osnabrück, wo man im Gegensatz dazu größere wirtschaftliche und politische Initiative zu entfalten suchte: «In Osnabrück wurde das durch die eigenartige Verbindung mit den Welfen korrigiert».

f) Lage der Landwirtschaft und der landwirtschaftlichen Technik im 17. Jahrhundert

Die wirtschaftliche Lage der Landwirtschaft und der Stand der damaligen Landwirtschaftstechnik wird in späteren Kapiteln dargestellt werden. Hier ist nur kurz zu fragen, ob und welche Fortschritte in der Landwirtschaftstechnik bis zur Mitte des 17. Jahrhunderts erzielt wurden, sowie, welche materielle Position der deutsche Bauer bis zu Beginn des Dreißigjährigen Krieges hatte.

Landesordnungen und Justiz wahrten die bäuerlichen Rechte, unterstützt durch den Allgemeinen Landfrieden[41]. Die wirtschaftliche Situation der Bauern war allgemein nicht ungünstig[42]. Höherer persönlicher Lebensstandard und größer werdende Kosten

---

[34] LÜTGE, Sozial- und Wirtschaftsgeschichte, S. 231.
[35] PÜTZ, S. 16.
[36] NAUDÉ, S. 2.
[37] LÜTGE, Bayr. Grundherrschaft, S. 101.
[38] LÜTGE, Sozial- und Wirtschaftsgeschichte, S. 232. — Der Bauer, mißtrauisch gegenüber allen behördlichen Anordnungen, wird damals von manchen Zeitgenossen als Mittelding zwischen Mensch und Vieh bezeichnet. Er aber stellt Beamte mit Bauernschindern gleich. LÜTGE, Bayr. Grundherrschaft, S. 17.
[39] KUSKE, S. 24.
[40] KUSKE, S. 25. Dazu zählt er Territorien wie Münster, Paderborn und die dem Kölner Erzbischof gehörigen Länder. — Merkantilistische Wirtschaftspolitik läßt sich für das Fürstentum Osnabrück jedoch nicht vor Beginn des 18. Jahrhunderts nachweisen. Vgl. Schluß dieser Arbeit.
[41] LANGETHAL, III, S. 251.
[42] LÜTGE, Sozial- und Wirtschaftsgeschichte, S. 232.

für die gewöhnliche Lebenshaltung infolge Geldwertänderungen durch Auflösung der Naturalwirtschaft (im Sinne FRIEDRICH VON WIESERs «Gesetz von der geschichtlichen Veränderung des Geldwertes»[43]) nötigt allerdings die kleineren Grundherren, Abgaben und Leistungen ihrer Bauern in voller Höhe einzuziehen, «da ihre eigene materielle Position meist ganz unzulänglich war»[44]. Auch der Landesherr versucht seine Einnahmen zu steigern und schafft den Bauern – eine in dieser Zeit oft gehörte Klage – durch Erhöhung von Sporteln und Gebühren zusätzlich neue Belastungen[45].

Die landwirtschaftliche Technik macht bis zum Dreißigjährigen Kriege keine wesentlichen Veränderungen durch, die als Beginn einer neuen Epoche angesehen werden könnten[46]. Der Weiterentwicklung der landwirtschaftlichen Technik stand nicht zuletzt der Gemeinbesitz hemmend gegenüber. Auch der Zehnte hat zweifellos bremsend auf die Entwicklung einer ergiebigeren Produktion gewirkt[47]. Trotzdem entwickeln sich an einzelnen Stellen bereits seit dem ausgehenden Mittelalter Spezialkulturen[48]. Die Anwendung rationaler Methoden hätte auch in dem weit verbreiteten Aberglauben starken Widerstand gefunden. Sogar die sog. «Hausväterliteratur» ist von ihm durchdrungen[49]. Der Ansicht, die deutschen Landwirte hätten bis ins 19. Jahrhundert hinein von intensiver Landwirtschaftstechnik nichts verstanden, tritt allerdings KRZYMOWSKI[50] entgegen.

Insgesamt ist festzustellen, daß die landwirtschaftliche Technik sich noch im 17. Jahrhundert und bis ins 18. Jahrhundert hinein in sehr traditionalen und wenig rationalen Bahnen bewegt. Fortschritte, wie sie in der Hälfte des 18. und im 19. Jahrhundert erzielt werden, finden sich in dem behandelten Zeitabschnitt nicht.

---

[43] WIESER, Theorie, S. 372 ff.; ders., Geld, H. d. St.

[44] LÜTGE, Bayr. Grundherrschaft, S. 37. — Dieses die Situation in Bayern kennzeichnende Zitat trifft wohl auch für die allgemeine Entwicklung im nordwestdeutschen Raum zu. — Beispiele für Osnabrück im besonderen werden im zweiten Kapitel dieser Untersuchung in ausführlicher Zahl gezeigt werden. — Für Bayern bemerkt LÜTGE, Bayr. Grundherrschaft, S. 37, als Ergebnis, «daß sowohl der Grundherr wie der Beamte — oft in einer Person vereinigt — jede Möglichkeit ausnutzten, das Einkommen durch die Steigerung der grundherrlichen Gefälle und Beamtengebühren (Sporteln) auch auf Kosten der Bauern zu erhöhen».

[45] Beispiele bei: LÜTGE, Bayr. Grundherrschaft, S. 31.

[46] LANGETHAL III, S. 249; RITTER, H. d. Lw. I, S. 50. Das 17. Jahrhundert bringt die Anfänge der landwirtschaftlichen Literatur, der sog. «Hausväterliteratur», die zu einer Beschäftigung der Gebildeten mit landwirtschaftlichen Problemen führt. LANGETHAL III, S. 250, IV, S. 250 ff., mit vielen Literaturangaben.

[47] Vgl. hierüber zweites Kapitel dieser Untersuchung. — Vgl. auch 7. Kap. dieser Arbeit.

[48] SCHOTTE, S. 24, nennt Flachsbau, Waid- und Hopfenanbau.

[49] LANGETHAL IV, S. 229 ff., 233, teilt z. B. mit, daß man die Feldbestellung nach den Mondphasen vornahm, an eine Entartung des Getreides in Unkraut glaubte und in der Viehzucht die unglaublichsten Quacksalbereien betrieb. Selbst v. Rohr, einer der Gebildetsten seiner Zeit, glaubte noch, daß Unkraut nichts anderes als degeneriertes Getreide sei, schlechtes Korn, das bei ungünstiger Witterung, bes. Feuchtigkeit, entstehe. Dieser Aberglaube wirkte (nach LANGETHAL) noch bis ins 19. Jahrhundert. Ebd.

[50] KRZYMOWSKI, S. 191 f., sagt, eine solche Meinung sei eine unhistorische Auffassung, die nicht stimme. Eine Entwicklung der landwirtschaftlichen Technik sei aber von steigender Nachfrage nach landwirtschaftlichen Produkten abhängig und diese mache sich in steigenden Preisen bemerkbar. Ein solcher Anreiz habe aber seit dem Mittelalter gefehlt. — Das mag stimmen, aber die Formulierung birgt schon die Antwort in sich: der Beweis, daß derartige Kenntnisse in der Landwirtschaft damals bereits schlummerten, wurde nicht erbracht, eben wegen jenes mangelnden Anreizes.

g) Lage der Landwirtschaft nach dem Dreißigjährigen Kriege

Es ist nun zu untersuchen, welches Ausmaß an Zerstörungen in der Landwirtschaft der Dreißigjährige Krieg, insbesondere in Westfalen und Niedersachsen, hinterlassen hat.

Die Meinungen über den Umfang der Verwüstungen weichen im allgemeinen stark voneinander ab. Die ältere wirtschaftsgeschichtliche Forschung nimmt überall große Zerstörungen an[51]. Daß aber im Sinne der älteren Forschung nicht so stark generalisiert werden kann, wird von modernen Wirtschaftshistorikern stets unterstrichen[52]. Dort, wo der Krieg ständig gewütet hatte, sind zweifellos Verwüstungen großen Umfanges entstanden. Neben stark und stärkstens zerstörten Gebieten liegen in Westfalen und Niedersachsen Landstriche, die aus irgendwelchen Gründen wenig oder kaum vom Kriege berührt wurden (sog. «Schongebiete»). So nimmt noch LANGETHAL[53] z. B. für Niedersachsen, Westfalen sowie Ostfriesland schon für das Jahr 1623 große Verwüstungen an. Von modernen Forschern stellt FRANZ[54] fest, daß diese Gebiete vom Kriege nahezu verschont worden seien. – Ebenso machte die ältere wirtschaftsgeschichtliche Forschung den Dreißigjährigen Krieg für die «Wüstungen» verantwortlich, wogegen sich ABEL wie LÜTGE[55] wenden.

Stark vom Krieg heimgesuchte Gebiete hatten allerdings große Einbußen an den Produktionsfaktoren erlitten. So fehlen in der Landwirtschaft Menschen (Faktor Arbeit), ebenso Sachkapitalausstattungen wie landwirtschaftliche Gebäude, Vieh, Wagen und Gerät. Wenn auch die Realkapitalausstattung der damaligen Landwirtschaft relativ und absolut geringer als heute gewesen ist, so ist doch der infolge der Zerstörungen hervorgerufene Mangel an Kapital im volkswirtschaftlichen Sinne nicht zu unterschätzen. Neben zerstörten Wohn- und Wirtschaftsgebäuden fehlt oft der Bestand an Nutztieren[56]. Die Geldmittel zum Ankauf aber waren durch die laufenden Kontributionen vielfach erschöpft. In den kriegszerstörten Gebieten sind die Ackerfluren verwüstet, es erfolgt also nicht selten eine Rückwandlung in Naturboden[57]. INAMA-STERNEGG[58] umreißt die Situation folgendermaßen: «Es fehlte nicht nur dem Lande an Bewohnern, sondern diesen auch an Betriebskapital, an Rechtssicherheit und an Intelligenz, sowie an der Möglichkeit, die landwirtschaftlichen Erzeugnisse durch günstigen Absatz zu verwerten.» Ein landwirtschaftliches Kreditwesen fehlte, das hier

---

[51] LANGETHAL IV, S. 1 ff.; INAMA-STERNEGG, Kriegsfolgen, pass. Die Generalisierung überträgt man auch auf die Greueln des Krieges: Bettlerbanden fingen Menschen in Schlingen, um sie zu verzehren, Kinder verschwanden, weil man sie aß. LANGETHAL IV, S. 36.
[52] FRANZ, pass.
[53] LANGETHAL IV, S. 7.
[54] FRANZ, pass.
[55] LÜTGE, Sozial- und Wirtschaftsgeschichte, S. 146. Er stellt unter besonderem Hinweis auf ABELS Untersuchungen «Die Wüstungen des ausgehenden Mittelalters», 1943, heraus, daß diese bereits infolge der Menschenverluste durch die Pestzüge entstanden seien und auch die Vorstellung von der Entstehung der sog. «Schwedenschanzen» gleichfalls auf einer ahistorischen Betrachtung beruhe.
[56] LÜTGE, Sozial- und Wirtschaftsgeschichte, S. 227.
[57] LÜTGE, Sozial- und Wirtschaftsgeschichte, S. 210. – FRANZ, S. 99, sieht die Wiederaufbaumöglichkeiten wohl zu optimistisch, wenn er meint: «Kapital war also nicht notwendig. Es genügte eine gesunde Arbeitskraft und die Entschlossenheit, sich aller Not zum Trotz durchzusetzen. Nie wieder gab es für den Tüchtigen derartige Möglichkeiten zum Wiederaufstieg.» Wenn auch die Sachkapitalausstattung der Landwirtschaft entsprechend geringer war, als sie es heute ist, benötigte man doch die oben erwähnte Betriebsausstattung.
[58] INAMA-STERNEGG, Kriegsfolgen, S. 18.

hätte helfen können[59]. Besonders nachteilig wirkt sich die Verknappung des Faktors Arbeit aus, was zu einer starken Steigerung der Lohnsätze führt[60]: die überlebenden Menschen des Krieges sind verlottert, arbeitsscheu und infolge der langen Kriegswirren nur noch zu primitiver Arbeit fähig[61]. Soziologisch gesehen hatte der Krieg vorübergehend die Standesgrenzen verwischt und sie zu überschreiten ermöglicht[62]: untere Schichten wie tüchtige Häusler und Hirten konnten in höhere Stände aufsteigen.

Das ist in großen Zügen die Situation der deutschen Landwirtschaft bei Friedensschluß in den vom Kriege heimgesuchten Gebieten. Der Bauernstand, der Hauptsteuerträger, war schwer getroffen[63] und mit ihm der gesamte landwirtschaftliche Bereich schlechthin[64]. Die in ihm bis dahin überhaupt erzielten Erfolge erfahren durch den Krieg eine jähe Unterbrechung[65].

Diesen Tatsachen sieht sich der Territorialstaat bei Kriegsende gegenüber. Auf der einen Seite wäre nun Schonung des Bauernstandes notwendig gewesen. Auf der anderen Seite benötigt jener zur Erfüllung seiner Aufgaben ständig fließende Steuerquellen[66]. In den verwüsteten Gebieten muß die Obrigkeit scharf eingreifen, um möglichst bald Ordnung zu schaffen, vor allem deshalb, weil auch die Arbeitsmoral stark gesunken war[67].

Die Möglichkeiten, auf dem landwirtschaftlichen Sektor einzugreifen, sind allerdings wesentlich einfacher als Eingriffe bei Handel und Gewerbe, da diese auch mit dem Ausland, auf das man keinen Einfluß ausüben kann, verbunden sind[68]. Solche Eingriffe sind: Wiederaufbaumaßnahmen allgemeiner Art, Sicherung des Bauernstandes, Regelungen auf dem Gebiet der Preisbildung für landwirtschaftliche Produkte, Hebung der Agrikultur[69]. Der Entfaltung von Arbeitswilligkeit und Arbeitsleistung schenkt

---

[59] GOTHEIN, pass. — LÜTGE, Sozial- und Wirtschaftsgeschichte, S. 238, weist besonders auf den Zusammenbruch des allgemeinen Kreditwesens in Deutschland hin: durch Reichsschluß wurden 1654 die Zinsen für private Schulden geviertelt, die Hauptsumme der Forderungen oft auf ein Drittel zusammengestrichen «und das in einer Zeit, in der in den westeuropäischen Ländern Geld- und Kreditwesen einen besonders raschen Aufschwung nahm».

[60] LÜTGE, Sozial- und Wirtschaftsgeschichte, S. 240.

[61] GOLTZ, Geschichte I, S. 15, 16; INAMA-STERNEGG, Kriegsfolgen, S. 30ff., 85; LÜTGE, Sozial- und Wirtschaftsgeschichte, S. 239.

[62] FRANZ, S. 99, macht auf diesen interessanten soziologischen Tatbestand aufmerksam, der zweifellos eine Umschichtung bewirkt hat. Es ist aber ausdrücklich zu betonen, daß diese Aufstiegsmöglichkeit nur vorübergehend bestand.

[63] LANGETHAL IV, S. 80, meint, der Adel habe viel weniger als der Bauernstand im Kriege gelitten. Als Truppenführer habe jener durch Plündern und Stehlen viel Gelegenheit zur Bereicherung gehabt.

[64] LÜTGE, Sozial- und Wirtschaftsgeschichte, S. 234f., macht auf die allerdings Jahrzehnte vor Kriegsbeginn einsetzende krisenhafte Entwicklung der deutschen Wirtschaft aufmerksam und RITTER, H. d. Lw. I, S. 48, auf die bereits vor dem Krieg im Agrarsektor einsetzende entsprechende krisenhafte Preisentwicklung.

[65] BUCHENBERGER, Agrarwesen, S. 15. — LANGETHAL IV, S. 61, stellt fest, daß die deutsche Landwirtschaft erst Jahrzehnte nach dem Krieg wieder das Niveau an Wissen, Technik und Produktionsleistung des 16. Jahrhunderts erreichte.

[66] Besonders wichtig wird nun eine leistungsfähige Finanzwirtschaft. LÜTGE, Sozial- und Wirtschaftsgeschichte, S. 232. Zur Kontrolle des Steuerwesens ist der Sieg des Absolutismus über den ständischen Staat notwendig: Beseitigung der Regierungskontrolle durch die Stände hinsichtlich des Steuerbewilligungsrechts. LÜTGE, Sozial- und Wirtschaftsgeschichte, S. 227ff. Ausführlich: BELOW, Territorium, S. 67, 162, 164f. Für Osnabrück: REHKER, S. 1f., 75; SCHÖTTKE, S. 1ff.

[67] LANGETHAL IV, S. 59; LÜTGE, Sozial- und Wirtschaftsgeschichte, S. 239.

[68] LÜTGE, Sozial- und Wirtschaftsgeschichte, S. 233; SCHMOLLER-NAUDÉ, pass.

[69] LÜTGE, Sozial- und Wirtschaftsgeschichte, S. 246. Für Westfalen: KUSKE, S. 25.

man besondere Beachtung, zumal der absolute Staat eine Förderung der produktiven Kräfte schlechthin betreibt[70]. Festzuhalten ist aber, daß der landwirtschaftliche Betrieb in dieser Zeit seinen Grundcharakter nicht ändert[71]. Auch ist mit allen obrigkeitlichen Eingriffen keine Aufhebung der grundherrlichen Verfassung beabsichtigt gewesen[72].

Die infolge der Kriegsereignisse in der Landwirtschaft notwendig gewordenen Wiederaufbaumaßnahmen werden in manchen vom Krieg heimgesuchten Gebieten eine neue Ära auf dem Agrarsektor eingeleitet haben. Einen derartig deutlich spürbaren Umschwung findet man jedoch im untersuchten Gebiet des Fürstentums Osnabrück nicht. Sicherlich liegt das mit im Umfang der durch den Krieg angerichteten Verwüstungen begründet. Die wirtschaftsgeschichtliche Forschung weist hinsichtlich der Wiederaufbaumaßnahmen ja meist auf Territorien mit großen Zerstörungen hin. Wie umfangreich das Maß der Kriegsschäden im Raum Osnabrück gewesen ist, soll im folgenden kurz behandelt werden.

II. Das Fürstentum Osnabrück nach dem Dreißigjährigen Kriege

a) Geographische und politische Lage

Die einzelnen Teile Westfalens sind, wie schon gesagt, verschieden stark vom Kriege verwüstet worden. Das Fürstentum Osnabrück grenzt unmittelbar an den westfälischen Raum[73].

ROTHERT[74] hat sich ausführlich mit dem Umfang der Zerstörungen in Westfalen befaßt. Er wendet sich dabei gegen FRANZ[75], der Westfalen und Niedersachsen unter die sog. «Schongebiete» des Krieges einstuft. ROTHERT[76] weist hinsichtlich Osnabrücks darauf hin, daß dieses Fürstentum eines der begehrtesten und deshalb umstrittensten gewesen sei. Es ist seiner Meinung nach unter die sog. «Verlustgebiete» des Krieges zu rechnen[77]. Präzise Darstellungen des Umfangs der Zerstörungen im Fürstentum kann man jedoch in der Literatur nicht finden[78]. Auch ROTHERT[79] spricht lediglich von

---

[70] Der Mangel an Arbeitskräften bedingt eine schärfere Anspannung der Arbeitsverpflichtungen, also eine Zunahme von Fronlasten und Gesindezwangdiensten. LÜTGE, Sozial- und Wirtschaftsgeschichte, S. 240.

[71] Die Dreifelderwirtschaft und andere Systeme bleiben. Es kommt jedoch teilweise, meist unter behördlichem Druck, zur Einführung neuer und wertvoller Kulturpflanzen und zur Anwendung größerer Sorgfalt gegenüber Tieren und Gewächsen. GOLTZ, Geschichte I, S. 200.

[72] LÜTGE, Mitteldt. Grundherrschaft, S. 425.

[73] Das Fürstentum Osnabrück (siehe Karten im Anhang) wird durch folgende Nachbarterritorien begrenzt: Hochstift Münster, Minden, Niederstift Münster, Grafschaften Diepholz-Hoya und Ravensberg, Tecklenburg und Lingen. Das Amt Reckenberg liegt im Wiedenbrücker Gebiet und ist, da dort eigene Verhältnisse herrschen, nicht immer zu den Untersuchungen herangezogen worden. Ausführlich: PRINZ, siehe Anm. 1; ferner: HUGO, S. 3, 5, 10; VINCKE, Besiedlung, S. 164.

[74] ROTHERT, Einwirkungen, pass.; ders., Geschichte II, pass.

[75] FRANZ, pass.

[76] ROTHERT, Einwirkungen, S. 145, ders., Geschichte II, S. 218.

[77] ROTHERT, Einwirkungen, S. 146f. Ähnlich: SCHLOEMANN, S. 13, für die Angelbecker Mark im Fürstentum Osnabrück.

[78] Über weitere Verwüstungen in Westfalen: ROTHERT, Einwirkungen, S. 136f., 145, 146f.; ders., Geschichte II, S. 168, 172, 174, 181, 211f., 215, 216f., 218. — Schon seit dem Ende des 16. Jahrhunderts ist Osnabrück infolge spanischer Einfälle ununterbrochen in Kriegswirren hineingezogen worden. Soweit ROTHERT, Einwirkungen, S. 135.

«stärkeren Zerstörungen» in den Gebieten der Fürstentümer Osnabrück und Münster, verglichen mit Territorien wie Minden und Ravensberg. Werden diese Forschungen mit den Ergebnissen verglichen, die aus dem zu dieser Arbeit verwendeten Aktenmaterial geschöpft sind, so kann das Fürstentum Osnabrück vielleicht als «mittelstark» zerstörtes Gebiet bezeichnet werden. Das nicht allzu große Ausmaß der Kriegszerstörungen geht auch deutlich aus dem relativ kleinen Prozentsatz der nach dem Krieg wüst liegenden Höfe hervor. Und außerdem: es wäre wohl unmöglich gewesen, aus dem Fürstentum den ganzen Krieg hindurch hohe Kontributionen herauszupressen, wenn es sehr stark vom Krieg in Mitleidenschaft gezogen worden wäre. Schützend haben für Osnabrück zweifellos zwei politische Tatbestände gewirkt: einmal kommt das Land im Jahre 1633 in die Hand der Schweden. Damit enden vorübergehend die Kriegshandlungen, nachdem das Gebiet vorher laufend Truppendurchzugs- und Operationsgebiet gewesen war[80]. Außerdem wird die Stadt Osnabrück 1643 zum zweiten Sitz des Friedenskongresses bestimmt und damit neutral, was dem Fürstentum ebenfalls einigen Nutzen bringt[81].

Trotzdem werden jedoch Kontributionen von Freund und Feind zugleich im Osnabrücker Raum eingehoben[82]. Die ständigen hohen Kontributionen sind zweifellos die stärkste Belastung gewesen, denen das Territorium im Kriege ausgesetzt war[83].

Der Umfang der Menschenverluste im Gebiet des Fürstentums läßt sich ebenfalls nicht genau feststellen[84]. ROTHERT[85] macht vor allem auf die Dezimierung der Bevölkerung durch Seuchen aufmerksam, die ohne Frage allgemein höhere Verluste unter der Zivilbevölkerung forderten, als es durch unmittelbare Kriegshandlungen der Fall war.

[79] ROTHERT, Einwirkungen, S. 146f.; ders., Geschichte II, S. 218. — Wenngleich ROTHERT FRANZ' Schongebietsthese entschieden entgegentritt, so weist er doch auf die nicht seltenen und starken Übertreibungen in manchen zeitgenössischen Berichten und Chroniken hin. ROTHERT, Geschichte II, S. 215.

[80] ROTHERT, Geschichte II, S. 168, 218; STÜVE, Geschichte III, S. 33, 50, 57, 62, 65, 77, 92, 168, 181.

[81] ROTHERT, Geschichte II, S. 174, 218. Ders., Einwirkungen, S. 137, weist auf die wirtschaftlichen Vorteile hin, welche z.B. die Stadt Münster durch diesen Umstand hatte, unter Hinw. auf PLANETH, «Der außerwestfälische Handel münsterischer Kaufleute von 1536—1661», Diss. Münster, 1937, dargestellt an den städtischen Einnahmen.

[82] ROTHERT, Geschichte II, S. 172: Man einigt sich auf die gemeinsame Einhebung der notwendigen Gelder. — Pferdediebstähle durchziehender Truppen, auch von befreundeter Seite, bleiben weiterhin an der Tagesordnung. WESTERFELD, Beiträge, S. 124, 126ff.

[83] Mit ihrem Umfang setzt sich STÜVE ausführlich auseinander. STÜVE, Geschichte III, S. 33, 50, 57, 62, 65, 77, 92, 181f., 189ff., 192, 200, 212, 234, 236, 252, 258, 273, 317, 330, 333. Die Gesamtsumme der in Geld zu leistenden Kontributionen ist außerordentlich hoch. Nach Friedensschluß muß das Fürstentum außerdem aufbringen: 80000 rthl. als Abfindungssumme an den schwedischen Statthalter und Sohn Gustav Adolfs, Gustav Gustavson, für dessen Verzichtleistung beim Verlassen Osnabrücks. STÜVE, Geschichte III, S. 330. — 15000 rthl. sind an abdankende schwedische Soldaten zu zahlen, 2300 rthl. als Entschädigung an die hessische Armee. STÜVE, Geschichte III, S. 333. Schließlich zahlt man nochmals 5000 rthl. an Schweden dafür, daß Bischof Franz Wilhelm die Regierungsgeschäfte früher als vereinbart wieder übernimmt. STÜVE, Geschichte III, S. 333.

[84] FRANZ, S. 218, stellt fest, daß genaues Zahlenmaterial über die Bevölkerungsverluste in Westfalen noch nicht vorliege. Allgemein schätzt er die Kriegsverluste auf 40% der ländlichen und 30% der städtischen Bevölkerung.

[85] ROTHERT, Einwirkungen, pass., schätzt den Bevölkerungsrückgang infolge des Krieges in Deutschland von 16—17 Mill. auf 4 Mill.

b) Aufgaben und Lösungsmöglichkeiten der Obrigkeit nach Kriegsende

Die Regierung steht nun vor der Aufgabe, die vom Kriege hinterlassenen Spuren so rasch als möglich zu tilgen. Dazu hätte es in erster Linie einer Schonung des Hauptträgers aller Staatslasten, nämlich des abhängigen Bauernstandes bedurft. Auf der anderen Seite aber ist der laufende Finanzbedarf des modernen Territorialstaates groß. Die Erreichung des einen Zieles schließt also das andere aus. Wie die Obrigkeit im Fürstentum Osnabrück vorgeht, soll diese Untersuchung klären. Es überwiegt, wie gezeigt werden wird, bei den damaligen Maßnahmen fast immer das fiskalische Moment. So ist es auch zu erklären, daß viele Verordnungen und Edikte von ausgesprochen nachteiliger Wirkung für die Landwirtschaft sind. Natürlich kann die Tätigkeit der damaligen Staatsbehörden nicht allein nach den von ihr erlassenen Verfügungen beurteilt werden[86]. Inwieweit Maßnahmen, die die Landwirtschaft betreffen, von solchen in umliegenden Territorien beeinflußt worden sind, soll in den einzelnen Kapiteln gegebenenfalls angedeutet werden. Zweifellos haben sich Einflüsse aus anderen Ländern teilweise Geltung verschafft[87].

c) Bischof Ernst August I. von Osnabrück

In diesem Zusammenhang ist festzuhalten, daß die im Fürstentum ergriffenen Maßnahmen von der Herkunft und der Persönlichkeit des jeweiligen Bischofs beeinflußt worden sind. Insbesondere sind durch die Regierung Ernst Augusts I., Bischofs von Osnabrück und Herzogs von Braunschweig-Lüneburg, dem späteren ersten Kurfürsten von Hannover, Parallelen zwischen dem Fürstentum und seinen Stammlanden festzustellen[88]. Der hier untersuchte Zeitabschnitt fällt größtenteils unter die Regierungszeit Ernst Augusts I., der von 1661–1698 Bischof des Fürstentums (Hochstift) Osnabrück war. Bis 1661 regierte Franz Wilhelm von Wartenberg, seit 1698 Carl von Lothringen. Doch haben die beiden letztgenannten Fürstbischöfe in der hier behandelten Zeitperiode nur wenige Maßnahmen veranlaßt, die die Landwirtschaft betreffen.

Bischof Ernst August I.[89] ist bei fast allen nach dem Kriege den Agrarsektor betref-

---

[86] «Das gilt insbesondere auch für die agrarische Entwicklung in dieser Zeit, die eben von den gesetzlichen Maßnahmen her nicht voll zu erfassen ist.» LÜTGE, Bayr. Grundherrschaft, S. 7. — Ebenso wenig kann man allein nach den vom Bauern eingebrachten Beschwerden urteilen. Oft enthalten sie Übertreibungen («Bauerndiplomatie»), wonach ihr Stand stets am Zusammenbrechen sei. LÜTGE, Mitteldt. Grundherrschaft, S. 125. — Oft wiederholte Edikte, in Osnabrück ebenso wie anderswo vorzufinden, sind immer ein Zeichen dafür, daß sie nicht beachtet wurden. So schreibt Benekendorf, der auch im preußischen Staatsdienst gestanden hatte: «Sie werden abgefasset, gedrucket, publiciret, nur selten aber befolget.» Ohne Angabe der Quelle zit. bei SKALWEIT, S. 45, der ausdrücklich darauf hinweist, daß dieses retardierende Moment in der Verwaltung absolutistischer Staaten vom Wirtschaftshistoriker stets berücksichtigt werden müsse.

[87] LANGETHAL IV, S. 115. — Für Westfalen macht KUSKE, S. 175, besonders auf den Einfluß der preußischen Gebietsteile, vor allem jedoch erst im 18. Jahrhundert, aufmerksam.

[88] Gemäß den Bestimmungen der «Immerwährenden Kapitulation» (Capitulatio perpetua) hatte das Fürstentum Osnabrück eine alternierende Bischofsfolge. Es folgte auf einen katholischen Bischof ein protestantischer und umgekehrt. Der evangelische mußte dabei aus dem Hause Braunschweig-Lüneburg stammen. Hierüber: «CCO» und FRECKMANN, «Die capitulatio perpetua für das Hochstift Osnabrück», Mitt. Bd. 31.

[89] Über ihn ausführlich: SCHNATH, Geschichte Hannovers im Zeitalter der neunten Kur und englischen Sukzession 1674–1714, Veröffentlichungen der Historischen Kommission für Hannover, Oldenburg, Braunschweig, Schaumburg-Lippe und Bremen. Hildesheim und Leipzig, 1938, S. 129ff.

fenden Maßnahmen die zentrale Figur. Mit dem erstmaligen Wirksamwerden der alternierenden Bischofsfolge auf Grund der Bestimmungen der Immerwährenden Kapitulation wird er beim Tode des (katholischen) Bischofs Franz Wilhelm dessen Nachfolger. Aber «bald erfuhr Osnabrück, daß es das strenge Regiment Franz Wilhelms mit keinem milderen vertauscht hatte»[90]. Ernst August ist zweifellos eine sehr interessante Gestalt, die eines ausgeprägten absolutistischen Fürsten. SCHNATH[91] urteilt über ihn: «Diese Überlegenheit des Willens und der Berechnung über alle gefühlsmäßigen Anwandlungen ist es, die Ernst August als einzigen unter seinen Brüdern zum Staatsmann macht.»

Es ist natürlich, daß Ernst August durch seine Teilnahme an der großen europäischen Politik starke Verpflichtungen einging[92]. «Die ausgreifende Politik des Welfenhauses und die ehrgeizige Vielgeschäftigkeit Ernst Augusts verwickelten ihn in alle Händel der Zeit[93].» Und diese meist außenpolitischen Engagements kosteten Geld, denn es wurden dazu laufend Truppen benötigt[94]. Als Bischof von Osnabrück versucht Ernst August I. diese Mittel selbstverständlich aus seinem Fürstentum zu holen. Und das ist wohl der Grund, weshalb die staatswirtschaftlichen Maßnahmen, d. h. die einer maximalen Einnahmenerzielung nach Ende des Dreißigjährigen Krieges fast immer den Vorrang vor solchen haben, die der Landwirtschaft Schonung gewährt oder einem Wiederaufbau gedient hätten. Alle diese nach dem Kriege von der damaligen Obrigkeit ergriffenen Maßnahmen darzustellen und in ihrer Bedeutung für Landwirtschaft und Agrarverfassung des Fürstentums Osnabrück zu untersuchen, ist das Ziel dieser Arbeit.

[90] SCHIRMEYER, S. 174, der fortfährt: «Mochte der an sich unnatürliche Wechsel der Regierung eines katholischen und evangelischen Landesherren auch das eine und andere Gute haben, wie entgegenkommendere Toleranz und frischeres Leben durch die Verbindung mit einem hochstrebenden Fürstenhaus, so war doch das kleine Land für Ernst August im Grunde nur ein Mittel zu seinen rein dynastischen Machtzielen. So wurde er der schroffe Vertreter des Absolutismus, wie er in den welfischen Landen durchgesetzt war und nun auch in Osnabrück erzwungen wurde und den noch stark ständisch gebundenen Staat umformte.»
[91] SCHNATH, ERNST AUGUST, S. 40. Er meint weiter: «Ich habe nur einen Vergleich: Ludwig XIV. von Frankreich, das bewunderte Vorbild seines Jahrhunderts, der ‚Sonnenkönig' in seiner einsamthronenden Majestät. Vielleicht ist unter allen Fürsten seiner Zeit diesem Vorbild keiner näher gekommen als die gepflegte und hoheitsvolle Erscheinung des ersten Kurfürsten von Hannover, den man ‚Deutschlands ersten Edelmann' genannt hat.» Ebd., S. 41. Eine kurze Zusammenfassung auch: «Ernst August I., Bischof von Osnabrück, Kurfürst von Hannover.» Beilage «Land und Leute» des «Osnabrücker Tageblatts», Nr. 20, 246, vom 3. 4. 1954.
[92] SCHNATH, ERNST AUGUGST, S. 43 ff., vgl. auch Anmerkung Nr. 89.
[93] SCHIRMEYER, S. 186.
[94] Die Mittel werden fast ausschließlich für außenpolitische Zwecke gebraucht. «Das Gesamthaus Braunschweig-Lüneburg hat in der Epoche Ernst Augusts von Waffen nur so gestarrt. Nicht weniger als 25 000, ja 70 000 Mann hatte es ständig auf den Beinen.» SCHNATH, ERNST AUGUST, S. 47.

ERSTES KAPITEL

Schutz der Höfeverfassung

I. Die Höfeverfassung als Basis der Steuerverfassung

Es wurde bereits erwähnt, daß zu Ende des 16. und zu Beginn des 17. Jahrhunderts staatliche Maßnahmen zu finden sind, die sich als eine Art Bauernschutz verstehen lassen[1]. Das Eingreifen erfolgt aber, wie schon gesagt, nicht aus sozialpolitischen oder volkswirtschaftlichen, sondern aus rein fiskalischen Erwägungen[2]. Mit dem Aufbau und Ausbau des modernen Staatswesens ist die Bedeutung des Bauernstandes als Hauptsteuerträger noch mehr als zuvor in den Vordergrund gerückt[3]. Eine Industrie ist noch nicht entwickelt, Adel und Klerus sind steuerfrei (exemt). Nach Beendigung des Krieges tritt stärker als bisher der staatliche Zwang hervor, den der moderne Staatsgedanke gebot und der zugleich der Beseitigung der teilweise großen Kriegszerstörungen diente[4]. Wie stark das Steuerwesen im Fürstentum Osnabrück auf die damalige Landwirtschaft gewirkt hat, soll später dargestellt werden[5]. Hier ist nur festzuhalten, daß die gesamte Steuerlast fast ausschließlich auf den pflichtigen Bauernhöfen ruht. Diese in ihrem Bestande und leistungsfähig zu erhalten, war deshalb eine vordringliche staatliche Aufgabe. Es ist dann nicht verwunderlich, wenn den Beamten des Fürstentums in der Korrespondenz mit der Regierung immer wieder eingeschärft wird, sie müßten darauf achten, daß die Höfe stets die «onera publica», also die öffentlichen Lasten zu tragen imstande seien[6].

II. Teilungsverbote

a) Maßnahmen der Redintegrations- und Dismembrationsverbots-Gesetzgebung

Die Obrigkeit ist also bestrebt, die Höfe in einem leistungsfähigen Zustand zu erhalten. Das wichtigste Mittel dazu ist das Verbot, irgendwelche Grundstücksverkleinerungen zuzulassen. Die Edikte, die sich im nordwestdeutschen Raum damals mit solchen Verboten befassen, führen zusammengefaßt den Namen «Redintegrations»- oder

---

[1] LÜTGE, Sozial- und Wirtschaftsgeschichte, S. 249. — Vgl. auch Einleitung dieser Untersuchung.

[2] BUCHENBERGER, Agrarwesen, S. 318 ff., macht wie BELOW auf die ausgesprochen fiskalische Betrachtungsweise der Obrigkeit aufmerksam: bereits im Mittelalter gegen die Teilungstendenzen auftretendes Recht habe mit Erwägungen sozialer Art nichts gemein und sei ausgesprochen finanzpolitisch orientiert. — ROTHERT, Geschichte II, S. 234, sagt für Westfalen: «Von einem Schutze des Bauernstandes durch die Obrigkeit war auch jetzt noch keine Rede. Nur eine freilich nicht unwichtige Maßnahme zu seinen Gunsten erging in dieser Zeit, wenn der Anlaß auch ein fiskalischer war.» Er meint damit die seit 1618 im Fürstentum Osnabrück verbotene Höferzerstückelung.

[3] LÜTGE, Sozial- und Wirtschaftsgeschichte, S. 286 ff. FUCHS, Bauernbefreiung, W. d. V., sagt: «Denn mit der Ausbildung des absoluten Staates und der Entwicklung einer geordneten Besteuerung in diesem ward bei der Steuerbefreiung der privilegierten Stände, des Adels und der Geistlichkeit, der Bauer von größter Wichtigkeit für den Staat als der hauptsächlichste Steuerzahler.»

[4] LÜTGE, Sozial- und Wirtschaftsgeschichte, S. 246.

[5] Im dritten Kapitel dieser Untersuchung.

[6] Dieser Passus findet sich in Verordnungen und Schriftstücken der Osnabrücker Regierung immer wieder. Ernst August I. betont stets in seinen Erlassen, daß sie in erster Linie dem Nutzen des «gemeinen Wesens» dienen sollten. St. A. O.

«Dismembration, verbots»-Gesetzgebung[7]. Im Fürstentum Osnabrück bestand seit dem Beginn des 17. Jahrhunderts, seit einem Landtagsbeschluß aus dem Jahre 1618, ein Höfezersplitterungsverbot[8]. Dieser Beschluß war zweifellos eine Reaktion der erstarkten Territorialgewalt auf das Bestreben der adligen Grundherren, steuer- und abgabepflichtiges Bauernland in eigene Regie zu nehmen[9] oder landwirtschaftliche Grundstücke von eigenbehörigen Höfen in kleine Parzellen aufzuteilen und zu verpachten. Bereits im 15. und 16. Jahrhundert versucht der hiesige Adel, pflichtige Bauerngüter zur Eigenwirtschaft zu schlagen. Der Krieg vergrößert diese Tendenz und die Grundherren bemühen sich, teils mit Erfolg, Höfe und Kotten in Eigenbesitz zu nehmen oder zu zersplittern und zu verpachten[10].

b) Allgemeine Entwicklung des Höfeschutzes

Die oben erwähnten Maßnahmen der Regierung des Fürstentums Osnabrück stehen, wie angedeutet, in dieser Zeit nicht allein. Im ganzen nordwestdeutschen Raum finden sich seit dem Ende des 16. Jahrhunderts, erst vereinzelt, später häufiger, obrigkeitliche Erlasse der geschilderten Art[11]. Für Niedersachsen gibt WITTICH[12] eine ausführliche Darstellung. im Überblick auch MEYER[13].

[7] D. h. «Wiederherstellungs»- und «Zersplitterungsverbots»-Gesetzgebung.

[8] STÜVE, Geschichte II, S. 676 f., wendet sich gegen die Behauptung, es handle sich hier um ein altes «Staatsgrundgesetz». Dies behauptet z. B. LODTMANN I, S. 115, sowie SCHLOEMANN, S. 248. Allerdings geht der erwähnte Beschluß auf einen Landtagsabschied aus der Zeit des Bischofs Philip Sigismund vom Jahre 1597 zurück. LODTMANN I, S. 115. — Das Herzogtum Westfalen hatte bereits 1587 einen anderen Weg beschritten: man beschränkte die Steuerfreiheit auf vom Adel selbst bewirtschaftete Güter. ROTHERT, Geschichte II, S. 229.

[9] Die Rittergüter entstehen vor allem im 16. Jahrhundert durch Abmeierung von Höfen und durch sonstige Zusammenlegungen. Nur 60% der Rittergüter des Fürstentums Osnabrück sind weiter als bis über 1450 hinaus zu verfolgen. Der Rest ist jüngeren Datums. ROTHERT, Geschichte II, S. 226; ähnlich: STÜVE, Geschichte II, S. 588; SCHLOEMANN, S. 247. — Umfassend behandelt das Problem: vom Bruch, «Die Rittersitze des Fürstentums Osnabrück», Osnabrück 1930. — Allgemein darüber: LÜTGE, Sozial- und Wirtschaftsgeschichte, S. 94. — FRANZ, S. 102, hält demgegenüber nur im braunschweigisch-lüneburgischen Raum die Vergrößerungen der Eigenwirtschaften des Adels für bedeutend. Für das Osnabrücker Gebiet nimmt er Verpachtung des eingezogenen Landes an.

[10] SCHLOEMANN, S. 266 f., meint u. a. hierzu: «Das Bestreben (der Grundherren, eig. Anm.) zeigt sich auch in besonderem Maße noch im 17. Jahrhundert, in dem ihm die traurige Lage des Bauernstandes die Durchführung seiner Vergrößerungsgelüste verhältnismäßig leicht machte.»

[11] Die erste Unteilbarkeitsordnung findet sich in Sachsen. Es ist die 1559 erlassene Landesordnung. LANGETHAL III, S. 253. In dieser wird die Unteilbarkeit, welche bereits bei den Höfen gewohnheitsrechtlich bestand, ausdrücklich festgelegt. Das Verbot wird mit dem Hinweis auf die auf den Höfen liegende Steuer- und Abgabepflicht erlassen. Zur gleichen Zeit verordnet man in Sachsen, daß die Bauern Obstbäume und Weiden anzupflanzen hätten. Fruchtverkäufe auf dem Halm sowie Zinsennehmen über 5% werden für ungültig bzw. wucherisch erklärt. Holzeinschlag nach Belieben ist verboten, ebenso Flachs rösten in Fisch-Gewässern. Es handelt sich also um landwirtschaftliche Fürsorgemaßnahmen, wie sie in so spezifischer Form anderwo erst hundert Jahre später auftauchen.

[12] WITTICH, Grundherrschaft, pass.

[13] MEYER, S. 129 f. Schon 1563, also nur wenige Jahre nach der oben erwähnten Sächs. Landesordnung, verfügt Erich der Jüngere für die braunschweig-lüneburgischen Territorien eine Einschränkung der Abmeierungsbefugnis der Grundherren, verbunden mit einem Verbot der Zinserhöhung. Nur Zinsrückstand großen Umfanges und schlechte Wirtschaftsführung sind noch Abmeierungsgründe. 1569 wird jene durch Herzog Julius weiter eingeschränkt: kein Bauer darf ohne sein Wissen abgemeiert werden. Fbd.

c) Bedeutung der Anlegung von Katastern im Jahre 1667 durch Bischof Ernst August I.

Der Dreißigjährige Krieg forderte eine verstärkte Fortsetzung des eingeschlagenen Weges hinsichtlich des Höfeschutzes. Änderungen der Hofesgröße und Einziehungen waren während der Kriegswirren natürlich trotz der bestehenden Verbotsgesetzgebung, oft in entscheidendem Umfang, erfolgt[14]. So folgen in Niedersachsen ebenfalls eine Anzahl wichtiger Verordnungen auf diesem Gebiet[15]. Aus ihnen wird deutlich, wie der Staat die Grundherrschaft gewissermaßen «verstaatlicht», indem er auf die bäuerlichen Rechtsverhältnisse entscheidenden Einfluß nimmt, sich also zwischen Bauern und Grundherren schiebt. Damit erfolgt ein Einbau der Grundherrschaft in den Territorialstaat[16]. «Die private Grundherrschaft wurde zwar nicht beseitigt, aber durch eine Art staatlicher überhöht und matt gesetzt[17].» Der Landesherr ist sich der Bedeutung des Bauern als Hauptträger aller Lasten bewußt und will die Leistungsfähigkeit der Höfe ungeschmälert wissen. Der Bauernhof wird ein «Gegenstand öffentlichen Interesses»[18].

Im Fürstentum Osnabrück fußen, wie erwähnt, alle obrigkeitlichen Verordnungen, die nach dem Dreißigjährigen Kriege hinsichtlich des Höfeteilungsverbotes erlassen werden, auf dem erwähnten Landtagsbeschluß von 1618[19]. Im Zusammenhang mit einer gewissen Reorganisation des Steuerwesens[20] kommt es hier im Jahre 1667 zur Schaffung des «Bauernguts im Rechtssinn»[21]. Durch die befohlenen Anlegungen von Katastern werden die Besitzverhältnisse sämtlicher pflichtigen Höfe fixiert[22]. Das alte oben erwähnte Teilungsverbot wird damit unterstrichen. Die Obrigkeit ist aus steuerlichen Gründen jetzt besonders an einer Kontinuität der Besitzgrößen interessiert und hier wird die Verbindung zwischen Höfe- und Steuerverfassung besonders deutlich[23].

[14] FRANZ, S. 102, urteilt dazu: «Sollte das Meiergut seine alte Stellung als Steuerträger wieder erhalten, so mußte es nicht nur neu besetzt, sondern auch in seinem alten Bestande erhalten und auf die Dauer gesichert werden.»
[15] Solche Verordnungen sind: a) Braunschweigische Landesordnung von 1647, b) Hildesheimer Polizeiverordnung von 1665, c) Calenberger Verordnung über die Redintegrierung der Meiergüter von 1691, d) Verordnung über die Redintegrierung der Meiergüter im Lüneburgischen. Hier wird nochmals ausdrücklich das unteilbare Ganze des Bauerngutes, auch im Erbgang, festgestellt. FRANZ, S. 102; MEYER, S. 130f.; WITTICH, Grundherrschaft, pass.
[16] LÜTGE, Sozial- und Wirtschaftsgeschichte, S. 250.
[17] KÖTZSCHKE, Bauer, H. d. St. — FUCHS, Bauernbefreiung, W. d. V., bezeichnet diesen Vorgang als die Entstehung einer «Grundherrschaft öffentlichen Rechts».
[18] MEYER, S. 131.
[19] STÜVE, Geschichte II, S. 676f.
[20] Vgl. hierüber ausf. drittes Kapitel dieser Untersuchung.
[21] KÖTZSCHKE, Bauer, H. d. St., sagt hierzu: «Nach dem großen Kriege ordnete eine treffliche Gesetzgebung die Wiederherstellung (Redintegration) der Bauerngüter an; sodann schuf man das «Bauerngut im Rechtssinn»: d. h. ein bestimmter Komplex von Feld-, Gehölz- und Wiesengrundstücken, die zu einem Gehöft gehörten (Pertinentienverband), wurde für geschlossen und unteilbar erklärt.»
[22] Es handelt sich um die «Instruction, wonach in beschreib- und einrichtung classium der Erbe, halbe Erbe, Erb- und Marckkotten durch den gantzen Stifft sich zu richten.» St. A. O. AA 88, Nr. 67, vol. I. — Ferner: Verordnung Ernst Augusts I. vom 15. 2. 1667 über Umfang und Belastung des Landes, von Wiesen, Weiden, Gehölz und Garten, CCO II, S. 80, Nr. 263; Verordnung Ernst Augusts I. vom 1. 7. 1667 wegen Klassifizierung der Höfe, CCO II, S. 83f., Nr. 266.
[23] Anlaß zu dieser Maßnahme ist die Einführung des im dritten Kapitel noch darzustellenden sog. «Monatsschatzes». — Die Erb- und Markkotten, welche bislang nicht unter die Teilungsverbotsgesetzgebung fielen, werden mit dem Erscheinen dieser Verordnungen mit davon erfaßt. STÜVE, Geschichte II, S. 676f.

Es wird damit im Fürstentum die in der landesgeschichtlichen Literatur oft genannte «Realfreiheit» begründet: der landwirtschaftliche Grundbesitz wird nun Bemessungsgrundlage der monatlich zu entrichtenden Steuer, sog. «Monatsschatz». Der Adel des Fürstentums ist hiervon befreit, also «realfrei»[24].

d) Der sog. «Retrakt» aus dem Jahre 1697

Trotz aller Verbote kommen natürlich bei den eigenbehörigen Höfen Veräußerungen und Absplitterungen von Grundstücken vor, denn «die Wirkung landesherrlicher Vorschriften in dieser Zeit ist außerordentlich gering»[25]. Gegen Ende des 17. Jahrhunderts, im Jahre 1697, ergeht nochmals eine die Geschlossenheit der Bauernhöfe betonende Verordnung, der sog. «Retrakt»[26]. Danach können landwirtschaftliche Grundstücke, die seit dem 20. 4. 1667, also seit Erstellung der Kataster, veräußert worden sind, vom Verkäufer gegen Erstattung des Kaufpreises einschließlich der inzwischen aufgewandten Meliorationskosten zurückgekauft werden. Der Verkäufer bzw. seine Erben müssen die Rückgängigmachung des Kaufvertrages lediglich beantragen. Weitere Verkäufe landwirtschaftlicher Grundstücke sollen grundsätzlich verboten bleiben. Kann der neue Eigentümer, d. i. also der Voreigentümer, die Steuerlasten nicht tragen, welche auf dem zurückgekauften Grundstück ruhen, muß sogar der bisherige Eigentümer zur Aufbringung der Steuer beitragen[27]. Diese Maßnahme ist als sehr einschneidend anzusehen und brachte zweifellos eine erhebliche Rechtsunsicherheit mit sich[28]. Man versucht, wenigstens zu Anfang, das Verbot scharf durchzuführen, auch auf die Gefahr hin, es in Widersinn zu verkehren[29].

e) Entwicklung in den Nachbarterritorien, Beurteilung.

Die Entwicklung in den anderen westfälischen und niedersächsischen Territorien, besonders in den benachbarten, verläuft ähnlich[30]. In den Grafschaften Hoya-Diepholz, also in den nördlichen Nachbargebieten des Fürstentums Osnabrück, gelten im wesent-

---

24 Vgl. drittes Kapitel dieser Untersuchung.
25 LÜTGE, Bayr. Grundherrschaft, S. 103.
26 Landratsbeschluß vom 7. 3. bzw. 15. 3. 1697; CCO I, S. 1116ff.; KLÖNTRUP III, S. 199ff., 146ff.; STÜVE, Geschichte II, S. 676f. Näheres und Beispiele auch: St. A. O. AA 23, Nr. 5, 6. — Ähnlich für die Grafschaft Hoya: OPPERMANN, S. 61ff. — Eine Abart davon ist das sog. «Gespilderecht». LÜTGE, Mitteldt. Grundherrschaft, S. 60.
27 CCO I, S. 1116ff.
28 In den Jahren nach 1697 erläßt man unter der Regierung des Bischofs Carl weitere Bauernschutzmaßnahmen. SCHLOEMANN, S. 250. — Einen gewissen Schutz vor Veräußerungen landwirtschaftlicher Grundstücke bietet das im Fürstentum damals gewohnheitsrechtlich übliche sog. «Näherrecht», eine Art grundherrlichen Vorkaufsrechts. KLÖNTRUP III, S. 4ff. Vgl. auch zweites Kapitel dieser Untersuchung.
29 In einem Kanzleireskript vom 13. 9. 1703 heißt es, daß «die von einer Stätte schatzpflichtig veräußerten Grundstücke retrahirt werden können, wenngleich durch die Veräußerung derselben besonderer Nutzen befördert worden». CCO I, S. 1118.
30 In Minden-Ravensberg setzt eine Eigentumsordnung das Unteilbarkeitsprinzip 1669 ausdrücklich fest. SCHOTTE, S. 35f. Vorkämpfer für diesen Bauernschutz sind dort Herzog Wilhelm IV. und Fürstbischof Christian, Herzog von Braunschweig-Lüneburg. Auf diesen Vorarbeiten baute die preußische Verwaltung nach dem Kriege weiter. SCHOTTE, S. 38, 48. — In der Grafschaft Mark ergeht 1680 ein Edikt, worin bei gerichtlichen Veräußerungen von Erbgütern dem bisherigen Eigentümer eine sog. «Reluitionsfrist» zugestanden wird. Danach kann er vom Tage des Verkaufs ab innerhalb von 4 Jahren den veräußerten Hof bevorzugt gegen

lichen, infolge verwandtschaftlicher Bindung an das Welfenhaus, dieselben Vorschriften wie in Lüneburg[31].

Das Urteil der wirtschaftsgeschichtlichen Forschung über diese Maßnahmen lautet übereinstimmend, daß sie ein erfolgreicher Bauernschutz gewesen sind. «In Nordwestdeutschland hat der Staat durch eine zielbewußte Gesetzgebung die alte Agrarverfassung nach den Wirrnissen des Krieges wiederhergestellt[32].»

f) Herauslösung sog. «Zuschläge» aus der Mark

Wie gezeigt, tritt die Regierung des Fürstentums einer Zerstörung der Geschlossenheit der pflichtigen Höfe entschieden ablehnend entgegen. Sie schenkt aber einer Entwicklung keine Beachtung, die bereits im 16. Jahrhundert beginnt und sich im Dreißigjährigen Kriege verstärkt fortgesetzt hat: die Vergrößerung der landwirtschaftlichen Nutzfläche durch Herauslösung von Grundstücken aus den «gemeinen Marken» in Form der sog. «Zuschläge»[33]. Die Marken des Fürstentums Osnabrück sind nach Ansicht MIDDENDORFs[34] vom 16. Jahrhundert an bis zu ihrer planmäßigen Auflösung einem ständigen Verfall ausgesetzt gewesen. Entscheidenden Anteil am Verfall der Marken hatten die allgemein schlechte Markenaufsicht und die unzuverlässige Tätigkeit der Markbeamten (Holzgrafen)[35]. Bereits zu Ende des 16. Jahrhunderts befaßt man sich mit dem Markenschutz, der sich allerdings, wie auch später, auf die Kontrolle der Holzentnahme beschränkt[36]. Überhaupt sind nach MIDDENDORFs Meinung die auf diesem Gebiete getroffenen Maßnahmen ausschließlich waldkonservierenden Charakters. «Erst die im Laufe des 17. Jahrhunderts sich ergebende völlige Untergrabung der Markordnung führt gegen Ende dieses Jahrhunderts zu regierungsseitigen Reformbestrebungen, die sich zunächst auf den Ausbau des Markrechts zum Zwecke der Schonung des Markbestandes, im besonderen sodann auf die Forstkultur und den Anbau

---

einen Aufschlag von 5% auf den Verkaufspreis zurückkaufen. SCHOTTE, S. 48. — Im Herzogtum Westfalen bestehen ebenfalls Verordnungen über die Unteilbarkeit, verbunden mit einer Haftung des Grundherrn bei Steuerausfall von parzellenweise verpachteten Höfen. SCHOTTE, S. 50.

[31] Am Anfang steht die «Konstitution» des Herzogs Heinrich Julius wegen «verboteter Alienation der Lehn-, Erben-, Zins- und Meiergüter» von 1593. OPPERMANN, S. 1 f. Eine Erneuerung desselben erfolgt 1604 und 1612 mit besonderem Hinweis auf das Verbot von Kreditaufnahme auf pflichtige Höfe ohne Konsens. OPPERMANN, S. 3 f., 6 f. Hieran haben sich laufend Erweiterungen angeschlossen, die entweder für die Grafschaft Hoya-Diepholz allein oder auch für diese sowie Lüneburg Geltung hatten. Sie erfolgen sämtlich nach Beendigung des Krieges. OPPERMANN, S. 11 ff., 15 ff., 19 ff., 22 ff., 27 ff., 36 ff., 45 ff., 57 ff., 78.

[32] FRANZ, S. 101; WITTICH, Grundherrschaft, S. 401, der allerdings unter «Redintegrierungsgesetzgebung» ausschließlich in der zweiten Hälfte des 17. Jahrhunderts erlassene Maßnahmen versteht.

[33] Die «Zuschläge» sind nach KLÖNTRUP III, S. 398, lt. Landtagsbeschlüssen den Landesabgaben nicht unterworfen. Die Genehmigung zur Erteilung der Zuschläge liegt aber beim Domkapitel. Auch darf der Landesherr oder Grundherr Abgaben und Pflichten nicht erhöhen.

[34] MIDDENDORF, S. 1, 48, 54, 62 ff.

[35] Über die Stellung der Holzgrafen als Markenpolizei: HARTONG, S. 170 ff.; KLÖNTRUP II, S. 194 ff.; MIDDENDORF, S. 24, 65.

[36] Schon um die Wende des 15. Jahrhunderts war die Marktberechtigung («Ware») ebenso wie andere Grundstücke veräußerlich geworden, nachdem sie ursprünglich untrennbar mit der Hufe verbunden gewesen war. VINCKE, Besiedlung, S. 202. — Anscheinend war sie aber in normalen Zeiten nur mit Zustimmung der Markgenossen und des Holzgrafen veräußerlich. STÜVE II, S. 639.

bezogen[37]. Offenbar ungehindert vollzog sich die Aufteilung der Mark in Form der «Zuschläge». Mit diesem Namen oder mit «Zaunrichtungen» bezeichnet man damals den Übergang von Teilen der gemeinen Mark in das Eigentum eines Eigenbehörigen oder Freien. Während des Dreißigjährigen Krieges erfolgten besonders viele derartiger Besitzwechsel, ohne daß die Regierung einzugreifen in der Lage gewesen wäre[38]. Im Gegenteil, sie werden im Krieg mit Genehmigung der schwedischen Besatzungsregierung durch die Rentmeister und Vögte verkauft, um Gelder für Kontributionen aufzubringen[39]. Dadurch haben zahlreiche landwirtschaftliche Betriebe ihr Areal erweitern können[40]. Stellt man die Zahl der landwirtschaftlichen Anwesen der Ämter Fürstenau, Grönenberg und Vörden jeweils der Zahl der aus dem Aktenmaterial ersichtlichen Anzahl der Zuschläge gegenüber, so ergibt sich, daß 10, 11 bzw. 15% der Besitzungen in dieser Zeit Zuschläge erhielten[41]. Für die Ämter Wittlage-Hunteburg sowie für Iburg liegt nur die Summe der sog. «Konsensgelder» vor, also leider keine genauen Zahlen[42].

Als Ergebnis dieser Entwicklung ist festzuhalten: a) die Zuschläge, Durchschnittsgröße etwa 2,5–3 Scheffel Saat, gehen in das Eigentum des pflichtigen Bauern über. Das Eigentumsrecht wird ihnen dadurch bestätigt, als sich die Regierung (Bischof Franz Wilhelm) nachträglich für die Genehmigung der stattgefundenen Übereignungen Gebühren, sog. «Konsensgelder», bezahlen läßt. Selten werden sie zur grundherrlichen Eigenwirtschaft geschlagen. Sie sind lasten- und abgabenfrei, stärken also die Leistungsfähigkeit des einzelnen Betriebes. Zu einer allgemein spürbaren Erhöhung der Leistungsfähigkeit der Landwirtschaft im Fürstentum werden sie aber nicht beigetragen haben, da die ermittelte Zahl der Höfe, welche einen Zuschlag erhielten, nur 10–15% der Gesamtzahl der landwirtschaftlichen Anwesen beträgt[43], b) die Zuschläge sind nur in geringem Umfang zur Anlegung neuer steuerpflichtiger «Feuerstätten»[44], also von

---

[37] STÜVE II, S. 827f., der fortfährt: «Sie erfuhren eine besonders tatkräftige Förderung durch die drei Welfenfürsten, die auf den bischöflichen Stuhl gelangten und führten schließlich die Inangriffnahme allgemeiner Markenteilungen herbei.»

[38] MIDDENDORF, S. 67.

[39] St. A. O. AA 107, Nr. 7, 8. — An einer Stelle heißt es: «Diese vortgemeinde Feuerstätte und Zuschlage haben die Marckgenossen in Ihrer Hochfürstl. Gnaden zum Ambthauß Vörden gehörige drei Marcken proprio motu zu Ihrer Kriegs Beschwernißen Erleichterung Bei Vorgeweßner Graffen Waseburg Regierung verkaufft.» St. A. O. AA 107, Nr. 7.

[40] VINCKE, Besiedlung, pass.; ders., Lage, S. 1, nennt für 1663 folgende Gesamtzahlen der landwirtschaftlichen Betriebe (Vollerbe, Halberbe, Erbkotten und Markkotten):

Amt Iburg	2217	Amt Wittlage	658
Amt Fürstenau	2000	Amt Hunteburg	522
Amt Vörden	1020	Amt Reckenberg	390
Amt Grönenberg	1110		

[41] St. A. O. AA 107, Nr. 7, 8. Zahlen liegen nur von drei der sieben Ämter vor und auch von diesen nicht vollständig. Von 39 Vogteien sind nur von 13, auch da lückenhaft, Zahlen vorhanden. Demnach sind in den drei Ämtern insgesamt 702 Zuschläge erfolgt. — Über die Zahl der Kirchspiele und Vogteien: DÜRING, Ortschaftsverzeichniß, pass.

[45] Der Bischof ließ sich als nachträgliche Genehmigung entsprechende Gebühren (Konsensgelder) zahlen. Sie betrugen 10% der Summe des Grundstückswertes. Setzt man — was allerdings wegen der lückenhaften Unterlagen recht problematisch ist — den Wert eines Zuschlages durchschnittlich mit 26 rthl. an, so erhält man: für Wittlage-Hunteburg 53%, für Iburg 15%.

[43] Ob sich Osnabrücker Bürger, so wie es Franz von Erfurt berichtet, durch diese Zuschläge im und nach dem Kriege Land beschafft haben, ließ sich nicht feststellen. FRANZ, S. 100.

[44] Vgl. drittes Kapitel dieser Untersuchung. Eine «Feuerstätte» ist eine Bemessungsgrundlage des damaligen Steuerwesens im Fürstentum. Man versteht darunter eine Brennstelle, einen Herd, für den eine Abgabe zu zahlen war.

Wohnstätten verwendet worden. Das geht aus dem benutzten Aktenmaterial eindeutig hervor[45]. c) Obrigkeitlicher Einspruch gegen diese Form der Verkleinerung der Mark erfolgt nicht[46], im Gegenteil, man konzessioniert diese Eigentumsübergänge. (Zur Erzielung von Mehreinnahmen hatte der Bischof schon früher der Errichtung neuer bäuerlicher Stellen auf Markengrund nicht ablehnend gegenübergestanden[47].) d) Die gemeine Mark verkleinert sich zusehends dadurch, eine Erscheinung, die man damals als «Markkrebs»[48] bezeichnet. e) Infolge Fehlens von Geldmitteln werden die im Kriege gemachten Zuschläge gegen Zahlung einer Konsensgebühr nach Friedensschluß bestätigt. Eine allgemeine Markenteilung wird jedoch erst im Jahre 1721 für das Fürstentum Osnabrück empfohlen[49].

III. «Wüste» und «vakante» Höfe

a) Umfang und Bedeutung im Fürstentum Osnabrück

Nach Kriegsende sieht sich die Regierung einem weiteren Problem auf dem Agrarsektor gegenüber: dem der infolge der Kriegswirren wüst gewordenen Höfe. Es mutet im Anschluß an die Darlegung über die Zuschläge eigenartig an festzustellen, daß auch Höfe wüst lagen, während man auf der anderen Seite die Mark aufzuteilen begonnen hatte, was eher für Bodenmangel spricht. Es ist deshalb im voraus zu sagen, daß die Zahl der wüsten Höfe im Fürstentum Osnabrück nach dem Kriege relativ und absolut klein war. Auf der anderen Seite dürften – zu beweisen ist diese Vermutung natürlich nicht – die Eigenbehörigen in Kenntnis der Teilungsverbotsgesetzgebung sich von einer Parzellierung wüster Höfe oft zurückgehalten haben. Außerdem war der Erhalt eines Zuschlages aus der Mark infolge der Lastenfreiheit vorteilhaft. Im übrigen muß auch in diesem Zusammenhang wieder auf die oben erwähnten Ergebnisse der modernen wirtschaftsgeschichtlichen Forschung verwiesen werden, die immer wieder betont, daß eine Generalisierung der Kriegsschäden nicht möglich ist[50]. FRANZ[51] legt den Zahlen über die nach dem Kriege wüst liegenden Höfe größere Beweiskraft zur Dokumentierung der Kriegsschäden bei als den üblichen Schätzungen über Bevölkerungsverluste.

Im Gebiet des Fürstentums Osnabrück sind nach dem Kriege eine Anzahl Verordnungen erlassen worden, die sich mit den wüsten und vakanten Höfen befassen. Eine

---

[45] St. A. O. AA 107, Nr. 7, 8. Während des Krieges und danach herrscht vorübergehend kein Menschenüberschuß mehr, so daß die Anlegung neuer Wohnhäuser und landwirtschaftlicher Kleinstbetriebe unterblieb.
[46] Ursprünglich dürfte man sich aber, wie oben erwähnt, die Einwilligung vorbehalten haben. KLÖNTRUP III, S. 354 ff. Andernfalls hätte man wohl nicht nach Kriegsende die Konsensgelder verlangt. — Im Jahre 1651 bittet der Vogt Hoberg um Land zur Errichtung einer neuen Feuerstätte in Ksp. Neuenkirchen, Amt Fürstenau. Dem Wunsche wird ohne Schwierigkeiten entsprochen. St. A. O. AA 107, Nr. 3.
[47] KLÖNTRUP II, S. 319 f.
[48] KLÖNTRUP III, S. 345 ff.; WESTERFELD, Beiträge, S. 6.
[49] CCO II, S. 228, Nr. 722, Verordnung Ernst Augusts II. vom 14. 7. 1721; KLÖNTRUP II, S. 238 ff.; WRASMANN, S. 76. — STÜVE, Landgemeinden, S. 143, urteilt sehr negativ über die Wirkung der Teilung: sie bringe der Landwirtschaft wenig Gewinn, den Exemten aber übermäßigen Vorteil, indem vor allem die Holzgrafen und Erbexen große Teile an sich zogen.
[50] FRANZ, S. 9 f., 11, 14, 16, 17, macht hierauf, wie bereits oben erwähnt, besonders aufmerksam.
[51] FRANZ, S. 11. Sein Hinweis, die Zerstörungen seien bei Eingaben der Betroffenen oft um möglichst großer Abgabenerleichterung willen übertrieben worden, trifft auch für hier zu.

Neubesetzung erfolgt mit obrigkeitlicher Hilfe[52], nicht selten sogar unter staatlichem Druck. Die Untersuchung über das Ausmaß der im Fürstentum Osnabrück wüst liegenden Höfe ergibt folgendes Bild:

Gesamtzahl d. landw. Betriebe[53]		wüst bzw. vakant[54]	i. % d. lw. Betr.
Amt Iburg	2217	144	6
Amt Fürstenau	2000	30	1,5
Amt Vörden	810	40	5
Amt Grönenberg	1120	61	5,4
Amt Wittlage	658	33	5
Amt Hunteburg	522	14	2,6
Amt Reckenberg	390	4	1
insgesamt:	7717	326	durchschnittl. 4,3

Diese Zahlen zeigen eindeutig, daß das Ausmaß der Verwüstungen nicht den Umfang wie in anderen kriegszerstörten Gebieten Westfalens gehabt haben kann[55]. Die bei den Beamten offenbar nicht einheitliche Auffassung über die Bedeutung von «wüsten» oder «vakanten» Höfen läßt jedoch nicht immer klar erkennen, ob diese tatsächlich unbebaut liegen oder durch den Grundherren parzellenweise verpachtet worden sind[56].

b) Obrigkeitliche Maßnahmen und grundherrliche Einziehungsbestrebungen

Wegen der «wüesten und vacanten Stetten» erscheinen, wie erwähnt, im Fürstentum Osnabrück eine Anzahl Verordnungen und Edikte. Die erste ist durch Bischof Ernst August I. erlassen worden, und zwar im Jahre 1670[57]. Alle unbesetzt liegenden land-

---

[52] Dieser Zwang zur Neubesetzung ist praktisch die einzige «Wiederaufbauhilfe». — Direkte staatliche Wiederaufbauhilfen im modernen Sinn sind sehr selten gewesen. LÜTGE, Sozial- und Wirtschaftsgeschichte, S. 246.

[53] VINCKE, Besiedlung, S. 203 ff.; ders., Lage, S. 1.

[54] St. A. O. AA 94, Nr. 1, 2, 4, 5, 6, sowie AA 23, Nr. 1. Vgl. ferner die Tabelle im Anhang.

[55] Die gewonnenen Zahlen decken sich in etwa mit denen von SCHLOEMANN, S. 321, ohne weitere Quellenangabe. Demnach befanden sich 1669 an vakanten oder wüsten Höfen im Fürstentum in v. H. der 1718 insgesamt vorhandenen landwirtschaftlichen Betriebe:

Amt Fürstenau	60 = 3,00%	Amt Hunteburg	14 = 2,63%
Amt Vörden	10 = 1,04%	Amt Wittlage	112 = 16,50%
Amt Grönenberg	58 = 5,00%		

Die Abweichungen von dem oben erwähnten Ergebnis beruhen offenbar auf der nicht klaren Unterscheidung zwischen «wüst» und «vakant». (Vgl. Anmerkung 56.)

[56] In den Meldungen werden durch die Beamten und Unterbeamten die Begriffe «wüst» und «vakant» nicht immer im gleichen Sinne gebraucht. Hierauf dürfte auch die scheinbare Vermehrung der «wüsten Stätten» zu Ende des 17. Jahrhunderts beruhen. Das Aktenstudium ergibt folgende Bedeutung der Begriffe: wüste Erbe sind solche, die tatsächlich unbebaut liegen. Die Meldungen der Beamten von 1656 dürften unter diesem Gesichtspunkt erstellt worden sein. «Vakante» oder «unbesetzte» Höfe sind solche, die vom Grundherren an eigenbehörige Bauern im ganzen oder in kleinen Parzellen verpachtet worden sind. Die nicht klar erkennbare Unterscheidung wirkt sich in den oben erwähnten Zahlen aus. — Außerdem ist die Regierung in erster Linie an laufenden Einnahmen interessiert. Sie sieht deshalb teilweise darüber hinweg oder schreitet nicht ein, wenn ein Hof unbesetzt war, sofern nur die Abgaben bezahlt wurden. Bereits in einem 1602 erfolgten Landtagsbeschluß fordert man von den Grundherren, bei denen Höfe wüst liegen, die Leistung von Steuern und Abgaben. STÜVE II, S. 434.

[57] CCO I, S. 1113 f.; CCO II, S. 93, Nr. 285; KLÖNTRUP III, S. 5 f.; DÜHNE, S. 34; WESTERFELD, Beiträge, S. 70. In dieser Verordnung beklagt sich Ernst August I. darüber, daß von den

wirtschaftlichen Anwesen sollen danach binnen Jahresfrist wieder besetzt werden. Andernfalls wollen Bischof und Stände (Domkapitel und Ritterschaft) einschreiten[58]. Der Grundherr darf keinen Hof wüst liegen lassen, zum Eigenbetrieb schlagen, stückweise verpachten oder verkaufen. Selbstverständlich waren seit Kriegsende die Beamten, wenn auch nicht auf dem Verordnungswege, so doch durch entsprechende Anweisungen in der Korrespondenz mit der Regierung auf die Wiederbesetzung hingewiesen worden. Im Jahre 1662 war angeordnet worden, daß die Grundherren für wüste Höfe, sofern sie volle Pachten dafür erhielten, 10 rthl. davon abzuführen hätten[59].

Die Anzahl der Verordnungen, welche in Osnabrück zwecks Wiederbesetzung der wüst gewordenen Höfe erlassen wurde, ist nicht groß. Die Erklärung für diese kleine Zahl ist darin zu suchen, daß einmal bereits entsprechende Gesetze der Redintegrations- und Dismembrationsverbots-Gesetzgebung aus der Zeit vor dem Kriege gültig waren. Zum anderen war die Zahl der wüsten Höfe, wie gezeigt wurde, im Vergleich zu anderen Territorien relativ und absolut klein. Trotzdem wurde auch hier in der Praxis, d. h. durch die in den Ämtern tätigen fürstlichen Beamten sowie durch die Regierungsorgane streng auf die Wiederbesetzung gesehen. Insbesondere obliegt den Rentmeistern und als deren Unterbeamten den Vögten die Durchführung. Da, wie erwähnt, andere Hilfen zur Beseitigung der Kriegsschäden nicht zur Verfügung stehen, dürfte dieser Druck auf die Grundherren zur Wiederbesetzung das wichtigste Mittel der Obrigkeit zur Beseitigung der erwähnten Erscheinung gewesen sein[60]. Die Argumente der Grundherren, wenn sie Höfe mit Absicht unbesetzt zwecks Einziehung zur Eigenwirtschaft oder parzellenweiser Verpachtung liegen lassen, sind oft sehr merkwürdig (es stehe z. B. kein Haus mehr, weshalb sich niemand zur Übernahme bereit finden könne). Die Regierung ist aber in erster Linie an einer Erhaltung der Höfe als Steuerquellen und somit an einer Wiederbesetzung interessiert. Und wenn auch seit 1667 die erwähnte Realbelastung einsetzte, hat man seitens der Grundherren dies durch Hinzuschlagen zum Eigenbetrieb trotzdem zu umgehen versucht. Hierfür lassen sich zahlreiche Beispiele namhaft machen[61]. Und diese zeigen in fast allen Jahrzehnten nach dem Kriege Grundherren absichtlich viele Höfe wüst und unbesetzt gehalten würden zwecks Eigennutzung oder Verpachtung in Zeitpacht an pflichtige Bauern.

[58] CCO I, S. 1115; CCO II, S. 156, Nr. 500. Bischof Carl wiederholt diese Verordnung 1702 und droht den Grundherren, falls nicht Wiederbesetzung binnen Jahresfrist erfolge, Zahlung der Abgaben in voller Höhe für die wüst liegenden Höfe an. — Ähnlich für Lüneburg und Hoya-Diepholz: OPPERMANN, S. 81.
[59] DÜHNE, S. 34; STÜVE II, S. 434.
[60] Für den Neubau eines Hauses wird jedoch den Bauern Steuererlaß gewährt. Diese gewohnheitsrechtliche Regelung wird später zu einem Landtagsbeschluß (19. 9. 1697). St. A. O. AA 23, Nr. 5.
[61] Am 24. 10. 1673 und 10. 1. 1674 schreibt die Regierung an den Junker v. Hetterschei, daß die ihm gehörigen wüst liegenden Höfe zu besetzen seien, da sie «in rückstandt verblieben und zwarn dieselbe theilß wüest liegen, theilß noch immer mit vorsatz wüest gelegt und nicht besetzet werden sollen, solches aber Ihrer Fürstl. Durchl. unseres gnsten. Herren, hirbevorn ausgelaßnem Edicto um wiederbesetzung der wüesten Stätten zu wieder strebt». Die Wiederbesetzung ist dem fürstlichen Amthaus zu melden, damit der Hof nicht länger den öffentlichen Lasten entzogen bleibt. St. A. O. AA 94, Nr. 5. — Etwa im Jahre 1670 (Akte ohne Datum) schreibt die Regierung an den Herrn v. d. Bussche wegen des von ihm eingezogenen «Reitmeyers Erbe», daß bei landwirtschaftlichen Grundstücken auch dann Steuern zu zahlen seien, wenn darauf kein Haus mehr stehe. St. A. O. AA 23, Nr. 4. — In den Jahren 1666/67 fragt die Regierung bei verschiedenen Grundherren über den Umfang der zu ihrem Herrenland geschlagenen landwirtschaftlichen Grundstücke und Höfe an. So teilt Nicolas Herbord de Baer am 25. 5. 1666 auf Anfrage mit, daß «Unter hiesige meiner Hoffe saeth oder ackerbauw zum Hogsten 2½ Malt saeth schlechten sandigen Landes vorhanden, worinnen,

ein durchaus aktives Eingreifen des Staates in Fragen der Wiederbesetzung solcher wüst liegender landwirtschaftlicher Betriebe. Allerdings ist auch dabei wieder zu betonen, daß diese obrigkeitliche Aktivität nicht aus sozialen oder volkswirtschaftlichen, sondern aus rein fiskalischen Motiven erfolgt. Das staatswirtschaftliche Interesse wird

wiewol vor ohndenklichen Jahren, dies also genandtes Berlingmeyers gering halbiges Erbe mag bestanden haben». Dies sei angeblich schon zu Lebzeiten seiner Voreltern eingezogen worden, auch seien keine Gebäude mehr vorhanden. Er bittet deshalb, das Grundstück in «Immunität» zu belassen. St. A. O. AA 23, Nr. 2. Ähnlich antwortet Heinrich v. Böselager am 13.6.1667. Er gibt zu, daß «1597, also ante terminu a quo etwa einige Lande von meinem Vorfahren in die Hofe saet gezogen und davor wiederumb ein Kotte auf der Mark Holthauses Kotte genandt, in der Bauerschaft Haste schatzbar gemachet worden». St. A. O. AA 23, Nr. 2. — Johann Grothaus zur Ahrenshorst bittet die Regierung am 11.6.1666, sein angeblich seit «unvordenklicher Zeit exemtes Bünings Erbe» in Ostercappeln unbesteuert zu lassen. Er legt beeidete Aussagen von acht, zum Teil sehr alten, Einwohnern vor, die die Steuerfreiheit bezeugen sollen. St. A. O. AA 23, Nr. 2. — Claus Grothaus zur Nette gibt in einem Schreiben aus dem Jahre 1667 an die Regierung zu: «Und habe ich einen geringen Kotten Werjes genandt In der Haste Bauerschaft gelegen, der Zwar auff den Schatzregister für ein Erbkotten will gehalten werden, da er doch wegen seiner Geringigkeit dann In der anderen und dritten Classe gesetzt, Markkotten nicht gleich zu halten ist». Er bittet, ob «nun derselbe gantz oder ad dies vitae und den wenigen Rest, zu etwaiger ergetzung meines hohen Alters ex singlari gratia konte frei gelaßen werden». St. A. O. AA 23, Nr. 2. — Interessant ist die Untersuchung des Besitzstandes von Philip Grothaus zum Kritenstein aus dem Jahre 1667 durch die Regierung. Er muß eine Aufstellung über sein Grundvermögen einreichen, mit dessen Schätzung die Regierung den Drosten Albrecht Cappell und den Rentmeister Joh. Voß beauftragt. Die Regierung hat diese Untersuchung wegen dauernder Streitigkeiten G.'s mit seinen Eigenbehörigen in Grundstückssachen angeordnet (eine weitere Entscheidung der Regierung in diesem Falle ist nicht auffindbar). Sie ergibt folgende Zusammensetzung des Besitzes: zwei zehntfreie, zwei steuerpflichtige und unverpachtete, siebzehn freie verpachtete sowie einundzwanzig steuerpflichtige aber verpachtete landwirtschaftliche Grundstücke und Höfe. Angeblich ist dies aber alles bereits vor 1624 bzw. 1600 erworben worden (vor diesen Terminen stattgefundene Einziehungen sollten nicht berücksichtigt werden). St. A. O. AA 23, Nr. 2. — Am 5.7.1671 entscheidet die Regierung in einem Schreiben an J. von Dinklage, daß das ihm gehörige «Veltmannsche Erbe» ungeteilt gemäß ergangenem Edikt zu bleiben habe und bald wieder zu besetzen sei, «sonsten im wiedrigen Fall Ihre Für-Dhlt. Ursach haben werden, Darunter eine solche Verordnung Zuthun Die mithin zu des Erbes conservation zu erhaltung des Landes intereße streben kann». Der Käufer, Colon Budderken, soll «ernstlich und bei willkürlicher strafe gebetten sein», den Kauf des Anwesens rückgängig zu machen. St. A. O. AA 23, Nr. 1. — Interessant ist ein Schreiben an den Freiherrn von Bylandt vom 8.7.1671, welches von Bischof Ernst August I. unterzeichnet ist und worin scharf gegen mit Absicht unbesetzt gelassene Höfe Stellung genommen wird: «Wir geben Euch ab dem nebenschluß Zuersehen, was unterm nahmen sämbtlicher der Kirspels Dißen Eingeseßener wegen Eurer vacanten Biß darn Zu oder supplicanten abbruch ohnbesetzt gelaßener in specie Tappens Erbens für unterthänigste Klagen und Beschwer Bey unß eingelangt. Von nun unserer Hierbehörige absonderliche erinnerung Euch, und uns gemein publicirtes Edictum einen Jeden Gutherrn dahin anweiset, die ohnbesetzte od. vacante Erbe hinwieder zubesetzen oder mit beständigen Bewohnern zuversehen, undt dann Zu Bemf. Eures Tappen Erbe angeführter maßen sich ein qualificirter mit genugsamen erbieten angeben, welchen aber Beschwerliche Einwürfe Vorgelagt werden, Zu gemeinen Kirspels Beharrlichen nachtheil, Alß haben Euch hirmit in gnaden nochmahlen erinnern wollen, daß Ihr in Krafft publicirten Edicts auch sonst der gebür und schuldigkeit nach dem angebenen Colonum Zu Benl. Euren Eigenbehörigen Tappen Erbe gegen billiche praestanda admittirt oder da Ihr in erhebliche einrede wieder denselben zuhaben Vermeint, innert Zeit von acht Tagen Zu fernerer Verordnung Bey Unß einbringen laßet; Undt Wir seind Euch Zu gnädigen willen gewigt». St. A. O. AA 23, Nr. 1. —

seitens der Regierung gegenüber den Beamten ständig betont[62]. Dadurch, daß die finanzielle Leistungsfähigkeit der Höfe primär über allen Erwägungen anderer Art stand, sah man offenbar des öfteren darüber hinweg, wenn ein Grundherr die Abgaben zahlte, den betreffenden Hof jedoch entweder in die Eigenwirtschaft zog oder parzellenweise an eigenbehörige Bauern verpachtete. Eine solche Handlungsweise lief zwar allen Verordnungen über die Wiederbesetzung wüster Höfe und der gesamten Redintegrations- und Dismembrationsverbots-Gesetzgebung dem Buchstaben und Sinne nach zuwider. Aber die Überbetonung der Erhaltung des hohen Steueraufkommens ließ eine solche Entwicklung zeitweise offenbar übersehen[63]. Aus vielen Beispielen wird deutlich, daß die Grundherren für unbesetzte Höfe die Abgaben zahlten und das ihnen dadurch zur Verfügung stehende Land entweder selbst bewirtschafteten oder parzellenweise an eigenbehörige Bauern verpachteten. Der Differenzbetrag zwischen den vereinnahmten Pachtgeldern und den entrichteten Abgaben verbleibt ihnen dann als Gewinn.

Wenn die Regierung diesen Mißstand zeitweilig nicht bekämpft, so ist neben dem oben erwähnten überbetonten staatswirtschaftlichen Gesichtspunkt hoher Einnahmenerzielung die Erklärung dafür wohl nur in der wechselnden politischen Machtposition der Stände des Fürstentums (Domkapitel und Ritterschaft) dem regierenden Bischof

Am 23. 7. 1680 wird v. d. Bussche zu Hünnefeld ersucht, die sieben Scheffel Saatlandes an Fullings Kotten zurückzugeben, «daß er bestehen und die onera ertragen könne». St. A. O. AA 23, Nr. 6. — Der offenbar zeitweise scharfe Zugriff der Obrigkeit hinsichtlich der Steuereinhebung bei unbesetzt liegenden Höfen veranlaßt von dem Bussche-Ippenburg am 11. 8. 1697 zu folgendem Schreiben an die Regierung, in dem es heißt: «Wie es auff dem landraht hochlöblich decredirt, daß von allen vacanten Höffen der Eigenthumsherr auch endlich etwas genießen solle». St. A. O. AA 23, Nr. 6. — Weitere derartige Beispiele zahlreich in: St. A. O. AA 23, Nr. 1, AA 94, Nr. 1, 3.

[62] Der Rentmeister des Amtes Vörden meldet am 7. 4. 1684, daß im Ksp. Neuenkirchen zwei Höfe «desert» geworden seien, einer davon durch Flucht des Kolonen. Die Regierung geht hierauf gar nicht ein und antwortet nur, es sei auf sofortige Besetzung «ad interim» zu sehen, «damit so viel müglich wie vorerwehnet noch etwas an Schatzung darab kommen mügen». St. A. O. AA 94, Nr. 3. — LÜTGE, Sozial- und Wirtschaftsgeschichte, S. 251, betont stets, daß das steuerpolitische Motiv bei allen derartigen damaligen Maßnahmen dominierte. Ebenso BELOW, Fürsorge, pass.

[63] Im Jahre 1656 meldet man von den Osnabrücker Stadtkirchspielen hinsichtlich wüster Höfe: keiner liege wüst, «sondern seyn aus allen die Schatzung bezalt». St. A. O. AA 94, Nr. 1. Die Steuer ist also das Primäre, ob die Höfe wirklich besetzt sind, ist offenbar zweitrangig. — Im gleichen Jahre meldet man der Regierung aus dem Amt Grönenberg, daß von den genannten zehn Höfen, die wüst liegen, drei an je 17, 21 und 25 Eigenbehörige verpachtet sind. St. A. O. AA 94, Nr. 1. — Ebenso im Ksp. Schledehausen: für alle acht «vakanten» Höfe werden Abgaben bezahlt, für einen davon durch Bernhard v. Schele. Die übrigen sind parzellenweise verpachtet, wobei sich bis zu 17 Personen die landwirtschaftliche Nutzfläche der einzelnen Betriebe teilen. St. A. O. AA 94, Nr. 4. — Ähnlich für das Ksp. Damme: St. A. O. AA 94, Nr. 1. — Aus den Ksp. Glane und Hagen melden die Beamten über die wüsten Höfe: «Werden alle gebrauchet und verheuret vom Freyherrn zu Nortkirchen, welcher auch die Schatzungen, Kirchspelßonera zehnten und pfächten an das Kloster Iburg entrichten läßt». St. A. O. AA 94, Nr. 4. — Zwei Beispiele aus dem Beginn des 18. Jahrhunderts: in einer Meldung über wüste Höfe aus dem Ksp. Bissendorf heißt es: «Specificatio der Vogtey Bißendorf, theils vacanten, theilß nicht vacanten Stätten, von welchen und wasgestalt aus dero Landthewern der Schatz erfolge». St. A. O. AA 94, Nr. 4. Der Vogt von Laer, Amt Iburg, schreibt am 11. 4. 1715: «Hochedelgebohren, mit denen vacanten Erbe ist bieß hierher gehalten worden, daß die heurgelder meistentheils von Gutsherrn eingenommen wirdt in fine Anni völlig bezahlet werden». St. A. O. AA 94, Nr. 4. — Vgl. auch Aufstellung im Anhang dieser Untersuchung.

gegenüber zu suchen⁶⁴. Im allgemeinen aber geht die Regierung gegen diejenigen Grundherren vor, die derartige Maßnahmen treffen. Sie fürchtet vor allem, daß man die Höfe nach vorübergehender ordnungsmäßiger Pachtzahlung schließlich doch zum steuerfreien Herrenland schlägt⁶⁵. Man wirft deshalb, wie oben erwähnt, dem Adel nicht selten vor, er habe Höfe absichtlich unbesetzt gelassen, also «wüst gelegt». Wurden sämtliche Abgaben entrichtet, war es verhältnismäßig leicht möglich, daß derartige Tatbestände längere Zeit hindurch unentdeckt blieben. (Der Grundherr hatte dann in der Zwischenzeit die Möglichkeit, aus der Differenz zwischen Pachteinnahme und an den Staat geleisteten Abgaben Nutzen zu ziehen.) Nicht immer erhält die Regierung hiervon durch die Beamten und Unterbeamten Nachricht. Oft melden deshalb die eigenbehörigen Bauern unbesetzt liegende Höfe, indem sie sich bei der Regierung beschweren. Sie haben nämlich alle sog. „Bauerschaftslasten», d. s. Hand- und Wagendienste, Lieferung von Verpflegung an das Militär, Einquartierungen und auch Geldleistungen für die wüst liegenden Höfe mit zu erbringen⁶⁶. Die Leistungen dieser Art werden dem jeweiligen Kirchspiel offenbar global auferlegt und dort durch Umlage verteilt. Mit ihren Eingaben und Beschwerden drängen die Bauern bei der Regierung deshalb auf Wiederbesetzung⁶⁷.

c) Unrentable Kleinbetriebe

Das die wüsten Höfe betreffende Aktenmaterial ergibt jedoch noch ein Weiteres: viele Höfe – wenn man sie als solche überhaupt bezeichnen kann – sind deshalb nicht von Bauern besetzt, weil sie zu klein und damit vollkommen unwirtschaftlich sind. Manche können höchstens als Kotten bezeichnet werden. Oft findet sich ein Hinweis, wonach der Inhaber einer solchen Stelle «pauper», also im steuerlichen Sinne zahlungsunfähig sei. Das wird erklärlich, wenn man weiß, daß viele «Stätten» nur aus einem Haus mit Garten oder einem sonstigen Kleinstbesitz bestehen. Oft sind gar keine Gebäude vorhanden und man wohnt in Ställen, Backhäusern oder Schuppen. So wird verständlich, wenn in Meldungen der Ämter wegen wüster Höfe Jahrzehnte hindurch dieselben Namen auftauchen: sie sind entweder infolge fehlender Wirtschaftsgebäude nicht zu besetzen oder sie sind unrentabel, weil zu klein⁶⁸. So findet sich dafür auch kein Bauer.

⁶⁴ So erreicht z. B. die Ritterschaft des Fürstentums 1653 gegen die Stimmen des Domkapitels die Behandlung der vom Adel eingezogenen Höfe wie 1618: sie werden nicht besteuert. St. A. O. AA 23, Nr. 1.
⁶⁵ Am 4. 10. 1673 und am 10. 1. 1674 korrespondiert die Regierung mit dem Herrn v. Hetterschei zur Schlichthorst wegen eines wüst liegenden landwirtschaftlichen Anwesens und schreibt, dieses sei «in rückstandt verblieben und zwarn dieselbe theilß wüest liegen, theilß noch immer dem ansehen nach mit vorsatz wüest gelegt und nicht besetzt werden sollen, solches aber Ihrer Fürstl. Durchl. unseres gnesten. Herren hirbevorn außgelaßenem Edicto umb wiederbesetzung der wüesten Stette zuwieder strebt». Die Wiederbesetzung sei dem Amt zu melden. St. A. O. AA 94, Nr. 5. — Bereits früher hat man eine solche Entwicklung erkannt und gerügt. Deshalb hatte der Bischof vorgeschlagen, die wüsten Höfe gleich den besetzten zu behandeln. Die Stände (Domkapitel und Ritterschaft) hatten dies jedoch verhindert. Landtagsprotokollextrakt vom 4. 5. 1630. St. A. O. AA 23, Nr. 1.
⁶⁶ Vgl. zweites Kapitel dieser Untersuchung.
⁶⁷ Sämtliche Eigenbehörigen der Bauerschaft Ohrte, Ksp. Bippen, beschweren sich, ca. 1660 (Eingabe ohne Datum), daß sie Lasten wie Rundefuhren, Einquartierungen und Kollekten für wüst liegende und vakante Höfe mittragen müßten. Sie bitten deshalb um Wiederbesetzung. St. A. O. AA 94, Nr. 5. — Sämtliche Eigenbehörigen des Ksp. Dissen beklagen sich in einer Eingabe über den Verwalter des Gutes Palsterkamp: ein landwirtschaftlicher Betrieb in Gutsnähe soll zum Gut eingezogen werden. Der eigenbehörige Bauer ist verstorben und der Sohn

d) Zusammenfassung

Insgesamt ist zum Problem der wüsten Höfe und deren Wiederbesetzung im Fürstentum Osnabrück zu sagen: a) die Kriegsverwüstungen haben keinen entscheidenden Einfluß auf die Zahl und die Struktur der landwirtschaftlichen Betriebe allgemein gehabt. (Zu den Betrieben zählen die eigenbehörigen Höfe und auch die Kotten.) Das ergibt sich aus dem angeführten geringen Prozentsatz wüst liegender Höfe im Fürstentum, verglichen mit anderen Territorien nach dem Kriege. b) Es existieren trotzdem besondere Schutzverordnungen, die die Wiederbesetzung betreffen. Im wesentlichen stützt sich die Obrigkeit auf bereits vor dem Kriege gefaßte Beschlüsse (z. B. die von 1618). Diese bezweckten, wie gezeigt, einen Schutz der Höfeverfassung schlechthin und wurden bereits in einer Zeit ohne Kriegsverwüstungen gefaßt. c) Die Obrigkeit weist den Grundherren in seine Schranken, wenn er aus irgendwelchen Motiven Höfe einziehen will. Allerdings wird das fiskalische Motiv zeitweilig derartig stark betont, daß man über verbotene Handlungen und Entscheidungen der Grundherren hinwegsieht, sofern nur alle Abgaben vollständig entrichtet werden. d) Die Tätigkeit des Staates als eine Art «Obergrundherr» [69] wird in Form der den Schutz der Höfeverfassung bezweckenden Edikte deutlich. Die Obrigkeit nimmt damit entscheidenden Einfluß auf den eigenbehörigen Bauernstand. «Waren es früher die Grundherren gewesen, die unter dem Gesichtspunkt ihres Interesses dieser Frage ihre Aufmerksamkeit zugewandt hatten, so taten dies nunmehr die Landesherren unter speziell fiskalischem Aspekt, alles aber in Konkurrenz mit den bäuerlichen Sitten, die auch die Landesherren respektieren mußten.» [70] Im Fürstentum Osnabrück ist es vor allem Bischof Ernst August I., dessen Maßnahmen in dieser Untersuchung dargestellt werden.

darf auf Anordnung des Verwalters den Hof nicht übernehmen. Die Bauern bitten dringend um Wiederbesetzung. St. A. O. AA 94, Nr. 3. — Die Einziehung von Betrieben in der Nähe des Herrenhofes war natürlich begehrt. LÜTGE, Sozial- und Wirtschaftsgeschichte, S. 94. — Ähnlich lauten Beschwerden aus der Bauerschaft Linne über die Witwe v. Grothaus zur Ledenburg vom 7. 6. 1674 und die Witwe von Schorlemer vom Okt. 1676, das Ksp. Hilter betreffend. Auf letztere Beschwerde schreibt die Regierung, daß der nach Einziehung erfolgte Verkauf rückgängig zu machen sei, da das betreffende Anwesen öffentliche Lasten mitzutragen habe. St. A. O. AA 23, Nr. 1.

[68] In Berichten des Rentmeisters des Amts Iburg wegen wüster Höfe kehren Formulierungen immer wieder wie: «Amelings Jr. Voß zu Laer eigen, daß wohnhauß niedergefallen, Im Kotten sitzet einer zur Heur, die Landerey elociert» oder: «Daß wohnhauß ohne Besitzer» oder: «daß hauß niedergefallen». St. A. O. AA 23, Nr. 1. — Im Jahre 1669 sind aus dem Ksp. Borgloh acht wüst liegende Höfe und Kotten gemeldet worden, fünf davon mit Namen, die schon 1656 unbesetzt waren. St. A. O. AA 94, Nr. 4. — In den Meldungen aus den Ksp. Essen, Barkhausen, Lintorf findet sich des öfteren die Feststellung, daß das wüst liegende landwirtschaftliche Anwesen «nichts als ein kleiner Garten ist». St. A. O. AA 94, Nr. 6. — Aus dem Ksp. Riemsloh meldet man, Dütings Markkotten sei sehr klein. Es gehöre «nichts dahin als Ein halbscheppel Gartten landes». St. A. O. AA 94, Nr. 1. — Im Jahre 1669 wird aus dem Kirchspiel Laer gemeldet, dort lägen zehn Höfe (d. s. alle wüst liegenden), bei denen das Wohnhaus seit 20—40 Jahren zerstört sei. St. A. O. AA 94, Nr. 4. — Infolge Unrentabilität und damit Zahlungsunfähigkeit eines kleinen Hofes mit Mühle im Ksp. Neuenkirchen bei Vörden hat der Vogt die öffentlichen Lasten auf die Bauerschaft umgelegt (worüber sich diese beschwert), 27. 11. 1688. St. A. O. AA 94, Nr. 3. — Und im Jahre 1697 schreibt der Rentmeister aus Melle: «Jasper Blinde Von dieser Kottstette ist nichts zu erwarten, zumahlen kein stell' noch staelle mehr befindlich». St. A. O. AA 94, Nr. 1.

[69] LÜTGE, Sozial- und Wirtschaftsgeschichte, S. 250.

[70] LÜTGE, Sozial- und Wirtschaftsgeschichte, S. 251. — Infolge Fehlens derartiger obrigkeitlicher Bestrebungen geht z. B. in Mecklenburg die Zahl der ritterschaftlichen Bauern von 1621—1755 von 12 000 auf 6000 zurück. INAMA-STERNEGG, Kriegsfolgen, S. 26.

Alle derartigen Maßnahmen erscheinen, auch in anderen Territorien, gesammelt in den sog. «Eigentumsordnungen»[71]. Die zweite Hälfte des 17. Jahrhunderts ist der Beginn der Kodifizierung gewohnheitsrechtlicher Bestimmungen in den Territorialstaaten überhaupt[72]. Meist handelt es sich um die Fixierung von Besitzrechten und Erbsitten, deren Bestehen bisher allein durch das Herkommen begründet war. Im Fürstentum Osnabrück erscheint die erste Eigentumsordnung im Jahre 1722[73]. Allerdings hat zu ihrer Schaffung bereits Bischof Ernst August I. Anstoß gegeben[74].

IV. Entwicklung von Erbsitte und Besitzrecht

a) Abäußerung

Im folgenden sollen verschiedene Maßnahmen behandelt werden, die ebenfalls der Erhaltung der Leistungsfähigkeit des bäuerlichen Besitzes dienen, wenngleich sie nicht ein Spezifikum des hier untersuchten Zeitabschnittes sind. Ihrer Bedeutung wegen haben sie in den Eigentumsordnungen später Niederschlag gefunden.

Ein wichtiges Mittel zur Erhaltung der Leistungsfähigkeit landwirtschaftlicher Betriebe und des bäuerlichen Besitzstandes war die Abäußerung (Abmeierung). Schlechte Wirtschaftsführung, loser Lebenswandel, Schuldenmachen, Kreditaufnahme auf den Hof ohne grundherrliche Einwilligung (Konsens), sogar starker Holzeinschlag ohne Genehmigung waren Abäußerungsgründe[75]. Durch die Abäußerung war den Grundherren die Möglichkeit gegeben, unfähigen Bauern Hof- und Grundbesitz wegzunehmen, um erfahrene Eigenbehörige an ihre Stelle zu setzen. (Über dieses Rechtsinstitut finden sich in der landesgeschichtlichen Literatur viele Hinweise.) Allerdings wurde bereits vor dem Kriege von der Möglichkeit der Abäußerung verhältnismäßig selten im Fürstentum Osnabrück Gebrauch gemacht, da man dieses Mittel nur milde anwandte. Ebenso selten wird es nach dem Kriege in Anwendung gekommen sein, zumal sich auch im Fürstentum Osnabrück ein Menschenmangel bemerkbar machte. «Es war damals eine alte und ewige Klage der Gutsherren, daß die Bauern von den Höfen liefen, um Heuerleute zu werden. Damals kam der abgehende Sohn mit seinem Freibrief in keine schlechtere Lage als der Anerbe, der aller Welts Packesel war.»[76]

[71] LÜTGE, Sozial- und Wirtschaftsgeschichte, S. 252.
[72] MEYER, pass. OPPERMANN, pass. — In Minden-Ravensberg erfolgt bereits 1669 die Kodifizierung von Gewohnheitsrecht in einer Eigentumsordnung. Diese dem Buchstaben nach «grundherrnfreundliche» Eigentumsordnung enthält scharfe Abäußerungsbestimmungen, von denen jedoch in milder Form Gebrauch gemacht wurde. SCHOTTE, S. 39. — WITTICH, Grundherrschaft, S. 247 (Anm.), nennt für dieses Gebiet nur die Eigentums-Ordnung von 1741. — In Münster erscheint eine Eigentumsordnung erst 1770, wohl dadurch begründet, daß dort ein mildes Hörigkeitsverhältnis herrscht. Auch hat sie nur subsidiäre Bedeutung. SCHOTTE, S. 45. — Ähnlich für die Grafschaft Mark, SCHOTTE, S. 47 f.
[73] CCO I, S. 1103; CCO II, S. 232 ff., Nr. 734.
[74] In einem Reskript gibt er den Befehl zur Anfertigung einer Eigentumsordnung, wozu die Stände vorher Fühlung miteinander aufzunehmen hätten. CCO II, S. 143, Nr. 452. — Die daraus im Jahre 1722 entstandene Eigentumsordnung wird als «bauernfeindlich» angesehen. Vgl. HATZIG, S. 340. Überwiegend ist sie wohl aus Gewohnheitsrecht zusammengesetzt. So auch allgemein: LÜTGE, Sozial- und Wirtschaftsgeschichte, S. 452, über die Landesordnungen.
[75] Nicht selten aber erhalten die Kinder des Abgemeierten den Hof gegen Übernahme der Verpflichtung zur Zahlung der vom Grundherren «bewilligten Schulden» zurück. Einzelheiten: DÜHNE, S. 33; KLÖNTRUP I, S. 1 ff.; MÖSER III, S. 321; STÜVE II, S. 287; WESTERFELD, Beiträge, S. 21, 69 f. — Über das Abäußerungsverfahren in Westfalen: SCHOTTE, S. 61, 69, 82.
[76] DÜHNE, S. 33.

Man konnte jetzt erst recht keinen Eigenbehörigen abmeiern, sondern mußte froh sein, wenn die Bauern überhaupt auf ihren Höfen blieben. In vielen Fällen sind sie aber nach dem Kriege nicht mehr in der Lage, die ihnen auferlegten Verpflichtungen zu erfüllen und entziehen sich weiteren Maßnahmen seitens der Obrigkeit durch die Flucht in ein benachbartes Territorium[77]. Welche Tätigkeiten die Bauern in ihren «Aufnahmeländern» ausführen, ist nicht zu sagen. Sicherlich wurde ein großer Teil «Hollandgänger», was damals ziemlich einträglich war. Hierüber wird später noch gesprochen werden. Zweifellos wird diese Entwicklung die Grundherren zu großer Bedachtsamkeit in der Wahl der Mittel veranlaßt haben. Trotzdem sind natürlich auch nach dem Kriege Abäußerungen erfolgt[78].

b) Entwicklung des grundherrlichen Pfandrechts

Eine weitere Maßnahme (auf die auch im vierten Kapitel nochmals zurückzukommen sein wird) ist die Einschränkung des grundherrlichen Pfändungsrechtes gegenüber den Eigenbehörigen[79]. Im Jahre 1663 erläßt Bischof Ernst August I. eine Verordnung wegen rückständiger Pachten und sonstiger privatherrlicher Lasten[80]. Den Beamten, Richtern, Gografen und Vögten wird unter besonderem Hinweis auf die den Eigenbehörigen entstehenden Kosten ausdrücklich befohlen, keine derartige «Execution» zuzulassen oder selbst vorzunehmen, es sei denn, sie erfolge auf Befehl oder mit Einwilligung des Bischofs. Dieser Verordnung ist jedoch offenbar, wie Akten aus späteren Jahrzehnten immer wieder zeigen, kein Erfolg beschieden gewesen, ebenso, wie es das Schicksal vieler anderer Edikte in der damaligen Zeit war[81].

c) Das sog. «Näherrecht»

Ein weiteres Rechtsinstitut, das auch nach dem Dreißigjährigen Kriege der Erhaltung der Leistungsfähigkeit in Form der Geschlossenheit der Höfe dienen sollte, ist eine

---

[77] Die Rentmeister melden zahlreiche Fälle, in denen Bauern von ihren Höfen weggelaufen sind: 1656 der Rentmeister des Amts Grönenberg. St. A. O. AA 23, Nr. 1. — 1669 bzw. 1684 meldet der Rentmeister des Amts Vörden verschiedene derartige Fälle. St. A. O. AA 94, Nr. 1 bzw. Nr. 3. — 1687 meldet der Abt von Iburg einen solchen Fluchtfall. St. A. O. AA 93, Nr. 3.

[78] Der Meyer von Badbergen schreibt der Regierung am 27. 9. 1679, daß sein Schwager und seine Schwester «wegen einiger restirenden Pächte in discussion gezogen» und «vom Meyerhoff ab undt in die Wiltniß verwiesen, woselbst sie sich undt Zwarn in offenem Felde, sampt ihren Kleinen Kindern, Gott erbarm eß, noch aufhält». Die Abäußerung sei durch die Witwe v. Schele zur Schelenburg erfolgt und er bitte um Rückgängigmachung. Die Regierung fordert die Frau zur Stellungnahme binnen 14 Tagen auf. St. A. O. AA 23, Nr. 1.

[79] Bekanntlich konnten die Grundherren, allerdings nur bei Pachtrückständen, Pfändungen bei ihren Eigenbehörigen vornehmen. Von diesen Möglichkeiten machen die Grundherren sehr oft Gebrauch. Pfändungen werden beispielsweise von ihnen auch dann vorgenommen, wenn sie Eigenbehörige mit neuen Lasten beschwerten und diese sich weigern, solche zu leisten. Die daraus resultierenden Streitigkeiten zwischen Grundherren und Pflichtigen, die an der Tagesordnung sind, veranlassen die Regierung offenbar zu diesen Beschränkungsmaßnahmen. STÜVE II, S. 439; WESTERFELD, Beiträge, S. 65. — Genaue Bestimmungen ergehen aber erst in Zusammenhang mit der Konkursordnung von 1777. KLÖNTRUP I, S. 229.

[80] Der Bischof betont, daß diese Verordnung auf Grund der dauernden Beschwerden der Eigenbehörigen erlassen worden sei, die «mit execution und Pfandung beschwert würden, solches aber zu großen praejuditz unendlichen Verderb Unser Erb- und Eigenbehörigen reichendes Verfahren allerdings nicht zu dulden». Verordnung Ernst Augusts I. vom 28. 3. 1663 betr. Die Executionen gegen die landesherrlichen Eigenbehörigen. CCO II, S. 75, Nr. 232.

[81] Vgl. Einleitung dieser Untersuchung.

weitere Ausbildung des Näherrechts[82], einer alten Form des Vorkaufsrechtes, wenn ein Adliger Land verkaufte. Auch die Eigenbehörigen können zwar selbst Land erwerben und in Eigentum haben. Sie dürfen es auch wieder veräußern (im Gegensatz zu dem unveräußerlichen Hofesland), aber nur mit grundherrlichem Konsens. In diesem Fall haben die Grundherren ebenfalls die Möglichkeit des Vorkaufes durch das Näherrecht. Im Sinne eines Landtagsbeschlusses vom Jahre 1618 war dieses Näherrecht auf die Grundherren beschränkt. Stets taucht jedoch wieder die Frage auf, ob es nicht auch den eigenbehörigen Bauern bei Grundstücksverkäufen ihres eigenen Grundherrn zugestanden werden solle. Diese Möglichkeit wurde jedoch verneint, da die Stände befürchteten, die in solchem Falle kaufinteressierten Eigenbehörigen würden sich dazu auf unerlaubte Weise (Schuldenaufnahme) die erforderlichen Geldmittel beschaffen[83]. Auf diese Weise stand den Grundherren eine weitere Einkommensquelle offen. Sie erwarben das Land und verkauften es mit einem entsprechenden Aufschlag weiter[84].

Diese Art von Vorkaufsrecht findet sich auch in anderen deutschen Territorien, wenngleich auch mit anderem Namen[85].

d) Anerbenrecht und -sitte, Realteilungen

Auf dem Gebiete des Eigentumsüberganges der Höfe im Wege der Erbfolge[86] finden sich im Fürstentum Osnabrück keine Neuerungen, welche das alte Herkommen ergänzt oder geändert hätten. Auch greifen Bestimmungen der erwähnten Redintegrations- und Zersplitterungsverbots-Gesetzgebung in diese Sphäre ein. Es sei hier kurz festgestellt, daß im Osnabrücker Raum, von vorhergehenden Jahrhunderten abgesehen, in der Zeit vor und nach dem Dreißigjährigen Kriege Einzelerbfolge herrscht[87]. Über Erbrecht und Vererbungssitten berichten Abhandlungen in der landesgeschichtlichen Literatur teilweise ausführlich[88].

Realteilungen[89] finden sich, wenigstens offiziell, hier nach dem Kriege nicht[90]. Die Tatsache des Vorhandenseins sog. «Halberben» – Höfe und der Erbkotten spricht je-

---

[82] KLÖNTRUP III, S. 4 ff. — Über das Näherrecht ist auf dem Landtag von 1618 ausgiebig verhandelt worden. Es war bereits damals gewohnheitsrechtlich in Übung.

[83] Man stellt fest, daß dann seitens der Eigenbehörigen «die Erbe stückweise hinwieder verkaufft, zertheilt, zerrißen, und also schließlich Schatz und gemeiner Landfolge Verringert und Verrückt Wurde». Die Eigenbehörigen dürfen, so wird entschieden, erst dann zum Kauf zugelassen werden, wenn kein anderer adeliger Interessent vorhanden ist. St. A. O. AA 159, Nr. 4.

[84] Hierauf weist besonders LÜTGE, Bayr. Grundherrschaft, S. 50 f., hin.

[85] Er erscheint als «Einstand», «Losung», oder aber auch als «Näherrecht». LÜTGE, Mitteldt. Grundherrschaft, S. 59; ROSCHER, Ackerbau, S. 398.

[86] ROSCHER, Ackerbau, S. 398, meint dazu: «Die nämlichen Staatsgesetze, die seit dem 16. Jahrhundert für Erblichkeit der Bauernhöfe und Erhaltung derselben im Besitz des Bauernstandes wirkten, haben regelmäßig auch die Verfügung des zeitigen Besitzers über sein Gut in hohem Grade beschränkt. Das Interesse der bäuerlichen Familie war hiebei jedoch viel weniger maßgebend als dasjenige des Gutsherren oder Staates, welchen es wegen ihrer eigenen Ansprüche an den Bauernhof nicht gleichgültig sein konnte, wenn er unleistungsfähig wurde».

[87] Vgl. auch die Karten über die Verbreitung der Vererbungsweise in Deutschland bei ROSCHER, Ackerbau, S. 616/17 und die Zusammenstellung, ebda., S. 629.

[88] KLÖNTRUP I, S. 58 f.; DÜRING, Börstel, S. 221; SCHOTTE, S. 77 f.; STÜVE II, S. 677 ff.; ders., Landgemeinden, S. 240. — Für Nordwestdeutschland: WITTICH, Grundherrschaft, S. 21, 26, 32 ff., 44, 63 ff., 82 f., 358, 377 ff., 409 ff.; KULISCHER II, S. 89. Allgemein: LÜTGE, Mitteldt. Grundherrschaft, S. 59; ROSCHER, Ackerbau, S. 400.

[89] Allgemein hierüber: ROSCHER, Ackerbau, S. 399 ff.

[90] Allerdings wird ein dem Bischof eigenbehöriger Hof gegen Ende des 17. Jahrhunderts in zwölf Teile geteilt. St. A. O. AA 64, Nr. 1. — Vgl. auch: ROTHERT III, S. 492.

doch dafür, daß früher Realteilungen im Fürstentum stattgefunden haben[91]. In früheren Jahrhunderten waren sie dem Bischof aus Gründen der Erhöhung der Einnahmen durchaus willkommen[92]. Und vielleicht wären sie ihm auch jetzt zwecks Erhöhung des Steueraufkommens nicht ungelegen gewesen, denn die Zahl der steuerpflichtigen landwirtschaftlichen Anwesen wäre ja dabei gewachsen[93]. Doch hätte in einer solchen Politik auch das Risiko einer Minderung des Aufkommens infolge der durch zu starke Zersplitterung eintretenden Unrentabilität gelegen. Außerdem wäre eine derartige Entwicklung der Teilungsverbotsgesetzgebung zuwider gelaufen. Grundsätzlich aber standen Realteilungen der Rechtsüberzeugung im Fürstentum Osnabrück nicht entgegen, denn das zeigt die angedeutete frühere Entwicklung. Für das 17. Jahrhundert, insbesondere für die Zeit nach dem Kriege aber bleibt entscheidend «die Politik des Staates, der in der Aufrechterhaltung der geschlossenen Vererbung eine aus finanz- und volkswirtschaftspolitischen Gründen erwünschte Politik sah und diese Politik auch konsequent verfolgte»[94].

Es wurde darauf hingewiesen, daß einer Erbteilung des Hofes praktisch die Zahlung hoher Abfindungen (Brautschatz-Auslobungen) an die abgehenden Kinder oft gleich kam. Die nachteilige Wirkung der Zahlung hoher Summen für diese Zwecke und die Gefahr hiermit zusammenhängender Teilungen, besonders für Verkäufe, ist auch der Obrigkeit des Fürstentums nicht unbekannt geblieben. Bischof Ernst August I. erläßt deshalb, gestützt auf frühere Edikte ähnlichen Inhalts, im Jahre 1682 eine Verordnung, die die Höhe der Abfindungen regelt[95] Im 18. Jahrhundert wird diese Anordnung wiederholt.

e) Interimswirtschaft

Um dem Anerben die Nachfolge auf dem Hof zu sichern, solange er die Volljährigkeit nicht erreicht hat, bestehen im Fürstentum Osnabrück Vorschriften über die sog. «Interimswirtschaft». Sie legen die Befugnisse und die Bewirtschaftungszeit des Vertreters des als Nachfolger vorgesehenen Bauernsohnes fest. Den Zeitabschnitt, in dem der Vertreter (meist der zweite Ehemann der Frau im Todesfall des Bewirtschafters) die Bewirtschaftung inne hat, bezeichnet man als «Maljahre»[96].

[91] SCHLOEMANN, S. 206 ff., setzt sich hiermit ausführlich auseinander. Nach seiner Meinung haben in allen Ämtern erhebliche Realteilungen stattgefunden, am häufigsten dort, wo die natürlichen Verhältnisse (Bodengüte) es begünstigten. Er nennt vor allem die Ämter Wittlage und Hunteberg. Ebd., vgl. Tabelle SCHLOEMANN, S. 207. Seine Darlegungen, ebd., S. 209 f., sowie seine Übersicht, ebd., S. 210, lassen erkennen, daß die Mehrzahl dieser kleinbäuerlichen Siedlungen bereits im 16. Jahrhundert vorhanden ist. — Vgl. auch: DÜRING, Börstel, S. 223; STÜVE II, S. 610.
[92] Vgl. fünftes Kapitel dieser Untersuchung.
[93] SCHOTTE, S. 31, bemerkt, einer Erbteilung komme praktisch die Zahlung (Auslobung) hoher Brautschätze als Abfindung gleich. Hier zwang die dazu notwendige Kreditaufnahme oft zu Landverkäufen.
[94] LÜTGE, Mitteldt. Grundherrschaft, S. 59. — Für Bayern ergeht bereits in Form der «Landes- und Policey-Ordnung» 1616 ein Realteilungsverbot. LÜTGE, Bayr. Grundherrschaft, S. 101, 103.
[95] Verordnung Ernst August I. vom Jahre 1682. CCO II, S. 113, Nr. 357. Diese Verordnung erneuert und bezieht sich auf eine entsprechende frühere vom Jahre 1580, die genaue Vorschriften über Auslobungs- und Aussteuerhöhe der abgehenden Kinder enthält. CCO II, Nr. 42. — Eine Erneuerung erfolgt im 18. Jahrhundert, Verordnung vom 13. 4. 1723. CCO II, S. 276, Nr. 755.
[96] Die Interimswirtschaft besteht aus einer vorübergehenden Übernahme des Hofes durch den zweiten Ehemann der Frau des Eigenbehörigen, wenn dieser verstorben war. KLÖNTRUP II, S. 294 ff.; VINCKE, Besiedlung, S. 234. — Allgemein hierüber: ROSCHER, Ackerbau, S. 399.

Auch die Interimswirtschaft ist schon älteren Herkommens und dieses Rechtsinstitut, das in der landesgeschichtlichen Literatur des öfteren erörtert ist, erfährt nach dem Dreißigjährigen Kriege keine Erneuerung oder Erweiterung.

f) Grundherrliches «unbedingtes» Kündigungsrecht

STÜVE[97] berichtet über den Versuch der Grundherren, ihren eigenbehörigen Bauern gegenüber ein sog. «unbedingtes» Kündigungsrecht durchzusetzen. Die Verwirklichung dieser Forderung scheitert aber am Widerstand der um die Festigung der bäuerlichen Besitzrechte besorgten Regierung des Fürstentums[98]. Über diese grundherrlichen Bemühungen finden sich in den Akten des hier untersuchten Zeitabschnittes keine Hinweise. Offenbar ist dieser Vorgang älteren Datums. STÜVE bringt ihn ohne Quellen- und Zeitangabe. Außerdem wird der auch hier nach dem Krieg spürbare Mangel an tüchtigen eigenbehörigen Bauern die Grundherren von weiteren Vorstößen in dieser Richtung abgehalten haben.

g) Zusammenfassung

Insgesamt ist zur Entwicklung von Erbsitte und Erbrecht im Fürstentum nach dem Ende des Dreißigjährigen Krieges zu sagen, daß sich auf diesem Sektor keine Veränderungen gegenüber früher ergeben. Altes Gewohnheitsrecht, ergänzt durch wenige neue Verordnungen, hat auch in den Nachkriegsjahrzehnten weiterhin Gültigkeit. Vor allem sind es Maßnahmen im Rahmen der bereits vor dem Kriege einsetzenden Redintegrations- und Dismembrationsverbots-Gesetzgebung, die weiterhin wirken.

V. Kampf gegen die sogenannte «Tote Hand»
(Amortisationsgesetzgebung)

a) Ursprünge und Motive

Es wurde bisher gezeigt, daß die Obrigkeit im Fürstentum Osnabrück den Kampf um die Erhaltung der Höfeverfassung aus überwiegend steuerpolitischen Motiven führt. Höfe, die von Adligen eingezogen wurden, verminderten das Steueraufkommen, denn sie wurden durch Hinzuschlagen zum Herrenland, mindestens bis 1667 ohne weiteres, steuerfrei, «exemt». Ebenso besaß der Klerus in der damaligen Zeit das «Recht der Exemtion»[99]. Es ist deshalb verständlich, wenn die um die Erhaltung des Steueraufkommens besorgten Territorialfürsten allen Erwerbungen der Kirche und der geistlichen Korporationen, also der «manus mortua» kritisch und ablehnend gegenüberstehen[100]. Der Dreißigjährige Krieg hatte überall eine starke Verschuldung gebracht und das Angebot an landwirtschaftlichen Grundstücken war demzufolge nicht gering. Hiervon macht die Geistlichkeit auch Gebrauch, denn «die Kirche verfügte über Geld. Viele hatten sich vor den Kriegsgefahren in die schützenden Mauern der Klöster geflüchtet,

[97] STÜVE II, S. 652.
[98] STÜVE II, S. 652.
[99] Vgl. hierüber drittes Kapitel dieser Untersuchung.
[100] Der Kampf gegen die Erwerbung von Grundbesitz durch die Kirche ist jedoch kein Spezifikum des Territorialfürstentums im 17. Jahrhundert. BELOW, Untergang, S. 472, verlegt den Beginn auf die letzten beiden Jahrhunderte des Mittelalters, ähnlich ROSCHER, Ackerbau, S. 448 ff., der das elfte Jahrhundert nennt. Ähnlich und ausführlich über dieses Problem: KAHL,

vor allem Waisen waren hier aufgenommen worden und hatten dafür ihr Erbgut eingebracht. Auch ein Erlaß, der dem Adel ein Vorkaufsrecht zusicherte und verbot, Güter an die Tote Hand zu verkaufen, konnte die Entwicklung nicht aufhalten[101].»

b) Maßnahmen im Fürstentum Osnabrück

Nach Beendigung des Dreißigjährigen Krieges ergehen in Osnabrück durch die Obrigkeit ausführliche Verbote «de non alienandis immobilibus ad manus mortuos»[102]. Offenbar bewogen durch eine kaiserliche «Revokation» Leopolds I.[103], erläßt Ernst August I. im Jahre 1670 eine Verordnung wegen Veräußerungen an die Tote Hand[104]. Es wird darin zur «wieder herbeibringung die solcher gestalt dem gemeinen Wesen und Politischen Stande entkommenen Güther, und abwendung künftiger dergleichen unerlaubter und schädlichen veräußerungen[105], also zur Verhinderung weiterer Erwerbungen durch die Kirche, angeordnet: a) aller geistlicher Besitz, Privilegien, u. a. m. aus der Zeit vor Geltung der Capitulatio perpetua[106], wird weiterhin geschützt; b) dagegen ist alles, was danach erworben worden ist, binnen sechs Wochen an die Land- und Justizkanzlei zu melden und muß nach Taxierung durch neutrale Stellen binnen Jahresfrist veräußert werden; c) künftig ist es für den Klerus verboten, «liegende und unbewegliche Güther, Gründe und jura», frei oder steuerpflichtig, zu erwerben. Trotzdem geschlossene Kontrakte sollen «ipso iure null und nichtig seyn»[107]; d) derartige Erbschaften oder Erwerbungen, die man künftig macht, müssen binnen Jahresfrist veräußert werden. Oder, wenn eine Schenkung an die Kirche in Grund-

H. d. St. Er macht besonders darauf aufmerksam, daß geistliche Fürstentümer in Deutschland wie Trier, Köln, Würzburg, ebenso wie rein katholische Länder, z. B. Bayern, Belgien, Frankreich, Neapel, Portugal, Sardinien, Spanien, Toskana und Venedig die häufigsten und einschneidendsten Amortisationsgesetze hatten. — Die älteste diesbezügliche deutsche kaiserliche Reichverordnung erfolgt (lt. Hinweis in einem derartigen Erlaß Karls VI. vom Jahre 1720, St. A. O. AA 188, Nr. 14) im Jahre 1518 durch Kaiser Maximilian I. — ROSCHER, Ackerbau, S. 449, weist (mit sehr vielen Literaturangaben) auf schon früh einsetzende Verbote dieser Art in allen Ländern hin. — KAHL, H. d. St., macht ebenso wie andere Autoren unter Hinweis auf das Vorhandensein derartiger Gesetze vor allem in geistlichen Territorien und katholischen Ländern ausdrücklich darauf aufmerksam, daß man in solchen Verordnungen und in einem derartigen Vorgehen keinen Kampf gegen die Kirche schlechthin sehen dürfe.

[101] FRANZ, S. 101.
[102] St. A. O. AA 188, N. 14.
[103] St. A. O. AA 188, Nr. 14. Dieser Erlaß weist wiederum auf entsprechende Verordnungen von Kaiser Maximilian I. vom Jahre 1518 und Ferdinand I. von 1527 hin. In diesen Verordnungen wird das seit dieser Zeit von Reichs wegen bestehende Erwerbungsverbot für die Tote Hand «sub poena nullitatio» erneuert.
[104] Es wird darin festgestellt, daß seit Beginn der Geltung der «Immerwährenden Kapitulation» «unterschiedliche, sonst Weltlichen Zu gehörige unbewegliche- theilß Freye, theilß contribuable Güter, Gründten und jura, von der Geistlichkeit und suis corporibus, auf aller Hand weise acquiriret- und erworben- verfolglich nicht nur dem nutzen, Gebrauch und commercio des Gemeinen Wesens und politischen Standes (zu mahlen da die Weltlichen von denen Geistlichen wegen Dieser Ihrer überflüßigen Mittel, bey vorfallenden Veräußerungen solcher Güther, überbothen und also von der Handlung solcher Güther per indirectum ausgeschloßen zu werden pflegen) entzogen». St. A. O. AA 188, Nr. 14. — Die oben erwähnte Bemerkung Ernst Augusts in der Verordnung, es sei verboten, der Kirche auch freies Land zu vermachen, ist interessant. Dieses brachte ja keinen Steuerausfall. Das Motiv für dieses Verbot dürfte darin liegen, daß man grundsätzlich eine Besitzvermehrung der Kirche ablehnte.
[105] St. A. O. AA 188, Nr. 14.
[106] Über die Capitulatio perpetua vgl. Einleitung dieser Untersuchung.
[107] St. A. O. AA 188, Nr. 14.

besitz beabsichtigt ist, soll dieser taxiert werden und der Schenkende kann den Wert nach Verkauf an einen weltlichen Interessenten in Geld entrichten[108]. In einer weiteren Verordnung wird darauf hingewiesen, daß von Grundstücken, die steuerpflichtig und im Besitz der Kirche seien, auch weiterhin Steuern und Abgaben entrichtet werden müßten[109].

Diese Maßnahmen stellen jedoch auch für das Fürstentum Osnabrück kein Novum dar[110]. Aber die Regierung ergreift sie wiederum nach Beendigung des Dreißigjährigen Krieges, denn im Zuge der weiteren Ausbildung der politischen Macht benötigt Bischof Ernst August eben ein großes Steueraufkommen. Und man will die Höhe der finanzwirtschaftlichen Einnahmen nicht durch Herauslösung steuerpflichtigen Grundbesitzes durch die Kirche geschmälert wissen.

c) Allgemeine Beurteilung

Über die Bedeutung des damaligen geistlichen Grundbesitzes gehen die Meinungen der wirtschaftsgeschichtlichen Forschung, ebenso wie über die Motive der Gesetzgebung, auseinander[111]. Auf Grund des Untersuchungsergebnisses für das Fürstentum Osnabrück wird, was die Verordnungen des Bischofs Ernst August I. hinsichtlich des Kirchenbesitzes anbetrifft, den Urteilen BELOWS und LÜTGES zuzustimmen sein: die Verbotsgesetzgebung erfolgte überwiegend deshalb, weil sich der Fürst einen gleich-

---

[108] St. A. O. AA 188, Nr. 14.

[109] CCO II, S. 94, Nr. 292 (unt. Hinw. a. CCO I, S. 1704), Deklaration vom 6. 2. 1672 wegen der Steuerpflichtigkeit der von der Bürgerschaft an die Geistlichkeit verkauften Grundstücke.

[110] «In Osnabrück scheinen die Versuche, sich gegen ein Überhandnehmen der geistlichen Güter zu sichern, schon ziemlich früh erfolgt zu sein.» Bei Grundstücks-Kaufverträgen «erklären die Käufer, daß sie das von ihnen gekaufte Gut auf keine Weise in geistliche Hände kommen lassen wollen.» RUNGE, S. 180 (unt. Hinw. a. 25 Nummern der Akten des Ratsarchivs VI/H, 165, aus dem 14. und 15. Jahrhundert).

[111] FRANZ, S. 101, meint, daß im Falle des Nichteingreifens der Territorialgewalt und angesichts des Umfanges des Kirchenbesitzes fast der gesamte private Grundstücksverkehr hätte aufhören müssen. Ohne Zahlen zu nennen, spricht er davon, daß die Kirche nach dem Dreißigjährigen Kriege ein Drittel des gesamten Grundvermögens gehört habe. Ebd. — BUCHENBERGER, Agrarwesen, S. 342, meint: «Die Aufsaugungskraft des kirchlichen Grundbesitzes aber überragt die des sonstigen Großgrundbesitzes deshalb so bedeutend, weil neben den reichen Mitteln der Kirche, die fortgesetzt Anlage in Grund und Boden suchen, Frömmigkeit und Aberglaube zu dessen kostenloser Häufung immer von neuem beitragen. Von dem Riesenbesitz der Kirche im Mittelalter kann man sich nicht leicht eine zu große Vorstellung machen; und die zeitweise aufgetretene Besorgnis, es möchte mit der Zeit der ganze Grund und Boden von der Kirche verschlungen werden, war keineswegs eine übertriebene.» So auch ROSCHER, Ackerbau, S. 448 ff., der ergänzt: «Bestimmungen des kanonischen Rechts entbinden Vermächtnisse ad pias causas von den gewöhnlichsten Vorsichtsmaßregeln, welche sonst zum Schutze gegen leichtsinniges, ja zweifelhaftes Testieren getroffen sind: Cap. 10, 11, 13, X, III, 26. Cap. 4, X, III, 28.' Ebd. — Übereinstimmend schreiben beide, daß auch in solchen Territorien die Schädlichkeit einer solchen Anhäufung eingesehen wurde, so daß auch fromme Herrscher aus Gründen allgemein politischer Art allzu stark angewachsenes Kirchenvermögen säkularisierten, mindestens Veräußerungen an die Kirche konsenspflichtig machten. BUCHENBERGER, Agrarwesen, S. 343; ROSCHER, Ackerbau, S. 449. Ders., ebd., meint außerdem: «Eine Dotation der Kirche in Grundstücken macht es möglich, beim Steigen der Bevölkerung durch die mit steigende Grundrente die Zahl der Geistlichen etc. entsprechend zu vergrößern, auch ohne daß man neue gehässige Steuern auferlegt.» — Andere Forscher betonen den überwiegend fiskalischen Charakter dieser Gesetzgebung, so z. B. BELOW, Untergang, S. 472: der Territorialstaat «ver-

bleibenden Steuerertrag sichern wollte. Und es wurde in dieser Untersuchung stets darauf hingewiesen, daß gerade unter Ernst August bei allen Maßnahmen auf dem Agrarsektor das finanzwirtschaftliche Motiv dominierte.

Auf keinen Fall aber darf man, worauf die wirtschaftsgeschichtliche Forschung einhellig hinweist, in den damaligen Maßnahmen einen Kampf der Territorialgewalt gegen die Kirche aus irgendwelchen grundsätzlichen Erwägungen heraus erblicken.

bietet schon im Mittelalter, wenigstens in dessen letzten beiden Jahrhunderten, den Erwerb von Bauerngütern durch die Kirche. Diese Verbote werden freilich nicht aus besonderer Rücksicht auf den Bauernstand erlassen, sondern bilden Teile der allgemeinen Amortisationsgesetzgebung, welche der Unwille über den steuerfreien Klerus hervorruft.» So auch LÜTGE, Bayr. Grundherrschaft, S. 34: in Bayern erschienen im Anschluß an das Amortisationsgesetz von 1672 zahlreiche Verordnungen. — Durch päpstliche Bulle vom 7. 9. 1798 wird der Kurfürst von Bayern ermächtigt, angesichts seiner großen Geldverlegenheit $1/7$ des Klostervermögens einzuziehen, dessen Wert man (des Siebentels) auf 15 Mill. fl. schätzte. Ebd.

ZWEITES KAPITEL

Entwicklung der bäuerlichen Lasten

I. Problem der bäuerlichen Belastung allgemein

a) Der Bauer als Hauptsteuerzahler und Träger der Staatslasten

Die bisherige Untersuchung hat gezeigt, daß sämtliche Staatslasten ausschließlich vom eigenbehörigen Bauernstand getragen werden mußten[1]. Der Bauer ist vor allem Hauptträger der Steuern. Eine leistungsfähige Manufaktur oder andere Gewerbezweige gab es damals noch nicht, die man zu Leistungen hätte heranziehen können[2]. Das Wachstum der staatsrechtlichen Lasten[3], so meint STÜVE[4], gehe parallel mit der Entwicklung des neueren Staatswesens. Damit kennzeichnet er den Standpunkt der wirtschaftsgeschichtlichen Forschung zu diesem Problem.

Die oben erwähnten Maßnahmen auf dem Gebiete des Höfeschutzes hatten für den Bauernstand zwar manche Verbesserungen gebracht[5]. Die alten Abgaben aber, ebenso wie die anderen Leistungsverpflichtungen, blieben auch nach dem Kriege bestehen. Sie allein waren für die Bauern schon schwer genug zu tragen, wobei zu berücksichtigen ist, daß Adel, Klerus und zum Teil auch deren Bedienste steuerfrei waren[6]. Infolge bestimmter Entwicklungen, wobei Geldwertminderungen eine wichtige Rolle spielen, versucht man im 15. und 16. Jahrhundert bereits, neben einer allgemeinen Verschlechterung der bäuerlichen Besitzrechte seitens der Grundherren die Lasten der Bauern zu erhöhen.

II. Exkurs: Typen der Hörigkeit (Unfreiheit) in Nordwestdeutschland

a) Allgemeine Merkmale der Hörigkeit

Voraussetzung und Ausgangspunkt der erwähnten grundherrlichen Bemühungen, Lastenerhöhungen vorzunehmen, war das Bestehen eines Abhängigkeitsverhältnisses (Unfreiheit) des Bauern vom Grundherren. Als besondere Merkmale der abendländischen Unfreiheit nennt BELOW folgende Tatbestände: a) die Unfreien sind nicht rechtlos, b) sie haben wirtschaftliche Bewegungsfreiheit[7]. Er sagt ferner: «Einen bemerkens-

---

[1] Vgl. Einleitung dieser Untersuchung sowie erstes Kapitel.
[2] Vgl. sechstes Kapitel dieser Untersuchung.
[3] Über den Ursprung der staatsrechtlichen Lasten vgl. ROSCHER, Ackerbau, S. 463: «Von den staatsrechtlichen Lasten rühren die ältesten schon aus der Steuerverfassung der frühesten mittelalterlichen Monarchien her: so die Verpflichtung, reisende Fürsten, Beamte, Krieger fortzuschaffen und zu beköstigen ... Wer unfähig war, den Kriegsdienst zu leisten, mußte statt dessen Weg-, Burg- und Wachfronden tun oder auch Naturallieferungen, später Geldabgaben übernehmen.»
[4] STÜVE, Lasten, S. 175 ff.
[5] Vgl. erstes Kapitel dieser Untersuchung. — Zusammenfassend für Nordwestdeutschland, insbes. Niedersachsen: FUCHS, Bauernbefreiung, W. d. V.; LÜTGE, Bayr. Grundherrschaft, S. 65, 76; RITTER, H. d. Lw. I, S. 51; WITTICH, Epochen, S. 13; ders., Grundherrschaft, pass.
[6] FRANZ, S. 101. — Von dieser Steuerfreiheit (Exemtion) wird im dritten Kapitel dieser Untersuchung noch zu sprechen sein.
[7] BELOW, Unfreiheit, W. d. V.

werten Unterschied stellt die Einteilung in Leibeigene und Hörige dar. Die Leibeigenen sind als Personen, ohne Rücksicht auf ein Grundstück, unfrei[8], die Hörigen dagegen durch das von ihnen besessene Grundstück des Grundherren. Der Leibeigene eines Herrn kann zugleich Zinsmann eines anderen für ein Grundstück, das er von diesem erhalten, sein. Die Leibeigenen zahlen Leibzins und Sterbfall (Abgabe aus der Hinterlassenschaft des Unfreien). Doch kommen beide auch sehr häufig, Sterbfall ganz gewöhnlich, bei einfachen Hörigen, teilweise sogar bei freien Leuten vor. Die Beschränkung der Freizügigkeit war ebenfalls kein auszeichnendes Merkmal der Leibeigenen. Frondienste leisteten sie ihrem Leibherrn als solchem wohl nicht (nur, wenn sie von ihm auch ein Grundstück hatten)[9].»

b) Westfälische Eigenbehörigkeit, besonders im Fürstentum Osnabrück

Hinsichtlich der rechtsgeschichtlichen Typisierung des Abhängigkeitsverhältnisses (Unfreiheit) gehört das Fürstentum Osnabrück zur westfälischen Eigenbehörigkeit. Die Bauern sind hier persönlich belastet, wobei also die Abgabeverpflichtungen lediglich aus historischen Gründen an der Person haften[10]. Innerhalb dieses Rechtsinstitutes unterscheidet man in Osnabrück verschiedene Abstufungen: einmal die sog. «Hausgenossen» oder «Eigenbehörigen nach Hausgenossenrecht», d. s. meist bischöfliche Eigenbehörige und die «Eigenbehörigen nach Ritterrecht»[11]. Gegenüber diesen Eigenbehörigen nach Ritterrecht, im folgenden kurz «Eigenbehörige» genannt, übt der jeweilige Grundherr – in der landesgeschichtlichen Literatur oft «Gutsherr»[12] genannt – seine Rechte aus. Diese grundherrlichen Rechte waren sehr bedeutend, umfaßten vor allem: a) alle Rechtsgeschäfte des Eigenbehörigen, die dem Hof nachteilig sein können. Sie haben ohne grundherrliche Einwilligung (Konsens) keine Gültigkeit; b) die Auswahl des Bauern auf den Hof. Der Grundherr braucht z. B. keine Person auf den Hof zu nehmen, die die «Auffahrt» nicht bezahlt; c) bestimmte Pflichten hinsichtlich Diensten und Lieferungen; d) die grundherrliche Einwilligung bei Grundstücksverkäufen

---

[8] LÜTGE, Sozial- und Wirtschaftsgeschichte, S. 103 f., meint hierzu ausdrücklich, es handle sich bei ihrer Belastung «nur um Abgabeverpflichtungen, die ... aus historischen Gründen an der Person haften».

[9] BELOW, Unfreiheit, W. d. V.

[10] Vgl. Anm. 8 dieser Seite. – RICHARD, S. 157, formuliert: Leibeigentum ist persönliche Dienstbarkeit, «vermöge welcher der sog. Eigenthumsherr an der Person seines Eigenbehörigen gewisse Rechte auszuüben befugt ist. Solche bestehen demnach in dem vollen Sterbefalle oder der Beerbung der Leibeigenen, in der Lösung des Freybriefes, wenn der Eigenbehörige der Leibeigenschaft entlassen seyn will, im Zwangsdienste und im Bettemunde». Ähnlich: KLÖNTRUP II, S. 113 ff.; STÜVE II, S. 617.

[11] Nach damaliger Meinung ist jeder eigenbehörig, an dessen Person oder Gütern einem Dritten Eigentum zusteht. KLÖNTRUP I, S. 290 ff. Vgl. auch SCHLOEMANN, S. 193; WRASMANN I, S. 58 f.

[12] Die wirtschaftsgeschichtliche Forschung, bes. BELOW und KNAPP, hat genaue Unterschiede zwischen den Begriffen «Gutsherrschaft» und «Grundherrschaft» herausgearbeitet. – «Während die Gutsherrschaft einen räumlich geschlossenen Bereich erfaßte, konnten sich die grundherrlichen Rechte und Verhältnisse über weite Gebiete hin erstrecken, und zwar sich mischend mit den entsprechenden Rechten anderer Grundherren. Die Bauern ein und desselben Dorfes können nicht nur im Prinzip je einen anderen Grundherren über sich haben, sondern der einzelne Bauer kann sogar mit mehreren Grundherren in Beziehungen stehen, kann im Prinzip jeden Acker seines Gutes von einem anderen Grundherren erhalten haben.» LÜTGE, Sozial- und Wirtschaftsgeschichte, S. 320. – In diesem Sinne sind die privaten Berechtigten im Fürstentum als Grundherren anzusprechen. Mit dem in der landesgeschichtlichen Literatur oft auftauchenden Wort «Gutsherr» ist fast immer ein Grundherr gemeint.

aus dem Eigentum des Pflichtigen. Auch wenn der Eigenbehörige selbst Land besaß, kann er es nicht ohne Konsens des Grundherren veräußern. Er muß es ihm außerdem vorher anbieten. Beim Kauf ist der Grundherr allerdings gehalten, das Land dem Betrieb des Eigenbehörigen hinzuzuschlagen; e) den Zwangsdienst. Kinder von Eigenbehörigen sind bis zu ihrer Freilassung im «Leibeigentum» und dem Zwangsdienst unterworfen; f) den Sterbfall. Der Grundherr beerbt den Eigenbehörigen nach der Art des Sterbfalles; g) das Pfandrecht. Das grundherrliche Pfandrecht kann gegen die Eigenbehörigen ausgeübt werden, wenn auch nur im Zusammenhang mit rückständigen Pacht- und Dienstleistungen. Sonstige Gerichtsbarkeit steht dem Grundherren nicht zu[13]. Die Eigenbehörigen nach Ritterrecht stellen im Fürstentum Osnabrück zahlenmäßig die stärkste Klasse der abhängigen Bauern. Ihre rechtliche Stellung war, verglichen mit den anderen Unfreien (Hausgenossen) des Fürstentums, ungünstig. Ihre Abgaben und Leistungen waren drückender als die der Hausgenossen[14]. Der Eintritt Freier in die Hörigkeit aber war nicht selten und galt, da die damalige Zeit in der Abhängigkeit durchaus nichts sozial Erniedrigendes sieht, keinesfalls als entehrend[15]. Ihnen gegenüber stehen die bischöflichen Eigenbehörigen, die sog. «Hausgenossen»[16]. Sie behielten auch nach Auflösung der Villikationen ihre Bezeichnung bei[17] und waren, wie bereits gesagt, in ihren Lasten günstiger als die ritterschaftlichen Eigenbehörigen gestellt[18]. Daneben stehen noch, allerdings in viel geringerer Zahl als genannten beiden Klassen, die Freien, sog. «Winnerben»[19].

[13] KLÖNTRUP II, S. 113 ff.
[14] SCHLOEMANN, S. 193; DELLA VALLE, S. 213; WESTERFELD, Beiträge, S. 43.
[15] DÜRING, Börstel, S. 228. — Über Verkauf, Vertauschung und Verschenken von Eigenbehörigen: DÜRING, Börstel, S. 213; KLÖNTRUP II, S. 113 ff.
[16] RICHARD, S. 46. Ausführlich darüber: WESTERFELD, Hausgenossen, S. 179 ff.
[17] DELLA VALLE, S. 213.
[18] Die Hausgenossen hatten u. a. eine geringere Dienstpflicht, niedrigere «gewisse» und «ungewisse Gefälle» zu zahlen. Die Kinder waren meist ohne Zwangsdienstverpflichtung. Erhöhung der Verpflichtungen widersprach dem Hausgenossenrecht. SCHLOEMANN, S. 193; WRASMANN I, S. 58 f. — RICHARD, S. 46, unterscheidet innerhalb der Hausgenossen zwischen «Hausgenossenfreien» (also den dem Bischof als Hode- [= Schutz-] Herren unterstehenden Hausgenossen) und den «Hausgenosseneigenen». Sie unterstehen zwar privaten Grundherren, sind aber privilegiert. — In späterer Zeit, vor allem nach dem Dreißigjährigen Kriege, müssen die Hausgenossen hart um ihre Privilegien kämpfen. Man versucht, ihre Leistungen zu erhöhen, die Kinder zum Zwangsdienst heranzuziehen. Besonders die Grundherren versuchen, die Hausgenossen zu rittereigenen Bauern herabzudrücken. WESTERFELD, Hausgenossen, S. 209, 211, 213, 218, 228. — Die Privilegien der Hausgenossen werden aber auch später ausdrücklich bestätigt: so für 1672, 1697, 1716. CCO II, S. 139, Nr. 441; CCO II, S. 145, Nr. 458; CCO II, S. 148, Nr. 469; CCO II, S. 181, Nr. 607.
[19] «Im Fürstentum Osnabrück wurde von den Besitzern der ihrer erbrechtlichen Natur den Zinsgütern völlig gleichstehenden Winnerben außerdem noch beim Besitzwechsel ein dem meierrechtlichen Weinkauf analoges Gewinn- oder Auffahrtsgeld entrichtet. Der Erbzinsmann schaltete als freier Herr völlig unbehindert auf seinem Gute, er war zu Veränderungen der Substanz der Güter, soweit diese nicht eine Verschlechterung bedeuteten, befugt und konnte das zinspflichtige Gut frei veräußern oder vererben, natürlich mit dem Vorbehalt der Rechte des Obereigentümers, der zwar beim Verkauf sein Näherrecht geltend machen, den Verkauf aber selbst nicht verhindern konnte.» SCHOTTE, S. 55. — Ähnlich: SCHLOEMANN, S. 191. Über das Zahlenverhältnis von Freien zu Eigenbehörigen in der Angelbecker Mark: ders., S. 192, Übers. Nr. 3. — Der Freie steht im Schutze eines Grundherren (Hodeherren), den er sich im Gegensatz zu den Eigenbehörigen frei wählen konnte. KLÖNTRUP II, S. 166; STÜVE II, S 617.
— Ebenso wie die Zahl der Freien war die der landtagsfähigen Güter im Fürstentum klein. Sie betrug, allerdings zu Ende des 18. Jahrhunderts, 72. HUGO, S. 19.

Die Verpflichtungen des eigenbehörigen Bauernstandes im Fürstentum Osnabrück waren, wie oben erwähnt, an die Person des Bauern gebunden[20].

c) Niedersächsisches Meierrecht

Im Gegensatz zur westfälischen Eigenbehörigkeit ist die Belastung des niedersächsischen Bauern eine Reallast. Sie hängt also an Grund und Boden[21]. In Niedersachsen stand der Bauer in der Hauptsache unter dem Rechtsinstitut des Meierrechts, welches bekanntlich, ursprünglich Zeitpacht, seit dem Ende des 16. Jahrhunderts durch Maßnahmen der welfischen Fürsten in Erbpacht umgewandelt wurde[22]. Im Lande Osnabrück «blieb dagegen für die Mehrheit der Eigenbehörigen ein beschränktes Besitzrecht bestehen, das allerdings manche Gutsherren in Zweifel zogen. Daß auf unseren Höfen die Erblichkeit von jeher als Regel galt, bezeugt schon die Bezeichnung der ältesten Besitzungen als Voll- und Halberben»[23].

d) Hinweis auf die ostdeutsche Erbuntertänigkeit

Die Formen der Belastung in Niedersachsen und Westfalen unterscheiden sich erheblich von der Unfreiheit Ostdeutschlands. «Dasjenige, was die Erbuntertänigkeit des Ostens von der Unfreiheit Altdeutschlands namentlich unterschied, war die Verpflichtung zu zahlreichen und schweren Frondiensten mit einem umfangreichen Gesindedienst (von dem sich in Altdeutschland nur geringe Spuren fanden)[24].» Es wurde bereits erwähnt, daß die Eigenbehörigkeit wie überhaupt die damalige Unfreiheit nicht als entehrend galt, «denn die Mitwelt sah begreiflicher Weise in dem Stande der Hörigkeit eine unabänderliche Thatsache der bestehenden Gesellschaftsordnung und empfand für denselben keineswegs den Abscheu und die Verachtung, welche ihr spätere Generationen im modernen Humanitäts-Bewußtsein angedichtet haben»[25].

[20] DÜRING, Börstel, S. 228, 232. — Daher bestand auch die Notwendigkeit sich freizukaufen. Der Landesherr hat somit die Möglichkeit, die Auslieferung eines in ein fremdes Territorium geflohenen Eigenbehörigen zu beantragen. Davon ist aber offenbar kaum Gebrauch gemacht worden. DÜRING, Börstel, S. 232. — Auch aus den Akten, denen Meldungen über die Flucht von Eigenbehörigen zu entnehmen sind, ist zu ersehen, daß Auslieferungsanträge nicht gestellt wurden: Bericht des Rentmeisters Stordeur vom 28. 3. 1684. St. A. O. AA 93, Nr. 3. Bericht des Abts von Iburg vom 26. 6. 1684. St. A. O. AA 93, Nr. 3. Bericht des Rentmeisters Meieling, Amt Grönenberg, vom 23. 11. 1686. St. A. O. AA 23, Nr. 1.
[21] KÖCHER, S. 1 ff.; WITTICH, Epochen, S. 13; ders., Grundherrschaft, pass.
[22] FUCHS, Bauer, W. d. V.; LÜTGE, Sozial- und Wirtschaftsgeschichte, S. 97 ff.; SCHOTTE, S. 56; WESTERFELD, Beiträge, S. 44; WITTICH, Epochen, S. 13; ders., Grundherrschaft, S. 26, pass. — Ausnahmen: LANGETHAL IV, S. 112 ff.; OPPERMANN, pass., (für Hoya-Diepholz).
[23] WESTERFELD, Beiträge, S. 44. — SCHOTTE, S. 55, mit vielen Literaturangaben.
[24] BELOW, Unfreiheit, W. d. V. Ähnlich: GOLTZ, Geschichte I, S. 87, der, wie LÜTGE, Sozial- und Wirtschaftsgeschichte, S. 103 f., darauf hinweist, daß Leibeigenschaft an sich nichts Härteres als dingliche Unfreiheit ist, nur in der Begründung derselben unterschieden. — Zur Lage der Bauern im nordwestdeutschen Raum meint LANGETHAL IV, S. 112 f., generalisierend: «Die Lage der Bauern aber war im Churfürstenthume gar sehr verschieden. Am besten befanden sich die Landleute in Lüneburg-Celle und in den seit 1715 mit Hannover vereinigten Stiftsländern Bremen und Verden; denn ihre Abgaben waren um vieles geringer. Dann kamen die Bauern von Osnabrück, ihnen folgten die Bauern von Grubenhagen und Kalenberg und am härtesten war das Schicksal der Bauern von Hoya. Die letzteren standen fast sämtlich noch unter Leibeigenschaft und gehörten zu den ärmsten in Teutschland.»
[25] DÜRING, Börstel, S. 234.

III. Exkurs: Formen der Belastung im Fürstentum Osnabrück

a) Abgrenzung zu den ordentlichen Staatssteuern

Der Bauer war durch die ihm auferlegten Abgabeverpflichtungen mit einer Vielzahl von Leistungen belastet, die in Form von Dienstleistungen, Naturalabgaben oder Geld zu erbringen waren. Die Belastung durch Geldzahlungen, welche auch offiziell Steuern sind, wird im dritten Kapitel dieser Untersuchung behandelt werden. ROSCHER[26] weist in diesem Zusammenhang besonders darauf hin, daß alle kraft grundherrlicher oder staatlicher Hoheit erhobenen Abgaben praktisch Steuern sind. Nach dem Kriege werden diese Lasten seitens der Obrigkeit nicht gemindert, sondern beibehalten und zum Teil weiter ausgebaut. Um die Entwicklung der bäuerlichen Belastung nach dem Kriege untersuchen zu können, sind unten die Leistungsverpflichtungen der eigenbehörigen Bauern des Fürstentums Osnabrück zusammengestellt.

b) Fixierung der bäuerlichen Leistungen

Bis zum 17. Jahrhundert sind alle Leistungen der eigenbehörigen Bauern längst fixiert[27]. Ebenso ist die Umwandlung naturaler Leistungen in Geld hier schon alten Datums[28]. Eine Erhöhung der Pacht war dem Grundherren selbst mit Einwilligung des Eigenbehörigen nicht möglich, da der Staat um die Erhaltung der steuerlichen Leistungsfähigkeit der Höfe besorgt ist und eine solche Erhöhung nicht zuläßt[29].

Die bäuerlichen Lasten im Fürstentum Osnabrück sind in dieser Untersuchung in «gewisse» und «ungewisse» Gefälle unterteilt, also je nachdem, ob die Leistungen regelmäßig oder nur bei bestimmten Ereignissen zu erbringen waren[30]. Die Unterscheidung in «gewisse» und «ungewisse» Gefälle ist im hiesigen Gebiet herkömmlich. Die damalige Amtsprache bedient sich dieser Bezeichnungen und die landesgeschichtliche Literatur übernimmt sie. «Gewisse» Gefälle sind also, wie schon angedeutet, regelmäßig

---

[26] ROSCHER, Ackerbau, S. 463.

[27] Die schon ziemlich frühe Lastenfixierung bringt bei steigender Grundrente den Bauern, sofern die Leistung in Geld zu erbringen ist, in den Genuß zusätzlicher Sondergewinne. ABEL, Krisen, S. 25 f.; LAMPRECHT-BELOW, H. d. St., Erg.-Bd. — Für Osnabrück: STÜVE II, S. 656; WRASMANN I, S. 76. WENZEL, S. 251, stellt für Herzebrock fest, daß die Abgabenhöhe vom 15. bis zum 19. Jahrhundert stets gleich geblieben ist.

[28] Eine Verordnung aus dem Jahre 1583 ermächtigte die Grundherren, Dienstleistungen wiederum in natura zu verlangen, wenn in der Zwischenzeit an ihrer Stelle Geld entrichtet worden war. CCO II, S. 20; STÜVE, Lasten, S. 197; WRASMANN I, S. 76. — Hieraus ist zu schließen, daß Naturaldienste bis zu diesem Zeitpunkt längst in Geld umgewandelt worden sein müssen.

[29] Nach RICHARD, S. 337 f., 340, ist eine Pachterhöhung nur unter ganz besonderen Umständen möglich, z. B., wenn ein Grundherr seinem Eigenbehörigen Geld gegen «unlösbare Zinsen» vorstreckt oder bei Neubesetzung des Hofes. Letzteres auch: SCHOTTE, S. 64. — Da die über Jahrhunderte hinweg gleichgebliebene Pachthöhe dem ursprünglichen Wert nicht mehr entsprach, wandelt sie das Kloster Herzebrock bei Neubesetzung und vorübergehend in die vierte Garbe um. WENZEL, S. 266. — Das Wort «Pacht» hat im Osnabrücker Raum zweifache Bedeutung: 1) Pacht i. e. S. = (Heuer-) Geld für ein verpachtetes (verheuertes) Grundstück, ferner 2) Pacht i. w. S. = Leistung an Getreide, Vieh oder Geld, die der Eigenbehörige erbringen mußte. KLÖNTRUP III, S. 49 ff.

[30] GOLTZ, Geschichte I, S. 187, unterscheidet bei den Lasten zwischen Abgaben und Dienstleistungen, wobei er vier Arten ursprünglicher Abgaben nennt: a) Zins an den Grundherren, b) Zehnt an die Kirche, c) Vogteilast an den Gerichtsherren, d) Bede oder Steuer an den Landesherren.

wiederkehrende Abgabeverpflichtungen, «ungewisse» dagegen solche, die zu vorher nicht zu bestimmenden Zeitpunkten eintreten bzw. fällig werden (z. B. Sterbfallzahlung im Todesfall).

c) Die «gewissen» Gefälle

1. Die Zehnten

Zu den ältesten und ursprünglich wichtigsten Abgaben gehören die Zehnten, früher allein der Kirche zustehende Abgaben[31], die «oft bald von Hand zu Hand wandern und so einen versachlichten, vom ursprünglichen Zusammenhang losgelösten Vermögenswert darstellen»[32]. Im Gebiet des Fürstentums Osnabrück kennt man Frucht- und Blutzehnten. Sie sind meist an den Grundherren zu leisten. Der Fruchtzehnte[33] ist eine jährliche Abgabe des pflichtigen Hofes in Form von Ackerfrüchten an den Zehntherren. Der Blutzehnte[34] bedingt die Lieferung jedes zehnten Stückes Vieh an den Zehntherren und wird frühzeitig durch Geldzahlungen abgelöst. Die wirtschaftsgeschichtliche Forschung ist einhellig der Meinung, daß die Zehnten als drückend empfunden werden mußten[35].

2. Sonstige Naturalabgaben

Daneben hatten die pflichtigen Bauern noch weitere feststehende Naturalabgaben zu leisten. Sie laufen im Fürstentum unter der Bezeichnung «Schuldkorn», «Schuldschwein», «Schuldhühner», «Schuldholz»[36]. Die damalige Zeit bezeichnet sie

[31] KLÖNTRUP III, S. 327 ff.; SCHLOEMANN, S. 243 f.; DELLA VALLE, S. 227; WESTERFELD, Beiträge, S. 65. Allgemein: BUCHENBERGER, Agrarwesen, S. 117 f.; GOLTZ, Geschichte I, S. 187 f.; LÜTGE, Sozial- und Wirtschaftsgeschichte, S. 85, 154; ROSCHER, Ackerbau, S. 465 (mit vielen Zitaten und Lit.-Hinweisen), 473 f.
[32] LÜTGE, Sozial- und Wirtschaftsgeschichte, S. 85; Ähnlich: WESTERFELD, Beiträge, S. 65.
[33] KLÖNTRUP II, S. 35; WESTERFELD, Beiträge, S. 65; DELLA VALLE, S. 227, der dazu sagt: «Im allgemeinen entrichteten alle Zehntpflichtigen während des Mittelalters die von altersher feststehende dritte oder vierte Garbe in Roggen, Hafer, Gerste oder Weizen nach dem ortsüblichen Maß, wenn keine besondere Vorschrift gegeben war».
[34] KLÖNTRUP I, S. 173 f.; DELLA VALLE, S. 228. Seiner Meinung nach war die Ablösung in Geld nicht weit entwickelt, weil dem Berechtigten bei Geldwertänderungen die Naturalleistung gesicherter als eine Geldabgabe war. Ebd., S. 227. So auch: BUCHENBERGER, Agrarwesen, S. 118.
[35] KLÖNTRUP II, S. 35, bezeichnet besonders den Blutzehnten als drückend, da der Berechtigte dem Eigenbehörigen jedes zehnte Stück Vieh entziehen konnte. Ebenso: DELLA VALLE, S. 228, der aber darauf hinweist, daß von dieser Möglichkeit selten in vollem Umfange Gebrauch gemacht wurde. — WENZEL, S. 273 f., stellt für Herzebrock fest, daß der Zehnte von den Bauern vor allem beim Großvieh als drückend empfunden wurde und die Eigenbehörigen sich der Ablieferung durch Halten eines entsprechend geringeren Viehbestandes zu entziehen versuchten. — ROSCHER, Ackerbau, S. 473, urteilt über den Zehnten: er hindert, Arbeit und Kapital in größerem Maße als bisher auf den Boden einzusetzen und wirkt auch gegen eine Veränderung der Fruchtfolge, da der Berechtigte nicht das Risiko einer Einnahmeschmälerung laufen wollte. — BUCHENBERGER, Agrarwesen, S. 118, argumentiert mit dem betriebswirtschaftlichen Hinweis, daß, bes. in späterer Zeit bei intensiverer Wirtschaftsweise, der Zehnte als gleichbleibende Abgabe vom Rohertrage den geringeren Ertrag stärker belaste als den besseren, weil bei diesem die Betriebskosten relativ geringer seien. — Seiner Meinung nach stand die Zahlung des Zehnten sogar mit einer Abneigung gegen den landwirtschaftlichen Betriebsfortschritt in unmittelbarem Zusammenhang. — Für die Unwirtschaftlichkeit des Zehnten sprechen noch die Schwierigkeiten des Einsammelns und der hohe Körnerverlust. BUCHENBERGER, ebd.; ROSCHER, ebd.
[36] WESTERFELD, Beiträge, S. 66.

auch als «ordentliche jährliche Prästanden»[37]. Dieses Naturalentgelt verschiedenartigsten Ursprungs muß der pflichtige Bauer an den Grundherren entrichten. Die wichtigste Abgabe ist hierunter die Ablieferung von Getreide, dem sog. «Pacht»- oder «Schuldkorn»[38]. Hauptsächlich wurden Roggen und Hafer abgeliefert, Weizen fehlt nach STÜVE[39]. Der des öfteren in der landesgeschichtlichen Literatur genannte «Hundehafer»[40] und auch die «Rauchhühner» sind ebenfalls unter diese Abgaben zu zählen.

Die Qualität der genannten Naturalabgaben hing natürlich sehr vom guten Willen der Pflichtigen ab[41]. Zweifellos sind, um einer willkürlichen Bemessung vorzubeugen, in vielen Fällen Umwandlungen in Geldzahlungen erfolgt[42]. Ursprünglich haben diese Naturalleistungen zehntähnlichen Charakter gehabt[43].

Auf die wirtschaftliche Beurteilung dieser Abgaben wurde bereits eingegangen. Das Hauptargument gegen sie ist ihre Unvereinbarkeit mit einer intensiven Landwirtschaft, ihre hohen Verwaltungskosten infolge des erforderlichen Kontrollpersonals und die Notwendigkeit zu einer großen Vorratsbildung[44]. Hinzu kommt die Last, die dem Berechtigten dadurch entsteht, daß er für den Verkauf des Getreides Sorge tragen mußte, denn er wollte diese Naturalabgaben ja in Geld verwandeln.

3. Hand- und Spanndienste

Im Fürstentum Osnabrück war, wie die genannten grundherrlichen Bezüge aller Art zeigen, eine nicht kleine Zahl derartiger Abgaben vorhanden[45]. Doch stellten sie noch nicht die ganze Belastung des eigenbehörigen Bauernstandes dar. Hinzu kommen noch die von den Bauern zu leistenden Dienste, die als Hand- und Spanndienste je nach

---

[37] RICHARD, S. 48, zählt darunter: Korn (Weizen, Roggen, Gerste, Hafer, Speltkorn, große Bohnen), Schweine und Hammel, Hühner sowie Gänse und Eier, Hand- und Spanndienste, Geldleistungen unter verschiedenen Namen, Flachs sowie Hanf und Rübsamen.

[38] MÖSER III, S. 323, meint, Schuldkorn sei kein Pachtkorn, Schuldschwein oder Holzschwein kein Pachtschwein. Eine nähere Begründung für diese Differenzierung gibt er nicht. Vielleicht will er jedoch damit auf die Ursprünge der Abgaben hinweisen. — STÜVE II, S. 655, spricht von der Kornpacht als dem wichtigsten Naturalentgelt und weist bei den Naturalgefällen darauf hin, daß die Rechtsgründe der Leistungen nur selten auseinander gehalten wurden. Ebd., S. 366.

[39] STÜVE II, S. 655. — Weizen war aber doch als Abgabe vorhanden. Vgl. siebentes Kapitel dieser Untersuchung.

[40] Ursprünglich eine Abgabe zur Bestreitung der Kosten der herrschaftlichen Jagdhunde. WESTERFELD, Beiträge, S. 64.

[41] STÜVE II, S. 366. Nach RICHARD, S. 263, legte man bei Schweinen bestimmte Gewichte fest: leichtes Schwein = 75 Pfd., mittleres Schwein = 100 Pfd., schweres Schwein = 125 Pfd. — ROSCHER, Ackerbau, S. 473, weist in diesem Zusammenhang auf die Redewendung der damaligen Zeit hin: «Mager wie ein Zinshahn».

[42] WESTERFELD, Beiträge, S. 67, nennt eine Anzahl derartiger Geldbezüge, die den öffentlichen Kassen oder privaten Berechtigten zuflossen: Andreasgeld, Berggeld, Dreschergeld, Gänsegeld, Heugeld, Herbstgeld, Hirsegulden, Kampgeld, Kirchmeßgeld, Kohlengeld, Kreuzgeld, Leingeld, Maigeld, Reifgeld, Rindgeld, Riegelgeld, Schuldgeld, Stöppelschilling, Wagendienstgeld. — Ähnlich: DÜRING, Börstel, S. 226; RICHARD, S. 334.

[43] DÜRING, Börstel, S. 226 und WESTERFELD, Beiträge, S. 63, sprechen von der 3. und 4. Garbe, die je nach Bodengüte abzuführen war. Sie wurde aber spätestens im 16. Jahrhundert fast überall in eine fixe Kornpacht umgewandelt.

[44] HECKEL, W. d. V.

[45] Nach LÜTGE, Sozial- und Wirtschaftsgeschichte, S. 95, ist es nicht immer eindeutig zu klären, «ob eine fixierte Geldsumme nur ein Geldmaß für abzuliefernde Naturalien darstellte oder tatsächlich in Geldeinheiten geleistet werden mußte».

der Hofesgröße zu leisten sind[46]. «Die beschwerlichste und drückendste Last unserer Hausgenossen, Eigenbehörigen usw. ist unstreitig der Spanndienst und der Handdienst. Es bedarf gewiß wenig Einsicht, um zu beurtheilen, welcher beträchtlicher Nachtheil dem Erbsitzer daraus erwachsen muß, wenn er alle Wochen einen ganzen Tag mit seinem Spanne, Wagen und zween Knechten von der Wehre abwesend seyn und einem Dritten dienen muß[47].» Hierzu kommt die bereits im 16. Jahrhundert seitens Staat und Grundherren einsetzende Tendenz zu einer allgemeinen Steigerung der Dienste[48]. Ursprünglich war allerdings der Dienst nicht übermäßig drückend[49] und wegen des anfangs geringen Wertes und oft schlechter Verwendungsmöglichkeit erfolgt schon früh eine Umwandlung in Dienstgeld[50]. Die Dienstberechtigten sind private Grundherren und der Landesherr, dieser in seiner Eigenschaft als Träger der Staatsgewalt wie als Grundherr[51]. Hand- und Spanndienste, welche an die privaten Grundherren zu leisten sind, sind oft wöchentlich zu erbringen[52]. Teilweise werden sie auch «Hofdienste»[53]

[46] WENZEL, S. 270, stellt im Gegensatz zu Osnabrück für Herzebrock fest, daß dort die Dienste später nicht mehr regelmäßig, sondern nur noch zu besonderen Gelegenheiten zu leisten sind.
[47] RICHARD, S. 266.
[48] Nach STÜVE II, S. 368, verlangt der Bischof schon vor 1550 von den (auf fürstlichem Markengrunde erbauten) Markkotten den Fuß- und Spanndienst als Wochendienst, eine Forderung, die später eingeschränkt wird. — DÜHNE, S. 13, teilt dazu mit, daß die Markkötter bereits bis zur ersten Hälfte des 17. Jahrhunderts sich vom Fußdienst freigekauft haben.
[49] Ursprünglich leisteten von allen im Fürstentum vorhandenen Vollerben (-Höfen) nur 36 jährlich einen Spanndienst. Der Rest war frei. Für die landesherrlichen Eigenbehörigen wurde der Dienst im Landesvertrag von 1495 auf je 14 Tage im Jahr festgesetzt. DÜRING, Börstel, S. 228; STÜVE II, S. 586. — ROSCHER, Ackerbau, S. 470, urteilt über dieses Problem: «Was die Fronden anbetrifft, so forderte die extensive Landwirtschaft des mittelalterlichen Bauern noch wenig Arbeit; er hatte folglich Arbeitskraft viel eher im Überschusse als Geld. Umwandlung der Naturaldienste in Geldabgaben würde für ihn nur dann vorteilhaft sein, wenn er nachmals in der freigewordenen Zeit mehr Geld verdienen könnte, als seine Ablösungssumme beträgt.»
[50] Bischof Philip Sigismund verlangt bereits wieder im Jahre 1602 Ableistung von Diensten in natura. Deshalb müssen Dienstgeldzahlungen im 16. Jahrhundert längst üblich gewesen sein. STÜVE II, S. 586.
[51] In welchem Verhältnis die Dienste an den Landesherren oder die privaten Grundherren zu leisten waren, ist generell nicht zu sagen. Ebensowenig ist das Maß der Belastung schlechthin anzugeben. Beides hat im Laufe der Zeit geschwankt: bereits im 16. Jahrhundert wird darüber gestritten, ob der Dienst dem Landesherren oder den Grundherren zustehe. KLÖNTRUP II, S. 136 ff.; STÜVE II, S. 656 f.
[52] Der «ordentliche» Handdienst ist von Eigenbehörigen ohne Pferdebesitz zu leisten, also von ärmeren Köttern usw. KLÖNTRUP II, S. 136 ff. Diese Dienste sind zweckgebunden: die Eigenbehörigen müssen Dünger ausbreiten, Holz fällen, Riffeln, Schafe scheren, Fische fangen u. a. m. WESTERFELD, Beiträge, S. 60. — Ein Teil der Eigenbehörigen leistet den Handdienst nur zu gewissen Jahreszeiten als «Flachs»-, «Ernte»-, «Mäher»- oder «Binder»-Dienst. KLÖNTRUP II, S. 136 f. — Die größeren (Pferde haltenden) Bauern leisten Spanndienste, und zwar mit zwei, manchmal vier Pferden, die je als «eine Spanne» galten. KLÖNTRUP III, S. 177. — Ein einheitliches Maß für die Belastung gibt es nicht. Nach KLÖNTRUP III, S. 177, komme es ganz auf das Herkommen an. — Deshalb dienen manche Eigenbehörige alle 14 Tage, andere monatlich einmal, wieder andere sechs-, vier-, drei-, zweimal im Jahr. Einzelne Eigenbehörige mußten sogar eine ganze Woche lang auf dem Herrenhofe dienen, wobei man dort verpflegt wird und dort schläft. RICHARD, S. 271. — Zur Verrichtung eines vollen Spanndienstes gehört außerdem die Gestellung von zwei Leuten (Knechten). RICHARD, S. 313. — Die Dienstzeit geht von Sonnenaufgang bis Sonnenuntergang. KLÖNTRUP III, S. 177. — Im Gegensatz zu den zweckgebundenen Handdiensten waren die Spanndienste nach Gutdünken verwertbar. WESTER-

genannt. Der Landesherr beansprucht derartige Dienste, die an die Ämter zu leisten sind, unter dem Namen «Gografendienste»[54]. Sie sind in der zweiten Hälfte des 17. Jahrhunderts von besonderer Bedeutung und heißen in der damaligen Amtssprache «Reihepflichten» oder «Bauerschaftslasten»[55].

4. Umwandlungsbestrebungen in Dienstgeld

Es wurde gesagt, daß der Umfang der Dienste zuerst infolge extensiver Wirtschaftsweise und, was noch hinzuzufügen ist, wegen des anfangs nicht allzu starken obrigkeitlichen Dienstbedarfes sowie der kleinen grundherrlichen Eigenwirtschaft, nicht so groß und damit drückend war, wie er es später wurde. Es war deshalb schon im 16. Jahrhundert üblich, daß die Grundherren neben Geldzahlungen, welche sie von den eigenbehörigen Bauern für nicht beanspruchte Dienste erhielten, diese vorübergehend gegen Entgelt an Dritte abtraten[56]. In manchen Fällen zahlten die Amtleute das Dienstgeld, benutzten die Dienste für sich selbst[57] oder vermieteten sie an andere Privatgrundherren weiter, wie dies später in landesherrlichem Auftrag geschieht[58]. Diese Umwandlung in Dienstgeld war natürlich oft Anlaß und ein gutes Mittel, die Dienste faktisch dadurch zu erhöhen, indem man das Dienstgeld entsprechend hoch ansetzte[59]. «Der schwankende Rechtsgrund, auf dem der Dienst ruhte, Vergütung für den Schutz, Landfolge, Bitte sowie die dehnbare Form, da man den Grundsatz behauptete, daß der Bespannte auch mit dem Spanne dienen müsse, gab dazu reichen Anlaß[60].» Wurde ein Dienstgeld anstelle des Dienstes ausbedungen, mußten außerdem meist noch einige

FELD, Beiträge, S. 60. — Die Feststellung RICHARDS, S. 311, die Pflichtigen hätten während des Dienstes neben der Sorge für ihr Werkzeug auch für Beköstigung selbst sorgen müssen, steht im Gegensatz zu dem unten erwähnten Untersuchungsergebnis wegen der Präbanden.
[53] RICHARD, S. 270.
[54] HARDEBECK, Spanndienste, S. 14ff.; KLÖNTRUP II, S. 102; LODTMANN I, S. 111f.; RICHARD, S. 308; SCHLOEMANN, S. 240. — Allgemein: GOLTZ, Geschichte I, S. 189.
[55] Es handelt sich meist um Fuhrdienste, sog. «Rundefuhren», «lange Fuhren» oder «Kriegsfuhren». KLÖNTRUP II, S. 138f., 252f.; SCHLOEMANN, S. 241f. Auf die Bedeutung ist noch einzugehen. Aber auch Handdienste wie Flußräumungen, Deich- und Wegebauten fehlen nicht, sind aber offenbar späteren Datums. CCO II, S. 130, Nr. 421; STÜVE II, S. 545, 761. Diese «öffentlichen Arbeiten» sind ursprünglich grundherrliche Aufgaben, werden aber später von der Regierung übernommen. STÜVE II, S. 761. — Landesherrliche Dienste sind im 16. Jahrhundert längst in Übung: Bischof Erich von Hóya verbietet in seiner Amtsordnung vom 15. 2. 1556 den Drosten, eigenmächtig Dienstleistungen zu fordern, die dem Landesherrn zustehen. St. A. O. AA 310, Nr. 1a.
[56] RICHARD, S. 318; STÜVE II, S. 294f., 659f.; WESTERFELD, Beiträge, S. 60.
[57] STÜVE II, S. 658.
[58] Vgl. Abschnitt IV dieses Kapitels.
[59] Nicht selten argumentiert man dabei mit der gesunkenen Kaufkraft, wenn sich die Belasteten beklagen. STÜVE II, S. 544; WESTERFELD, Beiträge, S. 60. — Ein gutes Beispiel hierfür ist — allerdings zeitlich später liegend — die Korrespondenz zwischen Bischof Franz Wilhelm und dem Rentmeister Morrien vom Sept. 1644 bis Jan. 1645, wo dieser mit dem Kaufkraftargument verschiedene Geldleistungen Eigenbehöriger im Amt Fürstenau in erhöhte Naturalabgaben (Schweine) zurückverwandeln will. St. A. O. AA 169, Nr. 1.
[60] STÜVE II, S. 569, 658. Er meint weiter: «Wußten doch häufig weder die Dienstpflichtigen, noch die Amtleute den Ursprung des geforderten Dienstes, ob Godienst, Landfolge, Hofdienst oder Bittedienst gefordert werde; und die Gutsherren hielten dann wohl dafür, daß ein solcher Dienst nicht ohne ihre Zulassung gefordert werden könne, und verboten den Leuten die Dienstfolge. Überall hatte man keinen andern Entscheidungsgrund, als Altherkommen, und auch das war wieder sehr unklar.»

Neben- und Extradienste geleistet werden[61]. Der Grundherr muß es jedoch zulassen, daß die Dienste von den Eigenbehörigen in natura abgeleistet werden, wenn man die Dienstleistung einer Dienstgeldzahlung vorzieht[62]. Der Grundherr kann hingegen Rückwandlung des Dienstgeldes in naturale Ableistung des Dienstes verlangen[63]. Verlust der Berechtigung zur Forderung von Diensten trat ein, wenn ein weltlicher Grundherr den Dienst dreißig, ein geistlicher vierzig Jahre lang nicht forderte[64].

d) Grundherrliche Gegenleistungen (Präbenden)

Noch ein weiterer Umstand hat zweifellos die Umwandlung der Dienste in Dienstgeld beschleunigen helfen: die Notwendigkeit grundherrlicher Gegenleistungen, sog. «Präbenden» an die Eigenbehörigen des Fürstentums, wenn sie den Dienst leisteten[65]. In der landesgeschichtlichen Literatur wird für Osnabrück auf das Vorhandensein solcher Präbenden, wenn auch nur ganz am Rande, hingewiesen. Es werden Naturalien in Form von Beköstigung für die Bauern genannt. In einigen Fällen wird auch Geld bezahlt[66]. Daß sie nicht nur eine «Anerkennungsgebühr» des Grundherren gewesen sind, sondern ein gewisses Äquivalent für den Dienst darstellten, wird später erörtert werden[67]. Wie schon gesagt, wird ihr Vorhandensein in älterer Zeit, als man die Dienste noch schlecht ausnutzen konnte, oft Anlaß zur Umwandlung gewesen sein: «Ein Dienstgeld, wenn auch nur von einem oder zwei Gulden, war mehr werth, als die Dienste mit läßiger Arbeit und gutem Appetit[68].»

Allerdings war nicht nur der private Grundherr im Fürstentum Osnabrück zur Zahlung und Leistung der Präbenden verpflichtet. Später, im 17. Jahrhundert, haben auch die Ämter für Leistungen der eigenbehörigen Bauern Entgelte gezahlt[69]. «Auf jeden

---

[61] HARDEBECK, Spanndienst, S. 14; KLÖNTRUP III, S. 177; RICHARD, S. 328; WESTERFELD, Beiträge, S. 59 ff. — Bei Diensterlaß infolge Krankheit, wirtschaftlicher Not oder Tod des Pflichtigen ist der Dienst nachzuholen oder zu bezahlen. RICHARD, S. 307 f.

[62] RICHARD, S. 318; WESTERFELD, Beiträge, S. 61.

[63] RICHARD, S. 321; DÜHNE, S. 12; WESTERFELD, Beiträge, S. 61. Oft, bes. im 17. Jahrhundert, ist für die Eigenbehörigen die Zahlung einer fixierten Dienstgeldsumme das kleinere Übel. Fordert der Dienstherr später den Dienst wieder, entsteht oft ein erbitterter Streit, wobei die Bauern auf die inzwischen angeblich erfolgte Verjährung der Umwandlungsforderung hinweisen. Ebd.

[64] RICHARD, S. 326.

[65] Die wirtschaftsgeschichtliche Forschung nimmt von diesem Tatbestand oft wenig Notiz. — LÜTGE, Bayr. Grundherrschaft, S. 160, weist hingegen besonders darauf hin: «In manchen Gegenden Deutschlands ... waren die Praebenda von einem so großen Gewicht, daß sie wertmäßig die bäuerlichen Leistungen nicht nur erreichen, sondern sogar übertreffen konnten, so daß sich die Bauern in richtiger Berechnung des Für und Wider gelegentlich gegen die ‚Befreiung' sperrten.» Ähnlich: ders., Sozial- und Wirtschaftsgeschichte, S. 326. Auch STÜVE II, S. 657, meint, daß der Wert der Beköstigung i. d. R. dem Dienst ziemlich gleich kam, sicher aber diesen übertraf, wenn er schlecht geleistet wurde. — «Wer sich im Herrendienst tot arbeitet, den werde man unterm Galgen begraben zu wollen», zitiert DÜHNE, S. 11, ein Sprichwort aus dieser Zeit. — Auf jeden Fall ist es notwendig, auf das Vorhandensein dieser Gegenleistungen hinzuweisen. «Die Bedeutung dieser Präbenden, auch im rein wirtschaftlichen Sinne, ist vielfach bisher unterschätzt worden.» LÜTGE, Bauernbefreiung, S. 398.

[66] HARDEBECK, Spanndienst, S. 15; RICHARD, S. 271; STÜVE II, S. 657; WESTERFELD, Beiträge, S. 59.

[67] Vgl. Abschnitt VI dieses Kapitels.

[68] STÜVE II, S. 569, 658.

[69] Vgl. Abschnitt VI dieses Kapitels.

Fall ist es nicht möglich, die Präbenden in ihrer Bedeutung für die bäuerlichen Wirtschaften vor deren Aufhebung zu übersehen⁷⁰.»

e) Die «ungewissen» Gefälle

Im Gegensatz zu den oben angeführten regelmäßig wiederkehrenden bäuerlichen Leistungsverpflichtungen stehen die sog. «ungewissen» Gefälle. Sie heißen in anderen Gegenden Deutschlands «Laudemien» oder «Mortuarien»⁷¹. Wie erwähnt, heißen sie «ungewiß» deshalb, weil sie nicht zu regelmäßigen, sondern bei bestimmten Ereignissen fällig werden⁷². Über die Schwere der Belastung für die davon betroffenen Bauernhöfe sind die Meinungen der landesgeschichtlichen Forschung, wenigstens für die ältere Zeit, verschieden⁷³. Auf jeden Fall ist die Höhe dieser Gefälle grundsätzlich eine Ermessensfrage des Berechtigten. In der hier untersuchten Epoche, d. h. in der zweiten Hälfte des 17. Jahrhunderts, werden die ungewissen Gefälle auf jeden Fall zu einer starken Hofbelastung. Sie haben deshalb, meist in Zusammenhang mit den Abfindungen, eine Anzahl amtlicher Vorschriften zur Folge.

1. Sterbfall

Das wichtigste dieser Gefälle ist der sog. «Sterbfall»⁷⁴. Über seine – mindestens theoretische – Bedeutung im Fürstentum Osnabrück herrscht in der landesgeschichtlichen Literatur Einigkeit⁷⁵. Demgegenüber sind die Meinungen über die Wirkung

---

⁷⁰ LÜTGE, Sozial- und Wirtschaftsgeschichte, S. 326.

⁷¹ ROSCHER, Ackerbau, S. 474. Ausführlich auch: LÜTGE, Mitteldt. Grundherrschaft, pass.; ders., Bayr. Grundherrschaft, pass. — Vgl. auch die oben erwähnte Unterscheidung in diesem Kapitel.

⁷² ROSCHER, Ackerbau, S. 475, meint, daß sie infolge ihres unsicheren Fälligwerdens für den Grundherren keine große Einnahmequelle darstellten. — Demgegenüber eine Aktennotiz aus Osnabrück: «Machen einen ansehnlichen Theil der Cammer Einkünfte aus», (in diesem Falle also der Einnahmen des Bischofs als Grundherr). St. A. O. AA 159, Nr. 23 (Akte o. Dat., etwa Ende 17. Jh.). Ähnlich: RICHARD, S. 228; WENZEL, S. 251, für Herzebrock.

⁷³ Meist wurden aber diesen Gefällen gewisse «Erfahrungssätze» zugrunde gelegt. DÜRING, Börstel, S. 229 f. Nicht selten wurde die Höhe der Zahlung ausgehandelt: «Zwischen der Forderung des Klosters und dem Angebote der Anerben bestand in der Regel eine erhebliche Differenz und es bedurfte eines langen Feilschens und Handelns, ehe sich die contrahirenden Theile um den Preis verständigen konnten.» Ebd., S. 230. So auch: SCHLOEMANN, S. 245. — Nach ROSCHER, Ackerbau, S. 474, war es in Zeiten extensiver Wirtschaft unerheblich, wenn bei Leistung des Sterbfalls z. B. ein Drittel des Inventars abgegeben wurde. — Hingegen: DÜRING, Börstel, S. 229: «Eine höchst schwere und drückende Last bildeten dagegen die ungewissen Gefälle. Diese bestanden in den Abgaben bei Sterbfällen und beim Eintritt eines neuen Wehrfesters durch Auf- oder Einfahrt in das Erbe. Bei dem Tode jedes gesessenen wie ungesessenen Hörigen theilte das Kloster mit dem überlebenden Theile der Ehegatten oder mit den sonstigen Erben den gesammten beweglichen Nachlaß an Geld, Forderungen, Mobiliar, Vieh und Ackergerät usw. ‚bis zum Löffel im Korbe und bis zur Asche auf dem Herde'». Allerdings wurde der Nachlaß sehr niedrig taxiert. Ebd.

⁷⁴ «Sterbfall ist der dem Gutsherrn verfallende halbe Antheil aller beweglichen Güther einer im Eigenthum verstorbenen Persohn, welche Beerbtheilung jedoch Hausgenossenrecht Eigenbehörige nur auf die vierfüßige Thiere erstrecket.» St. A. O. AA 159, Nr. 23.

⁷⁵ Er besteht aus dem halben Erbteil der Mobilien einschließlich des Geldes. Ferner gehören dazu die geernteten Früchte. Bei Verschweigen irgendwelchen Besitzes verfällt das verschwiegene Gut insgesamt dem Berechtigten. Es bleibt ihm weiter überlassen, den Sterbfall in natura oder in Geld einzuziehen (letzteres war für die Höfe wegen Erhaltung der Sachkapitalausstattung vorteilhaft). DÜHNE, S. 5; DÜRING, Börstel, S. 228; KLÖNTRUP III, S. 188 ff.; RICHARD,

dieser Belastung für die pflichtigen Bauernhöfe geteilt[76]. Es ist nicht leicht, sich ein Urteil aus der Literatur zu bilden, die sich mit dem Problem im hiesigen Raum befaßt. Und ein entsprechendes Quellenstudium würde den Rahmen dieser Untersuchung sprengen. Aber man wird sagen können, daß die Grundherren in der älteren Zeit von ihrem Recht der Einziehung des Sterbfalles Gebrauch gemacht haben werden. Sie waren zu dieser Zeit vor Vergrößerung ihrer Eigenwirtschaften mehr als später darauf angewiesen. Und auch noch im 17. Jahrhundert bildet die volle Einziehung eine drückende Last, wie man überhaupt sagen kann, daß ein Zwang zur Sterbfallzahlung in voller Höhe eine schwere Belastung für den Hof und eine Vorbelastung für den Nachfolger gewesen ist[77].

2. Winne (Weinkauf) und Auffahrt

Ein weiteres Laudemium bedeutet für die Bauern die Zahlung des sog. «Winngeldes» dar. Hierdurch muß sich der Nachfolger eines Bauern gewissermaßen sein Recht am Hofe erkaufen, muß ihn «gewinnen»[78]. Erhält jemand den Hof nicht im Erbgang, sondern heiratet er dorthin ein, heißt diese Abgabe «Auffahrtsgeld»[79]. Die Höhe des Auffahrtsgeldes ist wiederum Ermessenssache des Grundherren bzw. richtete sich nach dem Hofeswert[80]. Daß diese Abgabe für den Grundherren von Bedeutung war, wird

S. 348, 357, 371, 373 (hier genaue Angaben über einen Sterbfall in Barenau, aber 18. Jahrhundert), 375, 377; SCHLOEMANN, S. 245; STÜVE II, S. 755; WENZEL, S. 253 ff.; WESTERFELD, Beiträge, S. 49. — Der Sterbfall der Hausgenossen war geringer. KLÖNTRUP III, S. 199 ff.; WESTERFELD, Beiträge, S. 49. Vgl. auch Anm. 74).

[76] Teilweise wird in der landesgeschichtlichen Literatur die Auffassung vertreten, die Bestimmungen über den Sterbfall seien zwar «auf dem Papier» streng gewesen, in der Praxis jedoch milde gehandhabt worden. So z. B.: MÖSER III, S. 332. Seiner Meinung nach (allerdings 18. Jh.!) ist der Sterbfall nach Ritterrecht ein unnötiges Schreckbild, da er fast nie in Anwendung komme, man aber dies auf Grund der strengen Vorschriften darüber nicht sähe. — Die andere Seite sieht im Sterbfall eine drückende Last: so mußte neben dieser Abgabe der Anerbe z. B. sämtliche Schulden seines Vorgängers übernehmen. DÜHNE, S. 5; RICHARD, S. 346; SCHLOEMANN, S. 245 f., der genaue Angaben über Sterbfallsummen macht; WENZEL, S. 253 f.; WESTERFELD, Beiträge, S. 48 f. — WENZEL, S. 259, teilt mit, daß zwei Höfe Sterbfalls- und Weinkaufsgelder von je 600—650 rthl. gezahlt haben. In der zweiten Hälfte des 17. Jahrhunderts gingen diese Summen auf ein Drittel der erwähnten Beträge zurück.

[77] So beschwert sich Joh. zu Öttlingen und seine Schwester Catherina am 22. 1. 1663 bei der Regierung über den Grundherren Caspar Heidenreich v. Ketteler auf Harkotten: «E. wohl Edel. und Hochgel. herren Können wir unten benanten verlaßen wäselin wehmütig clagent nicht verhalten, wie daß Unserer Eltern leider beide für weinig Zeit in Gott entschlafen, und waß auf der geringen stette an Viehe und sonsten gewesen, der Guether nach Eigenthumbsrechte, wie deßen beygehendes eigenes attest weiter außweiset, Zu sich genohmen und geerbtheilet, daß wir auß noth Unß bey andere leuthe begeben, die Kost verdienen, Unsere Elterliche Stette Verlaßen und öde liggen laßen müeßen». Sie stünden jedoch noch im Viehschatzregister und müßten Steuern zahlen, obwohl der Grundherr alles Vieh weggeholt habe. St. A. O. AA 23, Nr. 3.

[78] KLÖNTRUP III, S. 291 ff.; RICHARD, S. 183, 229; STÜVE II, S. 654; WENZEL, S. 258.

[79] «Das verglichene Quantum an Gelde, so dem Gutsherrn derjenige erleget, der zum praedio gelanget, worauf ihm ein Erbrecht zustehe, wird Auffahrt genannt.» St. A. O. AA 159, Nr. 23. So auch: DÜHNE, S. 10; DÜRING, Börstel, S. 223 (dort auch ausf. Darstellung des Auffahrtszeremoniells); KLÖNTRUP I, S. 91 f.; RICHARD, S. 186; SCHLOEMANN, S. 245.

[80] «Haeredis in linea descendentes», also direkte Erben, werden aber «leidlich angeschlagen». St. A. O. AA 159, Nr. 23 (Akte o. Dat., etwa 17. Jh.). — Über die Höhe finden sich in der Literatur sehr voneinander abweichende Angaben: WESTERFELD, Beiträge, S. 54, spricht von einem bis vier rthl., WENZEL, S. 261 (unt. Hinw. a. Archiv Rheda H. 363a u. 1288, S. 317), von sieben bis zehn rthl. — SCHLOEMANN, S. 245 (unt. Hinw. a. St. A. O. AA 170, Nr. 4), nennt

dadurch unterstrichen, daß man die Erteilung des Ehekonsenses bei auf den Hof heiratenden Frauen stark von deren Vermögenslage abhängig machte[81]. Sie mußten die sog. «Einfahrt» zahlen[82].

3. Abfindung und Freikaufung

Zugleich mit der Auffahrt mußten die abgehenden Geschwister abgefunden werden. Zwar erfolgt, wie oben erwähnt, im Fürstentum Osnabrück im untersuchten Zeitraum keine allgemeine Realteilung mehr[83]. Die Abfindungssummen waren ursprünglich nicht begrenzt[84]. Oft aber wurden die nicht erbenden Kinder lediglich freigekauft, womit weitere Zahlungen an sie als Abfindung entfielen[85]. Über die Freikaufung wird vom Grundherrn der Freibrief erteilt[86].

4. Bettemund

Schließlich hat der Grundherr noch Anspruch auf die Zahlung des sog. „Bettemundes»[87]. Als Konsensgebühr des Grundherrn für die Heiratsbewilligung auch anderswo bekannt, war der Bettemund (Bedemund) meist nur von der Braut zu zahlen. Im Fürstentum Osnabrück ist er auch von der ledigen Mutter zu entrichten gewesen und

---

eine Summe von 55 rthl. im Durchschnitt, manchmal einen halben Jahresertrag der grundherrlichen Pacht. — RICHARD, S. 229, spricht von einer Abgabenhöhe für größere Besitzungen (Voll- und Halberbenhöfe) in Höhe der Summe einer vollen grundherrlichen Pachtleistung. Kleine Leute, z. B. Brinksitzer, zahlen 5 rthl. Die Abgabe war in bar zu zahlen. — Vgl. auch: DÜRING, Börstel, S. 229; KLÖNTRUP I, S. 91 f.; RICHARD, S. 219; SCHLOEMANN, S. 245; WENZEL, S. 261; WESTERFELD, Beiträge, S. 54.

[81] DÜRING, Börstel, S. 223, 229; RICHARD, S. 403. — Der Grundherr konnte jedoch den freien oder in fremdem Eigentum stehenden Aufheiratenden den Ehekonsens versagen. STÜVE II, S. 654, dort weitere Einzelheiten. — RICHARD, S. 186, meint, die Auffahrt sei ein Entgelt für den grundherrlichen Ehekonsens, zumal ja bei der Heirat fast immer die Übernahme des Hofes erfolgte.

[82] DÜRING, Börstel, S. 223.

[83] Vgl. erstes Kap. dieser Untersuchung. — Früher wurden abgehende Kinder nicht selten mit Grundstücken abgefunden. Vgl. auch fünftes Kap. dieser Untersuchung. — Bis zu dem oben erwähnten Verbot von 1618 waren Grundstücksveräußerungen überhaupt nicht verboten. STÜVE II, S. 675.

[84] Erst seit 1583 wird im Fürstentum Osnabrück eine grundherrliche Einwilligung für Abfindungen gefordert, um durch zu große «Brautschätze» die Höfe in ihrem Bestand nicht zu gefährden. KLÖNTRUP I, S. 8, 101; VINCKE, Besiedlung, S. 263. — HARDEBECK, Verzeichnis, S. 19 f., bringt (allerdings 18. Jh.) das Mitgiftverzeichnis einer Bauerntochter eines Vollerbenhofes. Jenes bestand aus: 300 rthl. Bargeld, 1 Pferd, 1 tragendes Rind, Zinngeschirr, Möbel, wie Brotschrank, Truhe, ferner Leinen und Kleider im Werte von etwa 50 rthl. — DOBELMANN zitiert (o. Quellenang. in «Der Brautschatz einer Artländer Bäuerin», Beil. d. «Bramscher Nachrichten», Nr. 1 vom Jan. 1954), daß 1589 «vier- oder fünfhundert Goldgülden einen guten Brautschatz gewesen sey».

[85] DÜRING, Börstel, S. 225. — Über Freilassungen im Fürstentum bereits seit dem 14. Jahrhundert berichtet DÜHNE, S. 14. — Die Höhe des Freikaufsgeldes wird für das 16. Jahrhundert mit 1—7 Goldgulden, für die Zeit von 1650—1750 für einen mittleren Vollerbenhof mit 15 rthl. angegeben. DÜRING, Börstel, S. 205; SCHLOEMANN, S. 245 (unt. Hinw. a. St. A. O. AA 170, Nr. 4).

[86] KLÖNTRUP II, S. 21 ff.; RICHARD, S. 437.

[87] Vgl. Stichwort «Bedemund» und «Munt» in: «Der Große Brockhaus», 16. Aufl., Wiesbaden (ab) 1953. — Für Osnabrück: KLÖNTRUP I, S. 140 ff.; WESTERFELD, Beiträge, S. 67. — DÜRING, Börstel, S. 33, stellt fest, daß das Bettemundsrecht nur selten im Fürstentum ausgeübt worden ist. In der späteren Eigentumsordnung von 1722 wird es jedoch in Cap. 16 kodifiziert.

war wohl in solchem Falle als eine Entschädigungszahlung der ledigen Mutter an den Grundherrn für den Ausfall an Arbeitsleistung zu verstehen, wenn eine unverheiratete Eigenbehörige geschwängert worden war.

f) Sonstige Belastungen; Zusammenfassung und Beurteilung

Insgesamt gesehen ergibt sich durch die «ungewissen» ebenso wie durch die «gewissen» Gefälle eine starke Belastung der eigenbehörigen Bauern. Bei den ungewissen Gefällen war dabei besonders schwerwiegend, daß Sterbfall, Auffahrt, Winne und meist auch die Abfindung zur gleichen Zeit fällig wurden[88].

Als Belastung der pflichtigen Höfe muß auch die Abtretung von Gebäuden sowie landwirtschaftlicher Nutzfläche und die Einräumung von Nießbrauchrechten an die Altenteiler (Leibzüchter) angesehen werden[89]. Dieses Urteil ist natürlich nur rein ökonomisch zu verstehen; selbstverständlich war es moralische Pflicht des Anerben oder Nachfolgers, für seine Eltern oder Vorgänger auf dem Hofe zu sorgen.

Des weiteren ist auf den Flurzwang als eine Belastung organisatorischer Art hinzuweisen[90]. Wenngleich dieser Tatbestand auch nicht als Belastung empfunden worden sein mag, weil man darin etwas Unabänderliches sah, so wirkte er doch als solcher.

Alle diese Lasten beschwerten die eigenbehörigen Bauern bereits vor Beginn des Dreißigjährigen Krieges. Sie wurden hier nochmals zusammengestellt, weil sie neben den nach Friedensschluß neu hinzukommenden Bürden bestehen bleiben und teilweise eine Erweiterung erfahren. In der landesgeschichtlichen Literatur sind sie, wie gezeigt, ausführlich behandelt worden. Im Gegensatz dazu findet sich nirgendwo in der Literatur ein genauer Anhalt über den Umfang der Belastung insgesamt oder darüber, in welchem Verhältnis diese Lasten der Eigenbehörigen zueinander standen[91]. In welchem Umfange sie angefordert wurden, ist ebenfalls nicht gesagt[92]. Die Qualität der gelieferten

---

[88] Die Obrigkeit erkannte die darin liegende Gefahr für den Bestand und die Leistungsfähigkeit der Höfe und schaltete sich entsprechend ein. ROSCHER, Ackerbau, S. 402, Anm., erwähnt eine große Zahl derartiger staatlicher Schutzvorschriften aus nordwestdeutschen Territorien im 16. und 17. Jahrhundert.

[89] HARDEBECK, Heuerleute, S. 32. — So bekamen die abgehenden Bauern Nutznießung für einen Teil des Hofes, erhielten Weide, Naturalien, den sechsten Teil des Inventars usw. KLÖNTRUP II, S. 264 ff.

[90] Der gemeinsame Weidegang nimmt dem Bauern alle Verfügungsfreiheit über Anbaufolgen und Fruchtauswahl sowie eine mögliche rationale Arbeitsweise, verhindert also den technischen Fortschritt. Vgl. hierüber, teilweise ausführlich: FUCHS, Allmende, W. d. V.; ders., Flurzwang, W. d. V.; ders., Gemeinheitsteilung, W. d. V.; GOLTZ, Geschichte I, S. 17; KUSKE, S. 10; LÜTGE, Bayr. Grundherrschaft, S. 22 ff., 65; ders., Bauernbefreiung, S. 399 f.; SCHOTTE, S. 48 f.

[91] KLÖNTRUP I, S. 260 ff., meint ausdrücklich, es sei unmöglich, allgemeine Regeln über den Umfang der bäuerlichen Belastung aufzustellen. Sie sei im einzelnen zu verschieden und beruhe ausschließlich auf dem Herkommen. — Vgl. auch Anm. 93.

[92] So auch LÜTGE, Bayr. Grundherrschaft, S. 115, für Bayern. — Die vielen, oben erwähnten Geldleistungen, die oft schon allein durch ihren Namen auf frühere Naturalbezüge hinweisen, sprechen dafür, daß im Fürstentum Osnabrück Leistungen in der ursprünglichen Naturalform schon lange nicht mehr in Anspruch genommen und in Geld umgewandelt worden waren. — Hier sei noch kurz auf die Stellung der Klöster im Fürstentum zu ihren Bauern eingegangen. GOLTZ, Geschichte I, S. 194, bezeichnet die Klöster und ihre Bewohner als «faul, genußsüchtig und infolgedessen hartherzig gegen die Bauern». — Für die Klöster im Fürstentum Osnabrück trifft diese Feststellung nicht zu. Im Gegenteil, es wird ausdrücklich auf oft bewußten Verzicht von Abgabenerhöhungen bei Neubesetzung von Höfen der Klöster, auf Kreditgewährung und

ten Naturalien wird nicht immer die beste gewesen sein, worauf bereits verwiesen wurde. Die Belastung der eigenbehörigen Höfe durch die genannten Leistungsverpflichtungen, zu denen noch die Steuern kommen, war, insgesamt gesehen, außerordentlich hoch[93].

Im Zeichen des Vordringens der Geldwirtschaft war das ganze, überwiegend auf Naturalleistungen beruhende System vor allem für den modernen Territorialstaat, nicht zuletzt aber auch für den Grundherren außerordentlich unbequem. Im Laufe der Zeit «verloren die Naturalsteuern ihren ursprünglichen vorteilhaften Charakter und gestalteten sich für die Finanzwirtschaft wie für die Einzelwirtschaften zu einem bedenklichen Hemmnis»[94]. Geld war zwar größeren Wertschwankungen ausgesetzt, aber als «ökonomisches Transportmittel» oder «Verkehrsmittel» im wirtschaftlichen Sinn[95] ist es der Naturalabgabe eben an Fungibilität weit überlegen. Auch war das Ganze mit einem intensiveren Wirtschaftsbetrieb unvereinbar[96]. SCHOTTE[97] urteilt hierzu: «Es ist unbestreitbar, daß das Institut der Hörigkeit mit seinen Fesseln und Lasten, Abgaben und Diensten, einen schädigenden, hemmenden Einfluß auf das gesamte wirtschaftliche Leben des flachen Landes ausgeübt und eine gedeihliche Entwicklung des Bauernstandes unendlich erschwert hat.» Und in jedem Falle ist RUDLOFF[98] zuzustimmen, der die Eigenbehörigen im Fürstentum Osnabrück als die wirklichen Staatsbürger bezeichnet, denn sie allein trugen alle öffentlichen und privaten Lasten.

nachsichtiges Vorgehen hingewiesen. DÜRING, Börstel, S. 226 ff.; DELLA VALLE, S. 218, 221, 226, 228 f.; WENZEL, S. 242 ff.

[93] Nach GOLTZ, Geschichte I, (unt. Hinw. a. INAMA-STERNEGG, Wirtschaftsgeschichte III/1, S. 405), S. 188, betrugen alle Abgaben zusammen rund zwei Drittel des Gesamtertrages der bäuerlichen Wirtschaft (33,4% Grundzins, 6,6% Zehnt, 20% Vogteilast, 4% Steuer = 64%). — SCHLOEMANN, S. 244, beziffert allein die Pachtkornabgabe der rittereigenen Höfe auf ein Viertel bis ein Fünftel der gesamten Getreideernte, also noch ohne alle anderen vielgestaltigen Abgaben. — «Selbst in ruhigeren Zeiten blieb oftmals von den Erträgen der schatzpflichtigen Höfe nach Abzug der Abgaben kaum so viel übrig, daß der an Entsagungen gewöhnte Eigenbehörige mit den Seinen notdürftig das Leben fristete. Mißwachs, Feuersbrunst, Seuchen, Kriegsunruhen etc., führten deswegen mitunter zur völligen Zerrüttung der bäuerlichen Wirtschaft». WESTERFELD, Beiträge, S. 40. — Ebenso belastend wie unrationell waren die Fronen, denn durch sie «ging eine ungeheure Menge Arbeitskraft verloren, da der erzielte Nutzen in der Regel in keinem Verhältnis zu der aufgewendeten Leistung stand, und die Gutsherren zu den unnötigsten und kleinlichsten Geschäften bedeutende Dienste ihrer Leibeigenen in Anspruch nahmen». INAMA-STERNEGG, Kriegsfolgen, S. 27. — Die Bauern arbeiteten deshalb verdrossen und schlecht, sperren sich gegen jede Veränderung der herkömmlichen Wirtschaftsweise, auch wenn damit keine größere Anstrengung verbunden war. Die Fronen «können seitdem als eine große Volksschule der Faulheit bezeichnet werden». ROSCHER, Ackerbau, S. 477 f. — HANSSEN II, S. 39, bringt ein sehr eindringliches Beispiel für die Verschwendung von Arbeitsleistungen durch die Fronen: ein holsteinisches Gut hatte vor der Bauernbefreiung 72 Fronpferde und 72 Fronarbeiter, daneben 20 eigene Pferde mit 3 Knechten. Nach Aufhebung der Leibeigenschaft leistet man dieselbe Arbeit mit 36 Pferden und 14 Knechten.

[94] HECKEL, W. d. V., mit eingehender Beurteilung d. Naturalwirtschaft.
[95] LUKAS, S. 17; LÜTGE, Geld, S. 14.
[96] HECKEL, W. d. V.; ROSCHER, Ackerbau, S. 470.
[97] SCHOTTE, S. 83.
[98] RUDLOFF, S. 382.

IV. Weiterentwicklung der bäuerlichen Lasten im Fürstentum nach Kriegsende

a) Wirtschaftliche Lage der Bauern

Eingangs wurde gesagt, daß das Ausmaß der durch den Krieg hervorgerufenen Zerstörungen in den einzelnen westfälischen und niedersächsischen Territorien sehr verschieden groß war. Für das Fürstentum Osnabrück sind, worauf ebenfalls ausdrücklich hingewiesen wurde, die Kriegsverwüstungen in der Landwirtschaft als mäßig, höchstens aber als mittelstark zu bezeichnen[99]. Hingegen waren die finanziellen und sonstigen Aufforderungen an die Bauern noch am Ende des Krieges sehr stark[100]. Der Ausgang des Krieges hatte ihnen keine Verminderung der Lasten gebracht, nachdem bereits schon lange vor Kriegsbeginn ständig Versuche zur Steigerung der bäuerlichen Leistungsverpflichtungen von landes- und grundherrlicher Seite unternommen worden waren[101]. Der Übergang zur Geldwirtschaft, überhaupt das Erstarken des Territorialstaates mit seinem sich immer mehrenden Geld- und Leistungsbedarf, sind Ursachen dieser Entwicklung[102]. Die Regierung muß nach dem Kriege den Bauernstand als Hauptsteuerträger noch stärker als zuvor heranziehen, obwohl er selbst dringend einer Schonung bedurft hätte. Hinzu kommt wie überall eine auch im Fürstentum Osnabrück spürbare Verminderung der in der Landwirtschaft tätigen Menschen[103]. Wenn auch die Fronen hier während des Krieges nicht wie anderswo ins Ungemessene gestiegen sind[104], so herrscht doch im Fürstentum ein unverkennbares Bemühen der Verpflichteten, sich möglichst von Diensten und Leistungen zu befreien[105]. Infolge des Krieges waren teilweise die Kenntnisse über Umfang und Höhe der lokal ohnehin verschiedenen Lasten verloren gegangen[106]. So setzt man – vielleicht manchmal ohne Absicht – die Leistungen höher an, als sie vorher wirklich waren, weil man es eben für angemessen

---

[99] In den stark kriegszerstörten Gebieten wurden oft Bauerngüter unentgeltlich an Leute abgegeben, wenn diese sich nur zur Aufbringung der Lasten bereit erklärten. LANGETHAL IV, S. 69 f. — NESEMANN, S. 1 ff., spricht jedoch von ständigen Durchzügen fremder Truppen durch das Hasegau, die schon 1615 beginnen und erst 1648 enden.
[100] Vgl. Einleitung, drittes und viertes Kapitel dieser Untersuchung.
[101] MIDDENDORF, S. 55; SCHLOEMANN, S. 240. — Allgemein: GOLTZ, Geschichte I, S. 242; LÜTGE, Bayr. Grundherrschaft, S. 76. — Für Westfalen: SCHOTTE, S. 27.
[102] BUCHENBERGER, Agrarwesen, S. 89. Vgl. auch erstes Kapitel dieser Untersuchung.
[103] Für die Situation in den kriegszerstörten Gebieten vgl. FRANZ, S. 219. der sagt: «Eine stetig abnehmende Zahl von Bauern mußte eine immer größer werdende Fläche Landes im Frondienst bestellen. Um die wenigen Arbeitskräfte, die den Krieg überdauert hatten, zu behalten, mußte man sie an die Scholle binden, zu Leibeigenen machen.»
[104] INAMA-STERNEGG, Kriegsfolgen, S. 27.
[105] Fürstliche Bedienstete, Holz- und Leichenverwahrer, herrschaftliche Jäger, Fischer, Aufseher usw. versuchen abgabenfrei (exemt) zu werden. KIRCHENSPIELSBESCHREIBUNGEN III (o. Verf.), S. 233.
[106] LÜTGE, Mitteldt. Grundherrschaft, S. 148 f. — Im Fürstentum Osnabrück sind z. B. Nachforschungen darüber nötig, um festzustellen, ob der Bischof in der Achmer und Heseper Mark Holzgraf ist. STÜVE III, S. 300 (unt. Hinw. a. ein Kapitelprotokoll vom 2. 3. 1646). — Am 21. 1. 1643 befiehlt Bischof Franz Wilhelm dem Rentmeister in Grönenberg, zu melden, wer im einzelnen Hand- und Spanndienste zu leisten habe, wie hoch sie seien und über welche die Kenntnis infolge der Kriegsereignisse verloren gegangen ist. St. A. O. AA 72, Nr. 6. — Noch 1686 muß der Rentmeister Stordeur aus Vörden auf Befehl der Regierung eine Umfrage unter alten Leuten wegen des Umfanges der dortigen Spanndienste abhalten. St. A. O. AA 72, Nr. 8. Hier weitere Beispiele aus den Jahrzehnten nach dem Kriege.

hielt[107]. Daß die Verhältnisse nach Kriegsende einer willkürlichen Lastenerhöhung seitens aller Berechtigten entgegenkamen, bedarf wohl keiner weiteren Erörterung[108]. Derartige Erhöhungen wurden zudem durch die Vielzahl der von den Bauern zu leistenden Abgaben begünstigt[109].

b) Steigerung schon bestehender Leistungen

1. *Umwandlungen und Umwandlungsbestrebungen von Diensten und Dienstgeldern seitens Obrigkeit und Bauern*

Die den Berechtigten nach dem Kriege zur Verfügung stehenden Dienste werden offenbar nicht immer benötigt. An ihrer Stelle läßt man sich dann Geld zahlen, zumal bereits früher, wie erwähnt, Dienstgeldzahlungen durchaus üblich waren[110]. Im ganzen gesehen herrscht aber im Fürstentum nach Kriegsende seitens Landesherren und privaten Dienstberechtigten eine verstärkte Nachfrage nach naturalen Dienstleistungen. Sie wird bewirkt durch den teilweise notwendigen Wiederaufbau, die Ausdehnung der

[107] LÜTGE, Mitteld. Grundherrschaft, S. 169.
[108] Im Kriege sind Diensterhöhungen sogar von der Kanzel herab verkündet worden. Hiergegen beschweren sich die Eigenbehörigen des Kirchspiels Üffeln am 10. 6. 1625 bei der Regierung. St. A. O. AA 169, Nr. 1. — Im Kriege werden ständig Klagen seitens der eigenbehörigen Bauern über willkürliche Lastenerhöhungen laut, die die wirkliche Höhe allmählich in Vergessenheit geraten lassen: Am 21. 12. 1623 beschweren sich zwei pflichtige Bauern aus Vörden bei der Regierung wegen zu starker Dienstbeschwerung durch die dortigen Beamten. St. A. O. AA 65, Nr. 1. — Sämtliche Eigenbehörigen des Kirchspiels Badbergen beklagen sich am 1. 11. 1624 bei der Regierung ebenfalls über zu hohe Dienstanforderungen und diese sekundiert ihnen mit Schreiben vom 10. 12. 1624, daß «diese und andere Dienste zu unserem behueff gepraucht und mit frembden zulaggen nit gravirt noch beschweret werden». St. A. O. AA 65, Nr. 1, wo sich weitere Beispiele befinden. — 1698 erhöht das Domkapitel den gelegentlichen Wochendienst im Ksp. Hagen auf jede dritte Woche, im Ksp. Glane auf alle vierzehn Tage. WESTERFELD, Beiträge, S. 40.
[109] In der landesgeschichtlichen Literatur wird ausdrücklich vermerkt, daß von ein und demselben Pflichtigen eine Vielzahl von Diensten oder Abgaben geleistet werden konnte, ohne daß diese einander zuwider liefen: a) Dienst bei «Grase und Stroh», b) Einfahrdienste, c) Wochendienst oder Dienstgeld, d) Pachtdienst. KLÖNTRUP I, S. 260 ff. — Jakob und Hermann Hakemann aus Glane zahlen lt. Beschwerde an die Regierung (weil sie noch zusätzlich zwei Godienste und Rauchhühner an das Amt leisten sollen) vom 19. 4. 1674: a) 5 rthl. Pachtgelder, b) 1 Pachthuhn, c) wöchentlich 1 Handdienst, d) 4 Flachsdienste, e) alle Landes- und Kirchspielslasten an das Amt, f) dem Küster 1 Scheffel Roggen (die anderen Abgaben sind lt. Mittlg. der Eigenbehörigen an das Haus Scheventorf zu leisten). St. A. O. AA 65, Nr. 1. — Joh. Hartlage aus Glane hat (auf Grund eines wegen einer Beschwerde an die Regierung vom 6. 9. 1680 erstellten Pachtbuchauszuges) zu leisten: a) Bedegeld, 1/2 Goldgulden, b) Kuhgeld dto., c) Dienstgeld ca. 2 rthl., d) 1 Malter Roggen, e) 1 Pache Heu, f) 1 Malter Hafer, g) 1 feistes Schwein oder 5 rthl. jährlich, h) jährlich 2 Eggen- und 2 Spanndienste. St. A. O. AA 65, Nr. 1.
[110] Eine Verordnung der Regierung von 1558 ermächtigte die Grundherren, für nicht verwendete Dienste Dienstgeld zu verlangen. WESTERFELD, Beiträge, S. 58; WRASMANN I, S. 76 (unt. Hinw. a. CCO II, S. 20). — VINCKE, Lage, S. 64, datiert derartige Verordnungen bereits in das 15. Jahrhundert. RICHARD, S. 301, nennt das Jahr 1584 für das Erscheinen einer derartigen Verordnung. — Nach KLÖNTRUP I, S. 266, kann für folgende Dienste Geld gezahlt werden: a) ehem. bischöfliche, b) gräfliche, c) edelvogtl. Dienstfuhren, d) Reihefuhren, e) gutsherrliche (grundherrliche) Dienste.

grundherrlichen Eigenwirtschaft und den größer gewordenen Dienstbedarf des Staates. Daneben machte sich, wie erwähnt, ohne Frage ein gewisser Menschenmangel bemerkbar[111]. Die Situation hinsichtlich der Ableistung der Dienste ist aber trotzdem unterschiedlich: ein Teil der Eigenbehörigen leistet den Dienst, ein anderer zahlt dafür Geld[112]. Ein Teil der Pflichtigen möchte gern das Dienstgeld weiterzahlen, wenn man sie zur Ableistung der Dienste auffordert. Andere bevorzugen, die Dienste wie bisher in natura abzuleisten, anstatt eine ihnen offenbar zu hoch erscheinende Geldsumme zu zahlen[113]. Besondere Hinweise darauf, wie diese Entscheidungen jeweils zustande kamen, finden sich nicht. Ebenso wie die individuelle Höhe der Lasten können diese Erscheinungen nur durch das Herkommen erklärt werden. Es läßt sich jedoch seitens der Eigenbehörigen die Tendenz erkennen, daß man gern den Dienst zugunsten eines Dienstgeldes umgewandelt sehen möchte. Oft sperrt man sich gegen das Verlangen, zu Naturalleistungen zurückzukehren[114]. Seltener bevorzugen die Bauern Ableistung der Dienste in natura vor Geldzahlungen, dies jedoch nur dann, wenn man sich durch diese stärker als bisher belastet fühlt[115]. Dieser Wunsch der Eigenbehörigen zeigt, daß die Regierung durch erhöhte Dienstgeldforderungen den Wert der Dienste hochzuschrauben bestrebt ist.

[111] SCHLOEMANN, S. 210 (o. Quellenang.), zeigt die Zahl der Vermehrung der bäuerlichen Besitzungen im Ksp. Barkhausen von 1500—1828: in der ersten Hälfte des 17. Jahrhunderts stagniert die Zunahme fast völlig. — Vgl. auch fünftes Kap. dieser Untersuchung.

[112] Nach Friedensschluß wird den Grundherren ausdrücklich bestätigt, daß der Dienst auf ihr Verlangen in natura zu leisten ist. Niemand kann unter Hinweis auf bisherige Dienstgeldzahlungen Verjährung vorschützen. Verordnung vom 29. 4. 1666. St. A. O. AA 72, Nr. 7. Sie basiert auf einem Landtagsbeschluß vom 3. 7. 1658. CCO II, S. 72 f., Nr. 221; WESTERFELD, Beiträge, S. 58.

[113] Die Einwohner von Riemsloh und Neuenkirchen bei Melle wollen lt. Schreiben des Bischofs Franz Wilhelm vom 6. 4. 1654 anstelle der schuldigen Spanndienste, die für den Ausbau der Residenz Iburg vorgesehen waren, Geld zahlen. St. A. O. AA 72, Nr. 6. — Auf einen Befehl Ernst Augusts I. vom 5. 7. 1668 zur Fuhrengestellung antworten die Eigenbehörigen des Amts Grönenberg, daß sie von den 177 verlangten Fuhren 40 in Geld bezahlen wollen. Ähnlich auch die Eigenbehörigen des Amts Fürstenau im gleichen Jahre. St. A. O. AA 85, Nr. 6. — Demgegenüber erklären die Pflichtigen der Ksp. Bramsche, Damme, Engter und Neuenkirchen bei Vörden durch ihren Rentmeister der Regierung, sie wollen die Dienste lieber in natura ableisten. Das Ksp. Vörden hingegen will lieber Geld zahlen. Es handelt sich um ein Aufgebot zu sog. «Kornfuhren», d. h., um Getreide (aus Minden) zu holen. St. A. O. AA 85, Nr. 6. Ähnliche Beispiele in großer Zahl in den oben erwähnten Akten.

[114] Am 23. 6. 1674 beschwert sich Joh. Schräder aus dem Ksp. Rulle bei der Regierung, er müsse jetzt wieder Dienst in natura leisten, während er seit je Geld bezahlt habe, und bittet, wieder «auf Dienstgeld gesetzt» zu werden. St. A. O. AA 72, Nr. 8. — Der Vogt von Iburg meldet der Regierung am 16. 8. 1677, daß einige weitab wohnende Eigenbehörige anstelle der Dienste Geld zahlen (pro Fuhre 10 sch. 6 pf.) und dies weiter tun wollen. Die Regierung läßt diese Regelung aber nicht zu. St. A. O. AA 72, Nr. 8. — In Schledehausen weigern sich die Hausgenossen im Juli 1678, Dienste in natura zu verrichten, weshalb man sie arretiert hat. Ihre Frauen plädieren beim Bischof für Freilassung unter Hinweis auf die Privilegien der Hausgenossen hinsichtlich der angeblichen Dienstgeldzahlung. St. A. O. AA 72, Nr. 8. — Weitere Beispiele aus verschiedenen Ämtern aus den Jahren 1670—1672 in den oben erwähnten Akten.

[115] So müssen zwei Spanndienstpflichtige aus dem Amt Iburg, die bislang jährlich vier Dienste in natura zu leisten hatten und dafür 1 rthl. 7 sch. Dienstgeld bezahlten, künftig 4 rthl. entrichten. Mitt. der Regierung an den Rentmeister, o. Dat., etwa 1680. St. A. O. AA 72, Nr. 8. — Ähnlich verhält es sich im Falle einiger Eigenbehöriger des Ksp. Dissen lt. Schreiben des Rentmeisters vom 8. 10. 1679. St. A. O. AA 72, Nr. 8. — Am 26. 8. 1680 berichtet der Rentmeister aus Vörden, daß er für nicht beanspruchte Dienste ein Dienstgeld gefordert habe. Die Eigenbehörigen verweigerten jedoch die Zahlung und wollten die Dienste in natura ableisten. Er betont, daß er die Bauern stets darauf hinweise, selbst nur Befehle auszuführen, «solches

(Inwieweit Geldwertverschlechterungen es den Bauern geraten erscheinen lassen, bei der Geldzahlung statt Dienstableistung in natura zu bleiben, wäre zu untersuchen.) Durch Festsetzung einer Geldsumme ist es am leichtesten und am wenigsten spürbar, den Wert der Dienste und somit faktisch diese selbst zu erhöhen[116]. Grundsätzlich aber herrscht die Tendenz, sich möglichst viele Dienste in natura zu sichern und sie nach Möglichkeit an Umfang zu vergrößern[117]. Parallel dazu bemüht sich die Obrigkeit ebenso wie private Grundherren, die Naturalabgaben der pflichtigen Bauern möglichst

aber ist den bauren nicht in die Kopfe zupringen». Er bittet um Verhaltungsmaßregeln, worauf man ihm am 2. 9. 1680 aus Osnabrück antwortet, er habe die ihm gegebenen Befehle auszuführen. St. A. O. AA 72, Nr. 8. — Die Eigenbehörigen des Klosters Bersenbrück teilen der Regierung in einer Beschwerde vom 29. 1. 1695 mit, daß sie infolge Dienstgelderhöhung von bisher 10—12 auf jetzt 14 rthl. lieber den Dienst wieder in natura leisten wollten. St. A. O. AA 72, Nr. 8. — Eine ähnliche Eingabe richten acht Eigenbehörige des Ksp. Engter am 18. 6. 1686 an die Regierung. St. A. O. AA 72, Nr. 8. — Ähnlich auch die Eigenbehörigen der Vogtei Menslage lt. Schreiben des Wolfgang v. Böselager auf Eggermühlen an die Regierung vom 16. 3. 1693. St. A. O. AA 85, Nr. 1.
[116] SCHOTTE, S. 64. — Im Januar 1681 beschweren sich die Eigenbehörigen des Klosters Ösede bei der Regierung: wenn sie früher zu den alle acht Tage abzuleistenden Karrendiensten nicht aufgefordert wurden, blieben sie daheim. Nun sollen sie im Gegensatz zu früher für ausfallende Dienste ein Dienstgeld entrichten. Die Höhe aber setze der Rentmeister fest. Die sich hieran anschließende umfangreiche Korrespondenz ergibt schließlich für die Antragsteller die Verpflichtung zur Zahlung eines Dienstgeldes von zusammen 18 rthl., wenn der Dienst nicht geleistet wird. St. A. O. AA 72, Nr. 8. — Sogar die im Fürstentum wohnenden Tecklenburger Eigenbehörigen werden im Zuge dieser Entwicklung von der hiesigen Regierung und den Beamten belastet, worüber sich eine Korrespondenz mit Tecklenburg entspinnt. St. A. O. AA 72, Nr. 8.
[117] Der Rentmeister in Wittlage hat die Schwester eines Eigenbehörigen gegen alles Herkommen zum Dienst aufbieten lassen, worüber sich dieser am 25. 8. 1672 bei der Regierung beschwert. St. A. O. AA 63, Nr. 1. — Der Eigenbehörige Kok zu Sundermühlen im Amt Grönenberg beschwert sich mit einer Eingabe vom 23. 4. 1674: seine Dienste seien neuerdings viel höher als früher eingestuft worden. St. A. O. AA 65, Nr. 1. — Am 4. 5. 1674 klagt Tyrs Meyer zu Altenborgloh bei der Regierung über den Großvogt v. Hammerstein, der dessen Ravensbergischen Freihof mit Diensten zu belasten versucht. St. A. O. AA 65, Nr. 1. — Der Freie Joh. Tymann zu Nortrup beschwert sich am 30. 4. 1674 bei der Regierung in derselben Angelegenheit. St. A. O. AA 65, Nr. 1. — Verschiedene Eigenbehörige des Ksp. Glane beklagen sich bei der Regierung am 3. 5. 1674, sie hätten heute im Gegensatz zu früher Grogrfendienste zu leisten, um deren Abstellung sie bitten. St. A. O. AA 63, Nr. 1. — Heinrich Philipp Werpup aus Osnabrück richtet am 18. 4. 1674 eine Beschwerde an die Regierung: alle auf seinem adeligen Grunde wohnenden Eigenbehörigen seien exemt. Infolge der Kriegswirren habe sie der Vogt jedoch in die Steuerregister gesetzt und er als ihr Grundherr bitte um Rückgängigmachung. St. A. O. AA 65, Nr. 1. — Ähnlich lautet die Beschwerde des Beneditt v. Hahlen, Ksp. Holte und des Pastors Everhardus Kock im Ksp. Wellingholzhausen, beide für auf ihrem exemten Grunde wohnende Eigenbehörige, beides 1674. St. A. O. AA 65, Nr. 1. Weitere Eingaben des Jobst Graeve Eick v. 26. 4. 1674, des Joh. Blase und Konsorten im Ksp. Bissendorf, des Joh. Heitbrink im Amt Iburg, alles 1674. St. A. O. AA 65, Nr. 1. Die Beispiele sind beliebig vermehrbar. — Im Januar 1681 beschweren sich die Eigenbehörigen des Klosters Rulle durch ihre Äbtissin bei der Regierung: seit alters zahlten sie Dienstgeld und würden neuerdings zu naturalen Dienstleistungen herangezogen. Dies sei gegen das Herkommen, weshalb man Beschwerde einlegt. Das Gesuch wird jedoch abschlägig beantwortet. St. A. O. nur eine Gans abzuliefern, während nach dem Krieg ein rthl. gezahlt werden muß. St. A. O. AA 65, Nr. 1; für 1682: St. A. O. AA 85, Nr. 5; für 1690: St. A. O. AA 85, Nr. 8; für 1691: St. A. O. AA 72, Nr. 8; für 1695: St. A. O. AA 72, Nr. 6; für 1697: St. A. O. AA 72, Nr. 8.

zu erhöhen[118]. In manchen Fällen wird zusätzlich zu den Diensten noch ein Dienstgeld gefordert, was einer Vielzahl von Beschwerden zu entnehmen ist[119].

Es bleibt also festzuhalten, daß die Regierung des Fürstentums nach Kriegsende generell eine Vergrößerung des Umfanges von Diensten und Leistungen sowie Dienstgeldern anstrebt[120]. Demgegenüber wacht sie ständig aufmerksam darüber, daß seitens der privaten Grundherren keine Lastensteigerungen erfolgen[121]. Hierauf wird nochmals zurückzukommen sein.

2. Vermietung landesherrlicher Dienste an Dritte

Es wurde bereits gesagt, daß nicht immer alle zur Verfügung stehenden öffentlichen Dienstleistungen benötigt werden[122]. Diese Erscheinung mag teilweise jahreszeitlich

---

[118] So beschwert sich Balß Meyer zu Stockum am 25. 4. 1664 darüber, daß er auf Anordnung der Regierung Rauchhühner abliefern solle, was er früher habe niemals tun müssen. St. A. O. AA 65, Nr. 1. — Von dem der Witwe v. Schele gehörigen Kotten auf der Loheide war früher nur eine Gans abzuliefern, während nach dem Krieg ein rthl. gezahlt werden muß. St. A. O. AA 65, Nr. 1. — Ähnliche Beschwerden wegen zusätzlicher Belastung mit neuen Naturalabgaben neben den bereits zu leistenden Diensten: etwa 1675, Eigenbehörige aus dem Amt Grönenberg, ferner Eigenbehörige aus dem Ksp. Dissen. St. A. O. AA 65, Nr. 1. — Der Abt Maurus aus Iburg beschwert sich bei der Regierung am 4. 5. 1674 wegen Belastung seines Eigenbehörigen Lohmeyer im Ksp. Laer. St. A. O. AA 65, Nr. 1. — Ähnlich auch die Beschwerde des Peter Desinger vom 10. 5. 1674 und des Dietrich Winter von Hagen, Amt Iburg, vom 5. 5. 1674. St. A. O. AA 65, Nr. 1.

[119] Der Rentmeister des Amtes Reckenberg fordert von seinen Eigenbehörigen neuerdings den üblichen wöchentlichen Hand- und Spanndienst zusammen mit einem weiteren Handdienst. Über diese Belastung beschweren sich die Eigenbehörigen am 15. 3. 1663 bei der Regierung. St. A. O. AA 72, Nr. 8. — Dreizehn Spanndienstpflichtige des Ksp. Damme sollen, da man die Dienste nicht voll ausnutzen kann, Dienstgeld bezahlen und außerdem bei Bedarf zwei weitere Fuhrdienste verrichten. Man bittet um Abstellung mit Eingabe vom 22. 1. 1669. St. A. O. AA 72, Nr. 8. — Am 29. 11. 1693 beschweren sich zwei Eigenbehörige des Ksp. Schledehausen, daß man ihnen neben den zu leistenden Holzfuhren zusätzlich ein Dienstgeld auferlege. St. A. O. AA 72, Nr. 8. — Ebenso beklagen sich die Bauern des Klosters Bersenbrück in einer Beschwerde vom 17. 2. 1696 an den Bischof darüber, daß sie neben einem hohen Dienstgeld von 14 rthl. noch wöchentlich einen Spanndienst an das Amt Vörden und einen weiteren an das Kloster zu leisten hätten. Ernst August antwortet ausweichend, sagt aber eine Untersuchung zu. St. A. O. AA 72, Nr. 8. — Weitere Beispiele: St. A. O. AA 72, Nr. 6.

[120] Auf Befehl der Regierung soll der Rentmeister Schorlemer in Iburg zusätzliche Spanndienste zum Getreidetransport aufbieten und macht dabei die Regierung auf diese zusätzliche Belastung aufmerksam, mit Schreiben vom 13. 6. 1679. Diese schreibt ihm aber, sie habe «mit nicht weniger Befremdung ... ersehen, daß Ihr der Fuhren halber euch so schwierig machet». Die Fuhren seien in jedem Fall zu beschaffen. St. A. O. AA 72, Nr. 8.

[121] Der Verwalter zu Huntemühlen hat 7 Kötter im Ksp. Buer mit neuen Handdiensten belegt und sie wegen Verweigerung gepfändet. Auf deren Beschwerde befiehlt die Regierung am 24. 7. 1675 eine sofortige Herausgabe der Pfandobjekte und verbietet künftighin derartige neue Belastungen. St. A. O. AA 65, Nr. 1. — Ähnlich ist die Beschwerde des Palsterkampschen Eigenbehörigen bei der Regierung vom 17. 3. 1676 und des Joh. Frettholz, Ksp. Buer, vom Aug. 1685. St. A. O. AA 65, Nr. 1. — Der Frau v. Langen auf Sögeln wird von der Regierung durch den Rentmeister am 14. 9. 1689 zu einer durch sie angeordneten Lastenerhöhung mitgeteilt (die Eigenbehörigen haben sich geweigert diese zu tragen, weshalb man bei ihnen pfändete), daß «die auffgezogenen Pfande sofort zu restituiren, und selbige über altes herkommen ... nicht zu beschweren». St. A. O. AA 65, Nr. 1.

[122] In Herzebrock verzichten die Grafen von Tecklenburg im 17. Jahrhundert auf die ihnen alle 14 Tage zustehenden Spanndienste zugunsten des Klosters. WENZEL, S. 271. — Lt. Schreiben

bedingt gewesen sein. Dann verleiht man seitens des Landesherrn die Dienste an Privatleute, in erster Linie an Grundherren, aus. Sie müssen dem Fürsten natürlich dafür ein entsprechendes Entgelt entrichten[123]. Eine eigenmächtige «Verheuerung» dieser Dienste durch die Beamten ist aber, worauf noch hinzuweisen sein wird, streng verboten[124]. Abgesehen von den oben erwähnten saisonalen Einflüssen, war der obrigkeitliche Bedarf an eigenbehörigen Dienstleistungen abhängig von der allgemeinen politischen und Versorgungs-Lage (Kriegs-Fuhrdienste, Kornfuhren), von Straßenbau- und Reparaturobjekten und nicht zuletzt von der Verwirklichung strategischer Pläne wie Befestigungsbauten.

3. Reaktionen der Bauern

Gegen diese Erhöhungen oder Versuche zur Lastenausweitung wehren sich die eigenbehörigen Bauern nach Kräften. Manchmal mögen die vorgebrachten Klagen und Beschwerden übertrieben gewesen sein[125]. In den meisten Fällen bestehen sie wohl aber zu Recht[126]. Die Bauern, schreibt der Rentmeister Stordeur am 7. 7. 1681 an die Regierung, müßten infolge der starken Dienstanforderungen so sehr arbeiten, daß «dadurch ihre hauß- und privat arbeith gantz zurückplieb, undt weilen es gegen die ärndte Zeit lauffe, seye ihnen öhn möglich, also damit zu continuiren». Er bittet für die Eigenbehörigen um Milde, «weiln die leuthe gantz widerwillig werden, außpleiben undt Kein aufbotten undt bedrawung mehr achten»[127]. Damit sind die Folgen einer allzu starken Anspannung der Dienste angedeutet. In manchen Fällen verlassen die Bauern sogar die

der Regierung an den Wittlager Rentmeister vom 12. 9. 1678 sind in diesem Jahr dort noch 798 Dienste zu «employiren». St. A. O. AA 85, Nr. 5. Der Rentmeister schreibt hierauf, daß nicht alle zur Verfügung stehenden Dienste verbraucht oder an andere Interessenten verpachtet werden konnten. Hierfür hat er ein Dienstgeld zu erheben versucht, aber «die Untertanen auch daß geldt dafür nicht geben, besonderen die Dienste liber in natura praestiren wollen». St. A. O. AA 85, Nr. 5. — Und am 19. 6. 1683 teilt die Regierung dem Rentmeister in Grönenberg mit, daß sie im Augenblick für die übriggebliebenen 266 Dienste keine Verwendung habe und er dafür eine Geldabgabe erheben solle. St. A. O. AA 85, Nr. 5.
[123] Zur Reinigung eines herrschaftlichen Mühlenteiches hat der Rentmeister aus Grönenberg am 28. 8. 1667 50 Eigenbehörige mit Werkzeugen für zwei Tage zu stellen. St. A. O. AA 85, Nr. 4. — Die Frau v. Heiden zur Wahlburg erhält von der Regierung auf ihr Gesuch vom 23. 6. 1667 zu ihrem Hausaufbau die Dienste des Amtes Hunteburg gestellt. St. A. O. AA 85, Nr. 4. — Balthasar Schele zur Schelenburg bekommt lt. Anweisung der Regierung vom 25. 10. 1667 landesherrliche Dienste zugeteilt, desgleichen v. d. Bussche-Ippenburg am 22. 6. 1669. St. A. O. AA 85, Nr. 4. — Am 15. 4. 1670 genehmigt die Regierung Vermietung von Diensten an die adeligen Häuser Schweppenburg und Scheventorf und am 11. 5. 1670 erhält Hermann v. Nehem auf Sundermühlen die landesherrlichen Dienste sogar für ein ganzes Jahr zugeteilt. St. A. O. AA 85, Nr. 5. Hier weitere Beispiele über derartige Ausleihungen an Adelige (v. Moltke, Ahrenshorst, Hammerstein, Ledebur usw.).
[124] Anordnung vom Okt. 1694 wegen verbotener Verheuerung Eigenbehöriger gegen Geld an Osnabrücker Bürger. St. A. O. AA 72, Nr. 8. Vgl. auch die unten gemachten Ausführungen dieses Kapitels.
[125] So schreiben die Eigenbehörigen des Ksp. Venne an die Regierung im Jahre 1697 hinsichtlich ihrer Lasten, «daß fals keine andere Verordnung erhalten solten, eine gute Bahn zum mercklichen Untergang der Eingeseßenen bereitet werden durffte». St. A. O. AA 23, Nr. 6. — Vgl. auch Einleitung dieser Untersuchung.
[126] Nicht selten sind die Eigenbehörigen bei der Ableistung von Fuhrdiensten mehr als einen Tag unterwegs, ohne daß ihnen diese Mehrleistungen auf den Spanndienst angerechnet werden. Beispiel hierfür ist die Beschwerde der Eigenbehörigen von St. Johann aus dem Jahre 1681. St. A. O. AA 72, Nr. 8.
[127] St. A. O. AA 85, Nr. 5.

Höfe und fliehen in benachbarte Territorien, weil sie die ihnen auferlegten Lasten nicht mehr aufzubringen imstande sind[128]. Teilweise lehnt man sich sogar offen gegen die Dienst- und Abgabenerhöhungen auf, indem man die Leistungen verweigert[129]. Hiermit wird gleichzeitig offenbar, daß die rechtliche Stellung der Eigenbehörigen theoretisch zwar schwach war, in der Praxis aber beachtlich stark gewesen sein muß.

V. Neue Belastungen

a) Sog. «Militärlasten»

1. Lange Fuhren und Kriegsfuhren

Es wurde gesagt, daß die alten, schon vor Beginn der Dreißigjährigen Krieges vorhanden gewesenen bäuerlichen Lasten nach Kriegsende bestehen bleiben oder ausgebaut werden. Es handelte sich vor allem um die ordentlichen Dienstleistungen. Neben diesen «normalen» Diensten sind noch außerordentliche zu leisten. Es handelt sich dabei um die meist mehrere Tage dauernden Fahrten, die sog. «Langen Fuhren». Sie haben mit dem ordentlichen wöchentlichen Spanndienst nichts gemein und sind auf Anforderung und nach Herkommen zu leisten[130].

Unter diese außerordentlichen Spanndienste fallen auch die sog. «Kriegsfuhren». Dabei handelt es sich um die Gestellung von Pferden und Gespannen an das Militär. Im Kriege waren sie natürlich oft verlustreich und nicht selten kehrten die Bauern ohne Gespanne nach Hause zurück[131]. Diese Kriegsfuhren sind aber von den Bauern auch in Friedenszeiten zu leisten, nicht selten sogar für fremde Heere[132].

[128] Im Jahre 1685 schreibt ein Eigenbehöriger aus dem Ksp. Buer an die Regierung, als man bei ihm nach Verweigerung erhöhter Dienstleistungen gepfändet hat: «Mir aber solches anzunehmen lauter ohnmöglich auch ohnerträglich fällt ... undt so baldt nur ein ander Colonne verhanden, das Erbe obgend. Ihm einzuräumen erbietig.» St. A. O. AA 65, Nr. 1. — 1656 teilt der Rentmeister aus Grönenberg mit, daß mehrere Eigenbehörige aus ihren Ksp. und Höfen entwichen seien, «so gahr aus dem Ambte entwichen». St. A. O. AA 23, Nr. 1. — Aus Vörden meldet der dortige Rentmeister im Jahre 1669, daß zwei Erbkotten leer stünden, «in denen der colonus derozeit, weiln er die Last nicht mehr tragen können, mit weib und Kindern davon gelauffen und nahem Frießlandt sich begeben». St. A. O. AA 94, Nr. 1. — Und am 28. 3. 1684 schreibt derselbe Rentmeister, zwei Höfe stünden leer, «von deren einer der coloni bey nacht zeiten mit weib und Kindern nach Holland entwichen». St. A. O. AA 93, Nr. 3. — Ferner: St. A. O. AA 64, Nr. 2.

[129] 23 Eigenbehörige aus den Ksp. Laer, Glane und Glandorf haben die Übernahme höherer Dienste verweigert. Am 30. 10. 1662 sind sie deshalb vor sieben fürstliche Räte geladen worden. Aber auch hier verweigern sie hartnäckig jede Übernahme neuer Leistungen, selbst nicht unter Drohungen erklären sie sich zur Übernahme bereit. Die Räte beschließen, darüber einen Landtagsentscheid herbeizuführen, um die Bauern zur Übernahme zu zwingen. St. A. O. AA 72, Nr. 6. — Ebenso weigern sich die Schledehauser Eigenbehörigen im Febr. 1694, neue Holzfuhren zu machen, wenn diese ihnen nicht auf die allgemeinen Rundefuhren angerechnet werden. Ähnlich ist die Haltung einiger Eigenbehöriger aus Bissendorf im Jan. 1681. St. A. O. AA 72, Nr. 8.

[130] KLÖNTRUP II, S. 252f. Teilweise sind die Eigenbehörigen sogar bis an den Rhein zu fahren verpflichtet. — Zur Abholung von Getreide sind oft sog. «Kornfuhren», meist nach Minden, zu machen. Lt. Aufstellung aus dem Jahre 1668 müssen die Ämter zu einer solchen Fahrt 600 Wagen mit je 6 Pferden stellen. St. A. O. AA 85, Nr. 6. — Ähnliche Befehle: St. A. O. AA 85, Nr. 4.

[131] SCHLOEMANN, S. 241f. — Auch zum Geschütztransport müssen Pferde und Wagen gestellt werden, so am 11. 8. 1634 245 Pferde und 20 Wagen. St. A. O. AA 245, Nr. 1.

[132] So müssen die Eigenbehörigen der Ämter Wittlage-Huteburg am 26. 2. 1689 beim

2. Einquartierungen, Proviant- und Futterlieferungen

Eine nicht geringe weitere Belastung für die Eigenbehörigen bilden nach Kriegsende die Einquartierungen, die mit der Gestellung von Verpflegung für die einquartierten Soldaten und Futter für die Pferde verbunden sind. Daneben sind noch sog. «Militärlieferungen», meist aus Getreide und Pferdefutter bestehend, zu erbringen. Bekanntlich wohnten alle Soldaten in der damaligen Zeit in Privatquartieren, überwiegend jedoch in der Stadt, so daß man teilweise eine ständige Einquartierung hatte[133]. Sie allein bildete schon eine ständige Last[134]. Bischof Ernst August I. unterhielt nach dem Kriege im Fürstentum Osnabrück relativ starke Infanterie- und Kavallerieverbände, wodurch sich auch diese Lasten erhöhten. Die Kavallerie legte er fast ausschließlich auf das flache Land, so daß die Naturallieferungen für Soldaten und für die Pferde ausschließlich vom Bauernstand aufgebracht werden mußten. Die Bereitstellung dieser Lieferungen wird in einer Anzahl von Verordnungen genau geregelt[135]. Der Bauer, der oft selbst kaum genug Getreide für sich und Futter für sein Vieh hat, muß neben seinen sonstigen erheblichen Naturalabgaben noch große Mengen für die oben erwähnten Zwecke abliefern. Das Futterproblem ist für die damalige Landwirtschaft ohnehin nur sehr schwierig zu lösen[136].

b) Baudienste aller Art

1. Straßen-, Brücken-, Fluß- und Deichbauten

Es wird in der landesgeschichtlichen Literatur teilweise darauf hingewiesen, daß Baudienste aller Art ebenfalls in den Rahmen der eigenbehörigen Dienstleistungen

---

Durchzug von 2000 Schweden Fuhren und Leute zum Bagagetransport stellen. St. A. O. AA 85, Nr. 2. — Gegen Ende des 17. Jahrhunderts haben die Eigenbehörigen von Bramsche und Engter 160 Pferde, teils mit Kutscher und Wagen, bereitzustellen, um Brandenburgern beim Durchzug zu helfen. St. A. O. AA 23, Nr. 5.

[133] Während des Krieges legte man den Einwohnern oft aus Strafe Einquartierung in die Häuser. STÜVE III, pass. — Für Westfalen: ROTHERT, Kriegswirkungen, pass.

[134] Bischof Ernst August I. hat am 15.8.1682 in einer Verordnung die Offiziers-Quartiergelder festgesetzt: danach erhält sein unterster Offiziersgrad 1 rthl., ein Oberst 6 rthl. vom Quartiergeber. St. A. O. AA 387, Nr. Ia vol. I. — Am 29.11.1688 beschwert sich die Bauerschaft Hellern über drei Reiter, die sie nun verpflegen muß. Früher habe sie nur einen gehabt. St. A. O. AA 85, Nr. 1. — St. A. O. AA 23, Nr. 3, enthält eine große Anzahl derartiger Beschwerden und Gesuche Eigenbehöriger, auch solche, aus denen hervorgeht, daß sie bei Truppendurchzügen fremder Heere nach Kriegsende erhebliche Naturalleistungen an das fremde Militär erbringen mußten.

[135] Verordnung des Bischofs Ernst August I. vom 29.11.1667 über Lieferung der Eigenbehörigen an seine Kavallerie. St. A. O. AA 310, Nr. Ia; CCO II, S. 87, Nr. 271 (unt. Hinw. a. CCO I, S. 1463). — Verordnung vom 22.12.1672 über Lieferung von Getreide an das Magazin. CCO II, S. 101, Nr. 299. — Ferner: Verordnung vom 11.4.1673. CCO II, S. 101, Nr. 302 (unt. Hinw. a. CCO I, S. 1466). — Verordnung vom 12.10.1673. CCO II, S. 104, Nr. 306. — Verordnung vom 6.4.1674. CCO II, S. 104, Nr. 310, 311 (unt. Hinw. a. CCO I, S. 1479). — Verordnung vom 1.9.1674. CCO II, S. 105, Nr. 313. — Speziell für die Verpflegung seiner Kavallerie erläßt Ernst August folgende Verordnungen: Verordnung vom 8.11.1673. CCO I, S. 1467f. — Verordnung vom 22.2.1675. CCO II, S. 106, Nr. 319. — Verordnung vom 21.5.1687. St. A. O. AA 387, Nr. Ia vol. I; CCO I, S. 1491ff.; CCO II, S. 122, Nr. 381. — Verordnung vom 30.4.1689. CCO II, S. 124, Nr. 401 (unt. Hinw. a. CCO I, S. 1491).

[136] Vgl. siebentes Kapitel dieser Untersuchung.

fallen[137]. Ein landesherrlicher Zwang zur Instandhaltung von Straßen, Wegen, Brücken und Flußufern bestand allerdings schon vor Beginn des Dreißigjährigen Krieges[138]. Nach Kriegsende nimmt sich der Territorialstaat dieser Dinge besonders an und verstärkt auch von dieser Seite her die Ansprüche nach Diensten[139]. Ein von Bischof Ernst August I. den Ständen vorgelegter Entwurf zu einer Wegeordnung, ähnlich, wie sie in seinen Stammlanden eingeführt war, wird von diesen jedoch 1691 abgelehnt[140].

2. Festungs- und Residenzbauten

Auch für andere Bauten bedient sich die damalige Obrigkeit des Fürstentums Osnabrück der bäuerlichen Leistungen. So werden bereits im Kriege die eigenbehörigen Bauern verschiedener Ämter durch Heranziehung zum Bau der Festung Petersburg bei Osnabrück stark beansprucht[141]. Nach Beendigung des Dreißigjährigen Krieges fordert der Landesherr ständig bäuerliche Leistungen zum Ausbau der Residenz in Iburg und später für den Aufbau des fürstbischöflichen Schlosses in Osnabrück[142].

c) Wirkung und Beurteilung

Wie gezeigt, waren die Anforderungen an das Leistungsvermögen der Osnabrücker Bauern nach Ende des Dreißigjährigen Krieges außerordentlich groß[143]. Es scheint kaum

---

[137] SCHLOEMANN, S. 241; WENZEL, S. 281 f.
[138] Bischof Philip Sigismund läßt am 17. 9. 1607 eine Befragung darüber abhalten, ob ein bestimmter Weg von gewissen Bauern unterhalten werden müsse oder nicht. St. A. O. AA 209, Nr. 1.
[139] Die Regierung drängt im Jahre 1655 auf die Ausbesserung einer Straße und Brücke bei Hellern. Niemand will die Arbeit übernehmen und nach langen Kompetenzstreitigkeiten erhält die Bauernschaft von der Regierung strikten Befehl zur Instandsetzung. St. A. O. AA 209, Nr. 1. — Einen ähnlichen Befehl erhalten die Eigenbehörigen in Bramsche und Umgebung, etwa 1660, Akte o. Dat., zur Unterhaltung des reparaturbedürftig gewordenen sog. «Bramscher Dammes», zugleich verbunden mit der Auflage, jährlich «Flußräumungen» zu veranstalten. St. A. O. AA 23, Nr. 5. — An alle Beamten des Fürstentums ergeht am 17. 4. 1662 ein ausdrücklicher Hinweis, daß die Wegeinstandhaltung seitens der Gemeinden eine Pflicht im Rahmen der Amtordnung sei. St. A. O. AA 208, Nr. 2. — Im Jahre 1669 wird den Schulten zu Oedenberge durch die Regierung die Unterhaltung der in der Nähe seines Hofes gelegenen Brücke befohlen. St. A. O. AA 210, Nr. 2. — Nach Mitteilung des Rentmeisters in Wittlage vom 6. 10. 1673 an die Regierung wird in jedem Jahr von der Kanzel auf die vorzunehmenden Wegereparaturen hingewiesen. St. A. O. AA 208, Nr. 1. — Im Jahre 1681 wird den Eigenbehörigen von Dinklage und Langen die Reparatur der Haseufer befohlen, am 4. 9. 1685 den Bramscher Eigenbehörigen die Reparatur ihrer Brücke. St. A. O. AA 208, Nr. 1. — Und auf die Beschwerde der Bippener Eigenbehörigen, daß man sie ungerechterweise mit Wegereparaturen belaste, wird von der Regierung kurz geantwortet, die Instandsetzungen hätten innerhalb von vier Wochen zu erfolgen. St. A. O. AA 210, Nr. 2. — Verantwortlich für den Straßenbau sei immer die Gemeinde oder das Kirchspiel, was ein Streit zwischen der Regierung und Neuenkirchen bei Melle a. d. J. 1691 zeigt. St. A. O. AA 208, Nr. 3.
[140] St. A. O. AA 208, Nr. 4. — Dafür ergeht am 9. 8. 1691 an alle Ämter ein Befehl zur Wegeausbesserung. CCO II, S. 130, Nr. 421.
[141] STÜVE III, S. 111, 114, 142. Material, Handwerker und Fuhrdienste müssen sogar aus dem entfernt liegenden Amt Fürstenau gestellt werden. Schon damals, also im Kriege, kamen Dienstverweigerungen infolge zu großer Überspannung der Dienste vor. — In den Sommermonaten stellt das Amt Fürstenau allein je Monat 250–400 Wagen. St. A. O. AA 85, Nr. 4.
[142] St. A. O. AA 85, Nr. 4, 5. Hier finden sich aus den Jahrzehnten nach dem Kriege eine Menge Beispiele für derartige Anforderungen.
[143] So schreiben die Grönenberger Eigenbehörigen am 6. 2. 1692 an die Regierung, daß sie

möglich, daß zu den schon vor dem Kriege bestehenden nicht unbeträchtlichen Lasten noch neue hinzugekommen sein können. Und doch ist es so, wie die Darlegungen zeigen. Die neuen Leistungsverpflichtungen treffen ausnahmslos den eigenbehörigen Bauernstand, der nach Kriegsende selbst einer Schonung bedurft hätte. Betrachtet man die Vermehrung der alten bäuerlichen Verpflichtungen[144] zusammen mit den nach dem Kriege neu hinzugekommenen, wird man sagen müssen, daß die seitens der Regierung des Fürstentums getroffenen Maßnahmen in der Landwirtschaft von ausgesprochen nachteiliger Wirkung für den Bauernstand gewesen sind[145]. Die Fronen selbst, das wurde bereits gesagt, waren für die Berechtigten nicht immer von großem wirtschaftlichem Nutzen, schon deshalb, weil sie zwangsweise geleistet werden mußten. Für die bäuerliche Eigenwirtschaft waren sie hingegen von direktem Schaden, denn der Bauer war oft gezwungen, einen oder auch mehrere Tage in der Woche, vor allem in der «Saison», die eigene Arbeit auf Hof und Acker zugunsten seiner landesherrlichen und privatgrundherrlichen Verpflichtungen zu vernachlässigen.

VI. Obrigkeitlicher Schutz vor Diensterhöhungen

a) Private Grundherren

Wie gezeigt, versucht die Regierung des Fürstentums, die Lasten der Bauern nach dem Kriege allgemein zu erhöhen. Die Territorialgewalt ist also bestrebt, ihrer wachsenden politischen Bedeutung und dem sich vergrößernden Aufgabenkreis entsprechend, sich zusätzliche Leistungen zu beschaffen. Sie wacht aber auf der anderen Seite energisch darüber, daß seitens privater Berechtigter, also von den Grundherren her, keine neuen Anforderungen an das Leistungsvermögen der eigenbehörigen Bauern gestellt werden[146].

b) Beamte und Unterbeamte

Die teilweise weitab vom Regierungssitz liegenden Kirchspiele auf der einen und die relativ große Machtfülle der Beamten und Unterbeamten auf der anderen Seite waren oft Anlaß für deren eigenmächtiges Handeln. Dies war besonders leicht, als die Dienste, wie gezeigt, nicht immer benötigt und vom Landesherren teilweise nach dritter Seite hin vermietet wurden. Auch hier wacht dir Regierung eifrig darüber, daß die

mit ihren Pferden zu stark beansprucht worden seien: «Den unsere pferde nicht mehr imstande solche weite Fuhren ohne gantzl. ruin Zu Verrichten.» St. A. O. AA 72, Nr. 8.

[144] Gefälle wie Auffahrtsgelder müssen, auch wenn ein Hof, der übernommen wird, in sehr schlechtem Zustande ist, entrichtet werden. St. A. O. AA 65, Nr. 1.

[145] Inwieweit Maßnahmen auf steuerlichem Gebiet den Bauernstand belasten, wird im dritten Kapitel dieser Untersuchung dargelegt werden.

[146] So dürfen die Grundherren ihre Eigenbehörigen in der Saat- und Erntezeit nicht zu Extradiensten auffordern. LODTMANN I, S. 151. — Ebenso sind Fuhren über eine weitere Entfernung als 4–5 Meilen nicht ohne weiteres erlaubt, desgleichen nicht über mehrere Tage. LODTMANN I, S. 151. — Am 19. 11. 1695 beschweren sich die Belmer und Wallenhorster Bauern wegen der Aufbürdung neuer Dienstleistungen in Form von Holzhauen. Die Regierung verbietet dem Grundherren diese weitere Belastung, betont aber zugleich, daß sie auf die Art der Ableistung des dem Berechtigten zustehenden Dienstes keinerlei Einfluß habe. St. A. O. AA 72, Nr. 8. — Dem Grundherren des Eigenbehörigen Hermann Sickmann wird von der Regierung am 29. 7. 1698 befohlen, die Pfandobjekte herauszugeben. Dieser war mit neuen Dienstleistungen beschwert worden, hatte sie verweigert, weshalb der Grundherr bei ihm gepfändet hatte. St. A. O. AA 65, Nr. 1. — Über die Herabsetzung der Dienstleistungen der Kötter von Glane im Jahre 1697: CCO II. S. 149. Nr. 470. — Aus den Akten ist allgemein eine genaue Prüfung aller Beschwerden in dieser Hinsicht durch die Regierung festzustellen.

pflichtigen Bauern nicht durch Dienste belastet werden, zu denen sie von den Beamten und Unterbeamten aufgeboten werden. Daneben kommen noch Geldsammlungen vor, sog. «Kollekten», die die Beamten eigenmächtig durchführen, welche aber streng verboten sind[147].

VII. Lastenermäßigung in Notlagen

Es bleibt nun zu untersuchen, ob die Regierung des Fürstentums bereit war, die Lasten in besonderen Fällen zu ermäßigen. Wenn für den Bauern irgendwelche wirtschaftlichen oder persönlichen Rückschläge, wie Krankheit, Tod, Mißernten, Wetterschäden oder Viehseuchen eintraten, wurde seine Lage angesichts der Vielzahl von Leistungsverpflichtungen sehr kritisch. In solchen Fällen hilft ihm die Obrigkeit. Diese Hilfe besteht jedoch meist nicht in einem Erlaß der Naturaldienste, sondern in einer Stundung, Ermäßigung oder einem Erlaß der Geldleistungen[148]. Ein derartiges Entgegenkommen in Notlagen zeigt die Regierung aber auch schon in früherer Zeit[149]. Nach Kriegsende sind es zunächst die Folgen von Kriegsschäden, wie z. B. von Beraubungen und Viehdiebstählen[150]. Zwar steht die Regierung teilweise auf dem Standpunkt, es sei ihr unbegreiflich, «wie und warumb Supplicanten in solchen friedtsahmen undt gueten Jahren... in solchen rückstandt und resp. armuth gerathen sein sollen oder kommen»[151]. Wenn aber Vogt, Rentmeister oder Pastor die Notlage des eigenbehörigen Bauern bestätigen, muß man sich schließlich zu entgegenkommen bereit finden[152]. Gesuche um Dienstverminde-

[147] Schon im Kriege werden die Eigenbehörigen nach Möglichkeit geschützt. St. A. O. AA 65, Nr. 1. — Einen solchen Zweck verfolgt auch die Verordnung Gustav Gustavsons z. Z. der schwedischen Besetzung des Fürstentums vom 18. 10. 1639. CCO II, S. 48, Nr. 134. — Nach Kriegsende treten Verordnungen, die die Eigenbehörigen vor Übergriffen der Beamten und Unterbeamten schützen sollen, häufiger auf: Vögte-Ordnung des Bischofs Franz Wilhelm von 1651. CCO I, S. 520. — Eine ähnliche Verordnung, etwa 1650/60, Akte o. Dat., St. A. O. AA 319, Nr. 1. — Ferner CCO II, S. 108, Nr. 331 und CCO I, S. 1759. — Der Rentmeister zu Melle wird am 16. 9. 1678 wegen Eigengebrauchs der Dienste getadelt: «Gleich nun nicht allein Vorhöchstgedacht Ihrer Dhlt. sehr ungnädigst empfinden, daß die Gografendienste ohne vorgehende befehling aufgeboten und verbraucht, alßo hat auch der Hoffmarschall nicht wenig verdruß undt mißfallen bezeigt, daß ihr ohne sein wißen und willen auch für Ihn einige in die Designation undt employirt.» St. A. O. AA 85, Nr. 5. — Ebenso verbietet die Regierung die offenbar stark in Übung gewesenen eigenmächtigen Geldkollekten der Beamten. Verordnung vom 28. 12. 1681 (die ebenfalls eigenmächtige Fuhrdienste streng verbietet). St. A. O. AA 387, Nr. Ia vol. I; CCO I, S. 278 ff.; KLÖNTRUP II, S. 138 f. — Am 10. 12. 1691 ergeht eine ähnliche Verordnung. St. A. O. AA 23, Nr. 4; CCO II, S. 132, Nr. 423.
[148] Vgl. drittes und viertes Kapitel dieser Untersuchung.
[149] St. A. O. AA 64, Nr. 1, mit vielen Beispielen aus den Jahren 1613—1639.
[150] Arend Sieker zu Balkum, Ksp. Üffeln, schreibt am 10. 1. 1657 an die Regierung, er könne seinen geldlichen Leistungsverpflichtungen nicht mehr nachkommen infolge «bey vorgewesten Kriege dabey erlittenen offtmahliger nackender beraubung, und erfolgten theuren Zeit, angeschwollenen Pfacht-restanten». St. A. O. AA 64, Nr. 1.
[151] St. A. O. AA 64, Nr. 1.
[152] Am 24. 2. 1680 reicht Henrich Hackemöller ein Gesuch bei der Regierung ein: er habe einen Kotten übernommen und mußte sich dabei zur Übernahme der Pachtschulden seines Vorgängers bereit erklären. Diese Leistungen seien ihm unmöglich und er bäte um Erlaß. St. A. O. AA 64, Nr. 2. — Der Eigenbehörige Williker aus Rabber, Ksp. Barkhausen, teilt der Regierung am 19. 9. 1668 mit, er sei dem Rentmeister zu Wittlage die Geldabgaben nicht mehr zu leisten imstande, da er von verschiedenen Unglücksfällen betroffen worden sei. St. A. O. AA 64, Nr. 2. — Der Wittlager Rentmeister schreibt am 27. 8. 1685 an die Regierung, er habe auf einen Steuererlaß für die Ämter gehofft, was jedoch vergeblich gewesen sei. Die Eigenbehörigen befänden sich in solcher Not, daß er die von ihnen zu zahlenden Steuern aus eigener Tasche be-

rung laufen meist mit einer Bitte um Einstufung in eine niedrigere Höfe- (= -Steuer-) Klasse des Antragstellers in den Dienstregistern parallel[153]. Lastenermäßigungen erfolgen auch dann, wenn ein Hof durch mehrere kurz aufeinander folgende ungewisse Gefälle in Liquiditätsschwierigkeiten gerät[154]. Auch werden bei Mißernten, Unwetter oder beim Wiederaufbau landwirtschaftlicher Gebäude Ermäßigungen gewährt, überwiegend, wie schon gesagt, durch vorübergehenden Erlaß oder Ermäßigung der Geldleistungen[155]. Auf derartiges Entgegenkommen der Regierung wird im dritten und vierten Kapitel dieser Untersuchung nochmals hingewiesen werden.

VIII. Bedeutung der grundherrlichen Gegenleistungen (Präbenden) nach Kriegsende

Es wurde bereits darauf hingewiesen, daß die Dienstberechtigten den Bauern bei Ableistung der Dienste zu Gegenleistungen, den Präbenden[156], verpflichtet waren. Auch in der Zeit nach dem Dreißigjährigen Kriege müssen sie im Fürstentum Osnabrück geleistet werden[157]. Sie bestehen aus Geldzahlungen oder Beköstigung. Offenbar war die Form der Präbenden hier örtlich verschieden[158]. Daß ihr Vorhandensein bei der Behandlung der Dienste oft übersehen wird, wurde bereits gesagt. Diese grundherrlichen Gegenleistungen sind darum durchaus nicht bedeutungslos. Im Gegenteil, sie sind auch für die Eigenbehörigen im Fürstentum Osnabrück Entgelte, um die es sich Beschwerde zu führen lohnt, wenn sie nicht gewährt werden. Und wenn der Dienstberechtigte von den pflichtigen Bauern Hand- und Spanndienste forderte, war er gezwungen, Präben-

zahlt habe. Einige Bauern seien sogar aus Not von den Höfen verschwunden und «ins benachbarte entwichen». St. A. O. AA 64, Nr. 2.

[153] Michael Gerling aus dem Amt Reckenberg bittet die Regierung, etwa 1690 (Akte o. Dat.), um Einstufung in eine niedrigere Steuerklasse, da er die Abgaben in der bisherigen Höhe nicht mehr zu leisten in der Lage sei. St. A. O. AA 64, Nr. 2.

[154] So beklagt sich die Witwe von Schele für ihren Eigenbehörigen Joh. Hch. Wehemann in Linne, Ksp. Schledehausen, am 10. 4. 1698 bei der Regierung: dessen Hof habe innerhalb von 14 Jahren je drei Sterbfälle und drei Auffahrten bezahlen müssen, weshalb für den Eigenbehörigen Schonung nötig sei. Die Gelder aber habe sein früherer Grundherr, v. Langen auf Sögeln, vereinnahmt. St. A. O. AA 23, Nr. 6. — Ähnlich die Eingabe des Baltz Heinrich Große Vechellmann vom 16. 6. 1698 wegen Lastenermäßigung an die Regierung: er habe mehrmals hintereinander Sterbfallszahlungen auf seinem Hofe gehabt. St. A. O. AA 23, Nr. 6.

[155] Cordt König zu Gesmold schreibt am 10. 6. 1691 an die Regierung, er müsse, obwohl er nur sehr wenig Land besitze, mehr als 1 rthl. Steuern zahlen. Durch Viehseuchen seien ihm sämtliche Tiere, Pferde wie Kühe, eingegangen. Dem Vogt sei dies zwar bekannt, doch würde er das nicht berücksichtigen. Er bitte um Erlaß der Zahlung. St. A. O. AA 23, Nr. 6. — Bekanntlich erhielten die Vögte als Entgelt einen bestimmten Prozentsatz der erhobenen ordentlichen und außerordentlichen Steuern. Vgl. drittes Kapitel dieser Untersuchung. — In St. A.. O. AA 23, Nr. 2, 3, 5, 6, befinden sich eine Menge weiterer Eingaben wegen Steuererlaß (Viehsterben, Mißwachs, Unwetter, Pflanzenschädlingen, Feuer, baufällige Häuser.

[156] Der Name «Präbenden» ist im Fürstentum Osnabrück für diese Geldleistungen allerdings nicht gebräuchlich. Sie werden mit keinem besonderen Namen hier bezeichnet. — SLEUMER, Kirchenlat. Lexikon, Lüneburg 1926, versteht darunter: a) Einkommen für Geistliche, b) Stiftung für arme Leute. — Mit der unter a) gen. Bedeutung ist das Wort im Osnabrücker Raum in Gebrauch gewesen.

[157] VINCKE, Lage, S. 64. — Sogar die fürstlichen Amtshäuser zahlen bei den erwähnten sog. «Langen Fuhren», die also mehrere Tage dauerten, pro vom Pflichtigen gestellten Wagen 1 rthl. Zehrgeld. Es handelt sich dabei um Kornfuhren nach Minden. St. A. O. AA 85, Nr. 4, 5.

[158] Eigenbehörige und Hausgenossen von Iburg beschweren sich bei der Regierung am 20. 10. 1662: man habe ihnen bisher bei Ableistung ihrer Dienste Essen und Trinken gereicht bzw. ihnen dafür 1 sch. Osnabrücker Währung gegeben. Dies geschehe jetzt nicht mehr, so daß

den zu geben. Er mußte deshalb darauf sehen, daß er in Form der Leistungen auch dafür
«etwas bekam». Wurden die Dienste schlecht geleistet, konnte es sein, daß er mit seinem
Entgelt mehr gab, als die erbrachte Leistung wert war. Auf diesen Tatbestand wurde
bereits hingewiesen.

IX. Stellung der Stände zu den staatlichen Lastenerhöhungen

Wenn über die Einführung erhöhter Dienstverpflichtungen durch die damalige Obrigkeit gesprochen wurde, taucht die Frage auf, ob die Stände des Fürstentums, also Domkapitel und Ritterschaft, etwas dagegen unternommen haben, wenn ihre eigenbehörigen Bauern mit noch größeren Lasten als vor und im Kriege beschwert wurden. Dazu ist zu sagen, daß sie besonders bei der Planung neuer finanzieller Bürden durch den Bischof Partei für ihre Untertanen ergriffen haben[159]. Über ihre Schritte in dieser Hinsicht wird im folgenden dritten Kapitel dieser Untersuchung noch zu sprechen sein.

X. Zusammenfassung und Beurteilung

Insgesamt gesehen hat die Regierung des Fürstentums Osnabrück nach dem Dreißigjährigen Kriege auf dem Gebiet der bäuerlichen Lasten keine allgemeinen Erleichterungen eingeführt[160]. Im Gegenteil, es sind für die Bauern sogar noch neue Belastungen hinzugekommen. Die Obrigkeit steht nach Kriegsende vor der Alternative, entweder den Bauernstand zu schonen, indem sie auf neue Dienst- und Abgabenerhöhungen verzichtete (was sehr notwendig gewesen wäre) oder ihn auf Grund der neu entstandenen politischen Verpflichtungen verstärkt zu Leistungen heranzuziehen. Die Regierung entscheidet sich zwangsläufig für das letztere, was sich in einer scharfen Anspannung der bäuerlichen Leistungsverpflichtungen auswirkt. Daß die Entwicklung auf dem Gebiet der Lasten im Fürstentum Osnabrück im Gegensatz zu obrigkeitlichen Maßnahmen in anderen deutschen, vor allem westfälischen Territorien steht, hat seinen Ursprung in dem nicht allzu starken Grad der Kriegszerstörungen und in der Außenpolitik des Bischofs Ernst August I., die gebieterisch die dazu nötigen Geldmittel und sonstigen Leistungen forderte.

sie sich von der «Bluetsauweren Arbeitt» nicht mehr erholen könnten. Auch bekäme man deshalb kein Dienstpersonal mehr, da dieses infolge des Wegfalls der oben erwähnten Beköstigung nicht mehr arbeiten wolle. Die Antragsteller bitten um Wiederherstellung des alten Zustandes. St. A. O. AA 72, Nr. 8. — Die Eigenbehörigen von Scheventorf erhalten lt. Meldung des Rentmeisters vom 9. 9. 1678 und aus dem Jahre 1687 bei Dienstleistungen 7 pf. Er schreibt, «daß daselbst des tages yeden 6 pf. hier aber nichts geraichet wirdt». St. A. O. AA 85, Nr. 5. Ebenso erhalten die Eigenbehörigen des Amtes Fürstenau für ihre Fuhren ein Fuhrgeld, etwa 1650/70, Akte o. Dat. St. A. O. AA 85, Nr. 4. — Demgegenüber beschweren sich die Eigenbehörigen der Ämter Wittlage und Hunteburg im Juli 1687 bei der Regierung: bei ihren Diensten hätten sie früher Verpflegung erhalten, und zwar 1 Micke (nach SCHILLER-LÜBBEN, Mitteldt. Wörterbuch III, S. 86: «eine Art feineres Brot»), 1 Hering und eine Portion gutes Bier. Seit der Regierung Ernst Augusts I. erhielten sie dafür einen Schilling, der aber nicht gezahlt würde. Sie bäten um Gewährung der Gegenleistungen. St. A. O. AA 72, Nr. 8.

[159] Das zeigen besonders die Verhandlungen zwischen Bischof Ernst August I. und den Ständen, vor allem in Steuerangelegenheiten, aus den Jahren 1666, 1667, 1668. St. A. O. AA 88, Nr. 70. Vgl. auch drittes Kapitel dieser Untersuchung.

[160] GOLTZ, Geschichte I, S. 229, sagt dagegen, allgemein: «Immerhin war das Bestreben der einsichtigen Fürsten darauf gerichtet, den auf den Bauern liegenden Druck zu mildern oder nicht so stark werden zu lassen. Hierauf wies sie schon ihr eigenes Interesse und das ihres Landes hin. Denn die Bauern waren es doch schließlich, welche vorzugsweise nicht nur die Soldaten liefern, sondern auch die Steuern bezahlen mußten.»

DRITTES KAPITEL

Landwirtschaft und Besteuerung

I. Exkurs: Steuerwesen und absoluter Staat des 17. Jahrhunderts

a) Entwicklung der Steuern und Steuerquellen

Im vorigen Kapitel wurde der Umfang der aus der Hörigkeit abgeleiteten bäuerlichen Abgaben in natura und in Geld gezeigt. Es wurde dargelegt, wie der Territorialstaat diese Leistungen zu nutzen versteht. Mit dessen Entwicklung geht eine andere parallel, die untrennbar mit ihm verbunden ist: es ist die Herausbildung des modernen Steuerwesens, welche zeitlich bereits mit der Entwicklung der Feuerwaffen einsetzt[1]. Je größere Mittel dem Landesherrn zur Verfügung stehen, um so stärker konnte er in der internationalen Politik mitsprechen, denn «auf den Steuern beruhte im allgemeinen die außenpolitische Machtstellung des Staates»[2].

In den Darlegungen über den Schutz der Höfeverfassung wurde gesagt, daß der Staat des 17. Jahrhunderts seine Unteilbarkeitsordnungen in der Landwirtschaft aus rein fiskalischen Motiven erläßt: er will die Steuerquellen erhalten und nicht verkleinert wissen[3]. Um sie auch voll auszuschöpfen, ist eine Verfeinerung des gesamten Steuererhebungssystem nötig (sofern von einem «System» gesprochen werden kann)[4]. Die Steuerpolitik brachte den Fürsten nach und nach zu einer Agrarpolitik, wenn diese auch zunächst von rein fiskalischen Motiven ausging. Denn die ergriffenen Maßnahmen bezogen sich fast ausschließlich auf die Landwirtschaft: «Damals beruhte die gesamte Volkswirtschaft und auch die staatliche Finanzwirtschaft ganz überwiegend auf der Landwirtschaft[5].»

Besteuert werden einmal die Einwohner der Territorien selbst (z. B. Kopfsteuer) sowie Vermögensmassen[6]. Man ist hierbei recht erfinderisch, weshalb diese neu geschaf-

[1] «Um das Beamtentum, das stehende Heer und die sonstigen Staatsaufgaben finanziell zu fundieren, bedarf es einer leistungsfähigen Finanzwirtschaft. Diese auszubauen, wird eine der vordringlichsten Aufgaben, nachdem der im 16. Jahrhundert beschrittene Weg der Aufnahme von Anleihen bei den großen Unternehmern nicht mehr gangbar ist. Da die Einnahmen aus den fürstlichen Domänen, Bergwerken, Forsten, Manufakturen usw. nicht ausreichen, ist die Entwicklung eines ausgebauten Steuersystems eine vordringliche Forderung. Nur wenn diese Voraussetzungen erfüllt waren, konnte der Fürstenstaat sowohl nach außen wie nach innen zu einer Machtentfaltung kommen, im besonderen auch einen Behördenapparat aufbauen, der die Wirtschaft zu leiten in der Lage war.» LÜTGE, Sozial- und Wirtschaftsgeschichte, S. 232. — Bereits seit dem 13. Jh. müssen die Fürsten infolge zunehmender Verschuldung außerordentliche Steuern einzuheben beginnen, wozu allerdings die Genehmigung der «meliores et majores terrae» erforderlich ist, wie ein Reichsgesetz vorschrieb. MAYER, H. d. Fw. I, S. 215.

[2] MAYER, H. d. Fw. I, S. 219.

[3] BELOW, Fürsorge, S. 706, 716.

[4] Seit dem 16. Jahrhundert wird deshalb die Forderung nach der Einrichtung von Katastern erhoben, um sog. «verschwiegenes Gut» zu erfassen. Dieses nicht für steuerliche Zwecke gemeldete Land betrug z. B. in Böhmen 36% der gesamten steuerlichen Bodenfläche. MAYER, H. d. Fw. I, S. 219. — Die ersten Kataster im Fürstentum Osnabrück werden 1667 angelegt, genaue Vermessungen erfolgen 1718.

[5] LÜTGE, Bauernbefreiung, S. 375 (die auf das Jahr 1800 bezogene Formulierung trifft auch den Tatbestand im 17. Jahrhundert).

[6] Zum Beispiel: Grund und Boden, Gewerbebetriebe, Gebäude, Feuerstätten. MAYER, H. d. Fw. I, S. 219.

fenen zusammen mit den alten ausgebauten Steuern ein Bild bunter Mannigfaltigkeit ergeben[7]. In jedem Falle aber stellt man im Laufe der Zeit auf diesem Gebiet eine geregelte Verwaltung her.

BELOW[8] weist im Zusammenhang mit einer Auseinandersetzung mit SCHMOLLER darauf hin, der Territorialstaat habe zunächst auf die städtische Akzise zurückgegriffen und sie besonders gefördert. Es ist hier festzuhalten, daß eine solche Entwicklung für das Fürstentum Osnabrück nicht zutrifft. Neben der geringen Zahl von Städten überhaupt werden die großen Privilegien der Stadt Osnabrück früh das Augenmerk der Fürsten auf andere Steuerquellen als die Akzise gelenkt haben[9].

Zusammenfassend ist also zu sagen, daß das territoriale Steuerwesen eine geregelte Verwaltung erhält. Die Steuern selbst werden, wenngleich die Erhebung auch jeweils immer noch formeller Zustimmung der Stände bedurfte, zu einer regelmäßigen Einrichtung.

b) Die naturalen Leistungen der Bauern als Steuern

Im Kapitel über die bäuerlichen Lasten wurde deren Umfang und Form, naturale Leistungen und Geldzahlungen, untersucht. Dabei wurde besonders darauf hingewiesen, daß alle genannten Leistungen der Bauern an die Obrigkeit faktisch Steuern waren, einerlei, ob sie in Form von Naturallieferungen, Zahlungen oder Dienstleistungen in vielerlei Gestalt erfolgten. Zu Beginn dieses Kapitels, das die Besteuerung der Osnabrücker Bauern untersucht, scheint es geboten, auf jene Tatsache besonders hinzuweisen. Oft sind die Trennungslinien zu verwischt, um zu erkennen, was Steuern und sonstige Leistungen sind. Zwar sind im Sinne der modernen steuerrechtlichen Definition Steuern «einmalige oder laufende Geldleistungen, die nicht eine Gegenleistung für besondere Leistungen darstellen» (§ 1 der Reichsabgabenordnung), doch erfolgten ursprünglich, wie gezeigt, für die meisten Dienstleistungen grundherrliche Gegenleistungen[10]. Die Kenntnis von diesen Zusammenhängen war im 17. Jahrhundert allerdings längst verlorengegangen.

II. Die direkten Staatssteuern im Fürstentum Osnabrück

a) Entwicklung bis zum 17. Jahrhundert

Direkte Steuern sind, nach MAYER[11], in Territorialstaaten wie Österreich (Böhmen) bereits im 13. Jahrhundert nachweisbar. Sie erscheinen anfangs jedoch nur als außerordentliche Steuern und unter mannigfaltigen Namen[12].

Auch im westfälischen Raum ist eine solche Entwicklung schon früh erfolgt. So werden ordentliche direkte Steuern bereits um das 14. Jahrhundert durch den Bischof von

---

[7] MAYER, H. d. Fw. I, S. 219.
[8] BELOW, Fürsorge, S. 707 f.; ders., Untergang, S. 625: «Erst in und seit der zweiten Hälfte des 17. Jahrhunderts findet eine tiefer greifende Beeinflussung der städtischen Steuern durch die territorialen Regierungen statt.»
[9] Auch ist die von BELOW, Fürsorge, S. 734, festgestellte wirtschaftliche Vormundschaft der Städte für das Territorium Osnabrück nicht feststellbar. Vgl. auch achtes Kapitel dieser Untersuchung.
[10] LÜTGE, Mitteldt. Grundherrschaft, S. 170.
[11] MAYER, H. d. Fw. I, S. 219.
[12] MAYER, H. d. Fw. I, S. 219.

Münster regelmäßig eingehoben[13]. Im Fürstentum Osnabrück[14] nimmt SPANGENBERG[15] solche ebenfalls als seit dem 14. Jahrhundert bestehend an[16]. Direkte Steuern finden sich also hier bereits seit dem Ausgang des Mittelalters. Um die Entwicklung seit dieser Zeit kurz zu kennzeichnen, wurde die unten erwähnte Tabelle zusammengestellt[17]. Sie zeigt bis zur Wende des 16. Jahrhunderts ein Pendeln zwischen verschiedenen Steuerobjekten: Personen, Vieh, Grund und Boden. 1598 werden erstmals auch die Feuerstätten besteuert[18]. Die Einhebung erfolgte aber zu unregelmäßigen Terminen und fand bis zur Mitte des 16. Jahrhunderts durch vertrauenswürdige Personen, z. B. die Geistlichen, statt[19]. Eine Einteilung in Steuerklassen, welche man in etwa auch später beibehielt, erfolgte 1573[20]. Die aufkommende Regelmäßigkeit der Erhebung, ein Kriterium der Steuer im modernen Sinn, zeigt sich z. B. darin, daß die 1576 im Fürstentum beschlossene Viehsteuer (Viehschatz) zwanzig Jahre lang erhoben wird (schließlich löst 1598 eine Feuerstättensteuer diese ab).

So sieht in kurzem Aufriß die Entwicklung der direkten Steuern im Fürstentum Osnabrück aus. Sie betreffen fast ausschließlich die Landwirtschaft, was angesichts des Fehlens anderer ertragreicher Gewerbezweige natürlich ist[21].

Bis zum Dreißigjährigen Kriege verläuft die Entwicklung in den oben aufgezeigten Bahnen. Der Krieg selbst bringt eine lange Reihe schwerer Kontributionen, auf die in der Einleitung bereits hingewiesen wurde und worauf in diesem Kapitel nochmals eingegangen werden soll.

Der Umfang der Belastung der eigenbehörigen Bauern durch die erwähnten Steuern ist augenscheinlich: neben den bereits genannten Abgaben werden laufend von ihnen weitere Geldleistungen gefordert[22].

b) Steuerprivilegien (Exemtionen) und deren Bedeutung für die Osnabrücker Landwirtschaft

Adel und Klerus beanspruchten bekanntlich Steuerfreiheit, ebenso wie beide Stände von allen anderen Abgaben ausgenommen waren[23]. Im Fürstentum Osnabrück kämpft der Territorialherr zwar gegen die «Exemtionen» an, aber auf lange Sicht gesehen

---

[13] Vgl.: MEITZEN, «Die ordentlichen und direkten Staatssteuern des Mittelalters im Fürstbistum Münster», Diss. Münster, 1895, in: Zeitschr. f. Vaterld. Gesch. u. Altertumskde., Bd. 53.

[14] Eine entsprechende Spezialuntersuchung fehlt hier noch.

[15] SPANGENBERG, S. 61. — Ähnlich: DÜHNE, S. 22.

[16] Lt. im Anhang befindlicher Tabelle ist die Steuer von 1350 bereits eine klassifizierte Kopfsteuer.

[17] S. Anhang, dort auch die entsprechenden Lit.-Angaben.

[18] VINCKE, Lage, S. 64, spricht auch von einer Besteuerung der Gewerbe seit 1587, was andere Autoren aber nicht erwähnen.

[19] STÜVE II, S. 780; ders., Landgemeinden, S. 123. — Aber schon ab 1549 erfolgt sie durch einen Domherrn und Vicarius. Ebd. — 1588 wird die Anfertigung von Einnahmeregistern angeordnet. Bisher mußte man sich auf die Ehrlichkeit der Einnehmer verlassen. REHKER, S. 33 (unt. Hinw. a. CCO I, S. 18 ff.).

[20] WRASMANN I, S. 71. Diese Einteilung orientierte sich im wesentlichen an der Markberechtigung der Steuerträger. Vollerben, Halberben, Markkötter und Brinksitzer steuerten im Verhältnis 1:1, 2:1, 4:1, 8:1 bei. Ebd.

[21] Im Zusammenhang mit der Darstellung des Landhandwerks (sechstes Kapitel) wird auch auf die Bedeutung der Leinenspinnerei und -weberei eingegangen werden. Als Steuerzahler sind diese Gewerbetreibenden jedoch nicht von Bedeutung.

[22] STÜVE, Examen Exemtorum, S. 634: 1609 erbringt eine neben der Viehsteuer erhobene Grundsteuer (Erbschatz) 15 000 rthl.

[23] MAYER, H. d. Fw. I, S. 218.

ohne Erfolg[24]. Es gelingt nur wenige Male vor dem Dreißigjährigen Kriege, Domkapitel und Ritterschaft, also die Stände, zur Steuerzahlung heranzuziehen[25].

Um einen möglichst großen steuerfreien Grundbesitz zu erhalten, zieht man einen Teil der pflichtigen Höfe zur Eigenwirtschaft, indem man sie zuvor, teils mit Absicht, eine Zeitlang unbesetzt, also wüst, liegen läßt. Oder sie werden, wie bereits dargelegt, nach der Einziehung parzellenweise verpachtet. STÜVE[26] bezeichnet die im 17. Jahrhundert einsetzenden Verordnungen gegen diese Einverleibungen als die einzige Rettung gegen eine solche Entwicklung. Der – verständliche – Drang nach Steuerbefreiung greift auch auf die herrschaftlichen Bedienten über[27]. Schließlich ruhte die steuerliche Belastung ausnahmslos auf den Eigenbehörigen[28].

So stellt auch die Exemtion eine weitere Belastung des abhängigen Bauernstandes dar: gerade die finanziell leistungsfähigen Schichten entziehen sich der Steuerpflicht, und das gesamte Gewicht der Steuern fällt auf die Bauern, die nicht ausweichen können.

III. Ausbau und Wirkung der Besteuerung auf die Landwirtschaft nach dem Kriege

a) Die finanziellen Verpflichtungen des Fürstentums nach Kriegsende

Es wurde in dieser Untersuchung bereits mehrfach darauf hingewiesen, daß der Dreißigjährige Krieg besonders an die finanzielle Leistungsfähigkeit der Osnabrücker Bauern große Anforderungen gestellt hatte. Eine Kontribution war der anderen gefolgt, und bei Friedensschluß mußte das Fürstentum riesige Abfindungs- und Entschädigungssummen zahlen[29]. Schon aus diesem Grunde und wegen der bereits geschilderten gewachsenen Finanzbedürfnisse des Staates ist eine Verminderung des Steuerdrucks – so notwendig diese gewesen wäre – nach dem Dreißigjährigen Kriege nicht feststellbar. STÜVE[30] meint deshalb mit Recht, niemals habe die Steuerlast schwerer auf der bäuerlichen Bevölkerung als in der zweiten Hälfte des 17. Jahrhunderts gelastet. Daneben müssen natürlich die bereits bekannten Leistungen aller Art erbracht werden. INAMA-STERNEGG[31] urteilt hierüber – und dieses Urteil gilt auch für das Fürstentum Osnabrück –: «Zwar war die Steuerlast des Bauern auch schon vor dem Dreißigjährigen Kriege eine große, aber die unleidlich drückende Größe derselben hatte doch erst der Krieg herangezogen (Kopfsteuer, Consumtionssteuer in allerlei Formen); nur selten sind in dieser Zeit die Beispiele hochherziger Fürsten, welche den

---

[24] STÜVE, Landgemeinden, S. 79 f.
[25] WESTERFELD, Beiträge, S. 69. Vgl. auch Tab. im Anhang.
[26] STÜVE II, S. 588; ders., Landgemeinden, S. 128. — WITTICH, Grundherrschaft, S. 3 ff., sagt, die Obrigkeit habe das Bauerngut, um es leistungsfähig zu erhalten, nach zwei Seiten hin in seinem Bestande verteidigen müssen: gegen den Grundherrn ebenso wie gegen den Bauern.
[27] STÜVE III, S. 143; ders., Landgemeinden, S. 78. Herrschaftliche Bediente sind z. B. Baumschließer, Briefträger, Fischer, Holzaufseher. Fürstliche Bediente aller Art bezeichnen sich als exemt. In den das Steuerwesen betr. Akten finden sich viele Exemtionsgesuche dieser Eigenbehörigen. St. A. O. AA. — Vgl. auch zweites Kapitel dieser Untersuchung.
[28] STÜVE, S. 588.
[29] STÜVE, Examen Exemtorum, S. 338 ff., gibt einen guten zusammenfassenden Überblick. Ausführlich: STÜVE III, pass. — Vgl. auch Einleitung vorliegender Untersuchung.
[30] STÜVE, Landgemeinden, S. 125. Ähnlich: INAMA-STERNEGG, Kriegsfolgen, S. 23.
[31] INAMA-STERNEGG, Kriegsfolgen, S. 24.

eigenen Hofhalt zur Erleichterung der bäuerlichen Lasten zu schmälern sich herbeiließen.»³²

b) Weiterführung und Ausbau überlieferter Steuern

1. Viehbesteuerung (Viehschatz)

Unter den überlieferten Steuern findet man auch den sog. «Viehschatz» im Fürstentum nach Beendigung des Krieges wieder. Die Viehsteuer beruht bekanntlich auf einer Besteuerung der landwirtschaftlichen Nutztiere. Unter der Regierung des Bischofs Franz Wilhelm (bis 1661) wird sie in jedem Jahr regelmäßig erhoben und erbringt recht stattliche Summen³³. Unter Bischof Ernst August I. (1661–1698) setzt man die Viehbesteuerung (Viehschatz) fort³⁴. Interessant ist nun die Frage, ob diese Besteuerung irgendwelchen Einfluß auf den Viehbestand gehabt hat. Es wäre ja möglich, daß sie eine Verminderung der Bestände oder Haltung ganz bestimmter Viecharten zur Folge gehabt hätte. Jedoch ist festzustellen, daß sich aus steuerlichen Gründen weder der Viehbestand vermindert, noch deswegen besondere Viecharten – vielleicht wenig besteuerte – gehalten werden³⁵. Jedoch werden seitens der Bauern Hinterziehungen versucht, indem man behauptet, Teile des Viehbestandes gehörten Bürgern der Stadt Osnabrück (die den Viehschatz auf Grund der Privilegien Osnabrücks nicht zu zahlen brauchten)³⁶.

2. Feuerstättenbesteuerung (Feuerstättenschatz)

Eine weitere ebenfalls überlieferte und nach dem Krieg fortgeführte Steuer ist der sog. «Feuerstättenschatz» oder «Rauchschatz». Er nimmt die vorhandenen Feuerstellen zur Besteuerungsgrundlage, wobei man Haupt- und Nebenfeuerstätten unterscheidet.

---

³² In Osnabrück handelt es sich weniger um eine luxuriöse Hofhaltung als um die kostspieligen politischen Engagements Ernst Augusts I., die große Mittel erforderten. Vgl. auch Einleitung dieser Untersuchung.

³³ STÜVE, Examen Exemtorum, S. 339, nennt aus den einzelnen Ämtern folgende Summen (für 1670):

Fürstenau:	etwa 7878 rthl.	Huntetburg:	etwa 1655 rthl.
Vörden:	3461 rthl.	Grönenberg:	2968 rthl.
Iburg:	6605 rthl.	Reckenberg:	1301 rthl.
Wittlage:	1326 rthl.		

Das ergibt insgesamt den Betrag von 25 194 rthl., die an drei Terminen eingehoben werden. – Die nicht eingebrachten Steuern betragen jeweils 10% (etwa) des Solls. St. A. O. AA 208, Nr. 1. – Eingehoben wird die Steuer im September, zu Weihnachten und zu Ostern. Verordnung Franz Wilhelms vom 11. 8. 1654, CCO II, S. 59 ff., Nr. 178. – Steuerobjekte sind alle Haustiere, angefangen vom Pferd mit 1 rthl. bis zu Schaf und Ziege mit 2 sch. St. A. O. AA 310, Nr. Ia vol. I und CCO II, S. 59 ff., Nr. 178.

³⁴ Verordnung Ernst Augusts I. vom 18. 6. 1663, CCO II, S. 76, Nr. 234. Verordnung Ernst Augusts I. vom 8. 12. 1678, CCO II, S. 108, Nr. 332. Verordnung Ernst Augusts I. vom 4. 3. 1682, CCO II, S. 113, Nr. 359.

³⁵ MIDDENDORF, S. 60, weist zwar (unt. Bezugn. a. SCHLOEMANN) daraufhin, daß sich der Bestand an Pferden in der Angelbecker Mark von 1545 bis 1654 um 25% vermindert habe. Es handelt sich wohl aber hier um eine langfristige, «säkulare» Entwicklung, auf die der Krieg weniger Einfluß hat. Im übrigen ist eine Pferdebestandsziffer wie die erwähnte für sechs Jahre nach Kriegsende nicht als ungünstig zu beurteilen. – Ebenso sinkt der Rindviehbestand innerhalb der oben erwähnten einhundert Jahre: von 1197 auf 940. – FREDEMANN, S. 46, vergleicht in einer Tabelle (s. Anhang) den Viehbestand der Bauern der Neuenkirchener Mark (1545/1655) und gelangt zu einem relativ günstigen Zahlenverhältnis.

³⁶ Die Stadt beschwert sich beim Bischof mehrmals wegen Besteuerung von auf dem Lande

Es müssen also alle Bewohner eines Gebäudes den Rauchschatz zahlen, sofern sie einen eigenen Herd besitzen. Er erfaßt natürlich auch die Bewohner der kleinen Städte, welche keine Bauern waren. In der Hauptsache aber stützt er sich auf die landwirtschaftlichen Betriebe: Voll- und Halberbenhöfe gelten als sog. «Hauptfeuerstätten», Erb- und Markkotten als «Nebenfeuerstätten». Als solche gelten auch alle anderen auf einem Bauernhof befindlichen Feuerstellen[37]. Es handelt sich hierbei also, wie sich aus oben erwähnten Ausführungen ergibt, um eine Besteuerung der Haushalte. Ihre Zahl kann durch Kontrolle der «Feuerstätten» relativ leicht und sicher ermittelt werden[38]. Die Hauptlast dieser Steuer fällt wieder überwiegend den eigenbehörigen Bauernhöfen zu. Die wenigen Städte des Fürstentums tragen nur in geringem Umfang zum Aufkommen bei und nicht landwirtschaftlich tätige Personen werden sehr gering «angeschlagen»[39]. Lediglich in den Jahren 1662 und 1663 werden sämtliche Stände und Städte (also auch das privilegierte Osnabrück) zur Zahlung der Feuerstättensteuer herangezogen[40]. Über die Einhebung dieser Steuer ergehen eine Anzahl weiterer Verordnungen[41].

stehenden und Osnabrücker Bürgern gehörenden Vieh. Endlich entschließt sich die Regierung, alles bei eigenbehörigen Bauern befindliche Vieh zu besteuern, ohne nach dem Eigentümer zu suchen. STÜVE, Examen Exemtorum, S. 339.

[37] KLÖNTRUP III, S. 91 ff. — Nebenfeuerstätten sind also auch Altenteile (Leibzucht), Backhäuser und Ställe mit Herden. Man will vor allem die Einmietlinge, z.B. die zahlreichen Heuerlinge, treffen.

[38] Folgende Zahlen sind hierfür von Bedeutung:

Amt:	Hauptfeuerst.	Nebenfeuerst.	Aufk. i. rthl. i. Jhr. 1670
Iburg	2221	1241	5587
Fürstenau	1931	1223	5097
Vörden	1203	716	3122
Wittlage	1176	368	2710
Grönenberg	1261	946	3465
Reckenberg	397	170	410
Städte:			
Wiedenbrück	328	76	732
Quakenbrück	120	99	539
Fürstenau	137	7	281
	8775	4846	21943 rthl.

St. A. O. AA 23, Nr. 3. — Diese Zahlen stimmen in etwa mit den Angaben STÜVES, Gewerbswesen, S. 161, überein, der das Steueranschlagsregister von 1667 zugrunde legt. Ebenso entspricht die Summe der Hauptfeuerstätten (ohne Städte) in etwa der Zahl der im ersten Kapitel genannten landwirtschaftlichen Betriebe.

[39] Vollerbenhöfe zahlen 2, Halberbenhöfe 1½, Erbkotten 1¼ und Markkotten 1 rthl. pro Feuerstätte (= Haushalt), Nebenhäuser, Leibzüchter (Austrag) ¾ rthl., sonstige Nebenwohnungen ½ rthl. pro Erhebung. Interessant ist, daß die sog. «Kirchhöfer», d. s. Leute, die am Kirchhof (und in dessen Schutz) wohnen und meistens einen Kramhandel betreiben, sofern sie Vieh halten, den Betrag von 1 rthl. zahlen müssen. St. A. O. AA 23, Nr. 3 (enthält eine entspr. Instruktion für die Vögte v. Juni 1672), Nr. 4; KLÖNTRUP II, S. 223 ff. — Im vierten Kapitel dieser Untersuchung wird die Frage aufgeworfen, welche Geldgeber für die eigenbehörigen Bauern, bes. hinsichtlich der «unbewilligten» Kredite in Frage kommen. Hierunter sind nicht zuletzt die Kirchhöfer zu nennen, die oft relativ wohlhabend sind.

[40] Verordnung Ernst Augusts I. v. J. 1662, «daß ohne unterschied Geist- und Weltliche/Adel und unAdel/ Bürger und Unterthanen» diese Steuer zu zahlen haben. St. A. O. AA 310, Nr. Ia vol. I.

[41] Verordnung Ernst Augusts I. vom 11. 10. 1663 wegen Erhebung eines a. o. Rauchschatzes zur Deckung der laufenden Ausgaben, CCO II, S. 74, Nr. 231 (auch dieser Rauchschatz sollte

Gleichzeitig bewirkt die Regierung mit dieser Steuer einen Druck auf die Grundherren, wenn sie Höfe mit oder ohne Absicht wüst liegen lassen. Von den dort befindlichen Feuerstellen muß der «Rauchschatz» ebenfalls bezahlt werden[42]. Inwieweit diese Maßnahme die Zahl der unbesetzten Höfe hat vermindern helfen, ist exakt natürlich nicht feststellbar. Auf jeden Fall war sie in dieser Richtung zu wirken geeignet[43].

3. Gewerbebesteuerung (Trafikantengelder)

Von den gewerbetreibenden Untertanen, die keine landwirtschaftlichen Betriebe bewirtschaften, verlangt man ebenfalls Abgaben. Es ist also eine Art Gewerbesteuer, die man von den nicht landwirtschaftlich Tätigen fordert[44]. Von dieser Besteuerung der Gewerbetreibenden, meist Landhandwerkern und Krämern, erwartet die Regierung für 1667 immerhin 8000 rthl.[45]. Offiziell heißen die einkommenden Mittel «Trafikantengelder»[46].

4. Personenbesteuerung (Kopfschatz)

Als offenbar älteste ordentliche Staatssteuer des Fürstentums findet auch der sog. «Kopfschatz» nach dem Dreißigjährigen Kriege Fortsetzung. Auch er trifft wiederum in erster Linie die Bauern, denn in einer stark gegliederten Staffel belastet er sämtliche Familienangehörige und das Dienstpersonal des Bauern[47]. Das um so stärker, je mehr Kinder er hat. Schon für die Zwölfjährigen ist ein Steuerbetrag zu entrichten. Außerdem muß der Bauer für seine auf der Leibzucht (Austrag) wohnenden Vorgänger ebenfalls den «Kopfschatz» bezahlen. Sein Dienstpersonal wird ebenfalls besteuert und diese Abgabe muß auch von ihm entrichtet werden. Sie war wohl aber noch am ehesten tragbar, denn allgemein wird man sagen können, daß ein Hof um so größer und damit leistungsfähiger war, je mehr Dienstboten er sich halten konnte.

ohne Exemtion eingehoben werden). — Verordnung Ernst Augusts I. vom 4. 10. 1674, CCO II, S. 205, Nr. 414. Verordnung Ernst Augusts I. vom 3. 12. 1676 sowie vom 2. 11. 1677, CCO II, S. 107, Nr. 326 bzw. CCO II, S. 107, Nr. 328.

[42] In der Verordnung Ernst Augusts I. vom 18. 2. 1670 wird ausgeführt: sämtliche Höfe vom Vollerbenhof bis zum Markkotten haben bei dieser Erhebung einheitlich zwei rthl. aufzubringen, Leibzuchten, bewohnte Backhäuser und Nebenhäuser einen rthl. Ist das landwirtschaftliche Grundstück ohne Gebäude oder liegt es wüst, ist trotzdem dafür ein rthl. zu entrichten. Ist der in Nebengebäuden Eingemietete seine Steuern zu zahlen nicht in der Lage, muß der Vermieter, also Hofesinhaber, einspringen. CCO II, S. 9 ff., Nr. 280; KLÖNTRUP III, S. 146 ff.

[43] So beschwert sich v. d. Bussche zu Hünnefeld am 2. 9. 1698 bei der Regierung. Er habe im Amt Wittlage 14 wüste Höfe, für die er Steuern zahlen müsse und beklagt sich, daß er «gleich einem geringsten Schatzpflichtigen unterthan contribuiren, Meinen Guets herrlichen pfächten und schulden nachsehen und nichts als den bloßen nahmen eines guetherrn führen soll». Er bittet um entsprechende Ermäßigung. St. A. O. AA 23, Nr. 6.

[44] Die kleinen Handwerker auf dem Lande haben nur geringe Zahlungen zu entrichten. Die Beträge schwanken zwischen 1 und 7 sch. KLÖNTRUP II, S. 223 ff.; STÜVE, Gewerbswesen, S. 161 (über die Zahl der Landhandwerker finden sich hier ebenfalls Aufstellungen). Vgl. Anm. 39.

[45] STÜVE, Gewerbswesen, S. 161.

[46] «Die Traficantengelder sind die recognitions, welche von allerhand Nahrung und Gewerbe entrichtet werden.» St. A. O. AA 159, Nr. 23. Eine offizielle Gewerbesteuer für «Traficanten auf dem Lande» kommt aber est 1784. KLÖNTRUP II, S. 81 ff.

[47] Der Inhaber eines Vollerbenhofes zahlt z. B. für sich 1 rthl., für seine Frau 10 sch. 6 pf., seinen Sohn 10 sch. 6 pf., seine Tochter 5 sch. 3 pf., seinen Vater 10 sch. 6 pf., seine Mutter

5. Versuch der Einführung einer Verbrauchssteuer («Consumtions-Accise»)

Zu erwähnen ist hier noch der Plan von Bischof Ernst August I. die sog. «Consumtions-Accise» im Stift einzuführen. Das Projekt wird von ihm im Jahre 1686 den Ständen des Fürstentums vorgelegt, kommt aber trotz erheblicher Vergünstigungen für diese nicht zur Ausführung. Domkapitel und Ritterschaft lehnen diese Steuer ab, die sich im wesentlichen auf eine Besteuerung von Ein- und Ausfuhr landwirtschaftlicher Produkte bezieht[48].

c) Einführung der Realbelastung im Jahre 1667

Die wesentlichste und einzige Neuerung auf dem Gebiet des Steuerwesens, welche die Landwirtschaft hauptsächlich berührt, ist die Einführung der Besteuerung des landwirtschaftlichen Grund und Bodens im Jahre 1667. Früher hatte man die Markberechtigung des Hofes als Basis für die Erhebung des sog. «Erbschatzes»[49] verwendet. Die Größe der Mark hatte sich aber, wie gezeigt, im Kriege teilweise stark verändert und mit ihr die jeweiligen Berechtigungen der eigenbehörigen Bauern. Die Regierung nimmt jetzt als Bemessungsgrundlage für diese Steuer den zum Hof gehörenden Grundbesitz[50]. Bischof Ernst August I. verfügt, um präzise Unterlagen zu erhalten, die Anlegung von Katastern[51]. Im Jahre 1667 erläßt er deshalb eine Anzahl Verordnungen, die das Problem umfassend regeln sollen[52]. Daneben sollen nach Möglichkeit auch die

---

5 sch. 3 pf., seinen Knecht 14 sch., seinen Halbknecht 7 sch., seine Magd 5 sch. 3 pf., usw. Entsprechende Zahlungen haben die kleineren Höfe zu leisten, nur daß von den Halberben- und kleineren Höfen keine Steuern für die Auszügler mehr zu zahlen sind. St. A. O. AA 23, Nr. 5. — Weitere Verordnungen über den Kopfschatz: Verordnung Ernst Augusts I. vom 26. 5. 1693, CCO II, S. 137, Nr. 432; Verordnung des Bischofs Carl v. Lothringen vom 27. 3 1699, CCO II, S. 150, Nr. 475. Zu Beginn des 18. Jahrhunderts (1702–1707) ergehen weitere Verordnungen: CCO II, S 156, 158, 163.

[48] Ausführlich mit vielen Quellenangaben: SCHÖTTKE, S. 16 ff. — Vgl. auch achtes Kapitel dieser Untersuchung.

[49] D. h. eine Besteuerung der Vollerben-, Halberben-, Erb- und Markkotten-Höfe, also eine Grundsteuer. Der sog. «Erbschatz» wird in den Jahren nach dem Kriege stets erhoben. Verordnung Franz Wilhelms vom 26. 1. 1651, CCO II, S. 53, Nr. 152; CCO II, S. 53, Nr. 157.

[50] SCHÖTTKE, S. 11, meint, allerdings ohne nähere Begründung, man habe damit eine gerechtere Ordnung des Steuerwesens zu schaffen versucht.

[51] Die Anlegung der Kataster besteht aber nur in Form einer größenmäßigen Nennung des Besitzes durch die Rentmeister, nicht als karthograph. Aufnahme, wie die du Plat'sche aus dem Jahre 1718.

[52] Ernst August leitet die Maßnahmen mit dem Hinweis ein, der bisher bestehende Besteuerungsmodus, vor allem der Viehschatz, sei «beschwärlich» gewesen und man habe andere Wege suchen müssen. Verordnung Ernst Augusts I. vom 15. 2. 1667, CCO II, S. 80, Nr. 263 und Verordnung vom 29. 4. 1667, CCO II, S. 81 ff., Nr. 265. Unter Strafandrohung für Verschweigen wird die Meldung der Größe von Acker, Wiesen, Weiden, Gehölz und Gärten, bei Nichtlandwirten Mitteilung über die Art des betriebenen Gewerbes, gefordert. Verordnung vom 15. 2. 1667 (vgl. ob.), St. A. O. AA 88, Nr. 74). Die neue Steuer soll im gesamten Fürstentum bereits 1668 12 000 rthl. einbringen, was ein Voranschlag zeigt:

Amt Iburg:	3528 rthl.	Amt Wittlage:	774 rthl.
Amt Fürstenau:	3067 rthl.	Amt Hunteburg:	700 rthl.
Amt Vörden:	1533 rthl.	Amt Reckenberg:	475 rthl.
Amt Grönenberg:	1925 rthl.		

St. A. O. AA 88, Nr. 55. — Ursprünglich waren die vier Steuerklassen, nämlich Vollerben,

Gewerbetreibenden auf dem Lande erfaßt werden[53]. Lediglich die Heuerleute bleiben verschont, aber mit der Auflage, den abgabepflichtigen Bauern nach bestem Vermögen beizusteuern[54]. Nach den Verordnungen sind die Exemtionen vor allem unter den herrschaftlichen Bedienten aufzuheben und als steuerfrei gilt nur der, welcher es einwandfrei nachweisen kann[55]. Schließlich staffelt man die einzelnen Klassen in der «Steuertabelle» nochmals, mit Ausnahme der Vollerbenhöfe[56]. Insgesamt schafft die Obrigkeit damit acht Steuerklassen.

Die Einstufung der Höfe ausschließlich nach der Größe unter Außerachtlassung der Bonität des Bodens war natürlich sehr grob, willkürlich und ungerecht, wenngleich auch in den Katastern Äcker, Wiesen usw. getrennt aufgeführt werden müssen. Eine wesentliche Differenzierung der Einstufung ergibt sich aber daraus nicht. In jedem Falle ist diese Steuer aber für den Fiskus vorteilhafter als die Klassifizierung nach der im Laufe der Zeit Wandlungen unterworfen gewesenen Markberechtigung. Einmal ist das Steuerobjekt nicht leicht zu verändern. Zum anderen hilft diese neu gewählte Steuerbemessungsbasis, die eigenbehörigen Höfe in ihrem Bestande zu erhalten, denn jeder Bauer muß stets für das Steuern zahlen, was er lt. Registern an landwirtschaftlicher Fläche besitzt. Und damit ist der entscheidende Wandel gegenüber früher bereits angezeigt: der Grund und Boden ist steuerpflichtig geworden. Die Exemten, also Adel und Geistlichkeit sich mit ihrem Grundbesitz steuerfrei, «realfrei». Vom Jahre 1667 ab herrscht im Fürstentum Osnabrück also die sog. «Realfreiheit», auf die in der landesgeschichtlichen Literatur oft hingewiesen wird[57]. Bis 1667 war die Steuerfreiheit der Güter demnach personalgebunden und von nun ab «klebt» die Exemtion an Grund und Boden[58].

Halberben, Erb- und Markkotten nochmals in jeder Klasse viermal unterteilt. Es haben zu zahlen:

Größte Vollerben,	Klasse 1, über 12 Malt. groß	6 rthl.
Kleinste Vollerben,	Klasse 4, unter 4 Malt. groß	3 rthl.
Größte Halberben,	Klasse 1, über 6 Malt. groß	2 rthl. 15 sch.
Kleinste Halberben,	Klasse 4, unter 2 Malt. groß	2 rthl.
Größte Erbkotten,	Klasse 1, über 3 Malt. groß	1 rthl. 15 sch.
Kleinste Erbkotten,	Klasse 4, unter 1 Malt. groß	1 rthl.
Größte Markkotten, Brinklieger, Gärtner, Wördener, Moorbauern,	Klasse 1, über 8 Scheffel groß	15,9 sch.
Kleinste Markotten,	Klasse 4, unter 3 Scheffel groß	6,0 sch.

St. A. O. AA 88, Nr. 67, vol. I; CCO II, S. 81 ff., Nr. 265.

[53] STÜVE, Gewerbswesen, S. 101 f.

[54] Leute mit landwirtschaftlichem Kleinstbesitz müssen, wenn sie nebenher ein Handwerk oder Gewerbe betreiben, in höhere Klassen eingestuft werden. St. A. O. AA 88, Nr. 67, vol. I. — Besonders richtet sich diese Bestimmung gegen die Gewerbetreibenden wie (die offenbar teilweise relativ wohlhabenden) «Kirchhöfer», die meist einen Kramhandel haben. — Die Steuertabellen führen die einzelnen Berufe genau auf. St. A. O. AA 88, Nr. 74 (hier Wittlage — Hunteburg).

[55] St. A. O. AA 88, Nr. 67, vol. I. — S. dort weitere Einzelheiten über die technische Durchführung der Katastererstellung usw.

[56] Verordnung Ernst Augusts I. vom 1. 7. 1667. CCO II, S. 83 f., Nr. 266 und CCO II, S. 84 ff., Nr. 268, Verordnung vom 5. 9. 1667 wegen «revidirten Schatzanschlags».

[57] DÜHNE, S. 25; KLÖNTRUP III, S. 146 ff.; SCHÖTTKE, S. 11 ff.; STÜVE, Examen Exemtorum, S. 341; BERLAGE, vgl. Anm. 58 dieser Seite.

[58] Die Landtagsfähigkeit hingegen hing schon immer an bestimmten adeligen Gütern; nicht alle freien Güter waren zugleich landtagsfähig. — Vgl. auch: BERLAGE, «Zur Geschichte der ständischen Privilegien insbesondere der Realfreiheit und Personalfreiheit des Clerus im alten

Die entscheidende Wirkung für die pflichtigen Höfe ist in erster Linie rechtlicher Natur: da das Land jetzt Bemessungsgrundlage der Steuern ist, ist es weniger als vorher möglich, etwas zu veräußern (offiziell war es zwar auf Grund der oben erwähnten Gesetzgebung verboten, wurde jedoch, wie das Aktenmaterial zeigt, in vielen Fällen getan). Denn nach dem Umfang ihres Landes werden die Bauern von jetzt ab besteuert. Auf der anderen Seite bietet diese Entwicklung einen gewissen Schutz gegen Einziehung von Land zum grundherrlichen Eigenbesitz, denn der Grundherr muß, weil die Steuerpflicht am Grundstück hängt, für dasselbe alle Abgaben entrichten. Daneben stellt die Regierung zur gleichen Zeit Untersuchungen mit dem Ziel an, Land, welches seit der Wende des 16. Jahrhunderts (1602) von steuerpflichtigen Höfen an Grundherren abgetreten und dadurch exemt geworden ist, nach Möglichkeit wieder zu diesen Höfen zurückzuholen[59]. Der Bischof behält sich in allen Fällen ein Entscheidungsrecht vor[60].

Die durch die Maßnahmen Ernst Augusts bewirkte Entwicklung blieb im wesentlichen die Grundlage des sog. «Monatsschatzes» (denn die Steuer wurde monatlich eingehoben) bis zum Jahre 1827[61].

d) Wirkung der Besteuerung auf die Landwirtschaft

1. Verschuldung

Die Folge dieser hohen Steuern, welche zusätzlich neben den anderen erwähnten Lasten steht, ist eine starke Verschuldung der eigenbehörigen Höfe. Wenngleich dem Verschuldungsproblem ein besonderes Kapitel gewidmet ist[62], soll doch hier bereits darauf hingewiesen werden. Der Anteil der hohen Steuerlasten an der Gesamtverschuldung der landwirtschaftlichen Betriebe ist weder im einzelnen noch allgemein genau feststellbar. Außerdem wird die Verschuldungshöhe meist erst bekannt, wenn sich ein Hof in finanzieller oder wirtschaftlicher Notlage befindet. Und dann ist es erstaunlich zu sehen, wie hoch die Betriebe z. T. mit Schulden belastet sind. Beispiele hierfür birgt das Aktenmaterial in großer Zahl[63]. Daneben finden sich oft Beschwerden,

Bisthume Osnabrück bis zur Zeit des westfälischen Friedensschlusses». Mitt. Bd. 11, S. 230 ff. — Es wäre hier zu untersuchen, inwieweit sich damit (mit d. Einf. d. Realfreiheit bzw. -Belastung) die hiesige Form der Belastung dem niedersächsischen Meierrecht annähert. Nach WITTICH, Grundherrschaft, S. 75, schließt das Meierrecht in etwa die Verpflichtungen der Eigenbehörigkeit ein. Nur ist das Meierrecht ja eine ausgesprochene Realbelastung. Für Osnabrück ergibt sich also vom Jahre 1667 ab eine Kombination zwischen personal- und realgebundenen Abgaben, wobei einschränkend zu obigem Hinweis gesagt werden muß, daß es sich bei der «Realbelastung» um eine direkte Staatssteuer, keine grundherrliche Abgabe handelt.

[59] Der oben erwähnte «Retrakt», wonach landwirtschaftliche Grundstücke unter Anullierung gültiger Kaufverträge wieder an den Hof zurückgebracht werden konnten, liegt ebenfalls auf dieser Linie. Vgl. erstes Kapitel dieser Untersuchung.

[60] STÜVE, Examen Exemtorum, S. 341. — Mentzo Schele zum Schwege teilt der Regierung am 19. 6. 1667 auf Befragen mit, daß er einige steuerpflichtige landwirtschaftliche Grundstücke zu seinem Herrenland geschlagen habe. Die Regierung hat angefragt, um dieselben möglichst wieder an eigenbehörige und somit steuerpflichtige Höfe zurückzugeben. St. A. O. AA 23, Nr. 1. — Ähnlich die Korrespondenz der Regierung mit v. Dumstorpf zu Halstenbeck am 26. 10. 1652 und 17. 2. 1653. St. A. O. AA 23, Nr. 1. — Die Akten zeigen, daß die Regierung des Fürstentums Osnabrück bestrebt ist, eingezogenes Land wieder aus der Eigenbewirtschaftung des Grundherren herauszulösen und mit diesen Bestrebungen bald nach Kriegsende einsetzt.

[61] STÜVE, Examen Exemtorum, S. 341.

[62] Vgl. viertes Kapitel dieser Untersuchung.

[63] Im Jahre 1649 bittet Jobst Heinr. Vincke zur Vinckenburg, ihm wegen seiner Armut

die wegen Einstufung des landwirtschaftlichen Betriebes in eine nach Meinung des Bauern zu hohe Steuerklasse erfolgen [64]. Insgesamt gesehen ist das Steuersoll stets in einem erstaunlich hohen Maße erfüllt worden [65]. Der Grund hierfür ist wohl weniger in der Zahlungsfähigkeit des Bauernstandes, als in der rigorosen Form der Einhebung zu suchen [66].

Steuererlaß zu gewähren. Sein Gut sei mit hohen Schulden belastet (Höhe nicht erwähnt) und es sei ihm unmöglich, irgendwelche Geldmittel aufzubringen. St. A. O. AA 28, Nr. 13. — In einem Bericht teilt der Rentmeister aus Fürstenau mit, daß es trotz größter Mühe nicht möglich war, von den Ankumer Eigenbehörigen die rückständigen Schatzgelder und Naturalleistungen zu erhalten. St. A. O. AA 64, Nr. 1. Bereits am 21. 7. 1652 hat ihm die Regierung streng vorzugehen befohlen und (im Falle des Bruno Bergmann zu Tüting) u. a. geschrieben, «alß bevehlen Dir hiemit, daß Du mit eintreibung solcher hinterstendig pfächten bis zum newen inhalten, so dan aber in zweyen terminen alß negstkauff aigen Bartholomaei undt Michaelis eintreiben und beibringen laßen solltest». St. A. O. AA 64, Nr. 1. — Daß man unter der Nachwirkung der hohen Kriegskontributionen im Fürstentum noch lange litt, zeigen Eingaben aus den Jahren 1652/53 und später an die Regierung: so haben einige Bauern aus dem Amt Vörden im Kriege zur Aufbringung einer Kontribution (die auf die Anwesenden umgelegt wurde) 700 rthl. Kredit aufnehmen müssen, die sie nun abzahlen müssen. Da sie hierzu außerstande sind, bitten sie die Regierung, Erlaß dieser Lasten zu veranlassen, 20. 7. 1657. St. A. O. AA 23, Nr. 1. — Zahlungsunfähig sind auch die Eigenbehörigen des Ksp. Engeler, die in einer Eingabe am 22. 6. 1653 an die Regierung u. a. schreiben, «daß wir fast nicht ein eintziges Lebendiges viehe unserer eigenes mehr ... undt wir den geringsten Heller nicht mehr aufzunehmen noch aufzubringen wißen». Sie bitten um Befreiung vom Monatsschatz «um nicht gentzlich mit unserem armen Weib undt Kindern von Hause und Hoffe Zugehen den Bettelstab ahn die Handt Zunehmen». St. A. O. AA 23, Nr. 1, wo sich eine weitere große Zahl derartiger Eingaben befindet. — Am 22. 4. 1698 schreibt Lohr Reincke, Markkötter aus dem Ksp. Neuenkirchen, Vogtei Märzen, an die Regierung: sein Anwesen sei mit 700 rthl. Schulden belastet. Außerdem müsse er auf der Stätte des Wilhelm Wolken helfen, der u. a. seit 4½ Jahren bettlägerig sei, sechs Kinder habe und mit 500 rthl. Schulden belastet sei. St. A. O. AA 23, Nr. 6. — Ein Eigenbehöriger des Ksp. Belm bittet die Regierung am 12. 3. 1698 um Lastenermäßigung (Steuerlaß). Er habe vor etwa 30 Jahren das väterliche Erbe übernommen, welches schon damals mit 800 rthl. Schulden belastet gewesen sei und wofür er jährlich Zinsen bezahlen müsse. (Daneben führt er sieben verschiedene andere Geld- und Naturalabgaben an, die er zu leisten habe.) St. A. O. AA 23, Nr. 6. — Ähnlich die Eingabe von vier Eigenbehörigen des Ksp. Buer (o. Dat.), wahrscheinlich 1698: sie hätten eine Menge Abgaben zu leisten, was ihnen infolge ihrer Schulden von insgesamt 1600 rthl. nicht mehr möglich sei. Deshalb bäten sie um Steuererlaß. St. A. O. AA 23, Nr. 6. — Unter dem 5. 10. 1672 teilt das Stadtksp. von St. Johann mit, daß ihr Eigenbehöriger Kaldenhoff zu Tütingen unter Hinterlassung von 70 rthl. Steuerschulden verstorben ist, nachdem er infolge Verschuldung bereits früher zur Befriedigung seiner Gläubiger habe Land zur Nutznießung durch sie zur Verfügung stellen müssen. St. A. O. AA 23, Nr. 3.

[64] St. A. O. AA 23, Nr. 3, wo sich zahlreiche Beispiele solcher Gesuche finden. — Infolge dieser hohen Einstufung ist es deshalb manchmal nicht möglich, neue Bauern zur Höfe-Besetzung zu finden. So schreibt Hermann Ansechen von Schwiterink wegen Schenkbers Anwesen am 4. 10. 1662 an die Regierung, dieses stehe seit 20 Jahren leer, «mich auf alle Weise, Und manir dahin bemühet, gnte. Schenkberß Stette Wiederumb zu besetzen, damit dermahl eins der Vielen darauff hafftenden oneribus entfreyet werden mögte, So habe dannoch keinen eintzigen Menschen finden, Und antreffen Können, Welcher diese Stette zu bebawen Undt anzunehmen gesinnet oder begehret». Als Grund nennt der Antragsteller die auf dem Hofe lastende hohe steuerliche Einstufung. St. A. O. AA 23, Nr. 3.

[65] So sind in den Jahren 1690 bis 1692 an «Monatsschatz» und «Rauchschatz» bei einem Steuersoll von etwa 243 300 rthl. etwa 225 000 rthl. aufgebracht worden. St. A. O. AA 23, Nr. 5.

[66] Die Vögte erhalten bei der Einhebung 2 % der ordentlichen und 3 % der außerordentlichen Steuern lt. «Instructionen für die Vögte», § 12, o. Dat., etwa Ende 17. Jahrhundert. St. A. O.

2. Steuerhinterziehungen

Infolge der hohen Anspannung der Verpflichtungen ist es natürlich, daß sich die Bauern der Steuerpflicht nach Möglichkeit zu entziehen bemühen. Dies geschieht besonders beim sog. «Viehschatz»[67]. Durch Angabe eines kleineren als des tatsächlich vorhandenen Viehbestandes versucht man der Steuer, die alle Tiere vom Pferd bis zur Ziege erfaßt, zu entgehen.

3. Remissionen und Befreiungen

Es ist hier zu untersuchen, welche Haltung die Regierung des Fürstentums einnimmt, wenn sich eigenbehörige Bauern infolge der hohen Belastung in finanzieller und wirtschaftlicher Not befinden. Mehrfach wurde zwar darauf hingewiesen, daß sich die Obrigkeit bei allen Maßnahmen in erster Linie von dem fiskalischen Gesichtspunkt einer möglichst hohen Einnahmeerzielung leiten läßt. Bei aller Anerkennung dieses Strebens aber muß sie in Notlagen mildernd eingreifen. Dies zeigen die Verordnungen wegen allgemeinen Steuernachlasses[68]. Denn eine unmittelbare Ursache der Zahlungsunfähigkeit sind die hohen Steuern[69]. Und diese Entwicklung konnte weder dem Bischof

AA 319, Nr. 8. — Es ist klar, daß diese Unterbeamten in Kenntnis der Notlage einzelner Bauern trotzdem auf Einhebung drangen. Dies ist durch zahlreiche Beispiele zu belegen. St. A. O. AA 23, Nr. 6. — Nicht selten wird sogar Militär für derartige «Exekutionen» eingesetzt. Die Härte dieser Maßnahme beklagen die Stände in einem Schreiben an den Bischof am 10. 1. 1668. St. A. O. AA 23, Nr. 3.

[67] So teilt Joh. Diedr. v. Hetterschei auf Schlichthorst am 11. 3. 1667 der Regierung mit, daß in den Nachbarksp., also um Märzen herum, die Bauern nur $^1/_4$ bis $^1/_3$ ihres tatsächlichen Viehbestandes angäben. Ebenso verschwiegen sie die wirkliche Größe ihres Grundbesitzes, was gegenüber den anderen Pflichtigen ungerecht sei. St. A. O. AA 23, Nr. 3. — Wegen Verschweigens eines Pferdes bei der Meldung für die Viehsteuer ist am 7. 11. 1661 Arendt Oising im Ksp. Badbergen bestraft worden. St. A. O. AA 23, Nr. 3. — In einem ähnlichen Falle wird in der Korrespondenz durch die Regierung ein Landtagsbeschluß a. d. J. 1661 zitiert, daß «under anderm mit beschloßen und kundgethan, daß wer ichtwas von seinem Viehe verschwiegen oder underschlagen würde, von yedem verschwiegenen Stück, es sey waß es wolle, zwey rthl. zur straffe erlegen». St. A. O. AA 23, Nr. 3. — Am 15. 9. 1689 schreibt die Regierung an die Beamten in Zusammenhang mit Steuererlaßgesuchen, daß unter den Meldungen «vacat und pauper viele unterschleiffe verlauffen». St. A. O. AA 23, Nr. 5.

[68] Solche Verordnungen wegen eines allgemeinen Steuererlasses oder -nachlasses sind: Verordnung Franz Wilhelms vom 11. 9. 1651 wegen Aussetzung aller «Executionen», welche auf Grund von rückständigen Steuern erfolgen sollen. CCO II, S. 54, Nr. 160. — Ferner: Verordnung Ernst Augusts I. vom 26. 8. 1671 wegen Erlasses von $^1/_4$ der gesamten Steuern. CCO II, S. 94, Nr. 290. — Ebenso: Verordnung Ernst Augusts I. vom 25. 1. 1680. CCO II, S. 110, Nr. 338. Und: Verordnung Ernst Augusts I. vom 26. 3. 1685. CCO II, S. 110, Nr. 372. — Ein allgemeines Schuldenbehandlungsedikt Ernst Augusts ist im Jahre 1666 erlassen worden und wird im vierten Kapitel dieser Untersuchung ausführlicher behandelt werden. Quelle: St. A. O. AA 310, Nr. Ia, vol. I. — Um die Wende des 17. Jahrhunderts erläßt Bischof Carl eine Verordnung, wonach alle bis zum Jahre 1699 rückständigen Steuern erlassen werden. Verordnung Bischofs Carl vom 5. 5. 1702. CCO II, S. 156, Nr. 501.

[69] In einer Eingabe an die Regierung schreibt der Rat von Melle am 7. 3. 1697, «daß der übermäßige hohe ansatz des Rauchschatzes, und deshalb von Vormaligen Hfl. Cämmerern Knorren verhängte execution die Eingeseßenen zu Melle ohnverträglich drücke, und verschiedene dadurch genötiget, sich von dannen weg, und in benachbarte Länder und Herrschaften, oder sonsten auf das Land zu begeben, und daselbst häußlich sich niederzulaßen». St. A. O. AA 23, Nr. 6.

noch den Behörden verborgen bleiben[70], was die obenerwähnten Steuernachlässe zeigen.

Für individuellen Steuerlaß oder -nachlaß müssen aber zwingende Gründe vorliegen. KLÖNTRUP[71] nennt folgende: a) Bezahlung eines Sterbefalles[72], b) Brandschaden, c) Neubau eines Wohnhauses auf dem Hofe[73]. Zu ergänzen wäre dies noch für folgende Fälle: d) wirtschaftliche Not eines Hofes, hervorgerufen durch Arbeitsunfähigkeit, Krankheit oder Tod des Bauern[74], e) Ernteschäden[75], die, den Akten nach zu urteilen, einen beachtlichen Teil der Steuernachlässe ausmachen, f) Viehseuchen[76]. Die Regierung veranlaßt also keine grundsätzliche Minderung der Steuerlasten, sondern läßt nur für den speziellen Fall Ausnahmen zu. Es ist aber festzuhalten, daß nicht selten ganze Kirchspiele oder Dörfer geschlossen bei Mißernten, Wetterschäden in der Ernte oder bei Viehseuchen Steuernachlaß erhalten.

e) Entwicklung der Exemtion und Bedeutung für die Landwirtschaft

Adel und Geistlichkeit waren von der gesamten Besteuerung befreit und wurden nur wenige Male zur Aufbringung der Steuer herangezogen[77]. Die Regierung kämpft daher, wie bereits ausgeführt wurde, gegen die Einziehung steuerpflichtigen Landes

---

[70] In einem Schreiben vom 4. 3. 1697 an alle Rentmeister schreibt die Regierung wegen der Eintreibung rückständiger Steuern: «So halten wir auf die restanden des 1696sten Jahres so stark nicht zu dringen, damit den Unterthanen die lebensmittel garnicht entzogen würden». Wer den Schatz nicht zahlen könne, solle dies vom Vogt sowie vom Pastor bestätigen lassen und an die Regierung einschicken. St. A. O. AA 23, Nr. 6. — Joh. Kruckemeyer aus dem Ksp. Riemsloh schreibt wegen seiner bedrängten finanziellen Lage am 13. 2. 1693 an die Regierung u. a., er sei «ao. 1689 in 3. Monats- schatzes, und ao. 1691 in 4. Monats Restanten gerathen, außer daß in Vielen privat- schulden stecke, Wie fass allen Nachbarn kundig ist.» St. A. O. AA 23, Nr. 5.

[71] KLÖNTRUP III, S. 146 ff.

[72] Beispiel vom 10. 4. 1698 in: St. A. O. AA 23, Nr. 6.

[73] Beispiel vom 6. 3. 1697 in: St. A. O. AA 64, Nr. 2.

[74] Beispiele hierfür: vom 18. 11. 1668 in: St. A. O. AA 23, Nr. 3; vom 1. 6. 1672 in: St. A. O. AA 23, Nr. 4; vom 25. 8. 1686 in: St. A. O. AA 64, Nr. 2.

[75] So bittet der Eigenbehörige Preiß zu Holste, Ksp. Oldendorf, die Regierung im Oktober 1693 um Steuererlaß, da ein großer Teil seiner Ernte durch Hagelschlag vernichtet worden sei. St. A. O. AA 64, Nr. 2. Weitere zahlreiche Eingaben um Steuerermäßigung infolge Ernteschäden: für 1656 in: St. A. O. AA 23, Nr. 2; für 1661/62 in: St. A. O. AA 23, Nr. 3; für 1672 vgl. HARDEBECK, Mißwachs, S. 42; für 1674/76 in: St. A. O. AA 23, Nr. 3; für 1687/93 in: St. A. O. AA 64, Nr. 2; für 1695 in: St. A. O. AA 23, Nr. 5; für 1696 in: St. A. O. AA 23, Nr. 3; für 1698 in: St. A. O. AA 23, Nr. 6.

[76] So schreibt ein Eigenbehöriger aus dem Ksp. Riemsloh im Jahre 1693 an die Regierung, «daß leider etzliche Jahren hero mit vielerley Unglücks-fällen heimgesuchet, wol 40 Kuh vieh, so gar daß auf einmahl wol 6. oder 7. in eine Grube werffen lassen mußen, und Sieben pferde abgefallen und eines gestohlen, Wie auch eine Gantze Drifft Schaffe und Viele schweine Gestorben», weshalb er um Steuererlaß bittet. — Weitere Beispiele: für 1656 in: St. A. O. AA 23, Nr. 2; für 1660 in: St. A. O. AA 23, Nr. 3; für 1690/93 in: St. A. O. AA 23, Nr. 5; für 1696/97 in: St. A. O. AA 64, Nr. 2; für 1697 in: St. A. O. AA 64, Nr. 2; für 1698 in: St. A. O. AA 23, Nr. 6. (Die einzelnen Fälle wurden hier deshalb nicht aufgeführt, weil es sich immer um dieselben Tatbestände handelt. Aus manchen Kirchspielen und Ortschaften sind sogar die Texte der Eingaben bis auf die Namen der Antragsteller gleich. Nicht selten wird eine gemeinsame Eingabe gemacht, da Ernteschäden und Viehverluste [Seuchen] meist viele Bauern einer Gegend gemeinsam betreffen.)

[77] STÜVE II, S. 193 ff. Für die Zeit vor dem Kriege vgl. Tabelle im Anhang dieser Untersuchung.

durch die exemten Grundherren[78]. Den Beamten wird seitens der Obrigkeit in dieser Richtung besondere Wachsamkeit befohlen[79].

f) Stellung der Stände zur Steuerpolitik Ernst Augusts I.

Es erhebt sich nun die Frage, welche Stellung die Stände des Fürstentums in ihrer Eigenschaft als Grundherren zu den auf steuerlichem Gebiet erlassenen Maßnahmen einnehmen. Der Bauernstand wurde doch dadurch noch mehr als zuvor belastet, und jene mußten im eigenen Interesse um eine gute materielle Position ihrer Pflichtigen besorgt sein. Zuvor ist nochmals allgemein daran zu erinnern, daß der Landesherr in seinem Streben nach absoluter Macht die Macht der Stände, insbesondere deren Steuerbewilligungsbefugnis, beseitigen muß. Der Rückgang ihres Einflusses geht entgegengesetzt parallel zum fürstlichen Machtzuwachs[80]. Diese Tendenz wird durch den Krieg verstärkt und setzt sich nach Friedensschluß unvermindert weiter fort[81].

Die Stände protestieren viele Male gegen die von Ernst August erhobenen Steuern nachdrücklich und versuchen, die von ihm getroffenen Maßnahmen auf dem Verhandlungswege abzuschwächen[82]. Und es ist insgesamt zu sagen, daß die Stände sich stets

---

[78] Vgl. auch erstes Kapitel dieser Untersuchung.
[79] Besonders in Korrespondenzen mit den Beamten wird ein solcher Passus stets wiederholt. St. A. O. AA 23, Nr. 2, 3, 4.
[80] SCHÖTTKE, pass.
[81] STÜVE III, S. 15; SCHÖTTKE, S. 19. — Über die Zurückdrängung der Macht der Stände im Fürstentum Osnabrück ausführlich: SCHÖTTKE, pass. Ders., S. 13, teilt mit, daß der Landtag nach 1675 längere Zeit überhaupt nicht mehr einberufen wurde, da die von den Ständen bewilligten Steuersummen hinter den von Ernst August I. geforderten zurückgeblieben waren.
[82] Mit einer Petition vom 17. 6. 1666 ersuchen sie den Bischof um eine Milderung des Viehschatzes. St. A. O. AA 88, Nr. 70. — Bereits am 6. 6. 1666 haben sie an den Bischof geschrieben, daß die Untertanen «auch gleicher gestalt und noch härter eingefüddete newe schatzungen gäntzlich erschopfet seyn». St. A. O. AA 88, Nr. 70. Bischof Ernst August antwortet auf jene Petition, daß die augenblickliche politische Lage keine Lastenermäßigung erlaube. St. A. O. AA 88, Nr. 70. — Im Jahre 1667 schickt man sogar seitens der Stände eine Delegation in Ernst Augusts Militärhauptquartier nach Wyhausen mit dem Ziel, dort eine Steuerermäßigung zu erreichen. St. A. O. AA 88, Nr. 70. — Die Stände weisen den Bischof darauf hin, daß die Untertanen bereits die Ernte auf dem Halm verkaufen müßten, um nur die Steuern aufbringen zu können. St. A. O. AA 88, Nr. 70. — Inzwischen hat sich Ernst August zu einer kleinen Steuerermäßigung bereit gefunden, aber am 1. 3. 1668 teilt man dem Bischof mit, daß die verfügte Ermäßigung von 1000 rthl. zuwenig sei, um eine spürbare Erleichterung zu verschaffen. St. A. O. AA 88, Nr. 70. — Am 10. 1. 1668 schreiben die Stände, also Domkapitel und Ritterschaft, ferner Bürgermeister und Rat von Osnabrück in einer Stellungnahme an den Bischof wegen der Auferlegung neuer Steuern, «wodurch nichts sicheres erfolgen wirdt, alß daß die Leuthe Wan sie solches vernehmen und Von keiner erklecklichen erleichterung hören, desperate resolution deß entweichens oder Verlauffens werden ergreifen, oder ie alle extrema, Womitt danach für erst Wenig geldes und endtlich nichts wirdt beigebracht werden können, über das ergehen lassen müßen» und «da offenkundig, daß bei Vielen die balcken schon ledig und kein korn mehr Vorhanden, in dem sie selbiges für geringen Preis haben Verkauffen, bißhero sich damit retten und den Schatz bezahlen müßen». Bald müßten die Eigenbehörigen nicht nur ihr bestes Vieh, sondern auch Holz verkaufen. Auch mit Spinnen und Leinwandverkauf könnten die Summen nicht mehr aufgebracht werden. Die Vögte würden bestätigen, daß viele Bauern nicht mehr in der Lage seien, ihr gepfändetes Vieh einzulösen. St. A. O. AA 23, Nr. 3. — Lt. Protokoll vom 9. 1. 1675 hat der Bischof die Stände wissen lassen, daß er zur «Haltung des Creditwesens» einen Rauchschatz ausschreiben wolle. Die Ritterschaft antwortet, sie sähe zwar die Notwendigkeit ein, das Finanzwesen in Ordnung zu halten, «wiewohl lieber gesehen, daß das yenige, was darzue vor diesen bewilliget, darfo wehre verwendet worden,

bemühten, den in der Zeit nach dem Kriege auf den Bauern lastenden Steuerdruck zu mildern. Ausweitung der Steuern wurde nicht ohne weiteres hingenommen[83]. Daß es ihnen nicht gelang sich durchzusetzen, lag daran, daß die Stände praktisch – wenigstens zeitweise – das Bewilligungsrecht bereits verloren hatten[84]. Zweifellos sind es keine allgemein ökonomischen oder gar altruistischen Motive gewesen, die die Stände zu den erwähnten Protesten bewogen. Sie wollten die Eigenbehörigen durch staatswirtschaftliche Leistungsverpflichtungen nicht überfordert wissen, damit die ihnen selbst zufallenden Abgaben nicht geschmälert wurden. Auch hat ohne Frage SCHÖTTKE[85] recht, wenn er meint, die Stände des Fürstentums wünschten ein politisches Stilleben und hatten kein Verständnis für die Unternehmungen Ernst Augusts I., vor allem auf außenpolitischem Gebiet. Diese verschlangen in erster Linie große Summen. Daß die Stände begreiflicherweise an einer guten materiellen Lage ihrer Eigenbehörigen interessiert waren, wurde bereits erwähnt[86].

g) Zusammenfassung

Insgesamt ist zu sagen: auf dem Gebiet der Besteuerung finden sich in der Zeit nach dem Kriege keinerlei grundsätzliche Erleichterungen für die Landwirtschaft. Im Gegenteil, es werden die alten überkommenen Steuern fortgeführt und ausgebaut. Als bessere Bemessungsgrundlage zieht man jetzt die landwirtschaftliche Bodenfläche für die monatlich zu entrichtende (Grund-) Steuer, den sog. «Monatsschatz», heran. Adel und Geistlichkeit, also die Stände des Fürstentums, bleiben weiterhin exemt. Steuererleichterungen gibt es nur vorübergehend und in begründeten Notfällen, wenn ein Eigenbehöriger darum ersucht. Die Stände bemühen sich zwar um Milderungen, aber einen durchschlagenden Erfolg erzielen sie nicht. Ihre Macht hinsichtlich des Steuerbewilligungsrechts ist im untersuchten Zeitraum bereits stark beschnitten. Von seiten Ernst Augusts I. wird man schwerlich Entgegenkommen haben erwarten können, denn seine eingangs erwähnten außenpolitischen Unternehmungen waren sehr kostspielig. Und als Quelle für die benötigten Mittel stand ihm lange Zeit nur das Fürstentum Osnabrück, hier wieder die pflichtigen Bauern, zur Verfügung.

weyln aber es die Zeit nicht geschehen, unseres mitt geduldtt dahin gesteldt sein laßen». St. A. O. AA 23, Nr. 4. – Als man im Jahre 1676 Ernst August 5000 rthl. verweigern will, die er zur Verpflegung seiner Kavallerie benötigt, schreibt er am 23. 10. 1676 aus seinem Hauptquartier Bäringen barsch an die Stände, wo es heißt: «Anstatt man damahls Seinen eyfer für das gemeine weßen zeigen sollen, hette man unß lieber mit ohnverdienten empfindlichem imputationen begegnen wollen.» St. A. O. AA 23, Nr. 4. Noch einmal versuchen die Stände, das Steuerwesen im Fürstentum unter Kontrolle zu bekommen. Sie wollen deshalb im Jahre 1688 die Amtshäuser inspizieren. Darauf schreibt Ernst August kurz, daß dies bereits durch seine Beamten geschehe. St. A. O. AA 23, Nr. 4. Hierauf entspinnt sich eine lange und für die Stände offenbar erfolglose Korrespondenz mit dem Bischof wegen der Kontrolle des Steuerwesens. St. A. O. AA 23, Nr. 4.

[83] SCHÖTTKE, S. 10, 47.
[84] SCHÖTTKE, S. 16, 19, 24.
[85] SCHÖTTKE, S. 24.
[86] Auf diesen Umstand weist auch SCHÖTTKE, S. 10, besonders hin.

VIERTES KAPITEL

Landwirtschaftlicher Kredit und Verschuldung

I. Exkurs: Der Landwirtschaftskredit bis zum 17. Jahrhundert

a) Kreditwesen allgemein

Die Wirtschaftsgeschichte kennt bereits seit dem Mittelalter ein gut entwickeltes Kreditwesen in den deutschen Städten[1]. Zwar stand dem Kredit im Prinzip das kanonische Zinsverbot entgegen «und so oft es auch übertreten wurde, scheute man sich doch bis ins 16. Jahrhundert hinein, es offiziell fallen zu lassen»[2]. Man fand aber Wege, es zu umgehen und entwickelte das wichtigste Rechtsinstitut der damaligen Zeit auf dem Kreditsektor: den Rentekauf[3].

b) Das landwirtschaftliche Kreditwesen in der damaligen Zeit

Es ist nun zu untersuchen, ob auch die Landwirtschaft damals von der genannten Form des Krediti s Gebrauch machen konnte, denn «zu den Faktoren, die geeignet sind, die Verteilung des Grundeigentums zu beeinflussen, gehört auch das Kreditwesen. Dieser Tatsache hat man bisher noch wenig Beachtung geschenkt, hauptsächlich wohl deshalb, weil es an entsprechenden historischen Unterlagen fehlte»[4]. Dazu ist im voraus zu sagen, daß der Kredit damals nur den privilegierten Schichten in der Landwirtschaft zugänglich war, nicht aber den eigenbehörigen Bauern oder wenigstens nicht in dem Maße, in welchem es nötig gewesen wäre. SCHOTTE[5] sagt hierzu: «Als einer der schwersten aus der Hörigkeit entspringenden Schäden wird von einsichtigen Schriftstellern

[1] INAMA-STERNEGG, Wirtschaftsgeschichte III/2, S. 466 ff.
[2] LÜTGE, Sozial- und Wirtschaftsgeschichte, S. 192. STÜVE II, S. 108 ff., für Osnabrück.
[3] «Unter Rentekauf (Gült[en]kauf) versteht man ein seit 1150 meist zur Umgehung des kanonischen Zinsverbots übliches Rechtsgeschäft, bei dem sich der Besitzer eines Grundstückes (Rentenverkäufer) zur Zahlung einer wiederkehrenden Rente (Gült) an den Rentenkäufer und an dessen Rechtsnachfolger gegen Empfang eines Kapitals verpflichtete. Anfangs für beide Teile unablösbar (daher Ewiggeld, ewiger Zins), war sie seit dem 14. Jahrhundert zugunsten des Schuldners gegen Rückerstattung des Kaufpreises ablösbar.» Meyers Lexikon, Art. «Rente», Bd. 10. Ähnlich: LÜTGE, Sozial- und Wirtschaftsgeschichte, S. 192; ROSCHER, Ackerbau, S. 475; MAUER, Agrarkredit, S. 195. Vgl. auch: INAMA-STERNEGG, Wirtschaftsgeschichte III/2, S. 467. — MAX WEBER, S. 292, sieht beim Rentekauf die Mitwirkung germanischer Rechtsgedanken. — KLÖNTRUP II, S. 108 ff., sagt über den Ursprung des Rentekaufs: «Das Grundgeld hat seinen Ursprung aus den Zeiten, da man es noch nach den Gesetzen des kanonischen Rechts für Wucher und Sünde hielt, Zinsen zu nehmen. Man verkaufte damals sein Geld gegen eine jährliche lösbare oder ewige Rente. Diese Rente bestand in Geld, Korn oder einer anderen jährlichen Abgabe.» — ROSCHER, Ackerbau, S. 533, nennt als Grund für die Entwicklung des Rentekaufs neben dem des Zinsverbots folgendes: «Da die älteren Rechte des Mittelalters den Erben nur aus dem Mobiliarvermögen zwingen, die persönlichen Schulden des Erblassers zu bestreiten, so waren Satzung, Rentekauf etc. sehr nötige Formen, das Darlehen über den Tod des Schuldners hinaus sicher zu stellen.»
[4] MAUER, Landwirtschaftl. Kreditwesen, S. 157.
[5] SCHOTTE, S. 83, der weiter meint: «Da nach den Bestimmungen der Eigentumsordnungen bei Subhastationen die staatlichen und grundherrlichen Forderungen stets den Privatschulden vorangingen, so war es dem Bauern nur in den seltensten Fällen möglich, unter günstigen Bedingungen Darlehnsverträge abzuschließen. Wie häufig die Gläubiger um ihre Forderungen kamen, zeigte ja die tägliche Erfahrung.»

allgemein die Kreditlosigkeit, welcher der Bauer ausgesetzt war, hingestellt. Durchgreifende Verbesserungen des Wirtschaftsbetriebes, die die Aufnahme größerer Darlehen erforderten, scheiterten zumeist an der geringen Sicherheit, die der in allen seinen Dispositionen beschränkte Kolon bot».

MAUER[6] bezeichnet den obenerwähnten Rentekauf als einen Besitzkredit, der zwar nicht reproduktiv wirkte, mit welchem man aber ein Grundstück kaufen konnte.

c) Ursachen der bäuerlichen Verschuldung und Beurteilung der Kreditlosigkeit

Die hauptsächlichen Gründe für die schon lange vor dem Dreißigjährigen Kriege anzutreffende bäuerliche Verschuldung sieht die wirtschaftsgeschichtliche Forschung in den seit dem 15. Jahrhundert von den Ständen zur Bestreitung der angewachsenen Staatsausgaben bewilligten neuen Abgaben[7], «deren Hauptlast aber infolge der Steuerfreiheit der Ritterschaft und Geistlichkeit auf der bäuerlichen Bevölkerung ruhte»[8].

Wie gesagt, standen dem eigenbehörigen Bauernstand die erwähnten Wege zur Kreditbeschaffung nicht offen[9]. Dieser Kreditlosigkeit stellt SCHOTTE[10], der auf ihre Nachteile hinweist (s. o.), schließlich auch eine positive Seite gegenüber: «Auch die Beschränkungen, welche die Hörigkeit mit sich brachte, hatte ihr Gutes, namentlich soweit sie aus dem Interesse des Gutsherrn an der Erhaltung des Hofes hervorgegangen waren. Die Beschränkungen des Realkredits und der Dispositionsfreiheit in besitzrechtlicher Beziehung beugte den Folgen leichtsinniger Wirtschaft vor und sicherte die Erhaltung der Höfe.» Angesichts der damaligen Unkenntnis der Bauern über Geld- und Kreditangelegenheiten wird diesem Argument unbedingt Beachtung zu schenken sein.

II. Entwicklung von Kredit und Verschuldung im Fürstentum Osnabrück

a) Verbreitung des Rentekaufes und Verschuldung des Adels

Das Rechtsinstitut des Rentekaufes findet sich im Fürstentum Osnabrück ebenfalls als Mittel der Kreditbeschaffung in der Landwirtschaft[11]. Infolge von Kaufkraft-

---

[6] MAUER, Agrarkredit, S. 195. — Für das Aufkommen des Rentekaufs setzt er das 12. Jahrhundert an, während die von ihm genannten anderen landwirtschaftlichen Kredittypen wie Meliorations-, Siedlungs- und Betriebskredit erst im 18. Jahrhundert auftauchen. Ebd. S. 194 ff., 198 ff. — Ein Übergang zum hypothekarischen Darlehen erfolgt erst im 17. Jahrhundert (Preußen). Ebd., S. 195 f. — ROSCHER, Ackerbau, S. 543, nennt als Grund für eine derartig späte landwirtschaftliche Hypothekenreform den Widerstand der verschuldeten Grundaristokratie gegen die Publizitätspflicht. — Sämtliche dringlichen Rechte mußten in öffentliche Bücher eingetragen werden. MAUER, Agrarkredit, S. 195.

[7] BUCHENBERGER, Agrarwesen, S. 9 ff.

[8] SCHOTTE, S. 28. Er bezieht diese Feststellung auf den westfälischen Bauernstand und macht dabei auf die schädliche und oft Verschuldung herbeiführende Wirkung der Laudemien beim Übergang des Hofes in eine andere Hand (Weinkauf, Sterbfall, Abfindung) aufmerksam. Ebd., S. 83. — Vgl. auch zweites Kapitel dieser Untersuchung.

[9] DRECHSLER, S. 5, sieht wohl die Dinge zu optimistisch, wenn er meint, infolge der beschränkten Verfügungsgewalt des Bauern über Grund und Boden habe überhaupt für die Eigenbehörigen nur ein geringer Kreditbedarf bestanden. — Die erwähnten wirtschaftlichen Rückschläge, denen der Bauer ausgesetzt war, sprechen gegen seine Auffassung. Vgl. auch Anm. 8 oben.

[10] SCHOTTE, S. 84.

[11] STÜVE II, S. 258, 266 f., 577, 594 f., 663, 716, 717; RUNGE, S. 182 f. — Im Fürstentum Osnabrück gibt es keine sog. «ewigen Renten». KLÖNTRUP I, S. 342 f. — Später, im 18. Jahrhundert, plädierte MÖSER stark für Beibehaltung des Rentekaufs. MÖSER II.

änderungen und um der Wirkung von solchen vorzubeugen, werden hier schon frühzeitig anstelle von Geldzinsen Getreidelieferungen, sog. «Kornrenten», in Kreditverträgen ausbedungen[12].

STÜVE[13] weist ausdrücklich darauf hin, daß die Ritterschaft des Fürstentums Osnabrück stark verschuldet ist. Sie lehnt beispielsweise auf dem Landtag von 1618 das beantragte Freikaufverbot für eigenbehörige Bauern nur deshalb ab, weil ihr damit eine Einkommensquelle verlorengegangen wäre[14].

Die alte Darlehnsform des Rentekaufs wird im Fürstentum Osnabrück vom Ende des 16. Jahrhunderts ab allmählich von der zinstragenden Hypothek abgelöst[15].

b) Verschuldung des Bauernstandes vor dem Dreißigjährigen Kriege

Die eigenbehörigen Bauern im Fürstentum sind bereits bei Kriegsausbruch teilweise stark verschuldet. Die Ursachen dieser Verschuldung sollen hier kurz dargestellt werden.

Der Bauer durfte bekanntlich auf seinen Hof nur mit grundherrlicher Genehmigung («Konsens») Kredite (sog. «bewilligte Schulden») aufnehmen[16], und die Verbote gegen das «Schuldenmachen» werden von der Obrigkeit immer wieder erneuert. Kreditaufnahme wird nur in besonderen Fällen erlaubt, z. B. bei Neubauten von Wirtschaftsgebäuden oder bei irgendwelchen Notlagen des pflichtigen Hofes. Ohne Konsens des Grundherrn aufgenommene Kredite können nachträglich «bewilligt» werden, wenn die Mittel zum Vorteil des Hofes eingesetzt wurden[17]. Sie rangieren dann als «privilegierte» Schulden nach den landes- und grundherrlichen Forderungen[18]. Der Nachfolger auf einem Hof hat sie mit zu übernehmen.

[12] STÜVE II, S. 266 ff. Die Getreidepreissteigerung in den Jahren 1579/80 bewirkte sogar einen entsprechenden Landtagsbeschluß. Kornrenten sind noch im 18. Jahrhundert beliebt. Ebd., S. 258. — Evtl. handelt es sich aber bei den «Kornrenten» nur um eine Berechnungsbasis, wobei das Getreide der Wertmaßstab ist für die zu entrichtende Geldsumme. Ähnlich wie in der neuesten Wirtschaftsgeschichte nach dem Ersten Weltkriege: «Getreidemark».
[13] STÜVE II, S. 716f.
[14] STÜVE II, S. 841.
[15] STÜVE II, S. 663.
[16] Zugleich mit einer Abäußerungsordnung ergeht im Fürstentum 1583 ein allgemeines Verbot gegen das «Schuldenmachen». Ohne grundherrliche Einwilligung entstandene Forderungen gegen eigenbehörige Bauern sollen keinen obrigkeitlichen Schutz erhalten. Die betr. Eigenbehörigen werden mit Abäußerung bedroht. Ebenso werden die Abfindungen (Brautschätze) wegen ihrer den Hofbestand gefährdenden Wirkung genehmigungspflichtig. Verordnung des Bischofs Philip Sigismund vom 12. 11. 1583. CCO II, S. 18 ff., Nr. 42, erneuert am 1.7.1608. CCO II, S. 32, Nr. 66. STÜVE II, S. 663. Vgl. auch: SCHOTTE, S. 75. — Neben der Abäußerung bei Verschuldung — die man, nach SCHOTTE, infolge Mangels an geeigneten Bauern nicht immer durchführen konnte — schloß man den sog. «Prädialkontrakt». Er beließ dem verschuldeten Bauern den Hof mit der Maßgabe, von seinen laufenden Einnahmen einen Teil zur Schuldentilgung zu verwenden oder den Gläubigern die Frucht auf dem Halm zu überlassen. Erst nach evtl. Scheitern schritt man zur Abäußerung, sog. «Diskussion». SCHOTTE, S. 69. Ähnlich: DÜRING, Börstel, S. 231f.
[17] KLÖNTRUP I, S. 144. — OPPERMANN, S. 80, bemerkt für die Grafschaft Hoya-Diepholz, daß «unbewilligte Schulden» zur Befriedigung zugelassen werden, wenn das Geld des Gläubigers den Hof aus seiner Notlage rettet.
[18] Alle unbewilligten Schulden müssen, um anerkannt zu sein, «privilegiert» werden. Hierunter zählen z. B. geborgtes Brotkorn, Leinsamen, Gesindelöhne, Kredite zur Tilgung der Kriegslasten. Unbewilligte, also nicht privilegierte Schulden bedeuten nur eine persönliche Forderung gegen den eigenbehörigen Schuldner und sind von dessen Kindern nur dann zu

Vielleicht ist die strenge Fernhaltung des Bauern von Krediten auch auf das Bestreben der Grundherren zurückzuführen, für sich selbst möglichst viele Kreditquellen offen zu halten[19].

Die Verschuldung der eigenbehörigen Bauern ist zum erheblichen Teil auf die sog. «unbewilligten Schulden» zurückzuführen, also auf Kredite, die von den Eigenbehörigen ohne Kenntnis und Zustimmung des Grundherren aufgenommen worden sind. Ihre volle Höhe und ihr Vorhandensein werden immer erst bekannt, wenn sich ein Hof in Liquiditätsschwierigkeiten befindet[20]. Es ist deshalb nicht möglich, das Maß dieser bäuerlichen Verschuldung insgesamt festzustellen, und man wird hier stets auf Einzelbeispiele oder Schätzungen angewiesen sein. Die Schuldsummen sind fast immer hoch, wobei allerdings zu berücksichtigen ist, daß hierin oft noch Forderungen von Grund- und Landesherrn enthalten sind. Den Hauptanteil machen jedoch, wie die Akten zeigen, die unerlaubt aufgenommenen Kredite aus. Der Grund für deren Aufnahme liegt meist in wirtschaftlicher Notlage des Hofes. Ernte- und Viehschäden machen hierbei einen erheblichen Anteil aus. Gegen die Verwendung von Mitteln in dieser Richtung, also gewissermaßen als Überbrückungskredit, wäre nichts einzuwenden gewesen. Und dies erkannte man ja damals bei der erwähnten Schuldenregelung auch an. Nachteilig hingegen für die wirtschaftliche Lage des Hofes sind in jedem Falle Kredite zur Bestreitung der Abfindungssummen (Brautschätze), da diese Mittel, an die abgehenden Kinder gezahlt, lediglich nicht reproduktive Konsumkredite darstellen. Dasselbe gilt für Kreditaufnahme bei beabsichtigten Freikäufen. Ebenso schädlich ist die Aufnahme von Geldern durch die Bauern, um ihren finanziellen Abgaben nachzukommen. Und angesichts der erwähnten rigorosen Eintreibungsmethoden haben somit auch die landes- wie grundherrlichen Lasten an der bäuerlichen Verschuldung Anteil. Insgesamt gesehen spielen also hierbei mehrere Faktoren eine Rolle.

Daß die Grundherren, unterstützt durch die Obrigkeit, einer leichtfertigen Kreditaufnahme der in Geldangelegenheiten unerfahrenen Bauern vorbeugen wollten, ist verständlich. Dadurch aber, daß man die Eigenbehörigen von allen Kreditquellen fast

---

zahlen, wenn sie den Hof übernehmen. Verordnungen vom 22. 11. 1583 und 14. 7. 1605. KLÖNTRUP III, S. 161 ff.

[19] So auch STÜVE III, S. 299.

[20] Der Kolon Sönneke zu Badbergen hat 1598 insgesamt 53 Gläubiger, die Forderungen von zusammen 1800 rthl. gegen ihn geltend machen. STÜVE II, S. 841. — Bei der Abäußerung auf Steinmeiers Erbe melden sich 45 Kreditoren mit einer Forderung von insgesamt 1600 rthl. an bewilligten und unbewilligten Krediten. STÜVE II, S. 873. — Als am 30. 8. 1623 auf Unstermanns Anwesen eine Abäußerung stattfindet, werden vor dem Gericht in Fürstenau 1800 rthl. meist unbewilligter Kredite angegeben. St. A. O. AA 61, Nr. 1. — Albert Meyer zu Joistinghausen, Ksp. Osterkappeln, schreibt am 4. 10. 1624 an die Regierung, sein Vorgänger auf dem Hofe habe ihm 1700 rthl. Schulden hinterlassen. Die Gläubiger hätten die Kredite vor 10—30 Jahren gegeben, und er bäte um Halbierung der Schulden. St. A. O. AA 64, Nr. 1. — Gerlich Keiser aus Vörden bittet die Regierung am 23. 10. 1631, seinen Hof in die Klasse der Halberben einzustufen, da er mit großen Schulden beladen «undt von der halbscheidt meines Erbes ein abstandt thun müßen». Der Vogt schreibt auf Befragen am 14. 11. 1631 an die Regierung, der Eigenbehörige habe sich vor etwa 10 Jahren «Von Joh. Adam Breuleten Münsterisch, Adelig Landtsaße, sich nicht nur allein umb 1000 rthl. freigekaufft, besonders vorhin sein Erb, mit unsehentlich schulden oneriert gewesen, und noch ist, Aß das Er an die 1000 rthl. Freikauffs gelder, daß Er seinen gewesenen Guetherrn satisfaction thuen Welle und müße, aufzunehmen und zu verzinsen, auch ein guet theill der Lenderey vom Erbe Zuverkauffen genoettenngert, und dahero mit dermaßen Großen schulden vertiefft, daß Er Jerliches die Zinsen kaum richtigl. zahlen, und ablegen, und eines vollig Erbes Last schwerlich tragen kan». (Aktennotiz der Regierung vom 19. 11. 1631: abgelehnt) St. A. O. AA 159, Nr. 23.

völlig fernhielt, wird sich die bäuerliche Gesamtverschuldung nicht gemindert, sondern sogar erhöht haben: der Bauer kann auch in begründeten Fällen nur selten zu günstigen Bedingungen Kredit aufnehmen. STÜVE[21] beurteilt die damalige Situation sehr pessimistisch: «So war denn auch in jener Zeit fast allgemeiner Verschuldung des Grundeigentums die gefährlichste Verschuldung erzeugt.»

III. Wirkungen des Dreißigjährigen Krieges auf Kredit und Verschuldung

a) Umfang der bäuerlichen Verschuldung

Die Landwirtschaft des Fürstentums Osnabrück ging, wie gezeigt, schon schuldenbeschwert in den Dreißigjährigen Krieg. Dieser verstärkte natürlich die Verschuldung noch erheblich. Es sei in diesem Zusammenhang nochmals an die eingangs erwähnten Tatsachen erinnert: neben den üblichen Abgaben, die schon sehr hoch waren, sind im Kriege Kontributionen von sehr großer Höhe zu entrichten gewesen. Hinzu kamen Plünderungen und Requirierungen. Die Stellung des Grundherrn in dieser Zeit umreißt STÜVE[22] folgendermaßen: «Besonders aber hielt man es für zweckmäßig, den Bauern creditlos zu machen. Consense der Gutsherren wurden in diesen Kriegszeiten für besonders gefährlich gehalten und dadurch dann freilich wohl die Möglichkeit billiger Anleihen, keineswegs aber der Wucher abgehalten. Es war überall das erste und einzige Mittel, sich Geld zu verschaffen, daß man Land versetzte. Das nahmen auch die Gutsherren wahr und suchten durch Übernahme einzelner Grundstücke sich zu decken. Die verwüsteten Höfe suchte man, so gut es ging, auf ähnliche Weise zu nutzen».

Es wurde bereits an Hand der Zahlen über die nach dem Kriege wüst liegenden Höfe gesagt, daß der Umfang der Kriegszerstörungen im Osnabrücker Raum nicht allzugroß gewesen war. Um so höher waren aber die laufenden Geldleistungen, die die eigenbehörigen Bauern für Freund und Feind aufbringen mußten. Sie gerieten damit in eine noch tiefere Verschuldung, als sie sich ohnehin schon befanden. Aus allen Jahrzehnten nach dem Kriege tauchen Hinweise auf, denen zu entnehmen ist, daß die durch die Kriegsfolgen hervorgerufene Verschuldung noch lange fortwirkte[23]. Im Kriege waren

---

[21] STÜVE II, S. 578.
[22] STÜVE III, S. 299.
[23] Joh. zu Dreyben aus Byster, Amt Vörden, teilt der Regierung am 17.7.1652 mit, daß er im Kriege infolge Abwesenheit anderer Bauern allein habe eine Kontribution aufbringen müssen und 700 rthl. zu zahlen gezwungen worden sei. Damit sei sein Hof stark belastet worden, und er bittet, ihm den Betrag durch Umlage zurückzuerstatten. St. A. O. AA 23, Nr. 1. — Lüdeke zu Büren, Ksp. Üffeln, weigert sich in einem Schreiben an die Regierung vom 11.1. 1657, den elterlichen Hof zu übernehmen. Der sei aus der Kriegszeit zu stark mit Schulden belastet (Höhe nicht genannt) und nur, wenn man sie ihm erlasse, sei er das Erbe anzutreten bereit. St. A. O. AA 64, Nr. 1. — Der Vogt in Ankum teilt der Regierung am 24.6.1664 mit, er habe seit langem gepfändetes Vieh in seinem Pfandstalle stehen, welches die Bauern infolge ihrer Verschuldung und Unfähigkeit, irgendwelche Mittel aufzubringen, nicht zurückkaufen könnten. Ein Teil dieses Viehes sei schon eingegangen, und er fragt, was er tun solle. Man schreibt ihm am 1.7.1664 u. a.: Um solche Verluste zu verhüten, soll er den Schuldnern das Vieh zurückgeben, dafür aber «ein gewißes stück besäeten Landes mit arrest belegen, und Zu gehöriger zeit praevia aestimatione die Kornfrüchte davon pro contingenti abziehen solle die schuldige zahlung darauß Zu Verschafen, wobey sich gleichwol einer solchen moderation zu gebrauchen, damit die Leuthe nicht Vorsetzlicher weise, und über gebühr beschweret werden». St. A. O. AA 23, Nr. 3. — Der Grundherr der Eigenbehörigen von Vereunichhausen (?) bittet die Regierung mit Schreiben vom 11.7.1676, seine eigenbehörigen Bauern

manche Bauern nicht mehr in der Lage gewesen, die geforderten Kontributionen aufzubringen. Deshalb sind die Rentmeister teilweise mit Zahlungen eingesprungen, die nach dem Kriege zurückgefordert wurden[24]. Der Adel wiederum hatte erhebliche Forderungen aus Anleihen an das Fürstentum[25]. Welche Kaufkraft die genannten Summen hatten, vergegenwärtigt ein Beispiel aus diesen Jahren, wo man $1^{1}/_{4}$ Schwein mit 5 rthl. berechnete[26].

Aus den Beispielen wird deutlich, daß die Schuldsummen, mit welchen die eigenbehörigen Höfe und Kotten belastet waren, meist hoch gewesen sind. Interessant ist nun die Frage, woher die Geldgeber kamen, die trotz der Gefahr des Verlustes ihrer ausgeliehenen Mittel (als «unbewillige Schulden») Kredite gaben. Es sind dies vor allem Leute, die auf Grund ihrer Besitzlosigkeit an Grundvermögen oder ihres Kleinstbesitzes oder Kleinstpacht sich mit anderen Betätigungen zu beschäftigen gezwungen sind: Heuerleute[27], Brinklieger und Kirchhöfer. Sie verfügen meist über Geld, da sie ein Gewerbe, die Kirchhöfer oft einen sog. «Kramhandel» betreiben. Von den Heuerleuten sind es besonders die Hollandgänger[28], die, auch nach Meinung der landesgeschichtlichen Literatur, als Kreditgeber für die eigenbehörigen Bauern anzusehen sind. Da sie über Geld verfügen, werden sie von den Bauern gern als Einmietlinge in Schuppen, Ställen, Backhäusern, leeren Leibzuchten oder sonstigen Nebenhäusern untergebracht[29].

Festzuhalten bleibt also, daß der eigenbehörige Bauernstand nach Kriegsende stark verschuldet ist. Die Gründe der Verschuldung wurden bereits genannt. Hinzuweisen

mit Arrest zu belegen, weil er infolge deren hoher Verschuldung keinerlei Abgaben mehr erhalten könne. St. A. O. AA 70, Nr. 1. — Joh. Schräder im Ksp. Wallenhorst ersucht die Regierung mit Eingabe vom 3. 5. 1698 um Steuererlaß, da sein Hof mit 200 rthl. Schulden belastet ist. St. A. O. AA 23, Nr. 6. — Die Witwe Clara Dorothea v. Schele bittet, etwa 1698, Akte o. Dat., ihrem Eigenbehörigen Joh. Hch. Wehemann in Linne, Ksp. Schledehausen, die Abgaben zu erlassen, da sein Hof mit 400 rthl. Schulden belastet sei. St. A. O. AA 23, Nr. 6. — Cordt Groll zur Schlinghorst, Ksp. Buer, bittet die Regierung im Jahre 1698 um Befreiung von den Lasten, da sein landwirtschaftlicher Betrieb mit Schulden in Höhe von 1700 rthl. belastet sei. St. A. O. AA 23, Nr. 6. — Ähnlich Jost Herm. Witten zu Meßdorf mit seiner Eingabe vom 26. 11. 1698: er hat 1000 rthl. Schulden auf seinem Hof. St. A. O. AA 23, Nr. 6. — Der Herr v. Knehem schreibt am 27. 11. 1700 an die Regierung wegen seines verschuldeten Eigenbehörigen Arling zu Gehrde. Auf seinem Kotten ruhten 300 rthl. Schulden, die er von elf verschiedenen Kreditoren aufgenommen habe. Die Schuld sei durch Auslobung eines zu großen Brautschatzes entstanden, und der Pflichtige sei nicht mehr zu zahlen in der Lage. St. A. O. AA 70, Nr. 1. Auch in diesem Zusammenhang sei nochmals erwähnt, daß zu hohe Abfindungssummen mit ein Grund zur Verschuldung gewesen sind. Vgl.: WENZEL, S. 260. — WESTERFELD, Beiträge, S. 42, bringt das Beispiel des Markkötters Möllenbrock in Vehrte, der sich, nur um 10 rthl. zu erhalten, nach Kriegsende dem Herrn v. Heiden eigenbehörig gegeben habe. — Dieser Betrag ist erstaunlich niedrig, und der Umstand, sich eigenbehörig zu geben, war damals eben keine sozial erniedrigende Tatsache, wie es bei WESTERFELD scheint.

[24] St. A. O. AA 23, Nr. 2. — Auch nach dem Kriege sind die Rentmeister bei Zahlungsunfähigkeit eingesprungen. So reicht der Rentmeister Schmittmann der Regierung am 11. 8. 1664 eine Aufstellung darüber ein, welche Geldsummen er im Amte Wittlage verauslagt habe. Es sind von 1662—1664 fast 180 rthl. St. A. O. AA 23, Nr. 3. Der Drost Kobolt v. Tambach reicht am 17. 11. 1664 ebenfalls eine entsprechende Aufstellung ein. St. A. O. AA 23, N. 3.

[25] So fordert der Junker v. Steding Zinsen für die Jahre 1630—1651 in Höhe von 700 rthl., die Ww. Wimmer v. Güllig 700 rthl. für die Zeit von 1639—1655, mit Eingabe vom 8. 9. 1661, Rudolf Abeken 600 rthl. für rückständige Zinsen, 22. 2. 1662. St. A. O. AA 23, Nr. 5.

[26] In Zusammenhang mit den Pachtschulden eines Eigenbehörigen aus dem Ksp. Üffeln. St. A. O. AA 64, Nr. 1.

[27] MÖSER III, S. 354. Vgl. auch fünftes Kapitel dieser Untersuchung.

[28] Vgl. fünftes Kapitel dieser Untersuchung.

[29] Vgl. fünftes Kapitel dieser Untersuchung.

ist nochmals darauf, daß ein großer Teil der auf den Höfen lastenden Schulden aus nicht vom Grundherren genehmigten Krediten, also den «unbewilligten Schulden», bestand. Zu welchem Zweck diese Mittel im einzelnen Verwendung fanden, ist nicht zu sagen. Fest steht nur, daß sich die eigenbehörigen Bauern infolge der scharfen Kreditbeschränkungen Wege suchen, auf denen sie sich Geldmittel beschaffen können. Aus dem Kriege gehen die Höfe oft mit einer gegenüber vorher vervielfachten Schuldenlast hervor. Die Obrigkeit im Fürstentum Osnabrück steht hier vor einer wichtigen Entscheidung im Zuge der Beseitigung der Kriegsfolgen. Zwei Gesichtspunkte sind für sie wichtig: einmal die Tatsache nicht allzugroßer Kriegszerstörungen. Sie konnte die Regierung sehr wohl zur Aufrechterhaltung der hohen Abgaben veranlassen. Auf der anderen Seite waren jedoch an die Untertanen während des Krieges sehr große Anforderungen finanzieller Art gestellt worden. Dieser Gesichtspunkt hätte zum Schutz der Eigenbehörigen Anstoß geben müssen.

Vor der Untersuchung der im Fürstentum Osnabrück ergriffenen Maßnahmen soll zuvor auf die Schritte eingegangen werden, die das Deutsche Reich zur Wiederherstellung des Kreditwesens nach dem Dreißigjährigen Kriege trifft.

b) Maßnahmen von Reichs wegen

Die allgemeine Verschuldung in Deutschland ist nach dem Kriege so bedeutend, daß sie Gegenstand von reichsgültigen Beschlüssen wird. Nach FRANZ[30] betrug diese in der Landwirtschaft oft ein Mehrfaches des Hofwertes. Manche Höfe und Güter, so teilt er mit, fanden infolgedessen keinen Käufer, so daß man sie kostenlos gegen die Verpflichtung zur Bebauung abgab[31].

Bereits während des Krieges hatte Kaiser Ferdinand III. im Jahre 1638 Moratorien für die verwüsteten Gebiete Schlesien und Mähren erlassen[32]. Durch Reichsbeschluß vom 30. 4. 1654 erfolgte eine allgemeine zwangsweise Schuldenreduktion[33]. Alle von 1618 bis 1650 aufgelaufenen Zinsen wurden dadurch auf ein Viertel reduziert[34]. «In vielen Fällen wurde aber auch die Hauptsumme (Kapital) auf ein Drittel zusammengestrichen[35].» Bei der durch den Krieg bedingten Geldentwertung hatten sich nach Mitteilung GOTHEINS[36] viele Schuldner, besonders beim Rentekauf, ihrer Verpflichtungen entledigt (dieser gewährte, wie gezeigt, dem Kreditnehmer das Recht einseitiger Kündigung).

c) Obrigkeitliche Maßnahmen im Fürstentum Osnabrück

Die Regierung ist nach dem Kriege zunächst durch den erwähnten «Reichsschluß» ebenfalls gehalten, zur Regelung des Kredit- und Schuldenwesens Maßnahmen zu er-

---

[30] FRANZ, S. 97 f. — Ähnlich: KÖTZSCHKE, Bauer, H. d. St.
[31] So auch: LÜTGE, Sozial- und Wirtschaftsgeschichte, S. 247.
[32] GOTHEIN, XXIX f. — Im gleichen Jahre ergeht eine kaiserliche Weisung an die Gerichte in Hildesheim, klagenden Gläubigern nicht mehr als ²/₃ der ihnen zustehenden fälligen Zinsen zuzusprechen. Ebd. — Im Fürstentum Osnabrück hatte Bischof Eitel Friedrich während des Dreißigjährigen Krieges lediglich im Jahre 1625 eine Verordnung gegen den Wucher erlassen. Sie ist jedoch kein Novum, sondern lediglich eine Wiederholung alter Verordnungen aus den Jahren 1579, 1583 sowie 1602. CCO II, S. 43, Nr. 105, Verordnung Bischofs Eitel Friedrich vom 7. 4. 1625 (unt. Hinw. a. CCO I, S. 1138); KLÖNTRUP III, S. 161.
[33] ABEL, Landwirtschaftspolitik, S. 47; GOTHEIN, LXXXVII; LÜTGE, Sozial- und Wirtschaftsgeschichte, S. 238; MÖSER III, S. 355.
[34] GOTHEIN, LXXXVII; LÜTGE, Sozial- und Wirtschaftsgeschichte, S. 238; MÖSER III, S. 355.
[35] LÜTGE, Sozial- und Wirtschaftsgeschichte, S. 238.
[36] GOTHEIN, XIX.

greifen³⁷. Eine solche war auch notwendig, da die Verschuldung, wie gezeigt wurde, im Bauernstand sehr erheblich war³⁸. Vorauszuschicken ist für die Regierungszeit Ernst Augusts I., daß eine «Politik der Milde» auf diesem Sektor dem Streben des Bischofs nach möglichst großer Einnahmenerzielung zuwiderlief³⁹. Trotzdem zwingt ihn die Situation oft zu einem Nachlaß der Lasten, wovon bereits gesprochen wurde⁴⁰.

Im Jahre 1651 erläßt man im Fürstentum Osnabrück ein Edikt, demzufolge alle Gläubiger von Forderungen aus der Kriegszeit zur Milde gegenüber ihren Schuldnern ermahnt werden⁴¹. Weiter folgt 1652 eine Wiederholung des Wucherverbotes durch Bischof Franz Wilhelm⁴². Ebenso verfügt er eine Aussetzung aller «Executionen», also der Pfändungen⁴³. 1654 findet sich dann die Durchführung des obenerwähnten Reichstagsabschiedes: innerhalb von drei Jahren darf von keinem Schuldner Zahlung verlangt werden⁴⁴; daneben läuft die erwähnte Viertelung der alten Zinsen.

Mit diesen Maßnahmen enden jedoch die Bemühungen der Obrigkeit nicht. Der in Jahrzehnten verschuldete Bauernstand kann sich seiner Verpflichtungen nur langsam, wenn überhaupt entledigen. Erschwerend kommt eben hinzu, daß auch nach Kriegsende fast alle Leistungen an die Obrigkeit von den eigenbehörigen Bauern zu erbringen sind.

In einer Verordnung von 1658 weist Franz Wilhelm darauf hin, daß bei Abäußerungsforderungen, die auf rückständigen Pachtzahlungen beruhen, diese vor anderen «bewilligten» Schulden zu bevorzugen seien. Bei Übernahme des Hofes durch ein Kind des Abgemeierten, welches ja somit die Schulden übernahm, soll milde verfahren werden⁴⁵. Im Jahre 1663 sieht sich die Regierung zu einer Streichung der rückständigen Pachtschulden bis 1650 gezwungen, da diese nicht einzutreiben sind⁴⁶. In der Verordnung schreibt man, der Krieg trage noch immer die Schuld an der Zahlungsunfähigkeit der Bauern. Bereits 1665 muß man sich amtlicherseits schon wieder mit einer Regelung der Zahlung geschuldeter Zinsen befassen: Pfändungen («Executionen») aus Zinsenforderungen sind nur für die rückständigen Zinsen eines Jahres erlaubt⁴⁷. Ernst August weist die Beamten zur Milde gegenüber den Untertanen an⁴⁸. Gleichzeitig sieht er sich gezwungen, beim sog. «Viehschatz» einen allgemeinen Steuer-

---

37 Über Maßnahmen der Obrigkeit im Nachbarterritorium Hoya-Diepholz ausführlich: OPPERMANN, S. 1 ff.

38 Es sei hier nochmals an die hohen Kontributionen Osnabrücks erinnert. Vgl. Einleitung dieser Untersuchung und HUGO, S. 1.

39 Vgl. Einleitung dieser Untersuchung.

40 Vgl. drittes Kapitel dieser Untersuchung.

41 Verordnung Franz Wilhelms v. 10. 7. 1651. CCO II, S. 53, Nr. 159.

42 Verordnung Franz Wilhelms v. 27. 1. 1652. CCO II, S. 54, Nr. 164.

43 Verordnung Franz Wilhelms wegen Aussetzung der Executionen infolge der hohen Kriegslasten für zwei Monate v. 11. 9. 1651. CCO II, S. 54, Nr. 160.

44 MÖSER III, S. 355.

45 Verordnung Franz Wilhelms vom 10. 8. 1658. CCO II, S. 68, Nr. 212. Hierin heißt es «Dass Ihr bey sothanigen Fall cum discretione et moderatione biß dahin ein temperamentum sich hierfür gethan, procedieren, auch die Leute mitt Zahlung zugleich Capitals und interesse nicht beschweren, und über die decreta discussionis halten laßen sollet.»

46 Verordnung Ernst Augusts I. vom 18. 6. 1663. CCO II, S. 993; SCHOTTE, S. 29.

47 Verordnung Ernst Augusts I. vom 30. 6. 1666. CCO II, S. 80, Nr. 258 (unt. Hinw. a. CCO I, S. 995). Hierin heißt es, daß «bey nachgesuchter Abfindung des Capitals aber dahin gesehen werden solle, daß der Schuldner zu Abtragung der gemeinen Lasten im Stande bleibe». — Vgl. auch CCO I, S. 1138.

48 Edikt Ernst Augusts I. vom Jahre 1666. St. A. O. AA 310, Nr. Ia vol. I.

erlaß zu gewähren[49]. Im Jahre 1668 weist Ernst August eindringlich auf die von Reichs wegen vorgeschriebene Einhaltung des Zinssatzes von 5% hin und verbindet damit nochmals die Erinnerung an die Beschränkung der Eintreibung rückständiger Zinsen[50].
In den letzten Jahrzehnten des 17. Jahrhunderts erfahren auch die Bestimmungen über die Pfändung eine gewisse Präzisierung, was als Schutz der Landwirtschaft angesehen werden kann. So wird die Pfändung von Vieh, besonders von Zugtieren, während der Saat- und Erntezeit eingeschränkt[51].

d) Beurteilung

Es bleibt nun noch der Erfolg dieser Maßnahmen zur Regelung von Schulden und Kredit in der Landwirtschaft zu beurteilen. Zuvor soll jedoch noch kurz die Meinung der Stände, also von Domkapitel und Ritterschaft, wiedergegeben werden. Sie bezeichnen die Steuerpolitik ihres Bischofs als Ursache der bäuerlichen Verschuldung. In einer anderen Steuerpolitik sehen sie offenbar eine Lösungsmöglichkeit dieses Problems, was sie Ernst August I. auch mitteilen[52].

Zweifellos sind die Steuern ein starkes Hemmnis für die Minderung der Schulden gewesen. Sie sind es aber nicht allein. Es ist die Summe aller Lasten, bestehend aus den alten Leistungsverpflichtungen, den Kriegslasten und den nach dem Kriege hinzukommenden sonstigen Abgaben. Hierzu tritt die erzwungene grundsätzliche Kreditlosigkeit der eigenbehörigen Bauern. Daß diese sich trotzdem illegal Geldmittel beschaffen, wurde gezeigt. Die Quellen des Bodenkredites, so stellt MAUER[53] für die damalige Zeit fest, sind hinsichtlich Maß und Form der Kreditgewährung unzureichend gewesen.

Die Schuldenregelung von Reichs wegen, also die zwangsweise Reduktion von Forderungen, wird von der älteren wirtschaftsgeschichtlichen Forschung als schwieriges, aber nach dem Kriege erfolgreich gelöstes Problem betrachtet. GOTHEIN[54] sieht in dieser «ehrenvollen Liquidation die Grundlage für neues fruchtbares Schaffen». MÖSER[55]

---

[49] St. A. O. AA 310, Nr. Ia vol. I. Das Aktenstück enthält auch Richtlinien wegen der Viehbesteuerung im Jahre 1667. Hier muß Ernst August bereits am 20. 3. 1667 eine allgemeine Ermäßigung gewähren, nachdem er diese Steuer mit Edikt vom 3. 2. 1667 erhöht hatte. Offenbar war sie in der gewünschten Höhe nicht einhebbar.
[50] Verordnung Ernst Augusts I. vom 26. 11. 1668. CCO II, S. 87, Nr. 273 (unt. Hinw. a. CCO I, S. 996); KLÖNTRUP III, S. 339ff.
[51] Es wird angeordnet, grundsätzlich nur tote Pfandobjekte (Immobilien) aber kein Vieh zu nehmen. Im übrigen stehe dieses dann in den Pfandställen und habe während der Saatzeit kein Futter. Reskr. an die Ämter vom 19. 3. 1691. CCO II, S. 128f., Nr. 416. — Die Bestimmungen über Pfändungen erfahren zu Beginn des 18. Jahrhunderts eine erhebliche Ausweitung. So im Jahre 1717 in: CCO II, S. 178, Nr. 591, 593; 1718: CCO II, S. 201, Nr. 639; 1720: CCO II, S. 218, Nr. 639; 1721: CCO II, S. 223, Nr. 713. Vgl. auch: KLÖNTRUP III, S.63ff.
[52] Die Stände schreiben in einer Stellungnahme zur Steuerpolitik an Ernst August u. a. folgendes: «Dan Hinzukombe, daß die Leuthe nunmehr kein geldt zu liehen bekommen können, indem die Voigte wegen lauffender schatzung die praerogatio behalten, und die Creditores, welche ihr negst verstrichenen und Vorigen iüngsten iahren Zur schatzung icht waß hergelieben zurückgesetzt, Wobey Sie befürchten, daß wegen continuirender schweren schatzungen eß noch schwerer fallen wirdt, Von den leuthen icht waß wiederzubekommen, also daß aller credit bey den Bauern verlohren.» Akte o. Dat., etwa 1660/1670. St. A. O. AA 23, Nr. 3.
[53] MAUER, S. 159f.
[54] GOTHEIN, XCVII.
[55] MÖSER III, S. 358. Er meint weiter: «Es ist dieses das einzige Exempel in der Reichsgeschichte, daß man sich des höchsten und äußersten Obereigenthumsrechts auf eine so mächtige und allgemeine Weise bedient habe.» Ebd., S. 355.

meint: «Es kann auch kein Reichsfürst nach den Reichsgesetzen, und ohne allen Kredit aus seinen Ländern zu verbannen, minder Vorsicht gebrauchen, als bei dem Reichsabschied von 1654 gebraucht wurden».

Sicherlich war eine Regelung der durch den Krieg hervorgerufenen Schuldenverwirrung notwendig, und es soll hier nicht untersucht werden, in welcher Form sie hätte erfolgen können. In jedem Fall erschütterte aber eine solche globale Streichung von Forderungen das Vertrauen der Gläubiger. Und diese Schuldenreduktion erfolgt in Deutschland in einer Zeit, «in der in den westeuropäischen Ländern das Geld- und Kreditwesen einen besonders raschen Aufschwung nahm»[56].

---

[56] LÜTGE, Sozial- und Wirtschaftsgeschichte, S. 238. — Im Fürstentum Osnabrück erläßt man später, im 18. Jahrhundert, gewisse Bestimmungen, die den eigenbehörigen Bauern die Möglichkeiten zur Kreditaufnahme erweitern. Oft geschieht es in der Form von Naturalkrediten. Sie sind großenteils in der Eigentumsordnung von 1722 fixiert. Vgl. auch: Bevorrechtigung von Saatkornforderungen. KLÖNTRUP III, S. 140. Ferner: Ordnung der Gläubiger. KLÖNTRUP III, S. 19 ff., sowie: Wirkung von Schuldverschreibungen. KLÖNTRUP III, S. 170, und: Moratorien. KLÖNTRUP III, S. 202 ff. Siehe auch: MÖSER I, S. 219, 224, 228.

FÜNFTES KAPITEL

Landarbeiter und ländliche Arbeitsverfassung

I. Exkurs: Das Landarbeiterproblem in der Wirtschaftsgeschichte

a) Allgemeines

Nach einer Darstellung der bäuerlichen Wirtschaft in früheren Kapiteln soll im folgenden auf das Landarbeiterproblem und die ländliche Arbeitsverfassung im Fürstentum Osnabrück eingegangen werden. Hierbei taucht, verglichen mit anderen deutschen Gebieten wie Mitteldeutschland oder Bayern ein Sonderproblem auf, nämlich das des Heuerlingswesens. Die landesgeschichtliche Literatur bringt hierüber ausführliche Abhandlungen. Da diese auch die zweite Hälfte des 17. Jahrhunderts, also die Zeit nach Beendigung des Dreißigjährigen Krieges mit umfassen, wurde für dieses Kapitel in erster Linie die entsprechende Literatur herangezogen[1].

Zuvor soll kurz auf das Landarbeiterproblem allgemein eingegangen werden.

b) Der Landarbeiterstand seit Beginn der Neuzeit

Die ältere wirtschaftsgeschichtliche Forschung nennt als Zeitpunkt für die Entstehung eines besonderen Landarbeiterstandes die Wende des 18. Jahrhunderts[2]. Die moderne Forschung betont jedoch, daß der freie Landarbeiterstand älter sei, als es früher (z. B. von KNAPP) behauptet worden ist[3]. Die Dienstboten- und Gesindeordnungen, wie sie z. B. LÜTGE[4] für Sachsen seit dem 15. Jahrhundert nennt, deuten an, daß zu dieser Zeit bereits ein ländliches Arbeiterproblem bestanden hat. Die Tatsache des Vorhandenseins von Lohnordnungen weist auch darauf hin, daß auf diesem Sektor ein Leutemangel bestanden haben muß.

Im 15. und 16. Jahrhundert befindet sich das ländliche Gesinde in guter materieller Lage[5]. Allmählich aber bahnt sich hierin ein Wandel an: «Schon Ende des 17. Jahrhunderts ist eine Verschlechterung festzustellen, die auch das ganze 18. Jahrhundert über anhält. Das dokumentiert sich rein äußerlich schon dadurch, daß die Getreidepreise (als Maßstab der Lebenshaltungskosten genommen) mehr steigen, als die in den Taxen festgelegten Löhne, trotzdem ja meist zu berücksichtigen ist, daß die Löhne meistens nach oben überschritten wurden.»[6]

---

[1] In erster Linie wurde die ausführliche Untersuchung von WRASMANN, Teil I, benutzt. — Fast alle landesgeschichtlichen Abhandlungen, die die Landwirtschaft betreffen, streifen das Problem bzw. befassen sich eingehender damit.

[2] Zum Beispiel GOLTZ, Geschichte I, S. 192: «Eine von der Bodennutzung ganz ausgeschlossene, eines festen sicheren Wohnsitzes entbehrende Klasse von Landarbeitern hat im Mittelalter nicht existiert; sie ist erst ein Produkt der im 19. Jahrhundert stattgehabten Entwicklung.» So auch, ders.: Landwirtschaftlicher Arbeiter, H. d. St. Ebenso auch KNAPP, pass.

[3] LÜTGE, Bauernbefreiung, S. 394. — Im Landrecht Kaiser Ludwigs d. Bayern von 1346 werden ländliche Tagelöhner erwähnt. LÜTGE, Bayr. Grundherrschaft, S. 173. — KELTER, S. 165 ff., weist, unter Bezug auf die Situation nach den Pestzügen bei Ausgang des Mittelalters, auf das Bestehen von Lohntaxen für landwirtschaftliches Gesinde hin. — Ausf. Literaturangb. üb. das Gesindwesen: LÜTGE, Mitteldt. Grundherrschaft, S. 130.

[4] LÜTGE, Mitteldt. Grundherrschaft, S. 182 ff. Er nennt die sächs.-thüring. Landesordnung Wilhelms III. von 1446 und die Landesordnung von 1482.

[5] LÜTGE, Mitteldt. Grundherrschaft, S. 64.

[6] LÜTGE, Mitteldt. Grundherrschaft, S. 64.

Aus verschiedenen, hier nicht näher zu erörternden Gründen, die, nach ausdrücklichem Hinweis von BELOW[7], auch heute von der Forschung noch nicht sicher geklärt sind, entsteht auf dem Lande ein Menschenüberschuß. Trotzdem besteht dort, offenbar infolge Abwanderungen in die Städte und einer grundsätzlichen Abneigung vor der Arbeit in der damaligen Zeit[8], ein chronischer Mangel an freien Arbeitskräften.

Mit vielen Verordnungen greift die Obrigkeit damals in diese Entwicklung ein[9]. Der freie Landarbeiterstand wird jedoch von ihr schärfstens bekämpft[10].

c) Gesindezwangsdienst und Vormietrecht

Bei solchem Leutemangel erfährt auch der Zwangsdienst eine entsprechende Ausdehnung. Grundsätzlich ist dabei zwischen dem echten Zwangsdienst (wie er im Fürstentum Osnabrück z. B. üblich war[11]) und dem grundherrlichen Vormietrecht zu unterscheiden. Im ersten Falle muß jedes herangewachsene Kind dem Grundherren den Zwangsdienst leisten[12]. In vielen Fällen besteht aber, was von Territorium zu Territorium verschieden ist, nur ein Vormietrecht[13]. Demzufolge haben Söhne und Töchter

---

[7] BELOW, Geschichte d. Landwirtschaft, S. 99. — LÜTGE und BELOW weisen dabei auf eine gewisse Kapazitätsbegrenzung der damaligen Landwirtschaft hin, die gewollt oder ungewollt sein konnte. LÜTGE, Bayr. Grundherrschaft, S. 18, meint, «daß die Agrarwirtschaft in der gegebenen Ausgestaltung und Ausweitung keinen Raum mehr bot, man aber an dieser Ausgestaltung und Ausweitung nichts zu ändern wünschte». — Ähnlich BELOW, Geschichte d. Landwirtschaft, S. 100: «Erinnern wir uns hierbei an die bedeutungsvolle Tatsache, daß von der karolingischen Zeit bis zu Beginn des 19. Jahrhunderts das Betriebssystem, die Dreifelderwirtschaft, unverändert herrschend geblieben ist, daß in seinem Rahmen sich nur eine geringe Möglichkeit zur Steigerung des landwirtschaftlichen Ertrages bot und daß somit die Fähigkeit der Gemeinden zur Aufnahme einer wachsenden Bevölkerung begrenzt war.» — KÖTZSCHKE, Bauer, H. d. St., weist in diesem Zusammenhang auf das Stocken der Wanderbewegung nach dem deutschen Osten als Mitursache hin.

[8] «Das Arbeitsethos dieser Zeit sah in wirtschaftlichem Fleiß durchaus keine hervorragende Tugend; man arbeitete nur soviel als unbedingt notwendig.» LÜTGE, Bayr. Grundherrschaft, S. 19. In Bayern zwingen die Landarbeiter noch zu Beginn des 19. Jahrhunderts die Bauern, im Jahre von den 365 Arbeitstagen 200 Feiertage zu gewähren. Ebd., S. 16, 175. — Vgl. für Osnabrück: Verordnung Philip Sigismunds v. J. 1608 wegen des herrenlosen Gesindels und der Müßiggänger. CCO I, S. 1405.

[9] Eine der Hauptforderungen der damaligen Zeit war die nach niedrigen Löhnen. Man wollte damit die Arbeiter fleißig halten. Andernfalls faulenzten sie angeblich nur (blauer Montag usw.). KULISCHER II, S. 182 ff., mit vielen Literaturhinweisen.

[10] In Bayern versucht man z. B. neben Lohnfixierungen und Bestimmungen gegen das Betteln durch Heiratsverbote und Beschränkung der Zahl der Tagwerker- und Hintersassenhäuser, bestimmte unterbäuerliche Schichten zu zwingen, sich als Gesinde zu verdingen. LÜTGE, Bayr. Grundherrschaft, S. 175 ff. «Tagwerker betrachtet man als einen möglichst auszurottenden Übelstand.» Ebd., S. 173.

[11] Auch LÜTGE, Bayr. Grundherrschaft, S. 164, weist auf das Bestehen von Zwangsdiensten in Norddeutschland hin.

[12] BELOW, Geschichte d. Landwirtschaft, S. 98, spricht von einer Zwangsdienstdauer von ein bis drei Jahren (in Osnabrück betrug sie ein halbes Jahr). — Ursprünglich beabsichtigte man nicht, wenigstens in Mitteldeutschland, eine Zwangsdienstpflicht zu begründen. Die ersten derartigen Bestimmungen enthalten lediglich Verbote gegen die Wanderarbeit, ferner Auswanderungsverbote und Bestimmungen über den Arbeitszwang für beschäftigungsloses Gesinde. LÜTGE, Mitteldt. Grundherrschaft, S. 181 f.

[13] In Bayern ist das Vormietrecht erst seit dem Jahre 1553 erlaubt. Zwangsdienst kennt man hier nicht, nur Vormietrecht. LÜTGE, Bayr. Grundherrschaft, S. 164. — Ebenso besteht in Mitteldeutschland nur ein Vormietrecht des Grundherrn. LÜTGE, Mitteldt. Grundherrschaft, S. 183.

von pflichtigen Bauern dem Dienstberechtigten ihre Arbeitskraft anzubieten, bevor sie in fremde Arbeit zu treten beabsichtigen. Der Grundherr kann dann die Dienste gegen den landesüblichen Lohn in Anspruch nehmen.

II. Das Landarbeiterproblem im Fürstentum Osnabrück

a) Sonderproblem des Heuerlingswesens

Es wurde bereits angedeutet, daß im Osnabrücker Raum auf dem Gebiet der ländlichen Arbeitsverfassung das Sonderproblem des Heuerlingswesens besteht. Es soll deshalb, bevor die Situation der Landarbeiter nach dem Dreißigjährigen Kriege untersucht wird, kurz auf die Entstehung dieser Sonderentwicklung eingegangen werden.

In den ersten Jahrhunderten der Neuzeit wurden im hiesigen Gebiet Neusiedlungen in Hofesland oder in der Mark gleich mit der Entstehung oder im Laufe der Zeit selbständig[14]. Ursprünglich werden sich dabei die sog. «Halberben»-Höfe gebildet haben, später die Erbkotten, da diese ihnen bezüglich des Umfanges, der Entstehung und vor allem infolge gleicher Markberechtigung anfangs nahe stehen[15]. Schon im 15. Jahrhundert werden bei der Kottensiedlung auch erstmals Teile der Mark in Anspruch genommen[16]. Es entstehen damit die sog. «Markkotten». Später werden die Kotten überwiegend auf Markengrund gesetzt[17]. Auf erblichem Bauernland liegende Kotten entrichten jährlich ihre Abgabe nur an einen Hof[18]. Die auf Markengrund errichteten waren größtenteils frei, doch beansprucht der Landesherr als Oberholzgraf sämtlicher Marken von ihnen gewisse Dienste[19]. Dem Bischof kommt diese Entwicklung nicht ungelegen, da er dadurch seine Einnahmequellen vermehren kann[20].

Die Voll- und Halberbenhöfe bleiben bis zum 18. Jahrhundert zahlenmäßig etwa gleich[21].

Zu Beginn des 16. Jahrhunderts tauchen auf den eigenbehörigen Höfen erstmals kleine Pächter auf, die Pachtungen übernehmen, wenn z. B. das Haus eines Leibzüch-

---

[14] WRASMANN I, S. 72.
[15] SCHLOEMANN, S. 205. Noch 1565 zählt die Regierung alte Erbkotten zu den Halberben. Ebd., S. 206. — VINCKE, Besiedlung, S. 207, weist (unter Zugrundelegung des Osnabrücker Urkundenbuches I, S. 226) darauf hin, daß Kötter erstmals im 12. Jahrhundert an der Nordgrenze des Fürstentums erwähnt werden. — Ähnlich: SCHOTTE, S. 52; STÜVE II, S. 609.
[16] SCHLOEMANN, S. 207.
[17] WRASMANN I, S. 66.
[18] WRASMANN I, S. 67.
[19] Diese Dienste bestanden aus Fußdiensten (Handdiensten) und, wenn die Markkötter Pferde hielten, aus Spanndiensten. WRASMANN I, S. 67.
[20] «Eine Vermehrung der Markkötter lag also im Interesse des Landesherrn, und die zur Bedingung gemachte Genehmigung der Amtleute schränkte ihre Vermehrung nicht ein. Dazu nahm der Landesherr bei den Markkotten auch das Recht in Anspruch, den Kotten immer mit Leuten besetzt zu haben wie die ersten Bewohner. Nach diesem Recht wollte der Landesherr die Markkotten stets von freien Leuten bewohnt haben. Die Gutsherren waren dagegen bestrebt, ihre Eigenbehörigen auf die Markkotten zu bringen, und diese dadurch an sich zu ziehen.» WRASMANN I, S. 67f.
[21] WRASMANN I, S. 65, nennt folgende Zahlen:

ca. 1250 etwa 3000 Höfe
ca. 1600 etwa 2150 Vollerbenhöfe
      etwa 1030 Halberbenhöfe, also:
ca. 1600 insg. 3180 Voll- und Halberbenhöfe

1723: 2149 Vollerbenhöfe
      1039 Halberbenhöfe, also insges.:
      3188 Voll- u. Halberbenhöfe

ters (Altenteilers) durch Tod leer geworden ist[22]. Dazu erhalten sie etwas Pachtland[23]. Diese Kleinpächter heißen «Heuerlinge» oder «Hüsselten»[24]. Sie treten in der ersten Hälfte des 16. Jahrhunderts außer in den Steuerregistern wenig in Erscheinung[25]. Aber «in den letzten Jahrzehnten des 16. Jahrhunderts, vor allem um die Jahrhundertwende, nahm das Heuerlingswesen einen gewaltigen Aufschwung, um von der Zeit an der Agrarverfassung des Landes ihr eigentümliches Gepräge zu geben»[26].

In erbrechtlicher Hinsicht waren die Heuerleute frei und standen nicht in einem grundherrlichen Abhängigkeitsverhältnis[27]. Diese Pächter bilden allmählich den Stand der Heuerleute[28]. Sie wohnen meist in Backhäusern, Ställen, Schuppen oder sonstigen Nebengebäuden. Oft hat der Bauer die Heuerleute gegen Arbeitsverpflichtung als Pächter aufgenommen, denn «die Grundform des Heuerlingssystems ist die mit einer Arbeitsverpflichtung verbundene Zeitpacht»[29]. Außerdem verfügen die Heuerlinge meist über Geld und sind damit durch Entrichtung einer Geldpacht dem Bauern eine willkommene Hilfe[30].

[22] WRASMANN I, S. 73. — Als Gründe für das jetzt verstärkte Auftreten der Heuerlinge sind zu nennen: a) der Widerstand der Markberechtigten gegen neue Siedler in der Mark (obwohl es sich meist um nicht erbende Bauernkinder handelt), b) Mangel an Rodungsland, c) Bevölkerungsstauung infolge mangelnder Auswanderungsmöglichkeiten. SCHOTTE, S. 52; VINCKE, Besiedlung, S. 228; WRASMANN I, S. 72. — Inwieweit die durch die Pestzüge entstandenen Bevölkerungslücken bis zu diesem Zeitpunkt wieder aufgefüllt sind, bliebe zu untersuchen. Vgl.: LÜTGE, 14./15. Jahrhundert, pass.; KELTER, Pestzüge, pass.

[23] STÜVE II, S. 650.
[24] «Hüren» ist niederdeutsch und bedeutet «pachten». SCHLOEMANN, S. 213.
[25] STÜVE II, S. 650.
[26] WRASMANN I, S. 74. Vgl. auch: SCHLOEMANN, S. 208. — WRASMANN I, S. 87—96, nennt folgende Verhältniszahlen:

Amt	Erbenzahl	Heuerlingszahl	Verhältnis v. Erben u. Köttern z. Heuerlingen
Fürstenau	2002	2615	1:1,31
Vörden	1037	1264	1:1,22
Grönenberg	1154	1618	1:1,41
Wittlage	676	247	1:0,37
Hunteburg	533	561	1:1,05

[27] WRASMANN I, S. 169. Er präzisiert: «In erbrechtlicher Beziehung bestanden für diese Freien besondere Bestimmungen. Um über ihren Nachlaß frei verfügen zu können, mußten sie in einer Hode stehen, d. h. im Schutzverhältnis eines Herrn wie Bischof, Domkapitel, Propst zu St. Johann, Abt von Iburg, Landdrost, Stadt Osnabrück, Wiedenbrücker Propstei und verschiedener Klöster und adeliger Häuser.» Das Schutzverhältnis bedingte eine jährliche Abgabe; beim Tode (Austritt) wurde eine Ausschreibungsgebühr erhoben. — ROSCHER, Ackerbau, S. 471 f., weist (unt. Hinw. a. MÖSER, Osnabr. Gesch. I/1) darauf hin, daß es in jener Zeit der Ehrgeiz der Heuerleute gewesen sei, so viel zu erwerben, daß ihre Kinder einmal eigenbehörig werden konnten. — Ob dies zutrifft, bliebe zu untersuchen.

[28] STÜVE II, S. 649.
[29] NIEHAUS, S. 18. So auch: SCHLOEMANN, S. 213; WRASMANN I, S. 104. — Im Laufe der Geschichte ändert sich bei den Heuerleuten: a) Umfang der Arbeitsverpflichtung, b) Verwendung der gebundenen Arbeitskraft (Gewerbe, Wanderarbeit, Landwirtschaft), c) Größe der Pachtung. NIEHAUS, S. 19. — Vgl. auch: KNAPP, S. 92; WYGODZINSKI, Agrarpolitik, Unterpkt. «Landwirtschaftl. Arbeiter», H. d. St.

[30] ROTHERT, Geschichte II, S. 212; STÜVE II, S. 649, 740; WESTERFELD, Beiträge, S. 27; WRASMANN I, S. 81, 86. — WESTERFELD, Beiträge, S. 86, sagt dazu: «Viele Heuerkotten waren für den Erbmann von größerer Bedeutung als für den Heuerling selbst. Die Pacht war für manchen Hof eine unentbehrliche Einnahme, manche Abfindung war durch eine Heuer ersetzt

b) Die Hollandgänger und ihre materielle Lage

Neben Flachsspinnen und Leinenweberei [31] betreiben die Hüsselten oft einen Kramhandel [32] und stellen vor allem die sog. «Hollandgänger» im Fürstentum Osnabrück. Ein Teil ihres Standes zieht nämlich jährlich nach Holland, ein kleinerer nach Friesland und Lippe zu lohnender Saisonarbeit [33]. Sie verdingen sich dabei als Torfstecher («Bagger») [34], Grasmäher («Hamkenmacher») [35], beim Ziegelbrennen und Walfischfang [36].

Man hat es also bei der Hollandgängerei – statistisch ausgedrückt – mit einer ausgesprochenen Saisonwanderung zu tun. Nach Ende der Saison kehren die Hollandgänger wieder in das Fürstentum Osnabrück zurück. Sie verfügen dann über Geldmittel und sind, wie erwähnt, den eigenbehörigen Bauern willkommen, denn als Mieter und Kleinpächter entrichten sie ihre Abgaben in Geld. Daß sie meist auch die Kreditoren der «unbewilligten Schulden» sind, wurde bereits erwähnt.

c) Lage und obrigkeitliche Maßnahmen bis zum Dreißigjährigen Kriege, besonders hinsichtlich des Heuerlingswesens

Zu Ende des 16. Jahrhunderts aber werden Klagen wegen des Überhandnehmens der Heuerlinge (Hüsselten) laut [37]. Zwar sind sie den Bauern aus den erwähnten Gründen angenehm, sie nehmen aber auf der anderen Seite an der Marknutzung teil und überbeanspruchten diese [38].

Bereits im letzten Drittel des 16. Jahrhunderts hatte die Obrigkeit Maßnahmen zur Steuerung dieser Entwicklung ergriffen. Die ersten Verbote erfolgen bereits im Jahre 1580, sind aber ohne jede Wirkung [39]. Alle Maßnahmen der Regierung scheiterten

worden, der Heuerling war in vielen Fällen als Arbeitskraft nicht zu entbehren, nicht selten war der Bauer Schuldner seines Heuermanns.» Vgl. auch viertes Kapitel dieser Untersuchung.

[31] WRASMANN I, S. 108.
[32] KLÖNTRUP II, S. 162 ff.; STÜVE II, S. 740.
[33] ROTHERT, Geschichte II, S. 226. — «Ehemals ging fast alles junge Volk, nebst dem größten Theile der Heuerleute und geringen Markkötter jährlich nach Holland.» KLÖNTRUP II, S. 178 ff. — Man schätzte die Zahl der jährlichen Wanderarbeiter aus dem Osnabrücker Raum und dem oldenburgischen Münsterland, die auf dem Wege nach Holland die Lingener Brücke passierten, auf 25 000. HARDEBECK, Hollandgänger, S. 10.
[34] KLÖNTRUP II, S. 178 ff.
[35] KLÖNTRUP II, S. 178 ff.
[36] WRASMANN I, S. 111.
[37] Bei Ausbruch des niederländ.-span. Krieges 1565 sollen bereits im Raum Ankum sämtliche Heuerhäuser besetzt gewesen sein. Später, 1648, existierten dort 334, 1703 506 bewohnte Heuerwohnungen. HARDEBECK, Heuerleute, S. 23. — Nach STÜVE, Landgemeinden, S. 61, kamen im Fürstentum auf 8151 unangesessene Familien 2485 Anbauer und 14 089 Hausleute. Die Unberechtigten halten 21 300 Kühe. — ROTHERT, Geschichte II, S. 227, stellt fest, daß sich in verschiedenen Ksp. des Amts Wittlage im 16. Jhdt. die Zahl der ländlichen Stellen auf das Doppelte vermehrte.
[38] MIDDENDORF, S. 57 f.; ROTHERT, Geschichte II, S. 231; SCHLOEMANN, S. 215; STÜVE II, S. 610, 649; WRASMANN I, S. 82, 85.
[39] ROTHERT, Geschichte II, S. 231. — 1584 knüpft man den Bau eines Leibzuchthauses (Austrag) in der Essener Mark an die Bedingung, daß keine Heuerlinge darin wohnen dürfen. Solche Verbote werden 1593 und 1597 ohne Erfolg wiederholt. STÜVE II, S. 740. — Bereits 1591 und 1593 hatte die Obrigkeit die Abschaffung der Heuerlinge befohlen, selbstverständlich ohne Erfolg. WRASMANN I, S. 84 f. — 1599, als auch die Stände besteuert werden, zieht man auch erstmalig die Hüsselten zur Steuer heran. STÜVE II, S. 740. Letzteres spricht für eine relative Wohlhabenheit der Heuerleute.

schon allein an dem Umstand, daß der Bauer auf die Pachtgeldzahlungen der Heuerlinge angewiesen ist[40]. Zum anderen konnte man die Entwicklung nicht durch einfache Verbote rückgängig machen oder aus der Welt schaffen.

Die Regierung nimmt sich dieses Problems erneut im Jahre 1608 an. Offenbar kommt der Anlaß diesmal von einer anderen Seite: die (Iburgische) Tagelöhnerordnung[41] besagt nämlich, daß das Gesinde nach den guten Ernten der letzten Jahre widerspenstig sei, nicht mehr arbeiten wolle und sich in den Backhäusern niederlasse[42]. Infolge der erwähnten Beschäftigungsstruktur des Heuerleutestandes[43] ist offenbar folgende Situation entstanden: absolut gesehen gibt es zwar genügend Arbeitskräfte im Fürstentum. Aber wegen der Verdienstmöglichkeiten beim Hollandgang und anderen gewerblichen Nebenbeschäftigungen, was durch die niedrigen Lebensmittelpreise dieser Jahre unterstützt wird, verfügt man über Geld und arbeitet nicht mehr. Die Regierung beantragt daraufhin 1608 eine neue Gesindeordnung[44]. Es wird im Landtag festgestellt, daß «allenthalben im Stiffte sich abermahls die Hüßelten hin und wieder bei den Erben und Haußleuthen häuffig hervorgethan»[45]. Der Landtagsbeschluß hatte eine völlige Unterdrückung und Beseitigung des Heuerlingswesens zum Ziel[46]. Die beschlossenen Maßnahmen waren aber gänzlich ohne Wirkung[47]. Schließlich versucht man 1618 noch einmal durch Landtagsbeschluß die Hüsselten zu verdrängen, aber ebenfalls ohne jeden Erfolg[48]. NIEHAUS[49] weist in diesem Zusammenhang darauf hin, daß das 1618 erlassene Höfeteilungsverbot die Ausbreitung des Heuerwesens gefördert habe: von da ab waren, wie gezeigt, Abfindungen in Form von landwirtschaftlichen Grundstücken offiziell verboten worden.

[40] WRASMANN I, S. 86. Er sagt: «In solchen Fällen war der Widerstand des Bauern gegen eine Entfernung des Heuerlings noch stärker als bei diesem selbst, und die Befolgung des Verbots der Hüsselten war geradezu unmöglich.» Ebd.
[41] ROTHERT, Geschichte II, S. 231: «Mandat wegen muthwilliger Knechte und Mägde».
[42] WRASMANN I, S. 89.
[43] In den Verordnungen unterscheidet die Regierung: a) Hüsselten = Tagelöhner, die gegen Entgelt arbeiten und b) Heuerleute = die in erster Linie auf dem Hofe des Verpächters tätig sind. WRASMANN I, S. 92. — Diese Unterscheidung hält man jedoch auch amtlicherseits nicht bei.
[44] STÜVE II, S. 741, der fortfährt: «... weil das Dienstvolk übermüthig werde und in dieser wohlfeilen Zeit den Dienst verlaufe, sich auf eigene Hand setze, den Lohn steigere, und nach Friesland und anderen Orten um höhern Lohn in Arbeit gehe, die übrige Zeit aber sich im Lande ernähren lasse». — Nach seinen weiteren Darlegungen ist auf dem Landtag eine Einschränkung des Heuerlingswesens beschlossen worden. Dieser Beschluß half jedoch wenig, und sogar Markkötter hielten sich weiterhin Heuerleute. Ferner wurde auf diesem Landtag die allgemeine Gültigkeit der Iburger Dienstbotenordnung für das Fürstentum festgelegt. Ebd.
[45] St. A. O. AA 23, Nr. 1, Extrakt aus einem Landtagsprotokoll. Das Ergebnis ist die auf der Iburger Tagelöhnerordnung aufbauende Tagelöhner- und Dienstbotenordnung des Bischofs Philip Sigismund vom 18. 1. 1608. St. A. O. AA 387, Nr. 1a vol. I; CCO II, S. 33, Nr. 78; STÜVE, Landgemeinden, S. 139. — Sie besteht, vgl. Anhang dieser Untersuchung, im wesentlichen aus einer Festsetzung der Löhne für Handwerker und Landarbeiter.
[46] WRASMANN I, S. 89 (unt. Hinw. a. St. A. O. AA 167, Nr. 5; St. A. O. Rep. 199, Nr. 650). — Am 15. 9. 1608 schränkt man jedoch den Beschluß insofern ein, als Abkömmlinge gesessener Erbleute als Heuerlinge geduldet werden. WRASMANN I, S. 91 (unt. Hinw. a.: St. A. O. Rep. 122, III b, Nr. 1).
[47] WRASMANN I, S. 90.
[48] STÜVE II, S. 655.
[49] NIEHAUS, S. 11 f.

III. Situation der Landarbeiter und der ländlichen Arbeitsverfassung im Fürstentum nach dem Dreißigjährigen Kiege

a) Allgemeine Lage

In anderen Kapiteln dieser Untersuchung wurde bereits auf die Bedeutung der Kriegszerstörungen für die Landwirtschaft eingehend hingewiesen. Sie beeinflussen auch den Produktionsfaktor Arbeit qualitativ wie quantitativ tiefgreifend. Daß er infolge der Kriegshandlungen ebenso wie durch Seuchen stark dezimiert worden war, wurde bereits gesagt. Ebenso wurde auf die Verlotterung und die Arbeitsunlust, auf die gesunkene Arbeitsmoral schlechthin hingewiesen, welche das ländliche Gesinde beherrschten. War es in den stark kriegszerstörten Gebieten schon schwer gewesen, die wüst gewordenen Höfe zu besetzen, so fehlte es außerdem sehr an Gesinde, also an Dienstboten[50]. Da trotz höchster Lohngebote keine Arbeitskräfte zu erhalten sind, erfolgt eine noch schärfere Anspannung der bäuerlichen Arbeitsverpflichtungen[51], vor allem des Gesindezwangsdienstes[52]. Die damaligen, schon vom deutschen Kameralismus beeinflußten Territorialregierungen gehen zur Beseitigung dieser Kriegswirkungen in der Landwirtschaft zwei Wege: einmal den zur Intensivierung der Arbeitsleistung des einzelnen[53]; zum anderen ergreift man Maßnahmen zur Erfassung von Nichtstuern und deren Eingliederung in den Wirtschaftsprozeß[54]. «Arbeit und Pflichterfüllung erhielten erst damals jene weit über die Ethik Luthers hinausgehende Bewertung, die sie zunächst als die ‚bürgerlichen' Tugenden schlechthin erscheinen ließen, bis dann das 19.–20. Jahrhundert daraus ‚proletarische' Tugenden machte. Auf alle Fälle ist es falsch, in allen diesen oft energischen, ja harten Maßnahmen der herrschaftlichen Gewalten nur Auswirkungen der Herrschsucht sehen zu wollen, und das gilt besonders für die gutsherrlich-bäuerlichen Verhältnisse[55].»

Nicht zu vergessen ist in diesem Zusammenhang der negative Einfluß der Rekrutierungen infolge Ausbaues der stehenden Heere nach dem Kriege auf den Bauernstand. Sie treffen ihn in erster Linie[56], der mehr denn je der Schonung bedurft hätte.

---

[50] Ein Magdeburger Mandat von 1650 verbot infolge Leutemangels Mägden und Knechten, sofern sie nicht einiges Vieh hatten, wüst liegendes Land selbst zu bestellen. Andernfalls blieben die Güter unbebaut liegen. FRANZ, S. 104.

[51] LÜTGE, Sozial- und Wirtschaftsgeschichte, S. 239.

[52] FRANZ, S. 103; LÜTGE, Mitteldt. Grundherrschaft, S. 193; ders., Sozial- und Wirtschaftsgeschichte, S. 247. — INAMA-STERNEGG, Kriegsfolgen, S. 21, sagt dazu: «Mit der so geringen Produktion stand diese Teuerung der Arbeitslöhne in schreiendem Mißverhältnis, was in denjenigen Ländern besonders drückend wurde, wo sich die Bevölkerung sehr langsam ergänzte, indem hier bei fortdauernd geringem Arbeitsangebot jenes Mißverhältnis äußerst ungünstig auf die Produktion wirken mußte.»

[53] LÜTGE, Sozial- und Wirtschaftsgeschichte, S. 276. Er sagt weiter: «Die Förderung der produktiven Kräfte, die ja im Kern das Anliegen des deutschen Kameralismus bildete, mußte sich in einem überwiegend agrarwirtschaftlich orientierten Land nach so ausgedehnten Zerstörungen auf dem Lande im besonderen der Landwirtschaft zuwenden.»

[54] LÜTGE, Sozial- und Wirtschaftsgeschichte, S. 276. — «Man rechnete in Deutschland etwa im 18. Jahrhundert in den geistlichen Territorien auf je 1000 Einwohner 50 Geistliche und 260 Bettler. In Köln allein schätzte man die Zahl dieser Bettler zwischen 12000 und 20000 bei einer Gesamteinwohnerzahl von 50000. Groß war ihre Zahl auch in Bayern. In den protestantischen Gegenden war sie zwar weniger zahlreich, aber doch immer für unsere heutigen Vorstellungen erschreckend hoch». Ebd., S. 274.

[55] LÜTGE, Sozial- und Wirtschaftsgeschichte, S. 240.

[56] INAMA-STERNEGG, Kriegsfolgen, S. 19. Er sagt im einzelnen: «Dieses ‚notwendige Übel' traf aber vor allem fühlbar den Bauernstand, der jetzt mehr als je einer Schonung bedurft

b) Entwicklung im Fürstentum Osnabrück

1. Hollandgang, Gesindelöhne, Heuerwesen

Der Dreißigjährige Krieg greift auch im Fürstentum Osnabrück in die ländlichen Arbeitsverhältnisse ein. Zwar wurde bereits gesagt, daß die Zerstörungen hier keinen allzugroßen Umfang gehabt hatten. Doch hat der Produktionsfaktor Arbeit trotzdem ohne Frage Einbußen infolge Soldatenwerbungen, Seuchen und sicher auch durch die Kriegshandlungen selbst erlitten. Zu Ende des Krieges muß sich ein gewisser Menschenmangel bemerkbar gemacht haben. Davon zeugt eine Verordnung der schwedischen Besatzungsregierung von 1648, wonach niemand ohne amtliche Erlaubnis nach Holland zu Arbeit gehen dürfe[57].

In den ersten Jahrzehnten nach dem Kriege ist es zunächst still um die Übervölkerung durch die Heuerlinge, während dieses Problem vorher, wie erwähnt, oft diskutiert wird. Für die Regierung des Fürstentums werden die Heuerleute im Gegensatz zu früher jetzt als ein Positivum betrachtet: im Jahre 1654 gehören sie, sowie sie Vieh halten, bei der Viehbesteuerung (Viehschatz) mit zu den Steuerzahlern[58]. Der Krieg hatte offenbar die Unterschiede zwischen den kleineren Bauern (Erb- und Markköttern) und den Heuerlingen weitgehend eingeebnet.

Inzwischen war im Rahmen des Erlasses der Capitulatio perpetua eine Verordnung erfolgt, die sich später beschränkend auf eine weitere Ausbreitung des Heuerlingswesens auswirken sollte: der § 46 der «Immerwährenden Kapitulation» legt fest, daß aller Gemeinbesitz (also vor allem das Markenland) nicht ohne ausdrückliche Erlaubnis des Domkapitels veräußert werden dürfe[59].

Arbeitskräfte für die Landwirtschaft sind im Fürstentum Osnabrück nach dem Kriege knapp, was aus den hohen Lohnforderungen hervorgeht. Über diese Ansprüche der Tagelöhner führen die Stände im Jahre 1658 Beschwerde[60]. Zweifellos wird auf die Lohnentwicklung auch der Hollandgang Einfluß gehabt haben. Trotzdem erhebt die Ritterschaft bereits 1661 Einspruch gegen seine durch die Obrigkeit verfügte Beschränkung[61]. Dieser Stand sieht darin eine «Schädigung des Volksvermögens»[62]. Man vertritt den – typisch merkantilistischen – Standpunkt, daß die Heuerleute vom Hollandgehen «Geld ins Land bringen»[63].

hätte; die Stände wußten sich auf gutem oder bösem Wege von der Verbindlichkeit zur Heeresergänzung so ziemlich loszuschrauben, zahlten lieber entsprechende Geldleistungen und waren froh, diesen Anforderungen auf so billige Weise ausweichen zu können». Ebd.

57 Verordnung Gustav Gustavsons vom 18. 2. 1648, daß niemand ohne Erlaubnis der Beamten nach Holland und anderen Orten zur Arbeit gehen solle. CCO II, S. 50, Nr. 143. Vgl. auch: WRASMANN I, S. 116.

58 WRASMANN I, S. 152 (unt. Hinw. a. CCO II, S. 59).

59 WRASMANN I, S. 100.

60 WRASMANN I, S. 98 (unt. Hinw. a. St. A. O. AA 22, Nr. 11, Mscpt. 101, 1).

61 WRASMANN I, S. 116.

62 WRASMANN I, S. 116. Man erhebt in diesen Jahren von allen Heuerlingen, die nach Holland zur Arbeit gehen wollen, eine sog. «Schreibgebühr», offenbar als Erlaubnis.

63 MÖSER I, S. 169 ff., setzt sich später mit der anscheinend noch im 18. Jahrhundert aktuellen Frage auseinander, ob der Hollandgang mit der im Fürstentum herrschenden Leuteknappheit in der Landwirtschaft und den dort geforderten hohen Löhnen in unmittelbarem Zusammenhang stehe. Eine Erklärung gibt er nicht, sondern stellt lediglich fest, daß die Löhne in der Landwirtschaft in anderen Territorien, wo kein Hollandgehen üblich sei, noch höher als in Osnabrück seien. Ebd., S. 190. — Möser befürwortet die Hollandgängerei mit dem Hinweis, daß die Flachsspinnerei allein die Leute nicht ernähren könne und weist auf das Argument der Stände vom 19. 2. 1671 hin, wonach durch die Hollandgänger viel Geld ins Land gekommen

Die Saisonwanderung nach Holland wird auch noch von einer anderen Seite her beschränkt: Bischof Ernst August I. verbietet bei der Rekrutierung von Soldaten im Fürstentum 1671 den Hollandgang[64], worüber die Stände Beschwerde führen[65]. Im Jahre 1675 verbietet Ernst August den Hollandgang für alle von ihm ausgehobenen Soldaten[66], zweifellos deshalb, um sie an der Flucht vor dem Militärdienst zu hindern.

In den dazwischenliegenden Jahren werden die Heuerleute auch weiterhin zu Steuerzahlungen herangezogen[67] und haben damit, wie erwähnt, in den Augen der Obrigkeit wenigstens in der Steuerpolitik eine positive Bedeutung erlangt. Im Zuge der im Jahre 1667 eingeführten Realbelastung[68] erscheinen sie bei dem damit eingeführten regelmäßigen sog. «Monatsschatz» als ständige Steuerzahler[69]. Diese Entscheidung Ernst Augusts liegt ganz in seinem Streben nach ständiger Erhöhung seiner Einnahmen für die Staatsfinanzwirtschaft[70]. Die Regierung verstößt mit dieser Regelung dabei nicht gegen die Redintegrations- und Dismembrationsverbots-Gesetzgebung, denn die Heuerlinge sitzen meistens auf den eigenbehörigen Höfen und Kotten, also innerhalb des unteilbaren «Pertinentienverbandes» als Unterpächter. Anders war es allerdings, wenn sie auf Markengrund saßen.

2. Zwangsdienst und Freikaufung

In diesem Kapitel wurde eingangs von der Bedeutung des damaligen Zwangsdienstes in der Landwirtschaft gesprochen, und dabei darauf hingewiesen, daß hierbei zwischen einem unmittelbaren Zwangsdienst für die Kinder eigenbehöriger Bauern und einem grundherrlichen Vormietrecht zu unterscheiden war[71]. Im Fürstentum Osnabrück bestand einmal eine unmittelbare Zwangsdienstverpflichtung. Sie zählte zu den außerordentlichen Diensten und dauerte im allgemeinen ein halbes Jahr[72]. Daneben aber müssen die Kinder Eigenbehöriger, sofern sie sich auswärts verdingen wollen, zuvor dem Dienstberechtigten ihrer Eltern ihre Arbeitskraft anbieten, der sie zum üblichen

---

sei. Ebd., S. 185. Er vertritt also eine rein merkantilistische Ansicht. — Im übrigen spricht Möser von Heiratserschwerungen für Heuerleute im Fürstentum, worüber sich in der landesgeschichtlichen Literatur sonst kein Hinweis findet. Ebd., S. 185.

[64] WRASMANN I, S. 116.

[65] MÖSER I, S. 185.

[66] Reskript an die Ämter vom 18. 2. 1675, daß Landsoldaten nicht nach Holland auf Arbeit gehen sollen. CCO II, S. 105, Nr. 318 (unt. Hinw. a. CCO I, S. 1481). Vgl. auch: WRASMANN I, S. 116. — Bischof Carl wiederholt das Verbot, aber milder. CCO II, S. 155, Nr. 495. — Über weitere Maßnahmen im 18. Jahrhundert auf diesem Gebiet: WRASMANN I, S. 116 ff.

[67] Zum Beispiel im Jahre 1670 zu dem ausgeschriebenen «Rauchschatz». WRASMANN I, S. 152.

[68] Vgl. drittes Kapitel dieser Untersuchung.

[69] WRASMANN I, S. 101, 154. Er meint weiter: «Es war aber ein großer Mangel des Gesetzes, daß es der privaten Abmachung überlassen blieb, die Höhe der von den Heuerlingen zu entrichtenden Steuer festzusetzen. Der Willkür der Bauern war hier ein großer Spielraum gelassen, und sie konnte, wo das Verhältnis zwischen Bauer und Heuermann weniger patriarchalisch war, leicht zu ungerechten Forderungen ausarten.» 1710 beklagen sich z. B. die Heuerlinge aus Bippen, von denen einige bis zu 4 rthl. Steuern (Monatsschatz) tragen müssen. Ebd.

[70] «Die Regierung aber legte der Ausbreitung des Heuerlingswesens kaum Hindernisse mehr in den Weg. Sie hatte vielmehr jetzt aus finanziellen Gründen ein Interesse an der Zunahme der Nebenhäuser.» WRASMANN I, S. 101.

[71] Vgl. auch: GOLTZ, Geschichte I, S. 215.

[72] KLÖNTRUP II, S. 352 ff.; RICHARD, S. 427, 431. SCHOTTE, S. 79, sagt dazu: «Die Dauer der Dienstzeit richtete sich nach der lokal verschiedenen Observanz, im allgemeinen durfte sie nicht über ein halbes Jahr ausgedehnt werden; nur im Fürstentum Osnabrück bestand in einzelnen Gegenden die Gewohnheit, den Zwangsdienst alle sieben Jahre wiederholen zu lassen,

Lohn mieten kann[73]. Es herrscht also hier, was recht interessant ist, eine Kombination von direktem Zwangsdienst und grundherrlichem Vormietrecht.

Nach Kriegsende findet sich auch im Fürstentum Osnabrück, wie erwähnt, die Tendenz zu einer allgemeinen Lastenausweitung. Es ist verständlich, daß sie auch auf den Zwangsdienst übergreift, so wie in dieser Zeit überall eine Anspannung dieser Zwangsdienstverpflichtungen erfolgt. Offenbar war früher seitens der Grundherren auf die Ableistung der Zwangsdienstpflicht im Fürstentum nicht immer scharf geachtet worden, was das Drängen der Dienstberechtigten unter Hinweis hierauf nach dem Kriege zeigt. Zweifellos sind dabei auch Überforderungen vorgekommen, die die Bauern zu Beschwerden an die Regierung veranlassen[74].

Es wurde bereits angedeutet, daß die Eltern (eigenbehörige Bauern) teilweise ihre Kinder als Abfindung vom Zwangsdienst und der Hörigkeit freikauften[75]. Zwar gehen auf diese Weise der Landwirtschaft im Fürstentum Arbeitskräfte verloren, doch lockt die Grundherren auf der anderen Seite die Freikaufssumme[76]. Wird dieser Betrag gezahlt oder läßt der Grundherr den Eigenbehörigen frei – was er ebenfalls tun kann – wird dem aus der Eigenbehörigkeit entlassenen Bauern ein Freibrief erteilt[77]. (Im 18. Jahrhundert macht man jedoch selbst bei Abwanderungen Eigenbehöriger nach Nachbarterritorien keine Schwierigkeiten mehr[78].)

Der Zwangsdienst selbst bedeutet zwar eine Erhöhung der bäuerlichen Last, jedoch muß man, worauf LÜTGE[79] ausdrücklich hinweist, auch die Fürsorge berücksichtigen, die dem Bauern durch seinen Dienstherren zuteil wird. Und für die Zeit nach dem Dreißigjährigen Kriege ist eine schärfere Anspannung der Arbeitspflicht als zuvor von-

und zwar bis zur Freilassung, die man trotz der Forderung hoher Freikaufssummen als besondere Gnade der Herrschaft betrachtete».

[73] RICHARD, S. 432.

[74] So schreibt Klauß Meyer zu Venne am 28.8.1672 an die Regierung, der Rentmeister habe seine Schwester, die mit ihm auf dem Hofe lebe, zum Zwangsdienst aufbieten lassen. «Aber Ew. Hochfürstl. Dhlt. gnedigst bekandt, undt bey dießer leider schweren Kriegs unruh fast kein Dienstvolck zubekommen.» Vorher hat er mitgeteilt, daß «über meinen monatliche undt sonsten anderen vorfallenden Landtsbeschwerden, meine schwere pfachte, schuldtschwein undt spandienste jahrlichs verrichten muß, aber Ich meine Eltern undt Voreltern dieß beneficium gehabt und wir nimmer mit keinen Zwangsdiensten sind beschweret». Der zur Stellungnahme durch die Regierung aufgeforderte Rentmeister Schmittmann teilt am 19.9.1672 mit: die Eigenbehörigen hätten bislang immer ein halbes Jahr Zwangsdienst leisten müssen. Einige von ihnen behaupteten, sie seien von den schwedischen Beamten (in der Besatzungszeit, eig. Anm.) davon befreit worden, worüber sich aber keine Nachricht finden lasse. St. A. O. AA 63, Nr. 1. — Und dem Rentmeister des Amtes Reckenberg wird am 20.4.1682 auf Anfrage mitgeteilt, daß eine von den Eigenbehörigen behauptete Befreiung vom Zwangsdienste nicht stimme. Allerdings wolle man es ausnahmsweise gelten lassen, wenn einige pflichtige Bauern des Amtes als Abstandssummen vom Zwangsdienst bereits 2½ rthl. pro Sohn und 1½ pro Tochter gezahlt hätten. St. A. O. AA 23, Nr. 1.

[75] Vgl. zweites Kapitel und Einltg. dieses Kapitels vorliegender Untersuchung.

[76] Die Regierung sieht allerdings eine weitere Gefahr der Freikäufe: nicht selten veräußert der Bauer heimlich und gesetzwidrig Grundstücke seines Hofes, um die Freikaufsgelder zu beschaffen. Über diese Wirkungen verhandelt man ausgiebig auf dem Landtag von 1697 (20.9.1697). St. A. O. AA 23, Nr. 5; auch: DÜHNE, S. 15.

[77] St. A. O. AA 159, Nr. 23 (Akte o. Dat., etwa Ende 17. Jahrhundert).

[78] Konvention des Bischofs Ernst August II. mit dem Grafen Simon Henrich v. d. Lippe wegen wechselseitiger gänzlicher Aufhebung des Abzugsrechtes vom 24.3.1725. CCO II, S. 284, Nr. 785.

[79] LÜTGE, Mitteldt. Grundherrschaft, S. 191.

nöten, um der Landwirtschaft überhaupt die erforderlichen Arbeitskräfte zur Sicherstellung der Ernährung zu beschaffen [80].

IV. Zusammenfassung und Beurteilung

Eingangs wurde auf das Problem der ländlichen Arbeitskräfte im 17. Jahrhundert allgemein hingewiesen und ihm die Sondersituation in der Landwirtschaft des Fürstentums Osnabrück gegenübergestellt. Es wird von der wirtschafts- und landesgeschichtlichen Forschung manchmal gesagt, daß die Lösung des ländlichen Arbeiterproblems durch das Heuerlingswesen als glücklich und die so entstandene ländliche Arbeitsverfassung als Ergebnis einer ausgesprochen günstigen Entwicklung anzusehen sei [81]. Es wäre zu untersuchen, inwieweit diese Feststellung der Forschung für die spätere Zeit Gültigkeit hat. Am Ende des Dreißigjährigen Krieges bestehen zwar auch im Fürstentum Osnabrück Schwierigkeiten in der Beschaffung ländlicher Arbeitskräfte. Sie rufen Klagen und Beschwerden der Betroffenen hervor. Daß sie aber nicht so laut werden wie in anderen deutschen Territorien – was auch an den wenigen Regelungen hinsichtlich der Gesindelöhne durch die damalige Obrigkeit des Fürstentums feststellbar ist –, liegt sicher nicht zuletzt an der Tatsache des Vorhandenseins der Hüsselten (Heuerlinge). Sie wandern zwar zum erheblichen Teil zur Saisonarbeit in andere Länder, stellen aber auch den eigenbehörigen Bauern den Hauptteil der Arbeitskräfte. Als solche stehen sie den Höfen nach Rückkehr vom Hollandgang in einem Teil des Jahres zur Verfügung. Das Heuerlingspachtverhältnis ist für beide Seiten wichtig: der Bauer braucht die Arbeitskraft der Heuerleute und ist meist auf die Geldeinnahme aus der Verpachtung angewiesen. Der Heuermann benötigt Unterkunft und etwas Pachtland vom Bauern. Nicht selten ist, wie dargelegt wurde, der Bauer Schuldner des Heuerlings und muß deshalb auf den Bestand des Pachtverhältnisses bedacht sein [82]. Hieraus wird allerdings auch verständlich, daß trotz des Vorhandenseins von Heuerleuten auf den Höfen der Bauer an Arbeitskräftemangel gelitten haben kann. Dann nämlich, wenn er an den Hüsselten verschuldet war und dieser seine Pacht ohnehin in Geld bezahlte. Bei der damaligen Einstellung zur Arbeit wird der Heuerling in einem solchen Falle nicht daran gedacht haben, noch irgendwelche Arbeit für den Bauern zu leisten. Eine freie ländliche Arbeiterschaft fehlt, wie WRASMANN [83] ausdrücklich betont, zu dieser Zeit im Fürstentum Osnabrück fast völlig.

Im 18. Jahrhundert widmet man sich hier wiederum in größerem Umfange Gesinde- und Lohnfragen [84].

[80] LÜTGE, Mitteldt. Grundherrschaft, S. 193. Ausführliche Beurteilung des Zwangsdienstes: ebd., S. 191 ff.
[81] DIETZE, Landarbeiter, W. d. V.; KNAPP, S. 92 ff.
[82] WRASMANN I, S. 101.
[83] WRASMANN I, S. 104.
[84] Verordnung des Bischofs Carl vom 5. 11. 1702. CCO II, S. 158, Nr. 508; Verordnung des Bischofs Carl vom 12. 9. 1704. St. A. O. AA 387, Nr. Ia vol. I; CCO II, S. 160, Nr. 523. — Schulden der Bauern gegenüber Knechten und Mägden werden später bevorrechtigt behandelt. KLÖNTRUP II, S. 281 ff. — In den Dienstverträgen mit freien Arbeitskräften ist der Anbau von Flachs für diese vorgesehen. TRIMPE, Leibeigenschaft, S. 34. — Aber erst seit 1766 besteht im Fürstentum Osnabrück eine umfassende Gesindeordnung. KLÖNTRUP II, S. 75 ff. Minden-Ravensberg hingegen besaß seit 1655 eine vom brandenburgischen Kurfürsten bestätigte derartige Ordnung. SCHOTTE, S. 38.

SECHSTES KAPITEL

Territorialstaat und Landhandwerk

I. Exkurs: Stellung des Landhandwerks im Territorialstaat

In diesem Kapitel soll nicht eine Entwicklung des Landhandwerks im Fürstentum Osnabrück dargestellt werden. Es ist hingegen nur zu untersuchen, inwieweit die Obrigkeit damals, also nach Beendigung des Dreißigjährigen Krieges, auf die Entwicklung des Landhandwerks durch fördernde oder beschränkende Maßnahmen Einfluß nimmt[1].

Nach BELOW[2] ist das ländliche Handwerk im Territorialstaat durch die Stadt eingeengt und unterdrückt worden. Diese allgemeine Feststellung schränkt er aber für manche Fälle ein[3]. Der Versuch der Ausschaltung des Landhandwerks durch die Städte erstreckt sich nach seinen Feststellungen bis in das 18. Jahrhundert, scheitert aber nicht selten am Einspruch der Ritterschaft. Aus steuerpolitischen Gründen, besonders wegen der indirekten Steuern (Akzise), steht der Territorialherr meist auf seiten der Stadt[4]. Der Merkantilismus bringt nach den Forschungsergebnissen BELOWS[5] keine Abweichung vom System der Beherrschung des Landes durch städtische Interessen. SKALWEIT[6] unterstützt diese Feststellungen unter Hinweis auf die Entwicklung in der Mark Brandenburg. Gleichwohl gibt er zu, daß ein generelles Verbot der ländlichen Gewerbe schwer, man kann sagen unmöglich gewesen wäre, da das Landhandwerk eben ein Strukturelement im Rahmen der Wirtschaft des flachen Landes war. (Für das Fürstentum Osnabrück wird dagegen zu zeigen sein, daß dieses Territorium einer Sonderentwicklung unterliegt, hauptsächlich wohl dadurch bedingt, daß die Städte mit Ausnahme des stark privilegierten Osnabrück infolge verschiedener Umstände eine so große Machtposition niemals errungen haben, die den Ausbau einer derartigen Vorherrschaft ermöglicht hätte.)

Als Landhandwerke werden in der wirtschaftsgeschichtlichen Literatur[7] vor allem Garnspinnen, Leinenweberei, Holzverarbeitung, Kornbrennerei, Brauerei, Müllerei, Dachdecker-(Strohdecker-) und Zimmerhandwerk, Flickschusterei und Schneiderei (dieses in Preußen oft mit der Schulmeisterei gemeinsam ausgeübt, da eines allein zuwenig eintrug) genannt. Hinzu kommen noch die standortgebundenen ländlichen Gewerbezweige wie Kalk- und Ziegelbrennen oder Kohlenbrennerei (Köhlerei)[8].

---

[1] Über das Handwerk im Fürstentum im Überblick: STÜVE, Gewerbswesen, pass.

[2] BELOW, Fürsorge, S. 697; ders., Untergang, S. 464f., 467.

[3] «In anderen Territorien, auf deren Landtag die ritterschaftliche Kurie energisch mitsprach, ist die Idee der Beherrschung des Landes in nicht ganz so schroffer Form verwirklicht worden.» BELOW, Untergang, S. 465.

[4] BELOW, Probleme, S. 529; ders., Untergang, S. 465, 467; SKALWEIT, S. 13.

[5] BELOW, Probleme, S. 530.

[6] SKALWEIT, S. 72f. Er weist dabei auf die «principia regulativa» wegen der Handwerke in der Mark Brandenburg vom 4. 6. 1718 hin. Sie stützen sich auf einen entsprechenden Landtagsrezeß von 1653, wonach auf dem Lande keine neuen Handwerksstellen zum Nachteil der Städte geschaffen werden durften.

[7] BELOW, Geschichte d. Landwirtschaft, S. 93; GOLTZ, Geschichte I, S. 135, 284 f.; LANGETHAL IV, S. 112; SKALWEIT, S. 28, 32, 34.

[8] SKALWEIT, S. 17.

II. Das Landhandwerk im Fürstentum Osnabrück

a) Umfang und Bedeutung

STÜVE[9] bringt eine Zusammenstellung über die im Fürstentum Osnabrück um die Mitte des 17. Jahrhunderts ausgeübten Handwerksberufe. Dabei sind die Leinenweber, die bei der Besteuerung der Gewerbe mit dem geringsten Betrag belastet sind, nur mit einer kleinen Zahl aufgeführt. Sie aber machten zahlenmäßig zweifellos den Hauptteil der Landhandwerker aus[10]. Der Grund für die erwähnte kleine Zahl in der Aufstellung STÜVEs dürfte darin liegen, daß nur hauptberufliche Leinenweber aufgeführt wurden. Vor allem sind es die kleinen Kötter und die Heuerleute, welche im Nebenerwerb (Halbbetrieb) Flachsspinnerei und Leinenweberei betreiben. Die Heuerlinge kehrten ja nach Beendigung ihrer Saisonarbeit wieder ins Fürstentum zurück und verdienten sich durch jene Tätigkeit noch einiges Geld. Nur die Tatsache, daß dieser Gewerbezweig hauptsächlich im Nebenerwerb betrieben wurde, macht die niedrigen Entgelte verständlich, die für Garn und Gewebe gezahlt wurden. Im anderen Falle hätten Leute von den niedrigen Löhnen nicht zu leben vermocht, und dieser Umstand dürfte auch die Zahl der hauptberuflichen Leinenweber klein gehalten haben. Die landesgeschichtliche Literatur weist ausführlich auf diesen ländlichen Hauptgewerbezweig, teilweise mit entsprechendem Zahlenmaterial, hin[11]. Flachs gedieh im Osnabrücker Raum besonders gut[12]. Die Leinenweber arbeiteten meist für exportierende Verleger[13], teilweise nahmen sie auch, wenn sie nach Holland zur Arbeit gingen, ihre Gewebe zum Verkauf mit. Die Qualität des Leinens wurde auf der Osnabrücker Legge, einer Leinenbeschauanstalt[14], laufend überprüft. WIEMANN[15] meint, es seien zwar keine Unterlagen darüber vorhanden, doch sei anzunehmen, daß die städtischen Zünfte, also in erster Linie die Osnabrücks, diesem Wachsen des ländlichen Gewerbes anfangs heftigen Widerstand entgegensetzten. Die Bauern mußten jedoch Sieger bleiben, da sie a) nicht organisiert waren und somit keinen zünftlerischen Produktionseinschränkungen unterlagen, b) aus den obenerwähnten Gründen billiger als die städtischen Weber liefern konnten.

Als weiterer ländlicher Gewerbezweig von einiger Bedeutung ist die Tuchfabrikation im Fürstentum zu nennen[16]. Sie wird auf dem Lande bereits im Jahre 1472 offiziell erlaubt[17]. LANGETHAL[18] weist besonders auf den Rückgang der deutschen Tuchmanufakturen nach dem Dreißigjährigen Kriege hin, der aus verschiedenen hier nicht näher zu erörternden Gründen einsetzte.

---

[9] STÜVE, Gewerbswesen, S. 161 f., unter Zugrundelegung der Steuerregister von 1667. Vgl. auch: Tabelle im Anhang dieser Untersuchung.
[10] Auch SKALWEIT, S. 53, nennt die Leinenweberei als einen der hauptsächlichsten Zweige des Landgewerbes.
[11] SCHLOEMANN, S. 253 f.; STÜVE, Landgemeinden, S. 57; WESTERFELD, Beiträge, S. 32. — Ausführlich über das Leinenweben: WIEMANN, S. 1 ff. — Für die spätere Zeit: MÖSER, Osnabrückische Geschichte I, Bd. 6, S. 86 ff. — Nach SCHOTTE, S. 53, bot die Flachsspinnerei und Leinenweberei auch im Ravensbergischen einen guten Nebenerwerb; dort wurden 1672 3800 Heuerlinge gezählt, während nur 2000 Kolonate vorhanden waren.
[12] WIEMANN, S. 7; vgl. auch: siebentes Kapitel dieser Untersuchung.
[13] WIEMANN, S. 3.
[14] Über diese Ausführlich: WIEMANN, pass.
[15] WIEMANN, S. 7.
[16] STÜVE, Geschichte II, S. 27, 598, 611; ders., Gewerbswesen, S. 33 ff.
[17] STÜVE II, S. 27, 598.
[18] LANGETHAL IV, S. 64 f., 69. — Auch im Fürstentum Osnabrück ist ein solcher Rückgang in den Tuchmanufakturen spürbar. So stellten im Jahre 1656 etwa 189 Tuchmacher noch

Die Tabelle STÜVES[19] zeigt, daß in den ländlichen Bezirken des Fürstentums nur die allereinfachsten Handwerke vertreten waren. Unter den Landgewerben finden sich besonders stark Bierbrauer und -zapfer[20] neben einigen anderen öfter vertretenen Berufen[21]. Daneben sind eine Anzahl standortgebundener Landgewerbe vertreten wie z. B. Kalkgewinnung in Kalkriese (seit etwa 1250)[22], Salzgewinnung (seit dem 12. Jahrhundert)[23] sowie der Kohlenbergbau (seit dem 16. Jahrhundert)[24].

b) Territorialherr und Landhandwerk

Es ist nun zu untersuchen, welche Stellung der Landesherr im Fürstentum Osnabrück den Landhandwerkern und ländlichen Gewerbetreibenden gegenüber eingenommen hat. Allgemein, so wurde eingangs festgestellt, herrscht im 17. Jahrhundert das Bestreben der Stadt vor, das ländliche Handwerk und Gewerbe zu unterbinden. Und diese Tendenz wird von den jeweiligen Landesherren in den meisten deutschen Territorien aus steuerlichen Gründen unterstützt. Für das Fürstentum Osnabrück gilt dieses Ergebnis der Forschung, wie angedeutet wurde, nicht. Der Grund mag einmal im Vorhandensein nur weniger und dazu kleiner Städte im Gebiet des Fürstentums zu suchen sein. Zum anderen wird die sehr autonome Stellung der Stadt Osnabrück und ihr deshalb nur selten spannungsfreies Verhältnis zu den jeweiligen Bischöfen als Erklärung für diese Sonderentwicklung von Bedeutung sein.

Grundsätzlich ist festzuhalten, daß die Bischöfe zu allen Zeiten hier nur zögernd, wenn überhaupt, dem Verlangen der Stadt nach einem Gewerbeprivilegium entsprochen haben. Um die Entwicklung in dieser Hinsicht zu zeigen, sei deshalb kurz etwas weiter ausgeholt: seit 1495 ist, wie oben erwähnt, die Tuchfabrikation auf dem Lande offiziell freigegeben[25]. Demselben Bischof (Erich II.), der hier der Gewerbeentwicklung freien Lauf gelassen hatte, handelt die Stadt Osnabrück jedoch gegen Zahlung von 400 Goldgulden ein Vorkaufsverbot für «Ausländer» ab[26]. Im Jahre 1522 erteilt er der Stadt Osnabrück das Leinenhandelsprivileg[27]. Dieses ist die Rechtsgrundlage zur Schaffung der Legge (Leinenbeschauanstalt). Leinen- und Garnhandel wird Fremden verboten, eine Untersagung, die jedoch immer wieder von fremden Händlern durchbrochen wird[28]. An Verboten, die das Landhandwerk beeinträchtigen sollen,

---

3156 Stücke Tuch her. Im Jahre 1615 hatten noch 300 Tuchmacher existiert. Ihre Zahl sank bis zum Jahre 1674 auf 130, die noch insgesamt 2270 Stücke Tuch herstellten. Im Jahre 1679 ist die Zahl der Tuchmacher auf 104 gesunken, die noch 1280 Stücke verfertigen. Sie sinkt weiter auf 60 Tuchmacher im Jahre 1686 mit einer Produktion von 868 Stücken Tuch. Im Jahre 1693 produziert dieselbe Zahl von Tuchherstellern noch 544 Stücke. Um die Wende des 17. Jahrhunderts existieren noch 22 Tuchweber. STÜVE, Gewerbswesen, S. 33. Diese Zahl unterstreicht wirkungsvoll die Feststellungen Langethals. — So auch ROTHERT, Geschichte II, S. 203.

[19] STÜVE, Gewerbswesen, S. 162; HASEMANN, S. 70; Gewerbebetrieb Ankum, S. 66. Vgl. auch Anhang dieser Untersuchung (Tabellen).
[20] SCHLOEMANN, S. 256.
[21] STÜVE II, S. 742; ders., Gewerbswesen, S. 37 f.
[22] ROTHERT, Bersenbrück, S. 76; STÜVE, Finanzwesen, S. 24; VINCKE, Besiedlung, S. 264.
[23] VINCKE, Besiedlung, S. 264. — Seit dem 17. Jahrhundert wird auch in Rothenfelde Salz gewonnen. Ausführlich: RHODE, S. 6 ff.
[24] STÜVE, Handel, S. 111; TEMME, S. 56 ff.; VINCKE, Besiedlung, S. 265.
[25] STÜVE II, S. 27, 598, 611.
[26] VINCKE, Besiedlung, S. 217.
[27] WIEMANN, S. 9 (unt. Hinw. a. St. A. O. S. A. Fach 37–40 Acta 23 1604).
[28] WIEMANN, S. 9. — Das Privileg wird mehrfach wiederholt, ein Zeichen dafür, daß es nicht

findet sich nur noch eine Verordnung des Bischofs Joh. von Hoya aus dem Jahre 1556, wonach sich kein Schuster in Stadtnähe niederlassen dürfe[29] und eine Wochenmarktordnung von 1618[30]. STÜVE[31] urteilt über diese Entwicklung zusammenfassend: «Die Zünfte hatten keinen anderen Schutz als denjenigen, den sie sich selbst verschafften». Und dieser bestand lediglich in dem stets umgangenen erwähnten Vorkaufsverbot, in einigen Verkaufsverboten für Landhandwerker in der Stadt und in dem Verbot der Beschäftigung von Lehrlingen in Osnabrück, die vom Lande stammten[32]. Ebenso verboten die Zünfte ihren Gesellen, auf dem Lande zu arbeiten. Es handelt sich hierbei demnach um lediglich von den Handwerkerzünften inspirierte Schutzmaßnahmen.

Bischof Philip Sigismung hatte bereits vor dem Dreißigjährigen Kriege das Kramer-, Schneider- und Bäckeramt in Bramsche (15 km nördlich von Osnabrück gelegen) privilegiert[33].

III. Obrigkeitliche Unterstützung des Landhandwerks nach dem Dreißigjährigen Kriege

Nach Kriegsende zeigt sich, daß Landesherr und Stände im Fürstentum Osnabrück die gewerbliche Entwicklung auf dem Lande begünstigen[34]. Zwar hatte sich die Stadt Osnabrück 1643 von der schwedischen Besatzungsregierung erneut das Leggeprivileg bestätigen lassen[35] und Bischof Ernst August I. genehmigte im Jahre 1669 die Privilegierung einer neuen Leinenlegge in Melle nicht[36]. Aber die Stellungnahme Ernst Augusts, die er den Ständen zuleitet, spricht eindeutig für eine freiheitlichere Einstellung des Bischofs[37].

Irgendwelche Maßnahmen der Obrigkeit, welche die Entwicklung des Landhandwerks im Fürstentum zu erschweren geeignet gewesen wären, finden sich nach Ende des Dreißigjährigen Krieges sonst nicht. Die Gilden suchen zwar durch Geschenke sich die Gunst der Regierung zu sichern, was jedoch hinsichtlich irgendwelcher Verbotsgesetzgebung ohne Erfolg ist[38]. Eine Motivierung dieser Haltung wurde bereits zu geben

allzu wirksam war: Bischof Heinrich wiederholt es im Jahre 1580. WIEMANN, S. 10 (unt. Hinw. a. St. A. O. XV, 190, Nr. 1 [20. 7. 1580]). Weitere Wiederholungen: Bischof Philip Sigismund am 24. 2. 1595. CCO II, S. 29, Nr. 58; WIEMANN, S. 10 (unt. Hinw. a. St. A. O. XV, Ab. 190, Nr. 1). Bischof Philip Sigismund vom 14. 12. 1622. CCO II, S. 41, Nr. 95; WIEMANN, S. 10 (unt. Hinw. a. S. A. Fach 37–40 Acta 2 [14. 12. 1622]).

[29] STÜVE II, S. 611.
[30] STÜVE, Stadtverfassung, S. 121.
[31] STÜVE, Gewerbswesen, S. 93. — In manchen Städten bestimmt das Stadtrecht, daß Handwerker nicht in bestimmter Entfernung von der Stadt tätig sein dürfen. LANGETHAL III, S. 254.
[32] STÜVE, Gewerbswesen, S. 92ff., 107f., 116f.
[33] Verordnung Philip Sigismunds vom 26. 8. 1615. CCO II, S. 37f., Nr. 79. Verordnung Philip Sigismunds vom 22. 9. 1617. CCO II, S. 39, Nr. 84.
[34] SCHÖTTKE, S. 57; STÜVE, Gewerbswesen, S. 33.
[35] Verordnung Gustav Gustavsons vom 22. 2. 1643. St. A. O. AA 4, Nr. 25; CCO II, S. 49, Nr. 140.
[36] Verordnung Ernst Augusts I. vom 14. 12. 1669. CCO II, S. 90, Nr. 279. — Weitere Privilegierungen: Verordnung Ernst Augusts I. vom 8. 3. 1680. CCO II, S. 110, Nr. 340 und Verordnung Ernst Augusts I. vom 31. 8. 1697. CCO II, S. 146, Nr. 459. — Vgl. auch: WIEMANN, S. 11ff. Die oftmalige Wiederholung der Privilegierung weist immer wieder auf zeitweilige Umgehung dieses Leggemonopols hin.
[37] WIEMANN, S. 11ff.
[38] STÜVE, Finanzwesen, S. 94.

versucht, und vielleicht kann man ein weiteres Motiv im Weitblick des Bischofs Ernst August I. für diese Dinge sehen[39].

SKALWEIT[40] sieht allgemein den Mißerfolg aller Versuche der Einschränkung des ländlichen Handwerks und Gewerbes auf dem Lande in folgendem: das flache Land ist für das Handwerk anziehend, weil es dem Zugriff der Steuer weniger ausgesetzt ist; die in den Städten beträchtlich hohen Innungsbeiträge fallen fort, und es ist von der schlimmsten Belastung der Städter, nämlich der ständigen Einquartierung, meistenteils frei geblieben.

---

[39] STÜVE, Gewerbswesen, S. 33, 37, stellt ein tendenzielles Abnehmen des Landhandwerks im Fürstentum Osnabrück fest. Er erklärt diese Entwicklung mit einer Verbesserung des technischen Verkehrs, indem die lebensnotwendigen Güter durch Kaufleute und Krämer herangeschafft wurden. — SCHLOEMANN, S. 261, nennt für die Zeit von 1667—1722 eine Verdopplung der Zahl der Krämer und Handelsleute auf dem Lande.

[40] SKALWEIT, S. 56.

SIEBENTES KAPITEL

Aktive Förderungsmaßnahmen der Obrigkeit auf dem Agrarsektor (Agrikultur, Viehzucht, Forst-, Jagd- und Fischereiwesen)

I. Exkurs: Stand der deutschen Landwirtschaft bis zum Dreißigjährigen Kriege

a) Feldsysteme und Bebauungsintensität

In der Einleitung wurde festgestellt, daß die Agrikultur in den vom Kriege heimgesuchten Gebieten Deutschlands schweren Schaden erlitten hatte. Dadurch wird die Obrigkeit zu Eingriffen veranlaßt. Vor einer Untersuchung, ob im Fürstentum Osnabrück hiervon Spuren derartiger Maßnahmen zu finden sind, soll zuvor auf das allgemeine Niveau der damaligen deutschen Landwirtschaft eingegangen werden.

Im 17. Jahrhundert findet sich in Deutschland überwiegend noch die Dreifelderwirtschaft[1]. HANSSEN[2] nennt für einige Gebiete Nord- und Mitteldeutschlands – wozu, wie noch zu zeigen sein wird, auch der Osnabrücker Raum gehörte – das System der Zweifelderwirtschaft, bestehend aus einer Rotation von Brache, Wintergetreide, Sommergetreide und wiederum Brachfeld. GOLTZ[3] weist auf die Feldgraswirtschaft hin, die sich auf das 18. Jahrhundert zu allmählich als geregelte Feldgraswirtschaft mit bestimmter Fruchtfolge ausbildet. Sie ist vor allem in Gegenden zu finden, wo der Wiesenbau als Wirtschaftsmethode vorherrscht[4]. LÜTGE[5] macht auf die am Niederrhein aufkommende intensivere Fruchtwechselwirtschaft aufmerksam.

Im allgemeinen ist die Anbauweise ausgesprochen extensiv[6]. Eine Änderung dieser Betriebsweise erfolgte aus Gründen der Tradition und der Agrarverfassung bis zum 18. Jahrhundert nicht[7].

b) Bodenkultur, Werkzeuge und Pflanzen

In engem Zusammenhang mit der damaligen Ackerwirtschaft steht die Düngung durch Viehdünger; BRINKMANN[8] beurteilt das Problem wie folgt: «Der zu jener Zeit am stärksten empfundene und am meisten beklagte Übelstand lag in der unzureichenden Düngung des Bodens, welche ihrerseits durch die geringe Futtererzeugung bedingt war. Der Feldfutterbau war noch unbekannt; die Futtererträge des Ackers beschränk-

---
[1] BUCHENBERGER, Agrarwesen, S. 32, 34 f.; GOLTZ, Geschichte I, S. 258; HANSSEN II, S. 244, 248; LÜTGE, Sozial- und Wirtschaftsgeschichte, S. 67, 89, 310; KRZYMOWSKI, S. 200; RITTER, H. d. Lw. I, S. 48; ROSCHER, Ackerbau, S. 113 ff.
[2] HANSSEN II, S. 244.
[3] GOLTZ, Geschichte I, S. 32. — So auch: LÜTGE, Sozial- und Wirtschaftsgeschichte, S. 67, 89.
[4] LÜTGE, Sozial- und Wirtschaftsgeschichte, S. 90.
[5] LÜTGE, Sozial- und Wirtschaftsgeschichte, S. 90.
[6] BUCHENBERGER, Agrarwesen, S. 25; KRZYMOWSKI, S. 200; LANG, W. d. V.; ROSCHER, Ackerbau, S. 113 ff.
[7] GOLTZ, Geschichte I, S. 254. — LANG, W. d. V., sagt hierzu: «Die Entwicklung des Ackerbaues in Deutschland, aber auch in anderen europäischen Kulturländern, war bis zum 18. Jahrhundert eine außerordentlich langsame. Erst dann setzten die großen Umwälzungen ein, die die Grundlagen abgaben für die heutige Höhe des Ackerbaues.»
[8] BRINKMANN, H. d. St. So auch: GOLTZ, Ackerbau, H. d. St.

ten sich auf Stroh-, Brach- und Stoppelweiden.» Damit wird ein Kernproblem des damaligen Ackerbaues umrissen. Die Bodenpflege ist dadurch völlig mangelhaft, und es ergibt sich, wie GOLTZ[9] meint, ein circulus vituosus: unzureichende Futterproduktion auf Grund der schlechten Düngung, was die Unmöglichkeit bewirkt, viel Vieh, besonders Rindvieh, zu halten, gut zu ernähren und wiederum Dünger zu bekommen. Über die damals verwendeten Düngerarten und ihre Qualität bringt die wirtschaftsgeschichtliche Forschung ausgiebiges Material[10].

Daneben war die Ackerbearbeitung nach heutigen Begriffen höchst mangelhaft. «Bis tief in das 18. Jahrhundert hinein waren fast überall in Europa Ackerwerkzeuge in Gebrauch, welche sich in ihrer Konstruktion wenig von den vollkommeneren Geräten unterschieden, die man in der römischen Kaiserzeit benutzte[11].» Die Pflüge waren aus Holz[12], die Pflugtiefe war nicht größer als etwa 13 cm[13].

Auch über die damals angebauten Gewächse bringt die wirtschaftsgeschichtliche Forschung reiches Material. Weizen, Gerste, Hafer und Roggen bezeichnet LANGETHAL[14] als Getreidearten, die in ganz Deutschland zu finden sind. Roggen wurde seiner Meinung nach am meisten angebaut; er fehlt jedoch, wie er hervorhebt, in Schwaben fast völlig[15].

Auf der Brache der Dreifelderwirtschaft baut man die sog. «Brachfrüchte» an: Futterpflanzen, Hülsenfrüchte und Hackfrüchte[16]. Kleebau kommt erst im 18. Jahrhundert auf[17] und Kartoffeln werden als Feldfrüchte ebenfalls nicht vor Ende des 17. Jahr-

---

[9] GOLTZ, Geschichte I, S. 287. — Ähnlich: INAMA-STERNEGG, Kriegsfolgen, S. 38; SCHMOLLER-NAUDÉ, S. 23.

[10] In der Hauptsache bestand die damalige Düngung aus Stallmist und menschlichen Exkrementen, daneben benutzte man Schlamm, Mergel, Kalk, Asche, Blut und Vogelmist. GOLTZ, Geschichte I, S. 259; LANGETHAL III, S. 267; ROTHERT, Geschichte III, S. 435. — Ausführliche Darstellung: LANGETHAL IV, S. 214 ff. — Allerdings fußen die Meinungen der damaligen Landwirte über den Wert und die Wirkung des verwendeten Düngers auf recht obskuren Vorstellungen: man glaubte, die Düngerwirkung bestehe in der von ihm hervorgerufenen Hitze (da man den Wert der Mineralien und die Bedeutung der chemischen Umsetzungsprozesse noch nicht kennt). Ebd. — LANGETHAL III, S. 137 ff., zeigt ausführlich den damaligen landwirtschaftlichen Turnus an Colers «ökonomischem Kalender», der aus dem Ende des 16. Jahrhunderts stammt. LANGETHAL weist auch auf das teilweise Vorhandensein von Gründüngung mit Lupine hin. Ders., III, S. 265.

[11] BRINKMANN, H. d. St. — Als bedeutsamen Fortschritt im Pflugbau sieht BRINKMANN, ebd., die Anbringung eines schraubenförmig gewundenen Streichbrettes, dessen Erfindung zu Ende des 17. Jahrhunderts wahrscheinlich in Belgien erfolgt ist. In Norddeutschland wurde diese Verbesserung erst im 19. Jahrhundert, vervollkommnet über England kommend, durch Thaer eingeführt. — Der erste Säepflug wird 1665 dem deutschen Kaiser in der Nähe Wiens vorgeführt. LANGETHAL IV, S. 237. — Zu Ende des 17. Jahrhunderts beginnt eine allgemeine Verbesserung der landwirtschaftlichen Geräte (Pflug und Wagenrad aus Eisen, anstelle von Sichel und altröm. Dreschstock treten Sense und Dreschflegel). ABEL, Krisen, S. 22.

[12] GOLTZ, Geschichte I, S. 258; ROTHERT, Geschichte III, S. 435.

[13] GOLTZ, Geschichte I, S. 127, 256. Er bringt, ebd., S. 257 f., eine ausführliche Darstellung über die damalige Ackerbearbeitung mit dem Pflug.

[14] LANGETHAL III, S. 265.

[15] LANGETHAL III, S. 265.

[16] LANG, W. d. V. — Es sind hierunter zu nennen: Kohlrüben, Wicken, Erbsen, Ackerbohnen, Rübsen, Mohn, Hirse, Buchweizen, Kraut, Senf, Hanf, Flachs und Raps. GOLTZ, Geschichte I, S. 248; LANG, W. d. V.; LANGETHAL III, S. 263; ders. IV, S. 151 ff.; KRZYMOWSKI, S. 202.

[17] LANGETHAL IV, S. 151. Er weist jedoch unter Hinweis auf Colerus und den im 18. Jahrhundert schon bestehenden Kleesamenhandel darauf hin, daß Klee damals schon bekannt ge-

hunderts angebaut[18]. Bei Bestehen günstiger Verkehrsverbindungen zu größeren Konsumzentren[19] werden auch Handelsgewächse, meist in Gartenkulturen, gezogen[20]. Weiterhin sind schon zahlreiche Obstsorten bekannt[21]; der Weinbau hat in Deutschland im 16. Jahrhundert seine größte Ausdehnung gehabt und fand sich auch in Gegenden, wo er heute völlig verschwunden ist[22].

Wie gezeigt, verläuft die Entwicklung der Agrikultur in Deutschland im 17. und bis ins 18. Jahrhundert hinein in sehr traditionalen und wenig rationalen Bahnen, also auch in der Zeit vor und nach dem Dreißigjährigen Kriege. «Erst eine spätere Zeit entwickelt ja auf Grund der aus England kommenden Anregungen neue Methoden des Ackerbaus. In dem Festhalten an den traditionellen agrartechnischen Methoden liegt zweifellos ein mitbestimmender Grund für die mangelnde Dynamik in der wirtschaftlichen Entwicklung[23].» Und «wo Wohlstand sich zeigt, basiert er mehr auf der Viehzucht als auf dem Getreidebau»[24]. Es soll deshalb im folgenden kurz auf die Bedeutung der damaligen Viehzucht eingegangen werden.

c) Viehzucht

Oben wurde davon gesprochen, daß in der damaligen Agrikultur ein chronischer Düngermangel bestand. Damit wurde bereits auf eine Hauptschwierigkeit für die Viehzucht hingewiesen, denn das Resultat der schlecht gedüngten Äcker war eine quantitativ unzureichende und qualitativ höchst mangelhafte Futtermenge. Die Viehzucht steht über die Futtergewinnung damals mit dem Ackerbau in funktionalem Zusammenhang. Das Rindvieh wird schon im Sommer nur mangelhaft ernährt – es sei denn, daß es sich um Weidewirtschaften handelt –, da Brach- und Stoppelweiden, Allmenden und Waldwiesen nur kümmerliche Nahrung geben[25]. Im Winter war das Ernährungspro-

wesen sein müsse. Er nennt vertriebene reformierte Wallonen (1561–79) als Begründer des Kopfkleebaues in Deutschland. – Die Kenntnisse des Kleebaues sind jedoch im Kriege wieder in Vergessenheit geraten. LANGETHAL III, S. 130; ders., IV, S. 76. – LANG, W. d. V., beurteilt die Einführung des Kleebaues als sehr positiv: «Die Einführung des Kleebaues war der erste größere Fortschritt in der Technik des deutschen Ackerbaues seit dem Dreißigjährigen Krieg.»

[18] GOLTZ, Ackerbau, H. d. St.; KRZYMOWSKI, S. 195; LANG, W. d. V.; LANGETHAL IV, S. 189, 191.

[19] LANGETHAL IV, S. 211, zitiert Münchhausen (o. Quellenangb.), der von dem Bestehen sog. «Freßgüter» spricht. Hier müssen alle erzeugten Produkte infolge schlechter technischer Verkehrsverhältnisse selbst verzehrt werden. So auch: SCHMOLLER-NAUDÉ, S. 23.

[20] Darunter fallen: Möhren, weiße Rüben, Rapunzeln, verschiedene feine Kohlarten (z. B. Wirsing), Spargel, Zuckerwurzeln, Radieschen, Meerrettich, Sellerie, viele Salate und Küchenkräuter, ferner Früchte, aus denen man Öl gewinnen konnte. GOLTZ, Geschichte I, S. 127; KULISCHER II, S. 44; LANG, W. d. V.; LANGETHAL III, S. 109, ders., IV, S. 159 ff.; RITTER, H. d. Lw. I, S. 48.

[21] LANGETHAL III, S. 144, nennt 9 Apfelsorten, 9 Birnensorten, 5 Pflaumensorten, 3 Kirschensorten, ferner Walnüsse, Mandeln, Pfirsich, Maulbeeren, Quitten, Eßkastanien, Johannisbeeren, Erdbeeren und Himbeeren. – In vielen Landesverordnungen soll den Bauern u. a. auch Obstkulturen anzulegen befohlen worden sein. Ebda., S. 268.

[22] LANGETHAL III, S. 268 f. – Im 14. Jahrhundert baut man an der Burg Telgte bei Münster in Westfalen Wein. ROTHERT III, S. 435. – STÜVE, Topograph. Bemerkungen, S. 33, teilt (unt. Hinw. a. ein Ratsprotokoll vom 2. 11. 1669) mit, daß die Stadt Osnabrück beabsichtigte, am Piesberge bei Osnabrück Weinberge anzulegen. – Allgemein hierüber: NORDHOFF, «Der vormalige Weinbau in Norddeutschland», Münster, 1877.

[23] LÜTGE, Bayr. Grundherrschaft, S. 14.

[24] LÜTGE, Bayr. Grundherrschaft, S. 20.

[25] GOLTZ, Geschichte I, S. 276; KRZYMOWSKI, S. 195.

blem für das Vieh noch schlimmer: es ist auf notdürftiges Futter wie Heu, Baumlaub, Stroh oder notfalls Körnerfrüchte angewiesen[26]. Oft konnte das Rindvieh, wenn es einen Winter im Stall überlebt hatte, vor Entkräftung nicht mehr aufstehen, so daß es am Schwanz zur Weide geschleift werden mußte («Schwanzvieh»)[27].

Es ist darum verständlich, wenn man – von Weidewirtschaftsgebieten natürlich abgesehen – bei der teilweise wenig ertragreichen Rindviehzucht damals das Hauptaugenmerk auf die vorteilhaftere Schafhaltung richtete. GOLTZ[28] betont, daß dies nicht an den höheren Erträgen liege, die die Landwirtschaft etwa von der Schafzucht erwartete, sondern an der großen Genügsamkeit und einfachen Wartung der Schafe[29]. Verlockend ist außerdem der Preis für die wertvolle Wolle[30]. Die in Deutschland aufblühenden Tuchmanufakturen bewirken eine Ausweitung der Schafzucht[31], jedoch macht INAMA-STERNEGG[32] ebenso wie LANGETHAL[33] auf die Parallelität zwischen Verfall der Tuchmanufaktur und Rückgang der Schafzucht nach dem Dreißigjährigen Kriege in Deutschland aufmerksam. Infolge des Schadens, den die Schafe dem Wald und dem Wachstum der Holzpflanzen zufügen, war ihre Zahl für die einzelnen Bauern genau festgelegt[34]. Entscheidend bleibt für die Schafhaltung, daß die Tiere sich mit Weiden und Futter begnügen, die für das Rindvieh vollkommen unauskömmlich wären. Außerdem hat der Schafhalter durch den Anfall von Fleisch und Wolle (neben Milch) den Vorteil einer «kumulativen Produktion»[35].

LANGETHAL[36] meint, die Viehzucht habe insgesamt gesehen bis zum Ende des 17. Jahrhunderts keine großen Fortschritte mit Ausnahme der Pferdezucht gemacht. Sie wird von ihm gewissermaßen als «notwendiges Staatsbedürfnis» hingestellt[37], denn Pferde

---

[26] GOLTZ, Geschichte I, S. 267; KRZYMOWSKI, S. 195. – Bei Mißernten wurden Vieh und Saatgetreide verzehrt, Stroh von den Häusern gerissen, um es zu verfüttern. SCHMOLLER-NAUDÉ, S. 22. Das Vieh war ständig unterernährt und deshalb sehr seuchenempfindlich. Ebd., S. 23.
[27] GOLTZ, Geschichte I, S. 276 (unt. Hinw. a. ECKHART, S. 144). – GOLTZ, Geschichte I, S. 253, 277, erwähnt als großen Übelstand in der damaligen Viehhaltung die Vergebung der Kuhhaltung an Pächter gegen ein althergebrachtes Entgelt von 4–7 rthl. Die Pächter warteten das Vieh auf Grund der unzureichenden Entschädigung natürlich entsprechend schlecht. – Eine Abbildung des damaligen Viehes – die Kühe sind klein und mager – zeigt der Holzschnitt des Lucas van Leyden aus dem Jahre 1510, «Die Melkerin». In: «Frankfurter Allgemeine Zeitung» vom 15. 4. 1952.
[28] GOLTZ, Geschichte I, S. 280f. So auch: LANGETHAL IV, S. 240, 242.
[29] ROSCHER, Ackerbau, S. 799, der weiter sagt: «Von allen unseren Haustieren können Schafe die schlechteste Weide noch verwerten; sie vertragen Stroh, ja trockene Baumblätter als Nahrung immer noch besser als die übrigen, erfordern auch verhältnismäßig wenig gemeine Arbeit.»
[30] GOLTZ, Geschichte I, S. 250, 279f. – Schafe, die besonders gute Wolle liefern (Merinos) kommen jedoch erst zu Beginn des 18. Jahrhunderts von Spanien nach Deutschland; bis dahin kennt man nur das unveredelte deutsche Landschaf, besonders in Nord- und Ostdeutschland. HEYNE, S. 7f.
[31] GOLTZ, Geschichte I, S. 155, 185; LANGETHAL III, S. 258. – Der brandenburgische Kurfürst erläßt sogar eine Schafordnung. Ebd.
[32] INAMA-STERNEGG, Kriegsfolgen, S. 39f.
[33] LANGETHAL IV, S. 64f., 69. – Vgl. auch sechstes Kapitel dieser Untersuchung. – ROSCHER, Ackerbau, S. 799, betont ausdrücklich, daß allgemein gesehen das Schaf der Kultur weichen müsse, also dann, wenn Heide- und Weideflächen kultiviert werden.
[34] GOLTZ, Geschichte I, S. 134, 155; LANGETHAL III, S. 257.
[35] STACKELBERG, S. 31.
[36] LANGETHAL IV, S. 239.
[37] LANGETHAL IV, S. 257.

benötigt der Territorialherr in erster Linie zu militärischen Zwecken[38]. Deshalb wendete man hier der Zucht besondere Sorgfalt zu[39].

Ein weiterer Zweig der damaligen Viehzucht, in welchem, nach LANGETHAL[40], ebenfalls keinerlei obrigkeitliche Förderung oder Rassenverbesserung erfolgt, ist die Schweinezucht. Die Eichenwälder waren in den meisten Fällen der Mastplatz für die Tiere[41].

Ferner beginnt man mit der Zucht zahmer Bienen[42] sowie mit der Hühner- und Taubenzucht[43].

ROSCHER[44] behauptet, die Viehzucht werde dann tendenziell zurückgedrängt, wenn eine Verbesserung des technischen Verkehrs erfolge, da dann das damit transportfähig gewordene Getreide in den Vordergrund trete.

d) Wirkungen des Flurzwanges

Über der damaligen gesamten Agrikultur stand als Hindernis der Flurzwang, auf den bereits kurz hingewiesen wurde[45]. Er bestand aus dem gemeinsamen Weidegang und den sog. «Weidegerechtigkeiten». FUCHS[46] sagt dazu: «Dieser doppelte Flurzwang war bei den ursprünglichen Verhältnissen, den alten einfachen Betriebssystemen der Feldgraswirtschaft und der Dreifelderwirtschaft, die nur auf Gewinnung von Getreide und Gras beruhten, nicht besonders drückend, wenn er auch immer ein Hindernis für technische Fortschritte des einzelnen bildete.» Den Bauern der damaligen Zeit nahm der Flurzwang jede eigene Initiative im Anbau sowie in der Wahl der Fruchtfolge und stand überhaupt allen Rationalisierungsbestrebungen hindernd im Wege. «Schon zu Ausgang des 17. Jahrhunderts begann man aber, an der Richtigkeit dieser Wirtschaftsmethode zu zweifeln, und bald entstand eine Strömung, die auf Beseitigung der Gemengelage gerichtet war, um auf diese Weise dem einzelnen Möglichkeit zur Entfaltung der Eigeninitiative zu geben[47].» Aber erst in der Mitte des 18. Jahrhunderts kommt es zu entsprechenden gesetzgeberischen Maßnahmen[48].

Im übrigen ist zu sagen, daß sich der Territorialstaat bis ins 17. Jahrhundert hinein einer Pflege von Agrikultur und Viehzucht nicht angenommen hat. Erst der Kameralismus in Deutschland bezieht zu diesen Dingen eine andere Stellung, worauf bereits hingewiesen wurde[49].

[38] GOLTZ, Geschichte I, S. 279.
[39] GOLTZ, Geschichte I, S. 274, beziffert den Wert eines damaligen Zuchthengstes auf 500 rthl. — Graf Anton Günther von Oldenburg soll 1500 Pferde in seinen Ställen besessen haben. LANGETHAL IV, S. 84.
[40] LANGETHAL III, S. 258.
[41] DETTEN, S. 62; KUSKE, S. 55.
[42] LANGETHAL III, S. 259 f. Eine bayr. Landesordnung befaßt sich sogar mit Vorschriften darüber. Ebd. — Für Niedersachsen: PFANNENMÜLLER, pass.
[43] LANGETHAL III, S. 258 f.
[44] ROSCHER, Ackerbau, S. 784.
[45] Vgl. zweites Kapitel dieser Untersuchung.
[46] FUCHS, Flurzwang, W. d. V.
[47] LÜTGE, Bayr. Grundherrschaft, S. 65.
[48] FUCHS, Allmenden, W. d. V.; ders., Agrargeschichte, W. d. V.; ders., Flurzwang, W. d. V.; ders., Gemeinheitsteilung, W. d. V.; GOLTZ, Geschichte I, S. 117, 121; KUSKE, S. 10; LÜTGE, Bayr. Grundherrschaft, S. 22 ff., 65, 101; ders., Bauernbefreiung, S. 399 f.; SCHOTTE, S. 48 f.
[49] Vgl. Einleitung dieser Untersuchung.

e) Forst- und Jagdwesen

Im Gegensatz zur Agrikultur hat sich der Territorialhalter in Deutschland schon in den ersten Jahrhunderten der Neuzeit aktiv des Forst- und Jagdwesens angenommen. FRAAS[50] nennt obrigkeitliche Betätigung auf diesem Faktor bereits zu Ende des 14. Jahrhunderts. Allerdings ist festzuhalten, daß sich die in dieser Zeit aufkommenden Forstordnungen nicht mit Wald- und Holzkultur befassen, die damals ziemlich im argen lag[51]. Zwei Gesichtspunkte sind dem Landesherren damals wichtig: einmal der Schutz des Waldes vor Holzverwüstungen schlechthin[52] und zum anderen die Jagd[53].

Die Maßnahmen zum Schutz des Waldes bestehen aus Verboten gegen beliebigen Holzeinschlag, insbesondere beim Bauernwald[54]. H. WEBER[55] betont, daß bereits im Mittelalter eine ausgesprochene Furcht vor Holznot geherrscht habe. Mit den erwähnten Regelungen greift die damalige Staatsgewalt vor allem in die Rechte der Markgenossenschaften ein[56].

Das andere Motiv für obrigkeitliches Eingreifen auf diesem Sektor war die Jagd[57]. In erster Linie ist es durch die Jagdpassion des Adels[58], jedoch auch durch gewisse Erwägungen zur Erhaltung des Wildbestandes bestimmt[59]. H. WEBER[60] umreißt diese Entwicklung wie folgt: «Die scharfe Abwehr aller Angriffe auf den Wald erfolgte durch die Ausbildung der Forsthoheit durch den Landesherren. Die Theorie, daß die oberste Aufsicht über alle Forst- und Jagdangelegenheiten und die Macht, darüber zu gebieten und zu verbieten, ein Ausfluß des territorialen Herscherrechts – ein Regal –

---

[50] FRAAS, S. 489. Es handelt sich hierbei um die sog. «Forstbücher» aus dem Jahre 1380 (des Büdinger Waldes wyßthum). – Die ersten Forstordnungen werden im 15. Jahrhundert von den deutschen Kaisern erlassen. H. WEBER, W. d. V.

[51] GOLTZ, Geschichte I, S. 269; ROSCHER, Ackerbau, S. 845. – Allerdings weist FRAAS, S. 65, 497 ff., 502, darauf hin, daß die Veredelung von Bäumen schon bekannt gewesen sei (Colerus).

[52] BELOW, Fürsorge, S. 701, 706; GOLTZ, Geschichte I, S. 185; LÜTGE, Sozial- und Wirtschaftsgeschichte, S. 258; LANGETHAL IV, S. 269, 271; ROSCHER, Ackerbau, S. 832 ff.; H. Weber, W. d. V.

[53] GOLTZ, Geschichte I, S. 271; INAMA-STERNEGG, Kriegsfolgen, S. 28 f.; LANGETHAL IV, S. 270; LÜTGE, Sozial- und Wirtschaftsgeschichte, S. 258; H. WEBER, W. d. V.

[54] FRAAS, S. 506, 508; ROTHERT, Geschichte II, S. 236. Beide Autoren weisen auch auf das gleichzeitige Verbot des Vieheintriebs (Schafe) in die Waldungen hin.

[55] H. WEBER, W. d. V. – Große Entnahmen erfolgten auch durch die im Merkantilismus besonders geförderte Berg- und Hüttenindustrie. LÜTGE, Sozial- und Wirtschaftsgeschichte, S. 258; ROSCHER, Ackerbau, S. 845; H. WEBER, W. d. V. – LÜTGE, ebd., betont, daß infolge der hohen Holzpreise und trotz Holzimporten (die wegen der schlechten Verkehrsverbindungen teuer waren) Eisen- und Glashütten stillgelegt werden mußten, weil sie durch die gestiegenen Holzpreise unrentabel geworden waren. – DETTEN, S. 46, macht auf den interessanten Tatbestand aufmerksam, daß Holzverwüstungen durch Waldbrände noch im späten Mittelalter nicht vorkamen. Grund dafür war das Fehlen der leicht brennbaren Kiefer in den damaligen Wäldern.

[56] GOLTZ, Geschichte I, S. 136; KUSKE, S. 100; ROSCHER, Ackerbau, S. 833.

[57] ROSCHER, Ackerbau, S. 779, hält die Jagd für die damalige Zeit für besonders wichtig, da man sonst im Winter nur hätte Salzfleisch essen müssen und die schlechte Heizbarkeit der Zimmer Pelzwerk für Bekleidung erforderte.

[58] GOLTZ, Geschichte, S. 271. – Diese Jagdleidenschaft war aber für die Bauern sehr nachteilig: Rotwild und Schwarzwild wurden in großer Zahl gehegt und fügten den Bauern große Flurschäden zu. Die Jagden verwüsteten Äcker und Saaten. INAMA-STERNEGG, Kriegsfolgen, S. 28 f.; LANGETHAL IV, S. 270.

[59] ROSCHER, Ackerbau, S. 781.

[60] H. WEBER, W. d. V.

sei, bewirkte seit dem Beginn des 16. Jahrhunderts den Erlaß zahlreicher Wald-, Forstund Jagdordnungen. Fast alle landesherrlichen Erlasse enthielten neben vielen anderen wirtschaftlichen und Verwaltungsbestimmungen in erster Linie das Verbot, Waldrodungen ohne Erlaubnis der Behörden vorzunehmen.» Und ROSCHER[61] sagt ergänzend: «Unter solchen Umständen, sowie bei dem gründlichen Mißtrauen, welches im Zeitalter des monarchischen Absolutismus Staat und Volk gegen die Freiheit der Privatwirtschaft hegten, ist die Ausbildung der Forsthoheit während des 17. und 18. Jahrhunderts begreiflich.»

H. WEBER[62] betont, daß der Absolutismus insgesamt gesehen auf Grund des großen Holzverbrauchs seiner Berg- und Hüttenindustrie keinen günstigen Einfluß auf die Waldwirtschaft ausgeübt habe und eine positive Entwicklung erst im 18. Jahrhundert erfolgt sei. Immerhin werden bis zum Ende des 17. Jahrhunderts 25 Forstordnungen erlassen, die älteste territorialfürstliche 1482 von Herzog Ernst und Herzog Albrecht von Sachsen[63].

f) Zusammenfassung und Beurteilung

Für das damalige Forst- und Jagdwesen ist demnach festzustellen, daß der Territorialherr hier früher und aktiv in die Entwicklung eingreift, als dies bei Agrikultur und Viehzucht erfolgte. Zwar sind die Motive dazu nicht oder meistens nicht ökonomischer Natur. Aber die Wirkungen der Maßnahmen werden in den meisten Fällen positiv zu beurteilen sein: der beliebige Holzeinschlag – mindestens von privater Seite – wird eingeschränkt und die aus zunächst überwiegendem fürstlichen Privatinteresse erlassenen Jagdordnungen kamen der Erhaltung des Wildbestandes zugute. (Von den nicht zu übersehenden Nachteilen – besonders für die Bauern – derselben wurde gesprochen.) Auch im Fürstentum Osnabrück erfahren alle bestehenden Verordnungen auf diesem Gebiet bereits in der zweiten Hälfte des 17. Jahrhunderts eine solche Präzisierung, wie sie bei obrigkeitlichen Bestimmungen hinsichtlich Agrikultur und Viehzucht erst hundert Jahre später zu finden sind. Daß sich auf diesem Sektor kaum unmittelbare Förderungsmaßnahmen der damaligen Staatsgewalt finden lassen, wurde bereits betont.

II. Die Landwirtschaft im Fürstentum Osnabrück bis zum Dreißigjährigen Kriege

a) Feldsystem und Ackerbau

ROTHERT[64] stellt fest, es sei fragwürdig, ob im Osnabrücker Raum die Dreifelderwirtschaft überhaupt anzutreffen gewesen sei. Im nördlichen Gebiet des Fürstentums war sie nach seinen Mitteilungen nicht bekannt. HANSSEN[65] sagt über die Zweifelderwirtschaft in diesem Raum: «Die alte Osnabrücker Zweifelderwirtschaft unterscheidet sich also von der alten rheinländischen dadurch, daß beide Felder immer zugleich Getreide trugen, abwechselnd Winter- und Sommergetreide, und Brache gar nicht gehalten wurde, wäh-

---

[61] ROSCHER, Ackerbau, S. 839.
[62] H. WEBER, W. d. V.
[63] FRAAS, S. 497 ff. Eine braunschweig-lüneburgische Forstordnung erscheint 1678 bzw. 1689. Ebd., S. 499. – Vgl. auch: ROSCHER, Ackerbau, S. 834, 841, 856.
[64] ROTHERT, Rezension üb. VINCKE, Lage, Mitt. Bd. 51, S. 175 ff.
[65] HANSSEN I, S. 181.

rend letztere im Wechsel immer nur das eine Feld mit Getreide (Winter- und Sommergetreide) besetzte, das andere unter Brache hielt.» Auch andere Autoren stellen (in der landesgeschichtl. Literatur) ein Fehlen der Dreifelderwirtschaft fest[66]. Das Sommerfeld wurde mit Flachs bepflanzt[67] (worauf noch einzugehen sein wird). Der auch hier herrschende strenge Flurzwang bedingt gleichzeitige Bestellung der Ernte und hat, nach HANSSEN[68], gemeinsame Stoppelweide der Feldinteressenten zur Folge. Das Vieh wird dann von den Bruchweiden auf die Stoppelweiden des Winterfeldes getrieben und hier solange als möglich in den Spätherbst hinein gehalten, «indem die Stoppel des Winterfeldes erst im Frühling zur Sommersaat und die des Sommerfeldes erst spät im Herbst zur Wintersaat aufgebrochen wurde»[69]. STÜVE[70] unterstreicht nachdrücklich die Bedeutung, welche die Stoppelweide für die damalige Landwirtschaft gehabt hat.

Wie allgemein, war auch die Bodenkultur im Fürstentum damals sehr mangelhaft. Die Düngung erfolgte hauptsächlich durch die sog. «Plaggen», d. s. Rasenstreifen, die man aus der Heide oder aus dem Wald herausschneidet, um sie auf den Feldern zu verstreuen[71]. Da diese Plaggen in erster Linie aus schwer verwesenden Heidepflanzen bestanden, versäuerten sie, wenn nicht gekalkt wurde, im Laufe der Zeit den Boden sehr stark[72]. Trotzdem sind die Plaggen, welche zudem noch als Einstreu für das Vieh anstelle von Stroh verwendet wurden[73], das wichtigste damalige Düngemittel im Osnabrücker Raum. «Plaggenmatt» ist das Recht Plaggen zu mähen und die Ausübung dieses Rechts – daraus geht die Bedeutung der Plaggen hervor – wird von den Holzgrafen überwacht[74]. Angesichts dieser mangelhaften Düngung waren Ernte- und Wiesenerträge entsprechend gering[75].

[66] SCHLOEMANN, S. 228; WELLMANN, S. 54.
[67] HANSSEN I, S. 180.
[68] HANSSEN I, S. 181.
[69] HANSSEN I, S. 181.
[70] STÜVE, Topograph. Bemerkungen, S. 56, sagt: «Allein es ist vollkommen actenmäßig zu beweisen, daß noch um die siebziger Jahre des vorigen Jahrhunderts (Anm.: das 18. Jh.) die Stoppelweide von der allergrößten Bedeutung war. Bei dem mangelhaften Zustande der eigentlichen Weidegründe reichte die Weide, welche diese gewährten, höchstens bis zum August aus. Dann trat gänzlicher Mangel ein, und das Stoppelfeld war eine ganz unentbehrliche Hülfsquelle zur Erhaltung des Viehes, bis dann die Winterbestellung das Vieh von dort verdrängte und dasselbe wieder auf die Garweide trieb, welche sich in der Zwischenzeit erholt hatte und durch die spärliche Vegetation des Herbstes doch noch etwas Futter lieferte. Deshalb durfte der Acker auch nicht vor Mariä Himmelfahrt (damals nach dem alten Calender, also etwa auf den 25. August fallend) gepflügt werden.»
[71] KLÖNTRUP III, S. 72 ff.; LODTMANN III, S. 84; MIDDENDORF, S. 41, 53, 69; SCHLOEMANN, S. 230; TRIMPE, Ackerbau, S. 24 f. — Man trennte den Rasen mit der Sichel vom Boden, wickelte ihn auf, trocknete ihn und führte davon jährlich, je nach Hofesgröße, 300–500 Fuder den Eschen und Kämpen zu. TRIMPE, ebd., dort weitere Einzelheiten darüber. – MIDDENDORF, S. 53, sagt dazu: «Die Gras- und Heideplaggen-, Waldstreu- und Stallmistdüngung ermöglichte es jedoch, die Ländereien der Erben und Kotten Jahr für Jahr ohne nennenswerte Brache in der Hauptsache mit derselben Frucht zu bestellen. In ältester Zeit scheint das Plaggen von geringer Bedeutung gewesen zu sein.»
[72] HASEMANN, S. 65.
[73] WELLMANN, S. 54.
[74] KLÖNTRUP III, S. 74 ff.; MIDDENDORF, S. 53. — Diese Kontrolle sollte auch eine Beschädigung der Baumwurzeln beim Abtrennen des Rasens verhindern. KLÖNTRUP III, S. 72 ff.; MIDDENDORF, S. 69. — Die Plaggendüngung war noch bis in die achtziger Jahre des vorigen Jahrhunderts im Fürstentum Osnabrück verbreitet. WELLMANN, S. 45.
[75] HASEMANN, S. 58, 66.

An Getreidearten werden Roggen[76], Gerste und Hafer[77] angebaut, auch Weizen ist zu finden[78], als Zwischenfrüchte finden sich Kohl, Rüben, Erbsen und Bohnen[79].

Die Getreideerträge im Osnabrücker Raum reichten nicht aus, um den Bedarf des Fürstentums zu decken[80]. Die Weidewirtschaft herrschte hier vor dem Getreidebau[81] und das ehemalige Territorium Osnabrück ist ein ausgesprochenes Getreideimportgebiet[82].

Demgegenüber hat der Flachsanbau eine größere Bedeutung gehabt. Die Boden- und klimatischen Verhältnisse müssen für einen solchen Anbau entsprechend günstig gewesen sein[83]. KUSKE[84] bezeichnet den Osnabrücker Flachsanbau mit als Rohstoffgrundlage des westfälischen Leinengewerbes. Die bereits erwähnte Osnabrücker Leinenlegge hebt die Bedeutung des Leinens für das Fürstentum gebührend hervor[85].

Die im Fürstentum Osnabrück verwendeten Ackerbearbeitungsgeräte sind, wie überall, noch sehr unentwickelt[86].

b) Viehzucht

Das Hauptgewicht der Osnabrücker Landwirtschaft lag, da man im Ackerbau keine befriedigenden Ergebnisse erzielen konnte, auf dem Sektor der Viehzucht. Relativ gesehen gehen auch hier die züchterischen Resultate nicht über den damaligen allgemeinen Stand hinaus.

Die hier gehaltenen Rindviehrassen sind klein[87], es handelt sich durchweg um noch

---

[76] WESTERFELD, Beiträge, S. 64.
[77] WESTERFELD, Beiträge, S. 64.
[78] STÜVE II, S. 655, vermutet, daß Weizen im Osnabrücker Raum nicht angebaut worden ist. Ihm widerspricht DELLA VALLE, S. 216 (unt. Hinw. a. Osn. Urkd.-Buch III/522), wo Weizen als Abgabe erwähnt ist. — In den Akten ist ebenfalls von Weizen die Rede. So schreibt der Vogt von Damme am 30. 7. 1668 an die Regierung, wo es heißt: «Eur Hochfstl. und Hrlt. berichten nochmals, das wan einiges nach denken, der besamete Sommerfruchten gefuerth werden solte, ist von den gedachten Haußleuthein Kein Gerste, erbsen, winter weitzen oder dergleich ausgeseiet, der bakeweitze Zerschlagen, schwartzer Haber und Sommer rocke, wirdt umb Verwenderung des landes von einen ieden ad dreie, viere od Zum hochsten funff scheffel besamet, so nicht beschediget.» St. A. O. AA 23, Nr. 3.
[79] SCHLOEMANN, S. 217, 229, 271.
[80] Vgl. achtes Kapitel dieser Untersuchung.
[81] STÜVE, Landgemeinden, S. 205, beziffert den Anteil des kultivierten Landes im Fürstentum Osnabrück im 18. Jhdt. auf ein Drittel der Bodenfläche. — FEISE, S. 76, nennt den Anteil des Ackers an der Weidewirtschaft im Osnabrücker Raum heute mit 45—67%.
[82] HASEMANN, S. 66, teilt dazu mit, daß man 1599 sogar Getreide aus Mainz und Hessen, 1601 aus Braunschweig und Halberstadt kaufen mußte. — Die im zweiten Kapitel dieser Untersuchung erwähnten Kornfuhren nach Minden weisen gleichfalls auf starken Getreideimport hin. — So auch: MIDDENDORF, S. 40, 94. — Vgl. achtes Kapitel dieser Untersuchung.
[83] TRIMPE, Ackerbau, S. 23. — Vgl. auch: sechstes Kapitel dieser Untersuchung.
[84] KUSKE, S. 88. — Ebd., S. 86 f., ausführlich über den Hanf- und Flachsbau in Westfalen.
[85] Vgl. sechstes Kapitel dieser Untersuchung. — Der Leinsamenhandel ist damals hier ein lohnender Gewerbezweig. KLÖNTRUP II, S. 275 ff. — Der «Leinsichter», der mit der Siebkarre umherzog und den Leinsamen reinigt, war damals ein Beruf. TRIMPE, Ackerbau, S. 34. — Der Flachs wird in sog. «Bockemühlen» aufbereitet. TRIMPE, Ackerbau, S. 35. — Um die Mitte des 18. Jahrhunderts regelt die Obrigkeit den Leinsamenhandel ausführlich, kontrolliert die Einfuhr (der Samen kam vor allem aus Riga), verteilt Anbau- und Qualitätsprämien usw. Ausführlich: St. A. O. AA 189a, Nr. 3.
[86] TRIMPE, Ackerbau, S. 26 f. Er nennt — offenbar, aber 18. Jh. — die alten plumpen gußeisernen Pflüge, die mit vier Pferden gezogen werden mußten, Ackerwagenachsen aus Holz, Mistgabeln im Gewicht von zehn Pfund (heute: etwa 2 Pfd.).
[87] TRIMPE, Ackerbau, S. 23.

unveredeltes Landvieh mit langen dünnen Beinen und großen Hörnern, das sehr genügsam und an Entbehrungen gewöhnt war[88], aber keine Milchergiebigkeit und Mastfähigkeit hatte. Das Rindvieh wurde während des Sommers auf die Markweiden und das Stoppelfeld getrieben[89] und mußte nach langen entbehrungsreichen Wintern im Frühjahr auf die Weide geschleppt werden[90]. Bis Weihnachten ließ man die Tiere oft auf der Weide[91]. Um die Kühe im Sommer vor der Hitze auf den Weiden zu schützen, pflanzte man sog. «Schattenbäume» an[92].

Die klimatischen Gegebenheiten und die Relation zwischen Wiese und Acker waren im Fürstentum für die Viehzucht einigermaßen günstig[93].

Die Schweinezucht war im Osnabrücker Raum bis zum 16. Jahrhundert der vielleicht ertragreichste Zweig der Viehzucht[94]. Ihre Bedeutung sinkt aber vom 16. Jahrhundert an aus verschiedenen Gründen[95]. Diese Entwicklung setzt sich weiterhin fort, so daß im 18. Jahrhundert hier nur noch eine geringe für den Hausbedarf berechnete Schweinehaltung anzutreffen ist[96].

Während der Rindviehhaltung durch das Vorhandensein oder Fehlen von Weide- und Winterfutter eine natürliche Grenze gesetzt war, sind die Schafe, wie bereits er-

[88] WELLMANN, S. 68. Diese Rassen wurden noch bis zur Mitte des 19. Jahrhunderts gehalten. Ebd.
[89] MIDDENDORF, S. 59f.; SCHLOEMANN, S. 208; STÜVE II, S. 819f.
[90] HASEMANN, S. 56; TRIMPE, Ackerbau, S. 23. — Vgl. Anm. 27 dieses Kap.
[91] TRIMPE, Ackerbau, S. 23. — In der Gegend von Fürstenau werden Ochsen fett gemästet. STÜVE II, S. 747.
[92] STÜVE II, S. 746.
[93] WELLMANN, S. 63. — SCHLOEMANN, S. 232 (unt. Hinw. a. St. A. O. AA 88, Nr. 4), spricht von einem tendenziellen, »säkularen« Rückgang des Viehbestandes und der Weidewirtschaft in der Angelbecker Mark zugunsten des Ackerbaues. Er spricht weiter von «den wohlhabenden, jedoch auf der Schwelle zum Abstieg stehenden Bauern des ausgehenden Mittelalters». ROTHERT, Geschichte II, S. 235, weist auf die gleiche Tendenz im gesamten Fürstentum Osnabrück hin: so sinkt der Ertrag der Viehsteuer von der Mitte bis zum Ende des 16. Jahrhunderts von 22000 rthl. auf 16000 rthl. — Eine eindeutige Erklärung für diese Entwicklung geben beide Autoren allerdings nicht. Inwieweit ein Zusammenhang mit der bereits mehrfach in dieser Untersuchung genannten krisenhaften Entwicklung der Agrarpreise seit dem 16. Jahrhundert besteht, wäre zu untersuchen. — LÜTGE, Luther, S. 377, sagt zum Beginn dieser Entwicklung im 16. Jahrhundert: «Diesem Verfall der Agrareinkommen standen hohe Löhne und Preise für städtische Gewerbeerzeugnisse gegenüber; es kam zum erstenmal in unserer Geschichte zu jener Erscheinung, die wir als Preisschere bezeichnen.» Da Deutschland damals zu drei Vierteln agrarisch war, war die Wirkung für das Landvolk sehr nachteilig. Ebd. — Der obenerwähnte Rückgang der Viehsteuererträge ist wohl aber stark durch die Haltung von weniger Pferden und Schweinen beeinflußt: SCHLOEMANN, S. 235, nennt für das Gebiet der Angelbecker Mark für Kühe und Rinder folgende Zahlen, die jene Tendenz nicht spüren lassen:
   im Jahre 1545: 1197 Kühe 544 Rinder
   im Jahre 1654: 940 Kühe 542 Rinder.
Demgegenüber nennt er, ebd., S. 236, für dasselbe Gebiet eine sinkende Schweinebestandszahl innerhalb von 20 Jahren des 16. Jahrhunderts um fast 33%. Als Grund nennt er die Abnahme des Fruchtholzbestandes.
[94] SCHLOEMANN, S. 237; STÜVE II, S. 612f., der meint, um die damalige Schweinezucht habe sich ein großer Teil der Forstkultur und der Gemeinderechte gedreht.
[95] STÜVE II, S. 825, vermutet, der Rückgang sei infolge des Rechts der Grundherren erfolgt, ihre eigenen Schweine in unbeschränkter Zahl in die Mastgebiete einzutreiben. — SCHLOEMANN, S. 236, 238, kommt wohl aber mit seinem Hinweis auf die Abnahme der Mastwaldungen einer Lösung des Problems am nächsten. — Vgl. auch: Anm. 93 oben.
[96] SCHLOEMANN, S. 238. — Die Zahl der pro Markberechtigten zum Eintrieb erlaubten Schweine setzte der Holzgraf fest. HASEMANN, S. 55; KLÖNTRUP II, S. 340ff.

wähnt, auch mit der kümmerlichsten Weide zufrieden. Dieser Umstand wird neben der genannten Wollgewinnung die Schafhaltung begünstigt haben[97]. Da aber das Schaf den Nachwuchs des Waldes verhindert[98] und auch eine Überbelastung der Markweiden durch zu großen Futterbedarf zu befürchten war, wird die Zahl der Schafe für jeden Markberechtigten genau begrenzt[99]. Die Grundherren hingegen strebten danach, ihre eigene Schafhaltung zu vergrößern und in die Gemeinweiden einzutreiben, wobei sie aber mit ihren eigenbehörigen Bauern in deren Eigenschaft als Markgenossen in Konflikt kommen[100].

KUSKE[101] weist auf die Bedeutung der Pferdezucht im Osnabrücker Raum besonders hin, desgleichen SCHLOEMANN[102] und WELLMANN[103]. Daß jene aber eine über das Fürstentum hinausgehende Bedeutung gehabt hat, läßt sich nirgendwo entnehmen. Im anderen Falle hätte sich diesen Faktor später zweifellos Bischof Ernst August I. zunutze gemacht, denn für seine Truppen brauche er ja ständig Pferdematerial. Versuche – die nach den aktenmäßigen Unterlagen kostspielig und vergeblich waren – zur Errichtung einer Pferdezucht (Landgestüt) seitens der Obrigkeit finden sich erst in der zweiten Hälfte des 18. Jahrhunderts[104].

So ist zu sagen, daß sich die Landwirtschaft des Fürstentums Osnabrück in denselben traditionalen Bahnen bewegt, wie es für die anderen Teile Deutschlands vorher festgestellt wurde. Die Obrigkeit zeigt sich an den Problemen der Agrikultur sowie der Viehzucht nicht interessiert.

c) Jagd-, Forst- und Fischereiwesen

Wie überall, nimmt aber im Gegensatz zu Agrikultur und Viehzucht die Regierung frühzeitig Einfluß auf das Jagd- und Forstwesen. Der Ausgangspunkt für obrigkeitliches Eingreifen auf diesem Sektor ist im Fürstentum Osnabrück das Jagdwesen. (Vorher ist festzuhalten, daß, nach KLÖNTRUP[105], ein ausgesprochenes Jagdregal hier nicht bestanden hat.) Seit dem 16. Jahrhundert befaßt man sich mit jagdordnenden Bestimmungen[106]. Im Jahre 1577 wird durch Landtagsbeschluß für das Wild eine «Setz- und Hegezeit», also eine Schonzeit, eingeführt, da sich infolge Ausbildung der Feuerwaffen bereits eine fühlbare Abnahme des Wildbestandes bemerkbar gemacht hatte[107]. Bischof Philip Sigismund befiehlt 1598 allen Ämtern, fremde Jäger (also offenbar aus fremden Territorien stammende), die man bei der Jagd auf Osnabrücker Gebiet antrifft, festzuhalten[108]. Unter Hinweis auf die Verminderung des Wildbestandes erläßt derselbe Bischof im Jahre 1608 eine Verordnung über die Jagd- und Hegezeit[109].

[97] ROTHERT, Geschichte II, S. 235, teilt mit, die Osnabrücker Bürgerschaft habe zeitweise 50 000 Schafe gehalten, einzelne Bürger allein 300–500 Stück. – Der Vogt von Ankum zählt dort im Jahre 1657 6368 Schafe. HARDEBECK, Schafhaltung, S. 36 ff.
[98] ROTHERT, Geschichte II, S. 236.
[99] HARDEBECK, Schafhaltung, S. 36 ff.; KLÖNTRUP II, S. 144 ff.; MIDDENDORF, S. 49; STÜVE II, S. 747, 819; WELLMANN, S. 77; WRASMANN I, S. 110.
[100] STÜVE II, S. 617 f.
[101] KUSKE, S. 67.
[102] SCHLOEMANN, S. 235.
[103] WELLMANN, S. 66.
[104] S. A. O. AA 189a, Nr. 2, «Acta betr. die Anlegung eines Landgestüts».
[105] KLÖNTRUP III, S. 107 f.
[106] So wird 1549 die Hasenjagd ausschließlich dem Adel zugesprochen. STÜVE II, S. 570.
[107] STÜVE, Jagdprotocoll, S. 310.
[108] Ausschreiben des Bischofs Philip Sigismund an alle Ämter wegen der fremden und unberechtigten Jäger, 3. 4. 1598. CCO II, S. 30, Nr. 62.
[109] Sie befaßt sich mit der Abnahme des Wildbestandes infolge zuvielen Schießens sowie

Ebenso finden sich, wie angedeutet, obrigkeitliche Maßnahmen auf dem Gebiet des Forstwesens. Sie erfolgen aus zwei Motiven: a) wegen der inzwischen eingetretenen Waldverwüstungen, b) wegen der Bedeutung der Wälder für die damalige Schweinemast. Nach STÜVE[110] besaß der Landesherr im Fürstentum Osnabrück mehr als die Hälfte aller Forsten.

Im Laufe des 16. Jahrhunderts beginnt ein starker Raubbau am Wald; er steht mit der erwähnten Ausbreitung der Markkottensiedlung und der Zunahme des Heuerlingswesens in Zusammenhang[111]. Man fällt rücksichtslos Bäume als Feuerholz, streift Laub ab und schlägt Zweige, um damit das Vieh zu füttern[112]. Überdies fordern die Holzgrafen und freien Erbexen über das Maß hinaus Schuldholz und freien Brand von den eigenbehörigen Bauern[113]. Zwar sollte jeder den Abhieb durch neue Pflänzlinge ergänzen, was aber nur selten getan wurde[114]. Zudem bestand eine ausgesprochene Forst- oder Markenordnung zu jener Zeit noch nicht[115]; alles fußte offenbar auf gewohnheitsrechtlichen Bestimmungen. Zur Überwachung des Holzeinschlages waren die Holzgrafen eingesetzt[116], die aber keine zuverlässigen Kontrollorgane sind[117]. Die Strafen bei zu starkem Abhieb bestanden in seit alters feststehenden Geldbeträgen und wurden, offenbar infolge des gesunkenen Geldwertes, nicht mehr als drückend empfunden[118]. Die Heuerlinge betrieben, nach STÜVE[119], einen schwunghaften Holzhandel mit Markenholz.

Merkwürdigerweise finden sich keinerlei obrigkeitliche Maßnahmen, die einer solchen

unwaidmännischer Jagd und nimmt Bezug auf das erwähnte Edikt (des Bischofs Heinrich) von 1577. Demzufolge soll die Jagd «von Faßnacht biß auf Jacobi apostoli» im ganzen Fürstentum bei Strafe verboten sein. St. A. O. AA 387, Nr. Ia vol. I; CCO II, S. 33ff., Nr. 71, Verordnung wegen der Jagd vom 1. 4. 1608.

[110] STÜVE, Landgemeinden, S. 205. So besitzt der Landesherr zirka 4% des kultivierten Bodens, die Ritterschaft 5—7% der Forsten und 90% des kultivierten Landes. 36% der Forsten und 96% der Moor- und Weidegründe waren im Besitz der Gemeinden, Kämmereien, Kirchen und nicht ritterlicher Grundeigentümer. STÜVE meint, daß eine Wirtschaftsverfassung, die den Eigentümern von 5—7% der Forsten (Ritterschaft) das Schwergewicht der Berechtigungen zusicherte, an innerem Widerspruch leiden müsse. Ebd.

[111] SCHLOEMANN, S. 227; STÜVE II, S. 637.
[112] STÜVE II, S. 826.
[113] STÜVE II, S. 826.
[114] STÜVE II, S. 646, 827.
[115] STÜVE II, S. 826; ders., Landgemeinden, S. 205. — «Die Cultur-Ordnung der Marken war wohl in alter Zeit genügend gewesen, als der Waldboden durch den Schatten und das fallende Laub eine schützende Decke gehabt hatte. Aber als man durch Laubharken, Entlauben und Plaggen demselben die Nahrung entzogen hatte, reichte sie nicht mehr aus.» Die Weichholzschläge wurden durch einen Zaun geschützt, der aber nur vier Jahre lang stehen durfte, was zur Sicherung des Baumnachwuchses nicht ausreichend war. STÜVE II, S. 826.
[116] STÜVE II, S. 637. — Über alle Marken beansprucht der Bischof als Landesherr die Oberholzgrafschaft. KLÖNTRUP III, S. 13. — LODTMANN II, S. 23, sieht in der Einrichtung der Holzgerichte und des Holzgrafenamtes Zeichen für die Abnahme des Waldbestandes.
[117] Vgl. auch erstes Kapitel dieser Untersuchung. — Bei allen Käufen und Zuschlägen aus der Mark erhält der Holzgraf, offenbar als Konsensgebühr, die «tertia holzgravialis». KLÖNTRUP II, S. 184ff. — Er hat also von allen Veränderungen in der Mark und im Markwald einen materiellen Vorteil, und alle derartigen Rechtsgeschäfte wirken zu seinem unmittelbaren Nutzen — zum Schaden der Mark und des Waldes.
[118] STÜVE II, S. 646, 826.
[119] STÜVE II, S. 646. — Inwieweit vom hiesigen Gebiet Holz nach dem Schiffbauzentrum Holland exportiert wurde, bliebe zu untersuchen. INAMA-STERNEGG, Kriegsfolgen, S. 91, macht hierauf für die Zeit nach dem Dreißigjährigen Kriege aufmerksam.

Entwicklung hätten Einhalt gebieten können. Trotzdem sieht der Landesherr zu großen Holzeinschlag als Schaden für das Land an[120]. Lediglich mit einer Verordnung vom Jahre 1596 wendet sich der Bischof, wohl um einer Überbeanspruchung der Markwaldungen vorzubeugen, gegen das Halten fremden Viehes auf den Marken[121]. Im übrigen stehen alle damaligen gewohnheitsrechtlichen Bestimmungen hinsichtlich des Waldes fast ausnahmslos in Zusammenhang mit der Schweinemast im Markwald[122].

Auf das Bestehen von obrigkeitlichen Fischereiordnungen im Fürstentum Osnabrück weisen bis zum Dreißigjährigen Kriege keinerlei Spuren hin. Der Bischof beansprucht lediglich die Fischerei in der Hase, während das Fischen und Krebsen in anderen Gewässern damals noch niemandem verboten ist[123]. Erst später folgen Verordnungen, von denen noch zu sprechen sein wird.

d) Vergleich mit anderen Territorien

Die Entwicklung von Agrikultur und Viehzucht verläuft im Fürstentum Osnabrück bis ins 17. Jahrhundert hinein ebenso wie überall: sie bleibt in den überlieferten Geleisen. Die Obrigkeit unternimmt, hier wie anderswo, nichts, was einem Fortschritt auf diesem Sektor hätte dienen können. Und es wird zu zeigen sein, daß diese Einstellung auch nach dem Dreißigjährigen Kriege anhält und bis in das 18. Jahrhundert fortdauert.

Demgegenüber erfolgen auf dem Gebiet des Forst- und Jagdwesens Eingriffe der Obrigkeit schon früher, wenngleich wohl nicht zeitiger als in anderen deutschen Territorien. Auch hier im Osnabrücker Raum sind die Motive für diese Maßnahmen nicht oder nicht überwiegend ökonomischer Natur. Aber man wird sagen können, daß die Wirkungen positiv und, wenn auch nicht aufbauenden Charakters, so konservierend gewesen sind.

III. Kriegswirkungen und obrigkeitliche Maßnahmen

a) Agrikultur und Viehzucht

In der Untersuchung wurde mehrfach darauf hingewiesen, daß das Fürstentum Osnabrück relativ mäßige Kriegszerstörungen aufzuweisen gehabt hatte. Dementsprechend waren auch die Zahlen der wüst liegenden Höfe gering. Und demnach kann auch der Umfang des nach dem Dreißigjährigen Kriege unbebaut liegenden Landes nicht groß gewesen sein. Genaue Unterlagen finden sich in der landesgeschichtlichen Literatur nicht und lassen sich aus dem untersuchten Aktenmaterial auch nicht zusammenstellen. Aus jenen Gründen wohl finden sich obrigkeitliche Eingriffe zur Förderung der Agrikultur nach Beendigung des Krieges nicht. Staatliche Förderungsmaßnahmen auf diesem Sektor finden sich für das Fürstentum Osnabrück, dann allerdings in erheblichem Umfang, erst im Laufe des 18. Jahrhunderts[124].

---

[120] STÜVE II, S. 439, im Falle der Witwe des Kanzlers Hüseken, die ihr Gut Osthof den Gläubigern überlassen muß.
[121] Verordnung Bischofs Philip Sigismund vom 26. 5. 1596. Innerhalb von acht Tagen sollte das Vieh entfernt sein. CCO II, S. 29f., Nr. 59.
[122] STÜVE II, S. 612f.
[123] STÜVE II, S. 570.
[124] Im ersten Viertel des 18. Jahrhunderts finden sich einige Verordnungen, die der Landwirtschaft dienen sollen, welche aber auf einer völligen Unkenntnis der biologischen Zusammenhänge beruhen: so wird verboten, Moor und Heide anzuzünden, weil der dabei entstehende sog. «Haarrauch» angeblich dem Wachstum der Obstbäume sowie der menschlichen Gesundheit schädlich sei. Verordnung vom 29. 4. 1720. CCO II, S. 217, Nr. 688. Wiederholung: 28. 6. 1720.

Die Ausdehnung der Schafzucht nach dem Kriege könnte allerdings den Eindruck erwecken, als habe im Osnabrücker Raum viel landwirtschaftliche Nutzfläche unbebaut gelegen. Entscheidend für die Vergrößerung der Schafhaltung war jedoch hier die starke Abholzung der Wälder und die damit verbundene Verheidung der Marken [125].

Obrigkeitliche Einwirkungen und Förderungsmaßnahmen zum Wiederaufbau der Viehzucht sind im Fürstentum nach dem Kriege ebenfalls nicht zu finden. Die angeführten Tabellen [126] zeigen nämlich auch für die Jahre nach dem Kriege keine ungünstigen Zahlen.

Nach den bereits erwähnten Feststellungen SCHLOEMANNS [127] ging die Schweinezucht, besonders infolge der Verminderung des Waldbestandes, stark zurück. Durch die im Kriege erfolgten Abholzungen wird diese Entwicklung verstärkt worden sein, insgesamt gesehen aber ist sie langfristig, säkular.

Der am stärksten zurückgegangene Bestand an Pferden dürfte in erster Linie auf Requirierungen und Diebstähle im Kriege zurückzuführen sein. Noch Jahrzehnte danach werden Bauern Pferde von Soldaten, die aus den Nachbarterritorien kommen, gestohlen [128].

Aktive Förderungsmaßnahmen der Obrigkeit in der Viehzucht setzen im Fürstentum Osnabrück erst im Laufe des 18. Jahrhunderts ein [129].

b) Jagdwesen

Wie schon in der Zeit vor dem Dreißigjährigen Kriege, ist das Eingreifen der Obrigkeit in Jagd- und Forstangelegenheiten im Fürstentum nach Friedensschluß entsprechend häufiger. Auf die Motive dazu wurde bereits hingewiesen.

Die Regierung zeigt vor allem für Probleme der Jagd und des Wildbestandes Interesse. An Jagdordnungen bestand die bereits erwähnte des Bischofs Philip Sigismund

CCO II, S. 220, Nr. 700. — Auch KLÖNTRUP II, S. 353 f., glaubte noch an die Wirkungen des «Haarrauches». — Das Moorbrennen war vor allem im Osnabrücker Nordlande eine alte Methode zur Düngung. ROTHERT, Geschichte II, S. 235. — Erst spät, in der Mitte des 18. Jahrhunderts, ergreift die Obrigkeit im Fürstentum die Initiative zu aktiven Förderungsmaßnahmen, worüber das Aktenmaterial ausführlich Aufschluß gibt: St. A. O. AA 189 a.

[125] DETTEN, S. 81; ROTHERT, Geschichte II, S. 235. — STÜVE III, S. 301, sagt zur Ausdehnung der Schäfereien nach Kriegsende: «Eine sehr schlimme Sache war die Vermehrung der Schäfereien. In den alten Markrechten hatte jeder Genosse eine mäßige Zahl von Schafen gehabt, hin und wieder auch wohl ein größeres Gut eine größere Zahl. Jetzt ... suchten nur die größeren Grundbesitzer ihre Heerden zu vermehren und schädigten dadurch die dürftigen Stoppelweiden der pflichtigen Genossen.»

[126] Vgl. Anhang dieser Untersuchung.

[127] SCHLOEMANN, S. 236, 238.

[128] Der eigenbehörige Bauer Tylemann Meures beklagt sich im Nov. 1660 bei der Regierung, schwedische Reiter hätten ihm sämtliche Pferde gestohlen. St. A. O. AA 23, Nr. 3. — Am 21. 7. 1661 schreibt die Witwe Catharina Ridder aus Lohausen, brandenburgische Truppen hätten ihr ein Pferd gestohlen (und außerdem acht junge friesische milchgebende Kühe, vier Ochsen und Lebensmittel). St. A. O. AA 23, Nr. 3. — Ebenso sind den eigenbehörigen Bauern in Wellingholzhausen von aus der Grafschaft Ravensberg kommenden (brandenburgischen) Soldaten Rinder gestohlen worden, wie jene in einer Eingabe vom 29. 10. 1662 an die Regierung mitteilen. Die Soldaten haben insgesamt 12 Pferde, 12 Milchkühe und 18 Rinder mitgenommen. St. A. O. AA 23, Nr. 3. — Auch aus den Jahren unmittelbar nach dem Kriege finden sich eine Menge Beschwerden von Bauern, worin sie auf in der Kriegszeit gestohlenes Vieh hinweisen, um entsprechende Lastenermäßigungen zu erhalten. St. A. O. AA 23, Nr. 3.

[129] Es handelt sich zunächst um Maßnahmen gegen die Verbreitung von Viehseuchen, über Bestimmungen hinsichtlich der Abdeckerei usw. Reskript Ernst Augusts II. vom 1. 8. 1716.

aus dem Jahre 1608. Bald nach Kriegsende ergeht ein neues Jagdedikt, das sich jedoch eng an die obengenannte Verordnung anlehnt[130]. Dieses Edikt erfährt eine fortlaufende Wiederholung[131], ein Zeichen dafür, daß sein Inhalt wenig Beachtung fand. Bischof Ernst August I. erneuert es im Jahre 1665 und verfügt einige Abänderungen[132]. Diese Jagdordnung wird von nun an ständig wiederholt[133]. Dazwischen sind einige wenige Sonderverordnungen zum Schutze der Jagd ergangen[134].

Im Laufe des 18. Jahrhunderts erfährt das Jagdedikt im Fürstentum eine ständige Erneuerung[135].

Die Darlegungen zeigen, daß sich die Obrigkeit nach dem Kriege intensiv mit der

CCO II, S. 179, Nr. 595. — Reskript Ernst Augusts II. vom 7. 12. 1724. CCO I, S. 1387. Vgl. auch: Kanzlei-Reskr. vom Jahre 1776. CCO I, S. 1387f. — Von der beabsichtigten und mißlungenen Anlegung eines Landgestütes in der zweiten Hälfte des 17. Jahrhunderts wurde oben bereits gesprochen. — Weitere aktive Förderungsmaßnahmen auf dem Gebiete der Viehzucht sind zu finden in: St. A. O. AA 189a.

[130] Edikt wegen der Jagd vom 29. 4. 1652. CCO II, S. 55, Nr. 41. — Bereits 1651 hatte man eine Verordnung erlassen, die das infolge des Krieges in Unordnung geratene Jagdwesen ordnen sollte, aber ohne Erfolg. STÜVE, Jagdprotokoll, S. 310. — Ursprünglich beabsichtigte die Regierung eine ausführliche (nach STÜVE im Konzept erhaltene) Jagdordnung zu erlassen, was jedoch unterblieb. Ebd., S. 311. — Die entlassene Jagdordnung behandelte allerdings die hohe Jagd (größeres Wild) als Regal. STÜVE II, S. 685. — Mit Ausnahme des Adels müsse, so bestimmte die Verordnung, jeder Jäger innerhalb von sechs Wochen, die auf die Erlassung des Ediktes folgten, eine Genehmigung sowohl für «grobe und Kleine Jagt» als für das Fischen vorweisen.

[131] Alle Erneuerungen weisen darauf hin, daß damit die Jagdordnung von 1508 erneuert würde. Verordnung Franz Wilhelms vom 1. 3. 1653. CCO II, S. 58, Nr. 173. — Verordnung Franz Wilhelms vom 8. 4. 1654. CCO II, S. 58, Nr. 177. — Verordnung Franz Wilhelms vom 2. 5. 1656. CCO II, S. 63, Nr. 190. — Verordnung Franz Wilhelms vom 13. 3. 1659: fremden Jägern, die auf Osnabrücker Territorium jagen, sollen Waffen, Hunde und Garn beschlagnahmt werden. CCO II, S. 69, Nr. 215.

[132] Verordnung Ernst Augusts I. vom 17. 2. 1665. CCO II, S. 78, Nr. 250. Niemand darf danach von Hunden gehetztes Wild schießen. — In einer Erneuerung vom 1. 3. 1667 setzt der Bischof die Schonzeit «allen groben und kleinen Wildes» für die Zeit vom 1. 5. bis Bartholomäus, allen Federwildes für die Zeit vom 1. 5. bis Jakobus fest. Das «Stricken von Hasen» ist ganzjährig verboten. St. A. O. AA 387, Nr. I a vol. I.

[133] Für 1682: CCO II, S. 113, Nr. 358. — Für 1683: CCO II, S. 114, Nr. 361. — Für 1685: CCO II, S. 116, Nr. 371. — Für 1687: CCO II, S. 122, Nr. 386. — Für 1690: CCO II, S. 124, Nr. 410. — Für 1691: CCO II, S. 128, Nr. 415. — Für 1692: CCO II, S. 135, Nr. 425. — Für 1693: CCO II, S. 136, Nr. 431. — Für 1696: CCO II, S. 139, Nr. 443. — Für 1697: CCO II, S. 143, Nr. 451. — Vgl. auch: St. A. O. AA 387, Nr. I a vol. I.

[134] In einer Verordnung vom 1. 1. 1657 verbietet Franz Wilhelm das Taubenschießen und -fangen. CCO II, S. 65, Nr. 196. — Mit Verordnung vom 2. 3. 1657 befiehlt er die Anknüttelung der Hunde zum Schutze der Jagd (sie mußten also, wenn sie frei herumliefen, am Halsband oder an der Kette einen Knüttel tragen, der sie am schnellen Laufen bei Wildverfolgung hinderte). CCO II, S. 66, Nr. 199. — Nach DETTEN, S. 39, bestand für das Gebiet des Klosters Willebadessen eine derartige Verordnung seit Beginn des 17. Jh. — Ob die Verordnung wegen Lieferung von Krähen- und Sperlingsköpfen in Zusammenhang mit der Jagd steht, läßt sich nicht sagen. Offenbar handelte es sich um einen Saatenschutz. Unter Strafandrohung wird den Eigenbehörigen die Lieferung von «Kreyen-, Lünings- und Sperlingsköpfen» befohlen. St. A. O. AA 23, Nr. 4. Verordnung Ernst Augusts I. vom 27. 6. 1678. CCO II, S. 108, Nr. 332 (unt. Hinw. a. CCO I, S. 1283). — Im Jahre 1688 wird auch Militärpersonen das Jagen, Fischen und Krebsen verboten. Verordnung Ernst Augusts I. vom 29. 5. bzw. 26. 5. 1688. CCO II, S. 123 bzw. S. 124, Nr. 395 bzw. Nr. 397.

[135] St. A. O. AA 159, Nr. 23 und St. A. O. AA 387, Nr. I a vol. I. — Vgl. auch: St. A. O. AA 23, Nr. 3 sowie St. A. O. AA 319, Nr. 1. — Ferner für das 18. Jahrhundert: CCO II,

Kontrolle der Jagdausübung sowie auch mit einem gewissen Jagdschutz befaßt. Ob diese Bemühungen aber ökonomischen Überlegungen entsprangen oder als Ausdruck der Jagdhoheit zu werten sind, ist schwer zu sagen. Wahrscheinlich trifft letzteres zu.

c) Fischereiwesen

Im Zusammenhang mit den Jagdedikten wurde erwähnt, daß die Obrigkeit im Fürstentum zugleich mit Bestimmungen über die Jagd auch die Fischerei in den Osnabrücker Gewässern ordnet. Der Fischfang, früher teilweise ein lukratives Geschäft, verliert allerdings in den evangelisch gewordenen Ländern infolge Abschaffung der vielen Fastentage an Bedeutung.

Neben den Jagdordnungen finden sich für die Zeit nach dem Dreißigjährigen Kriege einige spezielle Fischereischutzbestimmungen der Obrigkeit. So wird das Flachsrösten in Fischgewässern zum Schutze des Fischbestandes verboten[136]. Im Jahre 1672 ordnet Bischof Ernst August I. zur Steigerung der Fischzucht im Fürstentum Osnabrück eine Melioration der fürstlichen Fischteiche an[137].

d) Forstwesen

Es wurde bereits davon gesprochen, daß schon vor dem Dreißigjährigen Kriege, mit dem 16. Jahrhundert beginnend, in den Waldungen des Fürstentums ein starker Holzeinschlag erfolgt war[138].

Der Dreißigjährige Krieg bringt in den Wäldern eine ausgesprochene Holzverwüstung[139]. Die ohnehin schon lockeren Kontrollen in Mark und Wald fehlten, und feindliche Truppen werden ebenso wie die Besatzung Osnabrücks die Wälder nicht geschont haben. SCHLOEMANN[140] teilt mit, daß der Markwald nach Ende des Krieges nicht einmal mehr das Feuerholz liefern konnte und man dafür Torf verwenden mußte.

Um diesem Niedergang des Waldes Einhalt zu gebieten, greift die Obrigkeit nach Kriegsende aktiv in die Entwicklung auf dem Forstsektor ein. Die eingangs erwähnte Capitulatio perpetua verpflichtet Bischof und Beamte sogar zur Schonung des Holzbestandes[141]. Wie schon gesagt, ist starker unerlaubter Holzeinschlag ein Abäußerungsgrund für die eigenbehörigen Bauern.

Im Jahre 1671 läßt Bischof Ernst August I. eine Holzungsordnung entwerfen, die

S. 153, 155, 159, 161, 163, 164, 165, 177, 182ff., 185, 202, 204, 208, 210, 216, 221, 275, 280, 283, 287, 293, 300.

[136] Verordnung Ernst Augusts I. vom 19.3.1692. CCO II, S. 133, Nr. 424. — Diese Bestimmungen sind auch im Entwurf der obenerwähnten Holzordnung von 1671 niedergelegt. KLÖNTRUP III, S. 135f. — Vgl. auch: STÜVE II, S. 570. — Allgemein: ROSCHER, Ackerbau, S. 782.

[137] St. A. O. AA 85, Nr. 6. Es handelt sich um den Fürstenauer Mühlenteich und drei weitere in Osnabrück, den Belmer Teich sowie vier Teiche in Iburg. — In den Akten oder der Literatur ist von dieser Fischzucht kaum etwas erwähnt.

[138] Auch andere Einrichtungen benötigen viel Holz, so z. B. die Saline Rothenfelde, welche — ursprünglich in dichtestem Forst gelegen — am Ende des 18. Jh. in völlig waldfreiem Gebiet steht. RHODE, S. 6. — Inwieweit die Ausdehnung des Kohlenbergbaues im Fürstentum die Holzeinschläge vermindert hat, bliebe zu untersuchen. Vgl. auch TEMME, pass.

[139] MIDDENDORF, S. 52; SCHLOEMANN, S. 218, 227; STÜVE II, S. 647, 827.

[140] SCHLOEMANN, S. 218 (unt. Hinw. a. St. A. O. AA 92, Nr. 23, 24).

[141] In Artikel 44 der Immerwährenden Kapitulation. St. A. O. AA 310, Nr. Ia vol. I.

allerdings nicht zur Einführung kommt[142]. Und 1696 wird den Eigenbehörigen bei Strafe verboten, ohne Konsens Bauholz zu schlagen[143]. Zur Einschränkung des Holzverbrauches wird sogar das Branntweinbrennen obrigkeitlich eingeschränkt und zeitweise verboten[144].

Aufforstungsordnungen, die man als Forstpolitik im modernen Sinne bezeichnen kann, finden sich jedoch erstmals im beginnenden 18. Jahrhundert[145].

e) Zusammenfassung und Vergleich

Das Ergebnis der Untersuchung, inwieweit die Obrigkeit des Fürstentums Osnabrück nach dem Ende des Dreißigjährigen Krieges aktiv mit Verordnungen in den Ausbau und Wiederaufbau von Agrikultur und Viehzucht eingegriffen hat, ist sehr unbedeutend. Die Gründe hierfür wurden bereits darzulegen versucht. Sie dürften, um noch einmal zusammenzufassen, in dem allgemeinen Desinteresse der Territorialgewalt am Ablauf der Wirtschaft schlechthin gelegen haben. Und von dieser Uninteressiertheit wurde bereits eingangs gesprochen.

Im besonderen liegen die Gründe an dem nicht allzugroßen Zerstörungsgrad in der Landwirtschaft des Fürstentums. Auch sind neue Ergebnisse, die in der Landwirtschaft, insbesondere auf dem Sektor der Agrikultur und der Viehzucht, eine neue Epoche hätten einleiten können, hier wie überall noch nicht zu verzeichnen. Die überlieferten Erfahrungen bilden auch nach dem Kriege die Basis für den Ackerbau. Überhaupt beruht die damalige Landwirtschaft auf der praktischen Anwendung bekannter Tatsachen, und erst im 18. Jahrhundert beginnt man mit der Erörterung neuer Kulturformen und Pflanzen in Deutschland[146]. GOLTZ[147] sagt, was wohl auch für den Osnabrücker Raum gilt: «Die Landwirtschaft erlitt zwar durch den Krieg eine starke räumliche Einschränkung, aber innerhalb derselben stand sie wenige Jahre nach dem Friedensschluß qualitativ auf der gleichen Stufe wie vor Beginn des Krieges. Dabei ist freilich zu berücksichtigen, daß die von der Landwirtschaft zu Anfang des 16. Jahrhunderts erreichte Entwicklungsstufe im Verhältnis zu der von dem Handwerk erreichten eine sehr niedrige war.»

Das einzige Interesse der Staatsgewalt im Fürstentum Osnabrück an der Landwirtschaft besteht eben in der Erhaltung ihrer Fähigkeit, Steuern und Abgaben zu leisten.

---

[142] Entwurf einer nicht publizierten Holzgerichtsordnung von 1671. CCO II, S. 94, Nr. 286 (unt. Hinw. a. CCO I, S. 761).

[143] CCO II, S. 142, Nr. 446.

[144] Verordnung Ernst Augusts I. vom 28. 6. 1672 (Verbot). CCO II, S. 94, Nr. 289. — Verordnung Ernst Augusts I. vom 18. 11. 1696 (Beschränkung auf 21 Brennereien im Fürstentum). CCO II, S. 143, Nr. 449. — Ein Brennverbot wird auf dem Landtag vom 8. 3. 1698 nochmals grundsätzlich erwogen. St. A. O. AA 23, Nr. 4. Vgl. auch achtes Kapitel dieser Untersuchung.

[145] So wird auf dem Landtag vom 14. 5. 1704 vorgeschlagen, jeder Bauer solle kleine Bäume (sog. «Telgen») anpflanzen, «daß gleich in benachbarten Ländern bereits eingeführt». St. A. O. AA 23, Nr. 4. Ebenso wird dort die Einführung der noch fehlenden Holzungsordnung vorgeschlagen. Ferner sollen Eicheln, Buchen- und Hagebuchensamen gesät werden. — Weitere Bepflanzungsprojekte sind: Landtagsprotokoll vom 10./12. 5. 1708. St. A. O. AA 23, Nr. 4. — Im Jahre 1709 erhebt man die Forderung nach einem planmäßigen Waldbau erneut. St. A. O. AA 111. — Weitere Bestimmungen finden sich in: CCO II, S. 208, Nr. 662 und CCO I, S. 1285. — Bischof Ernst August II. droht bei Waldfrevel sogar mit Abhauen der Hand und anschließender Landesverweisung. KLÖNTRUP I, S. 203, 286 f. — Ähnlich auch die Waldschutzbestimmungen der Münst. Eigent.-Ordng. SCHOTTE, S. 87.

[146] LÜTGE, Sozial- und Wirtschaftsgeschichte, S. 252.

[147] GOLTZ, Geschichte I, S. 241.

Spuren des Merkantilismus, bei welchem in der Landwirtschaft die Förderung des unmittelbaren Ertrages im Vordergrund steht[148], finden sich im Fürstentum Osnabrück im untersuchten Zeitabschnitt noch nicht, wenngleich diese Tatsache für die Regierungszeit des Bischofs Ernst August, diesem Prototyp eines modern denkenden, absolutistischen Monarchen, auch merkwürdig anmuten mag.

Hingegen findet sich, wie gezeigt, auf dem Gebiet des Jagd- und Forstwesens und auch der Fischerei eine teilweise beachtliche Zahl von Verordnungen. Sie sind aber im Osnabrücker Raum kein Novum und liegen durchaus im Rahmen der allgemeinen Entwicklung auf diesem Sektor. Auf die Gründe, welche die Territorialgewalt hier zu einer entsprechenden Aktivität veranlassen, wurde bereits eingegangen: neben den stets großen landesherrlichen Wäldern ist die Regsamkeit dem fast überall bestehenden Jagd- und Forstregal zuzuschreiben.

---

[148] LÜTGE, Sozial- und Wirtschaftsgeschichte, S. 252.

ACHTES KAPITEL

Obrigkeitliche Eingriffe in die Preisbildung landwirtschaftlicher Produkte

I. Exkurs: Die obrigkeitliche Preisregelung, insbesondere für landwirtschaftliche Produkte, in der Wirtschaftsgeschichte

a) Ursprünge, Motive, Methoden

Die Ergebnisse der wirtschaftsgeschichtlichen Forschung zeigen, daß die Obrigkeit in allen Epochen mit Eingriffen in die Preisbildung Einfluß auf das wirtschaftliche Geschehen genommen hat. Es steht außer Zweifel, daß Preisedikte für lebenswichtige Güter, also Nahrungsmittel, landwirtschaftliche Produkte, bereits unter Pippin, Karl dem Großen und Karl dem Kahlen erlassen wurden[1]. Die Ursache der obrigkeitlichen Preisregelung sind hier wirtschaftliche Notlagen, die durch Ernteschwankungen entstehen.

KELTER[2] bringt als Beispiel obrigkeitlicher Preiskontrolle vor dem 11. Jahrhundert auf dem Lande das (lateinisch abgefaßte und wahrscheinlich in Brabant entstandene) «Gedicht von Einochs» («versus de unibove») und weist damit auf das Vorhandensein einer Marktpolizei hin. Der Versuch Barbarossas, im Reichslandfrieden von 1152 einheitliche Getreidepreise durchzusetzen, ist deshalb kein origineller Versuch einer staatlichen Preisregelung.

Die Motive der damaligen Preiskontrolle und -festsetzung sind: a) bestehende wirtschaftliche Notlagen, b) obrigkeitliches Bemühen um eine billigstmögliche Versorgung. Die dabei angewandten Methoden lassen sich wie folgt kategorisieren: a) Festlegung eines Höchst- oder Fixpreises, b) Fixierung des Preises auf Grund der Rohstoffkosten (sofern man infolge Importabhängigkeit den Produktpreis nicht ohne weiteres festsetzen kann), c) Festlegung eines zulässigen Gewinnes, d) Orientierung an den Preisen der Nachbarterritorien oder der Nachbarstädte.

Alle diese Eingriffe werden von der wirtschaftsgeschichtlichen Forschung als «direkte» Preisregulierungsmaßnahmen bezeichnet; als «indirekte» sind obrigkeitliche Qualitäts- und Quantitätsvorschriften anzusehen[3].

Es wurde gesagt, daß ein Motiv der obrigkeitlichen Preisregelung die Politik der billigstmöglichen Versorgung der Bevölkerung war, d. h. also, daß man in erster Linie die Lebensmittelpreise kontrollierte und festsetzte. Und eine solche Kontrolle umfaßte damals fast ausschließlich die landwirtschaftlichen Produkte.

b) Umfang der Preisregelung bis nach dem Dreißigjährigen Kriege

Als wichtigstes damaliges Nahrungsmittel steht das zum Backen wie Brauen verwendete Getreide im Mittelpunkt des obrigkeitlichen Interesses. Die Preisbildung für

---

[1] KÖTZSCHKE, Wirtschaftsgeschichte, S. 292 f.
[2] KELTER, Preisregelung, S. 9.
[3] Derartige Beispiele: KELTER, Preisregelung, S. 21. — Über Preispolitik s. ferner: CREBERT, «Künstliche Preissteigerung durch Für- und Ankauf.» Heidelberg 1916. — HÖFFNER, «Wirtschaftsethik und Monopole.» Jena 1941. — LÜTGE, «Die Preispolitik in München im hohen Mittelalter». Jahrbücher für Nationalökonomie und Statistik, Bd. 153 (1941).

dieses Produkt stand in engster Wechselwirkung mit dem Ausfall der Ernten, wobei die schlechten technischen Transportmittel zu Lande einen gebietsmäßigen Ausgleich bei verschiedenem Ernteausfall noch nicht ermöglichen konnten[4]. Das Ergebnis war ein sprunghaftes Steigen der Getreidepreise in Jahren mit schlechten Ernten[5] mit allen schlimmen Auswirkungen im Gefolge. Zwar erlauben es, worauf RITTER[6] hinweist, die seit dem 16. Jahrhundert verbesserten Bedingungen des technischen Verkehrs, bei Mißernten auch Getreide aus entfernter liegenden Gebieten zu beziehen (vgl. Osnabrück). Aber auch da behält sich die Territorialregierung eine Getreidpreisregelung vor. SCHMOLLER-NAUDÉ[7] sehen folgende Zweige dieser damaligen obrigkeitlichen «Teuerungspolitik» (man kann hier von einer «Politik» sprechen, da es sich um bewußte, planmäßige und permanente obrigkeitliche Lenkungs- und Versorgungsmaßnahmen handelt): a) Unterdrückung der Getreidespekulation, sowohl beim Binnenhandel wie beim Export, b) Beschränkung des Brennens, c) Marktordnungen, d) Ausfuhrverbote. Länder mit eigener bedeutender Getreideproduktion (z. B. Brandenburg) verhängen jedoch auch Getreideeinfuhrsperren mit dem Ziel, ein zu starkes Sinken der Inlandpreise zu verhindern[8]. Häufiger jedoch sind Getreideexportbeschränkungen oder Ausfuhrverbote, die vor allem von den Städten mit ihrer wachsenden Bevölkerung – und der damit immer schwieriger werdenden Versorgung – verlangt werden[9]. Meist leiht jenen, wie BELOW[10] meint, der Territorialherr seine Unterstützung. Für den eigenbehörigen Bauernstand als Produzenten wirkt diese Maßnahme infolge der damit niedrig gehaltenen Getreidepreise äußerst nachteilig[11].

Im Merkantilismus stehen, nach LÜTGE[12], für den Handel mit Agrarprodukten zwei Gesichtspunkte im Vordergrund: a) Sicherstellung der Nahrungsmittelversorgung für die gewerblich Tätigen und die Bevölkerung überhaupt, b) Sicherung auskömmlicher Preise für die Landwirtschaft[13].

So bleibt festzuhalten, daß eine obrigkeitliche Preisregelung für landwirtschaftliche Produkte seit ältester Zeit bis ins 17. Jahrhundert und über den Dreißigjährigen Krieg hinaus fortbesteht. Sie stellt also zu diesem Zeitpunkt durchaus kein Novum mehr dar, sondern es wurde gezeigt, daß bereits im frühen Mittelalter obrigkeitliche Preisregulierungsmaßnahmen bestehen.

[4] BUCHENBERGER, Agrarwesen, S. 543.
[5] LÜTGE, Sozial- und Wirtschaftsgeschichte, S. 284; SCHMOLLER-NAUDÉ, S. 21. — BUCHENBERGER, Agrarwesen, S. 544, weist dabei auf die Kingsche Regel hin. Auf diese wird unten nochmals eingegangen werden. Vgl. Anmerkung 15 dieses Kapitels.
[6] RITTER, H. d. Lw. I, S. 49.
[7] SCHMOLLER-NAUDÉ, S. 85. — Vgl. auch: BUCHENBERGER, Agrarwesen, S. 546.
[8] NAUDÉ, S. 4 (im wesentl. allerdings 18. Jahrhundert); SCHMOLLER-NAUDÉ, S. 42.
[9] BELOW, Fürsorge, S. 699; RITTER, H. d. Lw. I, S. 49f.
[10] BELOW, Fürsorge, S. 700.
[11] BELOW, Fürsorge, S. 701, der meint: «Dagegen kamen Maßnahmen, durch die dem Landwirt ein vorteilhafter Verkauf des Getreides gesichert wird, nie vor.» — Ähnlich: ders., Untergang, S. 469. — BELOW bezieht diese Feststellung auf das Mittelalter; für die Zeit des Merkantilismus zeigen SCHMOLLER-NAUDÉ, pass., aber, daß der Staat sehr wohl auf Sicherung auskömmlicher Erzeugerpreise bedacht ist.
[12] LÜTGE, Sozial- und Wirtschaftsgeschichte, S. 248. — Vgl. auch: FRANZ, S. 531, 534. — Über entsprechende Maßnahmen in England: ONCKEN, S. 202ff. Und in Frankreich: BUCHENBERGER, Agrarwesen, S. 589.
[13] Über diese obrigkeitlichen Bestrebungen: SCHMOLLER-NAUDÉ, pass. Sie bringen viele Beispiele für die Feststellung LÜTGES.

II. Preisentwicklung und Geldwertbewegung infolge des Dreißigjährigen Krieges

In der Einleitung dieser Untersuchung wurde von den Verwüstungen in den stark vom Krieg heimgesuchten deutschen Gebieten gesprochen. Dort herrschte, wie angedeutet, dann auch ein starker Lebensmittelmangel. Die Getreidepreise waren unerhört hoch, und neben der absoluten Knappheit an Korn infolge Plünderungen und mangelnden Anbaues kommt die Starrheit der Nachfrage für dieses lebenswichtige Gut hinzu (der Nachfrage-Elastizitätskoeffizient ist eben viel kleiner als eins). Überhaupt stiegen oder fielen damals die Getreidepreise je nach Ausfall der Ernte[14] (ein Vorgang, der durch eine graphische Darstellung der King'schen Regel erklärbar ist)[15].

Außerdem wirkten die relativ schlechten Bedingungen des technischen Verkehrs sowie die damals noch fehlenden Möglichkeiten für eine Konservierung gegen einen Preisausgleich des Getreides.

Nach Kriegsende kommt es im Anschluß an die im Laufe des Krieges sehr hoch getriebenen Getreidepreise[16] zu einem tendenziellen Fall, «also einer Agrarkrise, die etwa ein Jahrhundert andauerte»[17]. LÜTGE[18] sieht die Ursache für diese Entwicklung vor allem in dem eingetretenen Nachfragerückgang der städtischen Konsumenten, die teilweise – neben ihrem zahlenmäßigen Rückgang infolge des Krieges – «Selbstversorger»

---

[14] LÜTGE, Sozial- und Wirtschaftsgeschichte, S. 248.
[15] Die Preisentwicklung für lebensnotwendige Produkte und die Gestaltung der Nachfrage nach ihnen hat schon bei der älteren Forschung besondere Beachtung gefunden. So schreibt z. B. ROSCHER, Kornhandel, S. 1: «Aber auch umgekehrt, wenn Mangel eintritt, so brechen wir uns lieber von allen übrigen Consumtionen etwas ab, als daß wir am Korne sparen. Deshalb können auch die Kornpreise viel höher steigen und viel tiefer sinken, als bei entbehrlichen Gegenständen irgend möglich wäre. Als Paris um 1590 von Heinrich VI. belagert wurde, stieg der Kornpreis auf das Fünfzigfache des gewöhnlichen; die Vanille wird damals sich schwerlich in demselben Grade vertheuert haben.»

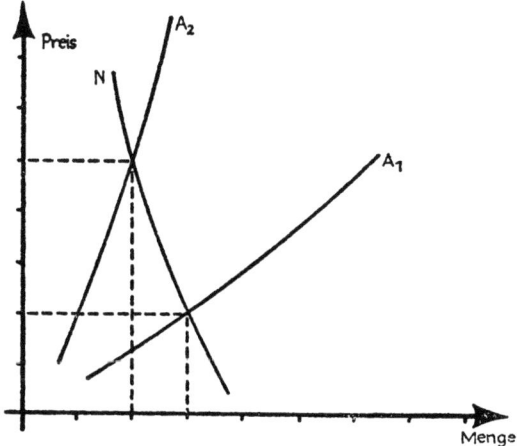

Die nebenstehende Zeichnung zeigt die (starre) Nachfragekurve «N» für ein lebenswichtiges Gut, also z. B. Getreide, Bildung des Preises im Schnittpunkt mit der Angebotskurve «A₁». Bei Verkleinerung der Angebotsmenge (Kurve «A₂») und gleichbleibender (starrer) Nachfrage — also bei sonst gleichen Bedingungen — steigt der Preis um wesentlich mehr, als sich die angebotene Menge verkleinert. Vgl. auch STACKELBERG, pass.

[16] LANGETHAL IV, S. 67.
[17] LÜTGE, Sozial- und Wirtschaftsgeschichte, S. 248. — So auch: FRANZ, S. 98; LANGETHAL IV, S. 67. — ABEL, Krisen, S. 72, macht ebenso wie LÜTGE, Luther, S. 377, auf den wesentlich früher einsetzenden (schon im 16. Jahrhundert beginnenden) säkularen Preisverfall aufmerksam. Im übrigen nennt ABEL, Krisen, S. 57, 72, 80, folgende, für die Entwicklung der Getreidepreise aufschlußreichen Zahlen (weitere Einzelheiten dort ausführl.):

geworden sind[19]. Land war, so stellt ABEL[20] ausdrücklich fest, teilweise in Fülle vorhanden und darum leicht zu haben. Ein evtl. mit staatlichem Druck erfolgender Anbau im alten Umfang konnte bei der dezimierten Bevölkerung leicht ein Überangebot an landwirtschaftlichen Produkten hervorrufen: ein paar gute Ernten genügten, um Überschüsse zu erzielen[21].

Manche Wirtschaftshistoriker heben zudem die Wirkung und Bedeutung des um diese Zeit noch erfolgenden Edelmetallzuflusses aus den amerikanischen Kolonien nach Europa und Deutschland für den Geldwert hervor[22]. Diese «schleichende» Kaufkraft-

Getreidepreise 1601—70 in RM und dz:

Zeitabschnitt	Basel	Straßburg	Leipzig	Stettin	Dänemark (Bistum Seeland)
1601—10	9,68	8,87	7,19	5,49	6,53
1611—20	8,21	8,16	9,41	7,13	6,30
1621—30	14,55	13,86	11,37	9,70	11,59
1631—40	20,69	25,78	12,23	7,47	8,46
1641—50	11,92	11,42	7,93	7,52	9,22
1651—60	7,76	5,60	6,68	8,14	7,80
1661—70	8,19	6,08	8,81	6,50	8,31

Getreidepreise in Deutschland 1626/50 bis 1726/50 in Durchschnitten, RM und dz:

Zeitabschnitt	Dänemark	Stettin	Berlin	Leipzig	Straßburg
1626—50	9,39	8,08	9,40	10,34	17,94
1651—75	8,05	7,00	8,28	7,50	6,13
1676—1700	8,45	5,55	7,37	6,14	11,24
1701—25	7,78	4,85	7,65	6,83	8,29
1726—50	7,29	5,73	8,29	7,68	7,21

Verschiedene europäische Getreidepreise in Durchschnitten, RM und dz:

Zeitabschnitt	Straßburg	Sachsen	Basel	Utrecht	Lübeck
1601—25	9,30	—	9,40	11,12	—
1626—50	17,94	—	16,34	14,96	—
1651—75	6,13	—	8,00	—	—

Für die Zeit des Krieges gibt ABEL, Krisen, S. 78, folgende Darstellung: 1623—30 war die Roggenpreisbildung in Deutschland uneinheitlich. In den meisten Territorien überwogen die hohen Preise. Ab etwa 1630 begannen sie wieder zu sinken. Tiefster Punkt des Abschwunges war die Zeit zwischen 1633 und 1636, wenigstens in Mitteldeutschland. Schon 1636 herrschte wieder eine Hungersnot, die sich weit über Mitteldeutschland hin erstreckte. Sechs Jahre später erfolgt wieder ein starkes Sinken der Preise infolge guter Ernten, in Straßburg sogar auf 8% des Preises in den Hungerjahren. — Über die Getreidepreisentwicklung im Fürstentum Osnabrück vgl. die Tabelle im Anhang dieser Untersuchung.

[18] LÜTGE, Sozial- und Wirtschaftsgeschichte, S. 248.
[19] LÜTGE, Sozial- und Wirtschaftsgeschichte, S. 249. — Als Parallele dazu vgl. für Osnabrück zweites Kapitel dieser Untersuchung: Verbot nach dem Dreißigjährigen Kriege, die Dienste Eigenbehöriger an Bürger der Stadt Osnabrück zu vermieten. Sie wurden zweifellos für den Landbau in Anspruch genommen.
[20] ABEL, Krisen, S. 77.
[21] FRANZ, S. 96.
[22] INAMA-STERNEGG, Kriegsfolgen, S. 34 ff.; LANGETHAL IV, S. 67; RITTER H. d. Lw. I, S. 49. LANGETHAL IV, S. 67 f., sagt zu dem teilweise — trotz der Krise — infolge Kaufkraftminderung gleich gebliebenen Nennwert des Geldes: «Wer nun aus der Vergleichung den Schluß ziehen wollte, daß der Fruchtpreis nach dem Dreißigjährigen Kriege zwar fiel, daß aber der Unterschied

minderung des Geldes verschleiert natürlich die rückläufige Entwicklung der Agrarpreise bis zu einem gewissen Grad durch Aufrechterhaltung des Nennwertes der Geldeinheit.

Die Kosten der landwirtschaftlichen Betriebsführung sind in den Jahren nach dem Kriege, worauf ABEL[23] hinweist, infolge hoher Lohnforderungen des Gesindes, durch die unten erwähnte tendenzielle Steigerung der Preise für gewerbliche Produkte und die bereits dargestellte Erhöhung der Abgaben und der Schuldzinsen beträchtlich gestiegen. Die Ausdehnung der Geldwirtschaft auf dem Lande[24] läßt infolge der Einbeziehung von immer mehr Kostenfaktoren in den Preis der Produkte WIESERS (erwähntes)[25] «Gesetz von der geschichtlichen Veränderung des Geldwertes» zum Tragen kommen. Dies wirkte ebenfalls in der Richtung einer Verringerung des realen Geldwertes.

LÜTGE[26] sagt hierzu zusammenfassend: «In Auswirkung dieser Krise wurde die Wirtschaftlichkeit der Landwirtschaft beeinträchtigt, mit der Folge, daß auch die Güterpreise stark absanken. Die vielfach außerordentlich hohe Verschuldung veranlaßte Zwangsverkäufe nicht nur von Getreide, sondern auch von Bauernhöfen oder einzelnen Grundstücken, Maßnahmen, die noch zusätzlich auf die Preise drückten und die Krise verschärfen mußten.»

Demgegenüber zeigen die Preise für gewerbliche Produkte – aus hier nicht näher zu erörternden Gründen – eine steigende Tendenz[27]. Sie ruft, wie schon für das ausgehende Mittelalter erwähnt, wiederum das Entstehen einer Preisschere zwischen landwirtschaftlichen und gewerblichen Produkten hervor[28], was die landwirtschaftlichen Produktionskosten nachteilig beeinflußte. Diese für die Landwirtschaft nachteilige Preisentwicklung hielt bis in das letzte Jahrzehnt des 17. Jahrhunderts an[29]. Und dieser Tatbestand wirkte, worauf LÜTGE[30] besonders hinweist, auf den Wiederaufbau im Agrarsektor nach dem Dreißigjährigen Kriege äußerst hemmend.

der Kornpreise vor und nach dem Kriege nicht so bedeutend sei um behaupten zukönnen, er müsse damals die Kornproducenten besonders gedrückt haben, der läßt den damaligen sehr veränderten Geldpreis außer acht. Gerade während des Dreißigjährigen Krieges veranlaßten die großen Massen amerikanischen Silbers, welche Europa zuflossen, eine so beträchtliche Verminderung des Geldwerthes, daß nach dem Kriege der Preis der edlen Metalle schon mindestens um ein Drittel ihres vorherigen Preises herabgefallen war. Vergleichen wir also die Kornpreise nach dem Kriege unter Berücksichtigung dieses Umstandes mit den früheren, so wird sich ergeben, daß der Mittelpreis fast um die Hälfte herab sank, also für die Kornproducenten sehr drückend sein mußte.» Er teilt, ebd., S. 68, mit, daß die sächsischen Landwirte infolge der niedrigen Erlöse für das Getreide nicht in der Lage waren, den nach dem Kriege notwendigen Viehersatz anzuschaffen.

[23] ABEL, Krisen, S. 79.
[24] RITTER, H. d. Lw. I, S. 49.
[25] Vgl. Einleitung dieser Untersuchung.
[26] LÜTGE, Sozial- und Wirtschaftsgeschichte, S. 248. — So auch: ABEL, Krisen, S. 79; INAMA-STERNEGG, Kriegsfolgen, S. 34, 37.
[27] LÜTGE, Bayr. Grundherrschaft, S. 20. Selbst gleichbleibende Getreidepreise bedeuten, so stellt er fest, bei steigenden gewerblichen Güterpreisen einen Nachteil für den Bauern. Ebd.
[28] ABEL, Krisen, S. 43, 94 f.; LÜTGE, Sozial- und Wirtschaftsgeschichte, S. 249.
[29] ABEL, Krisen, S. 94; LANGETHAL IV, S. 89. — ABEL, Krisen, S. 107, teilt mit, daß noch 1703/04/05 Roggen und Weizen in Holland so billig gewesen seien, daß die sonst viel exportierenden Königsberger Kaufleute alle ihre Vorräte behielten.
[30] LÜTGE, Sozial- und Wirtschaftsgeschichte, S. 253.

III. Obrigkeitliche Preisregelung im Fürstentum Osnabrück

a) Grundsätzliches, Entwicklung und Motive

Im Fürstentum Osnabrück hat sich die Obrigkeit ebenfalls mit einer Preisregelung für die wichtigsten Güter des täglichen Bedarfs befaßt. Eine Spezialuntersuchung – wie die bereits mehrfach herangezogene KELTERS[31], die in erster Linie auf Köln Bezug nimmt, sowie LÜTGES[32] Untersuchung für München – fehlt für Osnabrück. Jedoch finden sich in der landesgeschichtlichen Literatur manche entsprechenden Hinweise.

Es wurde bereits festgestellt[33], daß das Territorium Osnabrück ein ausgesprochenes Getreideimportgebiet war. Aus den untenerwähnten Maßnahmen der Obrigkeit hinsichtlich der verfolgten Getreidepolitik ist diese Tatsache ebenfalls eindeutig ablesbar. So kauft der Rat der Stadt Osnabrück bereits zu Ende des 15. Jahrhunderts infolge einer Getreidepreissteigerung für Rechnung der Stadt Getreide und schafft es auch herbei[34].

Über Maßnahmen des Landesherrn in dieser Zeit gibt die landesgeschichtliche Literatur jedoch keinen Aufschluß (und ein Quellenstudium für jene Epoche würde, so interessant es wäre, den Rahmen dieser Untersuchung sprengen).

Die Brotgetreidebeschaffung oblag in der Stadt damals teilweise den Zünften und bildete, wie STÜVE[35] meint, eine lohnende Nebeneinnahme für diese. Im 16. und im 17. Jahrhundert kamen seiner Meinung nach solche amtlichen und zünftlerischen Getreideeinkäufe häufiger vor, wozu auch in manchen Fällen die sog. «Laischaften» (Stadtbezirke) herangezogen wurden[36]. Man übernahm also heute dem Handel zugefallene Aufgaben.

Das Bestehen der «Osnabrücker Korntaxe»[37], welche in einer Regelung der Preise für Weizen, Roggen, Gerste und Hafer durch die Obrigkeit des Fürstentums besteht, weist darauf hin, daß die Territorialregierung schon vor dem 17. Jahrhundert die Preise für Getreide festgesetzt haben muß. Es ist nicht anzunehmen, daß diese exakte und jährlich wiederholte Preisfixierung erst seit 1624 (dem Jahr der ersten tabellarisch erhaltenen Festsetzung) bestand.

Über die obrigkeitliche Regelung anderer Lebensmittelpreise im Fürstentum enthält – eine Ausnahme bildet die Stadt Osnabrück – die landesgeschichtliche Literatur ebenfalls keine Hinweise für die Zeit vor dem Dreißigjährigen Kriege. Es ist aber zu vermuten, daß derartige Maßnahmen erfolgt sind[38].

---

31 KELTER, Preisregelung, pass., mit weiteren Literaturangaben.
32 LÜTGE, «Die Preispolitik in München im Hohen Mittelalter». Jahrbücher für Nationalökonomie und Statistik, Bd. 153, (1941).
33 Vgl. siebentes Kapitel dieser Untersuchung.
34 STÜVE, Gewerbswesen, S. 140f. – Ders., Finanzwesen, S. 79, sagt: «Während der ganzen Zeit, die uns hier beschäftigt, bis zu den neuesten Jahren hin ist die Anschaffung von Kornvorräthen durch die Corporationen und Gemeinden als ein unumgängliches Bedürfniß betrachtet worden.»
35 STÜVE, Gewerbswesen, S. 140; ders., Finanzwesen, S. 79.
36 STÜVE, Gewerbswesen, S. 141.
37 Vgl. Tabelle im Anhang dieser Untersuchung. – Ausführlich, aber nur Zahlenmaterial ohne Interpretation: FISCHER, «Die Osnabrückische Korntaxe 1624–1783». Mitt. Bd. 10, (1875), S. 219 ff.
38 Im Jahre 1654 regelt Bischof Franz Wilhelm die Preise für Brot und Bier im Fürstentum in einer (noch zu erwähnenden) Verordnung, wobei anzunehmen ist, daß es sich nur um die Fortsetzung alter Maßnahmen handelt. Vgl. auch die obenerwähnte «Korntaxe».

b) Sonderstellung der Stadt Osnabrück

Infolge Fehlens einer entsprechenden Spezialuntersuchung über die obrigkeitliche Preisregelung im Fürstentum bis zum 17. Jahrhundert wurde bei den bisherigen Darlegungen oft auf die Verhältnisse in der Stadt Osnabrück Bezug genommen. Es ist aber zu beachten, daß zwischen Stadt und Territorium Osnabrück nur bedingt Vergleiche möglich sind. Die Stadt hatte gegenüber dem jeweiligen Landesherren eine wirtschaftliche, vor allem eine politische Sonderstellung inne. Denn bereits im Jahre 889 wird dem locus Osnabruggi ein Zoll- (und Münz-) recht verliehen[39]. Dieses Regal wird der Stadt im Laufe der Geschichte von den deutschen Kaisern erneut bestätigt und wirkt u. a. in Form einer Zollfreiheit für von Osnabrücker Bürgern importierte Waren. Bischof Wedekind erteilt überdies den Osnabrücker Schlächtern das Recht der Zollfreiheit[40]. Fleisch, eines der Hauptnahrungsmittel, konnte auch in Form lebender Tiere ohne Zoll in die Stadt zum Schlachten gebracht werden[41].

Innerhalb der Stadt war jedoch der Verkauf der landwirtschaftlichen Produkte nicht frei. Einmal erhebt die Stadt kraft ihres Regals bei der Einfuhr eine städtische Akzise. Zum anderen bestehen Vorkaufsbestimmungen, die in den Wochenmarktordnungen verankert waren. Entsprechende Verordnungen wurden 1573, 1583 und 1618 erlassen[42], eine «Knochenhauerordnung» aus den Jahren 1614, 1619 und 1622 regelt Verkauf und Preise von Vieh und Fleisch[43]. Als Kontrollbeamte für die Einhaltung der Getreide- und Brotpreise nennt STÜVE[44] – ähnlich wie es KELTER[45] für Köln feststellt – die sog. «Roggenherren». Daß auch andere Güter preisgeregelt waren, deutet STÜVE[46] an: «Den Handel mit Brot und Korn beschränkte man, wie die Zeit zu fordern schien, setzte auf Bier, Wein, Butter, Ziegelgut usw. Taxen.»

Die Kompetenzen hinsichtlich dieser preisregelnden Maßnahmen waren allerdings nicht immer zwischen Landesherren und Stadt genau abgegrenzt: so ergeht 1624 eine Verordnung des Bischofs Franz Wilhelm an alle Ämter und die Stadt Osnabrück, Maßnahmen gegen auftretende Preissteigerungen zu ergreifen[47].

---

[39] STÜVE, Stadtverfassung, S. 1.
[40] CCO II, S. 1, Nr. 5.
[41] Vgl. aber die offenbar nach dem Kriege einsetzenden untenerwähnten Versuche, für Getreideeinfuhren einen Zoll zu erheben.
[42] STÜVE, Stadtverfassung, S. 121.
[43] STÜVE, Stadtverfassung, S. 121. — Zum Vorkauf sagt Stüve: «Im spätern Mittelalter bis zum Anfang des 18. Jahrhunderts hin war der Verkehr namentlich mit den Landesprodukten, nicht wie jetzt in der ganzen Stadt frei. Gewisse Zeichen, das städtische Rad (Anm.: Wappen von Osnabrück) an einer Hausecke angebracht, ließen die Punkte erkennen, wo die Verkehrsfreiheit begann. Was vor diesem Zeichen verkauft wurde, Holz, Borke, Korn, Zwiebeln usw., wurde als Vorkauf gestraft» (unt. Hinw. a. Akten des Ratsarchivs, die 1460 erstmalig den Vorkauf erwähnen).
[44] STÜVE, Finanzwesen, S. 79 f. Er sagte weiter: «Später finden wir denn auch Roggenherren erwähnt, und es kann keinem Zweifel unterliegen, daß man ... so auch jetzt den Roggenhandel organisierte und die Überschüsse, die derselbe anlieferte, ... zu den gleichen Zwecken benutzte» (Anm.: Ablieferung der Überschüsse an die Stadt).
[45] KELTER, Preisregelung, pass.
[46] STÜVE, Stadtverfassung, S. 121.
[47] Reskript Franz Wilhelms an alle Ämter und die Stadt Osnabrück vom 26. 3. 1629, Maßnahmen gegen die auftretenden Preissteigerungen zu ergreifen. CCO II, S. 44, Nr. 144. — Um für die seinerzeitigen Preisrelationen in etwa einen Anhalt zu geben, seien folgende Zahlen genannt (vgl. auch die Währungstabellen im Anhang dieser Untersuchung): So teilt DELLA VALLE, S. 251 f., «am Ausgang des Mittelalters» — aber sonst ohne nähere Zeitangabe — mit, daß folgendes gezahlt wurde:

IV. Maßnahmen der Obrigkeit nach dem Kriege

a) Marktordnungen, Preisregulierung

Nach Beendigung des Dreißigjährigen Krieges greift die Obrigkeit des Fürstentums aktiv in die Lebensmittelpreisbildung ein. So setzt Bischof Franz Wilhelm im Jahre 1653 die Preise für Bier, Roggen- und Weizenbrot infolge der guten Ernte neu fest[48]. Es handelt sich um Höchstpreise mit dem Ziel, den Untertanen Preisvergünstigungen auf Grund einer guten Getreideernte zukommen zu lassen.

In allen Jahren nach dem Kriege hat die Obrigkeit des Fürstentums die Preise für die vier Getreidesorten in Form von Fixpreisen weiterhin geregelt, wie die Zahlen der schon erwähnten Osnabrücker «Korntaxe»[49] zeigen. Sie spiegeln außerdem deutlich die Getreidepreisentwicklung nach dem Kriege wider und zeigen mit den obenerwähnten Zahlenangaben ABELS eine gute Übereinstimmung.

Eine (allerdings 1717 erlassene) Wochenmarktordnung weist auf ältere, z. T. erwähnte ebensolche aus den Jahren 1618, 1673/74 hin und legt die Preise für einige Landprodukte wie Gemüse und Geflügel fest[50]. Gleichzeitig wird damit, ergänzend zum bereits Gesagten[51], gezeigt, daß die Auswahl an Gemüse- und Obstsorten damals schon recht groß war.

b) Getreidepolitik

1. Planmäßigkeit der Maßnahmen

Die von der Obrigkeit des Fürstentums Osnabrück nach dem Dreißigjährigen Kriege auf dem Gebiet der Getreidepreisregelung ergriffenen Maßnahmen sind von einer beachtlichen Planmäßigkeit. Das wird schon an der mehrfach erwähnten «Korntaxe»

1 Lot Kabussamen	2 Pfg.	1 Pfd. Baumöl	8 Pfg.
1 Pfund Speck	3 Pfg.	1 Pfd. Rüböl	6 Pfg.
1 Lot Zucker	4 Pfg.		
1 Buch Papier	4 Pfg.	1 Weinglas	2 Pfg.
1 Lot Wurmkraut	15 Pfg.	1 Pfd. Rosinen	8 Pfg.
1 gemäst. Ochse	4 m 5 sc.	1 Tonne Stockfisch	10 rgld.
1 fette Kuh	4 m	a. Bremen	
1 Tonne Heringe	4–5 m	1 Lot Muskatblüte	1½ sc.

— LÜTGE, Sozial- und Wirtschaftsgeschichte, S. 168, stellt jedoch fest, daß im ganzen Mittelalter Honig Süßmittel war und der Rohrzucker von den Kreuzfahrern zwar mitgebracht, jedoch nur in kleinen Mengen importiert worden sei und hauptsächlich für Medikamente Verwendung gefunden habe. Rohrzucker wurde erst mit dem 16. Jahrhundert Konsumgut. Ebd., S. 169. —
Nachdem in der obenerwähnten Aufstellung DELLA VALLES der Zucker bereits als Konsumgut erscheint, ist anzunehmen, daß die Preise aus dem 16. Jahrhundert stammen. – Die Akten, St. A. O. AA 85, Nr. 6, nennen für die zweite Hälfte des 17. Jahrhunderts folgende Preise:

1 Fuder Roggen	24 rthl.	1 Fuder Hafer	14 rthl.

Und in einer Eingabe, (etwa Mitte 17. Jh., Akte o. Dat.), steht, «daß wir (Anm.: die eigenbeh. Bauern) anitzo bey diesen thewren Zeiten, daß liebe Brodtkorn sehr thewer, und daß Malter für 10 rthl. bezahlen müssen, ja daß fast kein rocke für Gelt mehr zu bekommen ist». St. A. O. AA 23, Nr. 6. — Einige weitere Preise nennen SCHULTE-RÖSSMANN, S. 47 ff., aus dem beginnenden 18. Jahrhundert:

19 Scheffel Gerste brachten	9 rthl. 10 sch. 6 Pfg.
8 fette Schweine	16 rthl. 10 sch. 6 Pfg.
1 Kuh	7 rthl. 10 sch. 6 Pfg.
1 vierj. Pferd	18 rthl. 10 sch. 6 Pfg.
1 fünfj. Mähre (braun)	34 rthl.

deutlich. Aus jenem Grunde sind die hier zu untersuchenden preisregelnden Eingriffe der Obrigkeit unter dem Begriff «Getreidepolitik» zusammengefaßt.

2. Das Territorium Osnabrück als Getreidezuschußgebiet; Importe und obrigkeitliche Getreidekäufe

Es wurde bereits angedeutet, daß das Fürstentum ein ausgesprochenes Getreidezuschußgebiet war. KUSKE[52] sagt dazu: «Mit ihrer Gesamtversorgung unsicher waren auch die nördlichen Bergländer, deren politische Hauptgebiete Tecklenburg, Osnabrück und Ravensberg waren». Damit umreißt er die Situation in diesem Raum. Die erwähnten Getreidebeschaffungsaktionen der Stadt Osnabrück weisen ebenfalls auf den Zuschußbedarf hin. Es bestand hier die Notwendigkeit ständiger Importe, und Absperrungen gegen Einfuhren wie z. B. in Brandenburg-Preußen[53] kennt man hier nicht. Die Obrigkeit muß vielmehr nach Einkaufsmöglichkeiten in fremden Territorien ständig Ausschau halten[54]. Natürlich wurde ein Teil des Getreides im eigenen Lande erzeugt, daneben aber – teilweise beachtliche – Versorgungsspitzen durch Importe ausgeglichen.

Gleichzeitig kontrolliert man die Untertanen, ob sie – vor allem in Zeiten der Verknappung – auch kein Getreide heimlich zurückhielten[55]. Die Einfuhren erfolgten vielfach über Minden[56]; bis dahin bestand auch die Möglichkeit des Schiffstransports auf der Weser.

Vgl. auch: CCO II, S. 150, Nr. 473, sowie Tabelle im Anhang dieser Untersuchung mit den Getreidepreisen.

[48] Verordnung Franz Wilhelms vom 14. 11. 1653. Demnach soll das Bier 4 Pfg. pro Kanne kosten, 12 Loth Roggenbrot 1½ Pfg. und 21 Loth Weizenbrot dürfen nicht teurer als mit 3 Pfg. verkauft werden. CCO II, S. 58, Nr. 176.

[49] HASEMANN, S. 143 (unt. Hinw. a. «Allgemeiner Reichs-Calender» für das Hochstift Osnabrück von 1783). Vgl. auch die Verordnungen Bischofs Carl von 1698/99. CCO II, S. 150, Nr. 473, bzw. S. 151, Nr. 490, sowie Tab. i. Anhg. dieser Untersuchung.

[50] CCO II, S. 193 ff., Nr. 624. Verordnung vom 10. 8. 1717 über den Wochenmarkt unter Hinweis auf die entspr. Verordnungen von 1618, 1673, 1674. Das Vorkaufsverbot wird besonders betont, dessen Umgehung als Ursache von Preissteigerungen angesehen wird. Im übrigen werden folgende Preise für Gemüse festgelegt: es dürfen je Schock 1 rthl. bzw. je Korb 1 rthl. kosten: Kunst-Kohl, Savoy-Kohl, Blumenkohl, Zuckererbsen, Bohnen, türkische Bohnen, Artischocken, Spargel (Asparries), gelbe Wurzeln, weiße Wurzeln (Pinsternacken), Petersilienwurzeln, Zuckerwurzeln, rote und weiße Beete, weiße und gelbe Rüben, Kopfsalat, Endivien, Sellerie, Spinat, Borstäpfel, Birnen, Pfirsiche, Aprikosen, Gurken (Agurken).

[51] Vgl. siebentes Kapitel dieser Untersuchung.

[52] KUSKE, S. 30. — Für Osnabrück u. a.: MIDDENDORF, S. 39 f.

[53] SCHMOLLER-NAUDÉ, pass.

[54] So heißt es in einem Bericht an die Regierung vom 26. 3. 1699 hinsichtlich der staatlich geförderten Kornkäufe: «Weiln auch in notarietate publica der abgangk des Korns bestehet, hette man zwar auß der Cammer umb etwas anzukauffen ausgeschicket.» Im Fuldaischen könne man etwas bekommen, wo etwa der Scheffel auf 1 rthl. loco zu stehen komme. Da aber die Taxe des Roggens auf 12 rthl. gesetzt sei, müsse man überlegen, «woher das superfluum zu nehmen sey». St. A. O. AA 23, Nr. 4.

[55] Diese Visitationen diskutiert man im Landtag vom 26. 3. 1699, wonach Kontrollen mit Ausnahme beim Adel und in den Klöstern stattfinden sollen. Bei wem sonst aber im Gegensatz zu seinen Beteuerungen, er hielte nichts versteckt, etwas gefunden werde, dessen Vorrat solle zugunsten der Armen beschlagnahmt werden. St. A. O. AA 23, Nr. 4. — Es müsse aber darauf geachtet werden, daß die Eigenbehörigen genügend Saatgut für die Sommersaat übrig behielten. St. A. O. AA 23, Nr. 4.

[56] Vgl. die im zweiten Kapitel dieser Untersuchung erwähnten Kornfuhren des Bauernstandes. — Vgl. auch: St. A. O. AA 137, Nr. 4.

3. Zollprivilegien

Auf Grund der geschilderten Lage des Fürstentums Osnabrück hinsichtlich seiner Versorgung finden sich Getreideimport-Beschränkungen nicht. Bei der Einfuhr ist lediglich der bereits für andere Güter genannte Finanzzoll zu entrichten [57].

Getreide, welches die Obrigkeit einkauft oder welches mit ihrer Unterstützung importiert wird, sog. «Ambts-Korn» [58], kann jedoch ganz ohne Zoll die Grenzen passieren. Einer Korrespondenz, die «Zollfreiheit des auß dem hannoverischen ins Stifft führenden Korns betrd.», vom Mai 1686 [59] ist dies eindeutig zu entnehmen.

Wie bereits erwähnt, besaß die Stadt Osnabrück ein Zollprivileg, das in der Richtung zollfreier Einfuhren für die Bürger und von den Bürgern der Stadt wirkte. Die Regierung unterscheidet offenbar aber, ob das Korn in die Stadt zum Konsum gehe oder vielleicht auf dem Markt weiterverkauft werde. In letzterem Falle drängt sie auf Verzollung [60].

Die Ritterschaft und der Klerus des Fürstentums – die Akten zählen dazu die Domkapitulare, Kanonici zu St. Johann, sonstige geistliche und adelige Herren sowie deren reisige Knechte – genießen ebenso wie die Osnabrücker Bürger Zollfreiheit [61]. Aber auch andere Adelige, nämlich solche aus den Nachbarterritorien, beanspruchen dieses Recht. Die Mindener und die Ravensberger Adeligen wollen ebenfalls Waren unverzollt in das Fürstentum einführen; offenbar war der Getreideimport zeitweise ein lohnendes Geschäft. Die dortige Ritterschaft beklagt sich, als ihnen die Osnabrücker Beamten jenes Recht streitig machen wollen, bei ihrem Herren, dem Kurfürsten von Brandenburg [62].

Schließlich lehnt die Regierung des Fürstentums Osnabrück die von den Adeligen der Territorien Minden und Ravensberg beanspruchte Zollfreiheit ab [63]. Eigenartigerweise

---

[57] St. A. O. AA 137, Nr. 4.
[58] Konzept aus dem Jahr 1686. St. A. O. AA 137, Nr. 4.
[59] St. A. O. AA 137, Nr. 4.
[60] Christian Siegfried von Schwann aus Landsberg bei Kettwig/Ruhr, beklagt sich in den Jahren 1672/73 bei der Regierung in Osnabrück: Weizeneinfuhren nach der Stadt Osnabrück seien immer zollfrei gewesen, was er an entsprechenden Unterlagen beizubringen versucht. St. A. O. AA 137, Nr. 4.
[61] Korrespondenz vom Juli/Aug. 1684. St. A. O. AA 137, Nr. 4.
[62] Kurfürst Friedrich Wilhelm v. Brandenburg als Territorialherr von Minden-Ravensberg schreibt am 22. 8. 1686 an die Regierung von Osnabrück (Original ging nach Hannover, dieses fertigt für Osnabrück eine Kopie): der Rentmeister des Amts Wittlage fordere von der Mindener Ritterschaft Zoll, und man solle dafür sorgen, daß diese «wieder Ihrer wol erlangter Zoll-Freyheit nicht weiter graviert oder beeinträchtigt werden mögen». Andernfalls wolle man sich der Osnabrücker Ritterschaft gegenüber entsprechend verhalten. – Ernst August ordnet eine Untersuchung an. Man schreibt aus Osnabrück, es sei zu verwundern, «daß ahn Se. Churfürstl. Dhlt. zu Brandenburg etc. deroselben Ritterschaft des benachbarten Fürstenthumbs Minden querulando Zubringen, nicht errhötet». Der Vorwurf wird mit dem Argument zurückgewiesen, jene zahlten nicht einmal Straßenunterhaltungskosten. Die Ritterschaft des Nachbarfürstentums zahle keinen neuen Zoll, sondern nur alle hereinkommenden Waren würden wie üblich verzollt. Der Rentmeister Schmittmann aus Wittlage teilt noch mit, Angehörige der Mindener Ritterschaft versuchten oft, ihre Waren beim Passieren der Grenze durch Verstecken der Verzollung zu entziehen. Seit seinem Amtsantritt vor dreißig Jahren sei keine neue Steuer bzw. Zoll mehr erhoben worden, der die Mindener Ritterschaft treffe. Ein Zollprivilegium der dortigen Adeligen sei ihm nicht bekannt. Eine Befragung von neun Männern und Frauen im Alter von 49 bis 85 Jahren habe dasselbe Ergebnis erbracht (solche Befragungen sind damals ein beliebtes Mittel zur Beweisführung, Anm.). St. A. O. AA 137, Nr. 4.
[63] Vorher ist der Rentmeister aus Wittlage nochmals konsultiert worden. Er schreibt, die vorgegebene Exemtion der Mindener Ritterschaft beruhe darauf, daß man «vermittelst von

führt man hier wie auch anderswo⁶⁴ als Grund für die Ablehnung dieser Forderung u. a. das Argument an, wer nichts zu den Straßenunterhaltungskosten im Fürstentum beitrage, müsse auch Zoll bezahlen. Dieser Hinweis erweckt den Anschein, als habe man im Fürstentum die erwähnten Finanzzölle als eine zweckgebundene Abgabe für den Straßenbau angesehen. Das trifft allerdings nicht zu, denn die Straßenunterhaltung war, wie dargelegt⁶⁵, ausschließlich eine Angelegenheit der Gemeinden.

4. Obrigkeitliche Bestrebungen für eine Vorratspolitik

Der ständige Zwang zu Importen rief natürlich bei der Regierung des Fürstentums Überlegungen nach einem Ausgleich der Getreideversorgung von Amts wegen auf den Plan. Eine derartige ständige Vorrats- und Magazinierungspolitik ist eine merkantilistische Errungenschaft⁶⁶. In Preußen macht sie Friedrich der Große zu einem Instrument seiner Wirtschaftspolitik⁶⁷. Im Territorium Osnabrück ist es Bischof Ernst August I., der, zunächst nur für die Versorgung seiner Truppen, ein Getreidemagazin anlegt⁶⁸. Die Wirkung der Einrichtung eines solchen Vorratslagers, das einen zeitlichen Preisausgleich ermöglichen sollte, war in seiner Wirkung natürlich nicht allein schon preis- oder mengenbeeinflussend. Immerhin ist damit der Anfang von Überlegungen auf diesem Gebiet gemacht worden, und im Jahre 1699 diskutiert der Landtag die Errichtung eines Getreidemagazins für den privaten Bedarf⁶⁹.

5. Getreide-Exportverbote

Angesichts des in knappen wie reichen Erntejahren herrschenden Einfuhrbedarfs an Getreide ist es verständlich, wenn sich die Obrigkeit zu strengen Exportverboten für

allerhand Päße durch-practicirt, oder weiln durch adjungirte bediente mündlich angeben undt hochstbetaurlich contestirt». Er führt noch einen Zeugen an: «Johan Bolner, 85 iahr alt, sagt, das sein Vattern ein fast hundert iähriger Mann, und nach deßen absterben, Er, biß in heutige Tage, beaideter Zöllner geweßen. Unter deßen die Mindensche Von Adell oder andere Praelaten, wegen Verkauff ander Sachen, Und Korn, die freiheit vom Zoll, niemalen praetendirt, noch gehabt hätten.» Selbst Korn, das von verschiedenen Celler Amtshäusern komme, sei verzollt worden, bis der Bischof von seinen Brüdern «belanget» worden sei und man ihm dort freie Päße (Anm.: die Zollfreiheit erlaubten) vorgewiesen habe. Eine entsprechende, im Konzept erhaltene Antwort ergeht an die Mindener Regierung. St. A. O. AA 137, Nr. 4.

⁶⁴ St. A. O. AA 137, Nr. 4. Schreiben des Bischofs Ernst August I. vom 29. 10. 1685.
⁶⁵ Vgl. zweites Kapitel dieser Untersuchung.
⁶⁶ HECKSCHER II, S. 98.
⁶⁷ SCHMOLLER-NAUDÉ, S. 22.
⁶⁸ Die Ablieferungen der eigenbehörigen Bauern an Getreide laufen unter dem Namen «Magazinkorn» und sind neben den sonstigen Naturallieferungen zu erbringen (vgl. auch zweites Kapitel dieser Untersuchung). So fordert Ernst August I. z. B. mit Verordnung vom 11. 4. 1673 von den eigenbehörigen Bauern des Fürstentums zur Füllung seines Magazins an Roggen je Vollerbenhof 2 Scheffel, Halberbenhof 1 Scheffel, Erbkotten ½ Scheffel, Markkotten 1½ Viertel Osnabrücker Maß. CCO I, S. 1466. — Bei den «Monatsschatz»-Zahlungen vom Jahre 1672 war es den Eigenbehörigen freigestellt, statt Steuergeldern Roggen oder Hafer im Werte der Steuerzahlung und zu marktgängigen Preisen abzuliefern. CCO I, S. 1466.— Dieselbe Leistung ist im gleichen Jahre nochmals zu erbringen. Verordnung Ernst Augusts I. vom 7. 9. 1673 (Ablieferung von Getreide als außerordentliche Abgabe an das Magazin). St. A. O. AA 387, Nr. Ia vol. I. — Lt. Verordnung Ernst Augusts vom 7. 9. 1674 müssen die Höfe «beiy Vermeidung der Execution» sogar pro Vollerbenhof 4 Scheffel, Halberbenhof 2 Scheffel, Erbkotten 1 Scheffel, Markkotten ¾ Scheffel abliefern. St. A. O. AA 387, Nr. Ia vol. I.
⁶⁹ Landtagssitzung vom 2. 9. 1699. St. A. O. AA 23, Nr. 4.

einheimisches Getreide entschließt. Diese Ausfuhrsperren setzen bald nach dem Kriege ein und finden sich, in Abständen neu kodifiziert, bis ins 18. Jahrhundert hinein[70]. Das Fehlen entsprechender Verbote von 1663 bis 1673 dürfte auf die günstige Preisentwicklung und die dadurch gegebene leichte Beschaffungsmöglichkeit für Getreide zurückzuführen sein. Die Korrespondenz zwischen Regierung und Beamten ergibt ein reges Interesse jener an der Überwachung der Landesgrenzen wegen der verfügten Ausfuhrverbote[71]. Durch Landtagsbeschluß vom 9. 9. 1661 wurde außerdem ein Getreide-Vorkaufsverbot für Fremde im Fürstentum beschlossen[72]. Die Stadt Osnabrück stellt sogar die Ausfuhr von Brot unter Strafe[73].

In allen Maßnahmen der Obrigkeit des Fürstentums wie der Stadt Osnabrück spiegelt sich die permanente Einfuhrnotwendigkeit für Getreide wider. Importbeschränkende Maßnahmen sind nicht zu finden, und es wird keine Klage laut, die den bei der Einfuhr erhobenen Finanzzoll als importbeschränkend ansieht. Eine Getreidehandelspolitik in der Richtung, den Bauern im eigenen Land durch Einfuhrbeschränkungen auskömmliche Preise zu sichern, kommt also nicht zum Tragen. Die Ausfuhrverbote und das erwähnte Vorkaufsverbot nahmen den eigenbehörigen Bauern allerdings auch die Möglichkeit, in Zeiten von Getreidemangel Überpreise zu erzielen. Als Höchstpreis-

---

[70] Verordnung Franz Wilhelms vom 12. 8. 1652: ohne spezielle Erlaubnis darf niemand Getreide aus dem Land schaffen. CCO II, S. 57, Nr. 170. — Verordnung Ernst Augusts I. vom 17. 8. 1662 über das Verbot der Getreideausfuhr. CCO II, S. 73, Nr. 230. — Verordnung Ernst Augusts I. vom 4. 10. 1674 wegen einer gänzlichen Frucht- und Getreide-Ausfuhrsperre auf unbestimmte Zeit. CCO II, S. 105, Nr. 314. Ernst August schreibt, daß das Exportverbot infolge Mißwachs im Fürstentum erfolge, weshalb Roggen, Weizen, Gerste, Hafer, Malz nicht ausgeführt werden dürften. Jeder solle seine Überschüsse billig im Fürstentum verkaufen, bei Zuwiderhandlungen droht er mit Konfiskation. St. A. O. AA 387, Nr. Ia vol. I. — Verordnung Ernst Augusts I. vom 24. 10. 1674 wegen Verbots der Getreideausfuhr auf unbestimmte Zeit. CCO II, S. 106, Nr. 322. — Verordnung Ernst Augusts I. vom 15. 1. 1682 mit demselben Inhalt. CCO II, S. 113, Nr. 355. — Verordnung vom 13. 10. 1687 wegen verbotener Haferausfuhr auf unbest. Zeit. CCO II, S. 123, Nr. 390. — Verordnung Ernst Augusts I. vom 12. 9. 1688 und 28. 11. 1692 wegen Verbots der Getreideausfuhr und des Branntweinbrennens auf unbestimmte Zeit. CCO II, S. 135, Nr. 428 bzw. S. 124, Nr. 400. — Vgl. auch: St. A. O. AA 387, Nr. Ia vol. I und CCO II, S. 152, Nr. 484; CCO II, S. 165, Nr. 553.

[71] So schreibt die Regierung am 9. 9. 1661 an alle Beamten: Es habe zwar den Anschein gehabt, daß infolge des guten Frühlingswetters die Ernte gut werde. «So gibt es doch itzo die Erfahrung, daß der rogke bei der großen Sommerhitze ziemlich zurückgeschlagen, und also allem ansehen nach wol eine Tewerung im hiesigen Stiffte zubefahren umb demehr, weiln man in glaubhafft berichtet wird, daß sich in selbigem außlendische Vorkauffer finden laßen, welche den Rogken auffkauffen und außer dem Stifft führen. Dahero bey Landraths der schluß dahin gefallen, nahmens J. hochfrl. Dhlt. unseres gsten Herrn Ew. Gd. und Euch zubefehlen dergleichen außlendische Vorkauffer nicht zu gestatten und die Verkaufung des rogken außer hiesigen Stifft per publicum proclama verbieten zu laßen. ... Also werdet Ihr solches ohngeseumet ad effectum zu richten dermaßen zu halten und auff die contravenienten zu gebührender straffe merken laßen.» St. A. O. AA 23, Nr. 3. — Den heimlichen Getreideexport macht man für zeitweise eintretende Preissteigerungen verantwortlich. So wird im Landtag festgestellt, etwa 1670/90 (Akte o. Dat.): Es erfolge ein unerlaubter Roggenexport aus dem Fürstentum über Fürstenau und Vörden, der zu Preissteigerungen geführt habe. «So ist für guett befunden worden, daß in obbemelten Beyden Ämbttern Bey pöen der confiscation die Außfuhr des rogken öffentlich von der Cantzell publicirt und Verbotten werden solle.» St. A. O. AA 23, Nr. 5.

[72] St. A. O. AA 23, Nr. 3.

[73] STÜVE, Finanzwesen, S. 79.

fixierung bestand innerhalb des Fürstentums die mehrfach erwähnte «Osnabrücker Korntaxe»[74].

6. Brennverbote

Im Zusammenhang mit Maßnahmen zur Schonung des Holzbestandes[75] wurde bereits von obrigkeitlichen Verboten für das Branntweinbrennen gesprochen. Diese Verbote ergehen aus zweierlei Motiven: einmal wegen der erwähnten Bemühungen zur Schonung des Holzbestandes der Wälder, zum anderen wegen des starken Getreideverbrauchs beim Kornbrennen. So entspinnt sich vor allem im letzten Jahrzehnt des 17. Jahrhunderts im Landtag des Fürstentums Osnabrück eine lange Diskussion über die Zweckmäßigkeit der Einschränkung bzw. des Verbots des Branntweinbrennens[76]. Bischof Ernst August I. schlägt ein vollkommenes Brennverbot für das Fürstentum vor, wobei der benötigte Branntwein eingeführt werden solle. Die Stände wünschen hingegen eine Beschränkung der Brennberechtigung auf den Adel, die Klöster und einige mit Konzessionen Privilegierte. Eine solche Privilegierung wird jedoch vom Bischof nicht für günstig gehalten, und er macht die Stände des Fürstentums darauf aufmerksam, daß diese Bevorzugten leicht «monopolia» bilden könnten[77]. Das schließlich von Ernst August

---

[74] Inwieweit diese Preisfixierung den eigenbehörigen Bauern auskömmliche Preise sicherte, ist nicht ohne weiteres zu sagen. Es wäre hierbei eine Untersuchung der Kostenstruktur bei der damaligen Getreideerzeugung notwendig. Nach BELOWS — erwähnter — Feststellung waren diese obrigkeitlichen Preisfixierungen stets auf billigstmögliche Versorgung, aber nicht auf die Festsetzung von für die Bauern auskömmlichen Preisen ausgerichtet.
[75] Vgl. siebentes Kapitel dieser Untersuchung.
[76] St. A. O. AA 23, Nr. 3, 4, 5; St. A. O. AA 387, Nr. I a vol. I. — Im einzelnen ist der Gang der Entwicklung etwa folgender: Lt. Landtagsprotokoll vom 29. 3. 1696 hat der Kanzler v. Derenthal eine Denkschrift entworfen, worin mitgeteilt wird, «daß das überflüssige Korn Brandweins Brennen Zu Menagierung des Korns und Gehöltzes hier im Stiffte möchte abgestellt und regulirt werden». Zu diesem Zwecke wurde bereits «die Verlangte designatio aller distillir-Helme und Brandweins-Keßel auß allem Ämbtern bereits eingeholt, so sich ad 198 beliefen». Die von den Klöstern, Adeligen, Beamten, Pastoren und Vögten befänden sich nicht darunter. Diese dürften zum persönlichen Gebrauche, aber nicht für den Verkauf brennen. Wer weiterhin Brennrecht behalten wolle, müsse eine entsprechende Konzession haben und eine Abgabe entrichten. St. A. O. AA 23, Nr. 3. — Der Bischof, inzwischen Kurfürst von Hannover geworden, fragt an, ob es denn nicht zweckmäßiger sei, zur Schonung der Getreidevorräte (und zum Schutz der Wälder) das Branntweinbrennen im Fürstentum ganz zu verbieten. St. A. O. AA 23, Nr. 3. — Darauf antwortet man aus Osnabrück — typisch merkantilistisch — am 24. 7. 1696: «Da dann nach geflogener Unterredung der sämptlichen Land-Räthe Meinung und votum dahin gegangen, wan der Brandwein außwertig solte eingeholt werden, daß dem Stiffte und den Unterthanen es viel schädlicher fallen würde, indem das Geldt außerhalb des Landes gebracht, und der Brandwein, weiln mehrer Accicse darauffgingen, im Preise versteigert würde, auch die Nahrung, und der Profit, welcher deßfallß an Außheimische gereichte, viel mehr hiesigen Unterthanen zu gönnen wäre.» Würden aber im Fürstentum nur 21 Brennereien (Anm.: die vorgesehene Zahl der Privilegierten) erlaubt werden, so könnte «die Conservatio des Getraydes und Gehöltzes erhalten werden». Infolge schlechter Qualitäten — der Branntwein war bereits einmal, aus der Gegend von Quedlinburg, importiert worden — und der hohen Zolltarife wie der Fuhrsätze ergebe sich kein Vorteil. St. A. O. AA 23, Nr. 3, 5. — Nach nochmaliger Korrespondenz zwischen Bischof und Ständen nimmt jener wie folgt Stellung: 1. Die Behauptung, beim Branntweinbrennverbot und Import des Branntweins aus dem Ausland gehe viel Geld ins Ausland, stehe in keinem Verhältnis zu der Tatsache, was zeitweise — wegen der besseren Gewinnmöglichkeiten — an Getreide aus dem Fürstentum herausgeschafft werde. 2. Die behauptete Preissteigerung werde kaum eintreten, da der Branntwein aus Gegenden mit Holz- und Getreideüberschüssen — also wo er billig ist — importiert werde. 3. Die
[77] Stellungnahme vom 1. 8. 1696. St. A. O. AA 23, Nr. 4.

erlassene Edikt ist ein Kompromiß zwischen seiner Meinung und dem Standpunkt der Stände des Fürstentums: das Branntweinbrennen wird nicht verboten, sondern mehr eingeschränkt[78]. Dieses Kompromiß neigt jedoch stärker zugunsten der Stände, die die Aufrechterhaltung von Branntweinbrennereien wohl deshalb befürworteten, damit sie selbst weiterproduzieren konnten und darin ein lohnendes Geschäft sahen.

c) Sonstige Zollpolitik

1. Fiskalischer Charakter der Zölle

In den obigen Ausführungen wurde stets darauf hingewiesen, daß die von der Obrigkeit an den Grenzen des Fürstentums Osnabrück erhobenen Zölle lediglich den Charakter von Finanzzöllen haben. Sie waren keinesfalls als Schutz irgendeines landwirtschaftlichen Produktes gedacht, wie es z. B. die Zölle oder gar Einfuhrsperren im Rahmen der brandenburg-preußischen Getreidehandelspolitik gewesen sind. Es wird zu zeigen sein, daß dies auch für die Einfuhren von Vieh in das Fürstentum zutrifft. Ebenso belegt man andere Nahrungsmittel lediglich aus fiskalischen Gründen mit Abgaben.

2. Vieh, bes. Schlachtvieh und Lebensmittel

Die Viehzucht spielte, wie bereits gesagt[79], im Fürstentum Osnabrück die relativ größere Rolle vor dem Ackerbau. Aber von so großer Bedeutung, daß hierauf etwa hätte in Form einer Schutzzollpolitik Rücksicht genommen werden müssen, war sie nicht. So haben auch hier die von der Obrigkeit erhobenen Zölle einen ausgesprochenen Finanz- (also fiskalischen) Charakter, der vor allem an den kleinen Zollsätzen, verglichen mit dem Wert der eingeführten Güter, sichtbar wird[80].

Die Zollsätze sind im Fürstentum an den einzelnen Erhebungsstätten nicht einheitlich aufeinander abgestimmt, sondern weichen teilweise voneinander ab. In erster Linie kommen Nutz- und Schlachtvieh zur Verzollung[81].

Beschränkung des Brennrechts auf einige Personen sei ein zu großer ungerechtfertigter Vorteil für die dadurch Privilegierten, sie werde Mißgunst und Unstimmigkeiten hervorrufen. Die Privilegierten würden mehr als ihnen erlaubt heimlich brennen und damit Holz und Getreide — das man mit dieser Maßnahme zu sparen beabsichtigte — weiterhin verbrennen. 4. Die Bevorzugung von Leuten bei der Vergabe der Brennkonzessionen, die Holz und Getreide in genügenden Mengen besäßen, würde zu keinerlei Sparsamkeit führen; die Privilegierten würden im alten Umfang weiterbrennen. Man solle sie lieber zur Sparsamkeit anhalten. St. A. O. AA 23, Nr. 4. — In Osnabrück verharrt man jedoch auf dem Standpunkt, daß bei Durchführung der Vorschläge Ernst Augusts zuviel Geld ins Ausland ginge. Getreide sei im übrigen genügend vorhanden. Dann hätten auch beim Brennen in den Brennereien aus den Abfällen Futter für das Vieh, was im anderen Falle nicht vorhanden sei. Außerdem würden Brennverbote nicht zu einer Enthaltsamkeit der Untertanen vom Alkoholgenuß führen. Die Vergabe der Brennlizenzen solle nach Höchstgebot erfolgen, damit es nicht den Anschein habe, die Ritterschaft werde einseitig bevorzugt. St. A. O. AA 23, Nr. 4.

[78] Edikt Ernst Augusts I. vom 18. 11. 1696. St. A. O. AA 387, Nr. I a vol. I. Das Brennen wird auch mit der Begründung eingeschränkt, daß infolge zuvielen Trinkens auch zuviel gefaulenzt werde. Ebd.

[79] Vgl. siebentes Kapitel dieser Untersuchung.

[80] Vgl. die obenerwähnten Preisangaben sowie die Tabellen über Währungsvergleiche im Anhang dieser Untersuchung.

[81] (Fußnote auf Seite 135).

Andere – auch nicht im eigenen Lande produzierte – importierte Lebensmittel und Güter des täglichen Bedarfs werden ebenfalls mit einem Finanzzoll belegt[82]. Es handelt sich dabei aber ausschließlich um Massenkonsum-, nicht um Luxuswaren.

[81] Es wurde z. B. an den Zollstationen gefordert (Aufstellung vom 13. 9. 1631) für:

	allgemein	Hunteburg	Bohmte	Iburg	
1 unbeschlag. Pferd	4	4	3	6	Pfg.
1 beschlag. Pferd («ein Pferd so durch Oßnabrügk in der Koppeln geführet wirdt»)	6	6	3	6	Pfg.
1 Kuh	3	3	3	4	Pfg.
1 Schwein	2	2	2	2	Pfg.
1 Schaf	2	2	2	2	Pfg.
1 Ochse oder Schmalrind	4				Pfg.
1 Fohlen	3				Pfg.

St. A. O. AA 137, Nr. 1. –

Etwa im Jahre 1659 (Akte o. Dat.) fordert man lt. «Gesmolder Zollrolle» für

1 Ochsen, Rind oder Kuh	6	Pfg.
1 Schwein	3	Pfg.
1 Schaf	3	Pfg.

St. A. O. AA 137, Nr. 2. –

An einer anderen (nicht genannten) Zollstation des Fürstentums fordert man etwa zur gleichen Zeit:

1 inländ. Kuh	4	Pfg.
1 Ochsen	3	Pfg.
1 fettes Schwein	4	Pfg.
1 mageres Schwein	2	Pfg.
1 Schaf	2	Pfg.

St. A. O. AA 137, Nr. 2. –

Im Jahre 1647 fordert die Regierung die Zollregister verschiedener Ämter an, die folgende Zollsätze enthalten:

Amt:	Iburg	Fürstenau	Wittlg.	Hunteburg	Grönenberg	Reckenberg	
1 Milchkuh	6	4	6	6	6		Pfg.
1 Ochse oder Schmalrind	6				5	3	Pfg.
1 Schwein, klein	2	2	3	4	1½		Pfg.
1 Schwein, groß	4	2	3	4	3	2	Pfg.
1 Schaf oder Hammel	2	2	3	4	2	1	Pfg.
1 Pferd		1 Sch.	4	6	8		Pfg.
1 Fohlen	6						Pfg.

St. A. O. AA 137, Nr. 2. –

[82] Im Jahre 1631 hat «jeder Wagen so außlendisch» 1 Sch. Wagenzoll, ein Wagen mit Hopfen, ein Wagen Salz soviel, wie 2 Scheffel Hopfen bzw. 2 Scheffel Salz an Zoll kosten, zu entrichten. St. A. O. AA 137, Nr. 1. – Ferner kostet im Jahre 1631 an Zoll:

	allgemein	Hunteburg	Bohmte	Iburg
1 beschlagener Wagen	2 Sch.	2 Sch.	2 Sch.	1 Sch.
1 unbeschlagener Wagen	1 Sch.	1 Sch.	1 Sch.	1 Sch.
1 beschlagener Karren	1 Sch.	1 Sch.	1 Sch.	6 Pfg.
1 unbeschlagener Karren	1 Sch.	1 Sch.	6 Pfg.	6 Pfg.
1 Bett		4 Sch.	4 Sch.	
1 Mühlstein		4 Sch.	4 Sch.	

St. A. O. AA 137, Nr. 1. –

Es wurde bereits davon gesprochen, daß die Stadt Osnabrück ein Zollprivileg besaß: Waren, die für den Konsum in Osnabrück bestimmt waren oder durch Osnabrücker Bürger eingeführt wurden, durften an den Landesgrenzen nicht mit Zöllen belegt werden[83]. Die Regierung des Fürstentums versucht aber zeitweise über ihre Beamten, das für die Stadt Osnabrück bestimmte Vieh trotzdem zu verzollen[84]. Schließlich muß man aber doch die Zollprivilegien der Stadt respektieren.

Hingegen wird den Beamten seitens der Obrigkeit eingeschärft, stets auf Zollhinterziehungen zu achten, besonders, wenn Händler das Vieh «wiederumb auß dem landt... treiben wollen»[85]. Wer bei einem solchen Versuch ertappt wird, verliert Güter und Vieh[86]. Die Regierung legt demnach auf die Erhaltung dieser Einnahmequelle einigen Wert[87]. Es handelt sich aber, wie bereits erwähnt wurde und was nochmals zu betonen ist, um rein fiskalisch orientierte Zölle, die man auf die Güter des täglichen Bedarfs legt.

3. Verkehrszölle auf durchgehende Güter

KUSKE[88] weist besonders darauf hin, daß u. a. das Fürstentum Osnabrück, geographisch gesehen, als ausgesprochenes Durchgangsgebiet vor allem von den Verkehrs-

Im Jahre 1653 fordert man für je «eine Last» an Nahrungsmitteln bzw. Rohstoffen wie

Butter, Salz, Käse, Hering, Leinsamen, Roggen, Erbsen, Bohnen	1 Sch.
100 Pfd. «wüllen» (Wolle)	12 Pfg.
100 Pfd. «Hoppen» (Hopfen)	2 Pfg.

Zoll an den Grenzen des Fürstentums. —Ferner werden für Honig, Wein, Branntwein, Bier, Teer, Tran, Öl, Abgaben pro Wagen in Höhe von 18 Pfg. gefordert. St. A. O. AA 137, Nr. 1.

[83] So schreibt der Rentmeister Morrien am 26. 7. 1652 an die Regierung in einer Zollangelegenheit: «Waß aber den durchgehenden Viehe anlangt, so von den Melchern Zu Oßnabrugk geschlachtet und ins Fleischhauß verkaufft und gebracht wirdt, weiß nicht anderß, daß daß solches allemahl Zoll frey gewesen, andere Güther aber so durch die Stadt Oßnabrugk getrieben oder sonsten am Friedthoffe Zu feil und Zu Kauffe gebracht, ... verzolt werden müßen.» St. A. O. AA 137, Nr. 1.

[84] St. A. O. AA 137, Nr. 3. Die Regierung erstellt (etwa 1653, Akte o. Dat.) einen Bericht, in welchem es heißt: die ausländischen Ochsenhändler hätten sich geweigert, Vieh und Jungvieh, das sie in die Stadt Osnabrück verkaufen, verzollen zu lassen, wie dies seit je geschehen. Man hat die Stadt gebeten, die Händler zu bestrafen, und zwar mit Arrest. «Es hat sich aber hiesige Statt ins mittell gelegt» und teils den Arrest überhaupt erlassen, zum anderen die Leute auch nicht zur Bezahlung des Zolles angehalten, was gegen altes Herkommen, Friedensschluß und die Bestimmungen der Immerwährenden Kapitulation sei. — St. A. O. AA 137, Nr. 3. — Es entspinnt sich eine lange Korrespondenz zwischen dem (zeitweise in Bayern, Deggendorf, weilenden) Bischof und der in Osnabrück verbliebenen Regierung. Die Stadt beruft sich dabei auf ein (die alte Zollfreiheit erneut bestätigendes) Privileg des Bischofs Diederich vom Jahre 1388. Demnach sind — wie erwähnt — bis auf den geringen Wagenzoll Waren aller Art von Osnabrücker Bürgern bei Ein- und Ausfuhr zollfrei, vor allem das für Osnabrück bestimmte Schlachtvieh. St. A. O. AA 137, Nr. 3. — Ähnlich fällt auch die Entscheidung im Falle des hannoverschen Metzgers Gert Lührmann vom Jahre 1691 aus. St. A. O. AA 137, Nr. 4.

[85] St. A. O. AA 137, Nr. 3. Schrb. Franz Wilhelms vom 17. 11. 1652.

[86] St. A. O. AA 137, Nr. 3. Schreiben Franz Wilhelms an die Land- und Justizkanzlei vom 7. 1. 1654.

[87] Bereits 1631 hatte Franz Wilhelm die Beamten ermahnt, die Viehzölle zu erhöhen, die im Vergleich zu anderen Territorien zu gering seien, «hingegen dieserseits straßen, Päße, Wege und brücken, zumahlen nit ohne große Kösten, gebeßert und erhalten werden müßen». Er gibt den Befehl, die Zölle zu verdoppeln und bis zu einem Schilling pro Tier an Zoll zu verlangen. St. A. O. AA 137, Nr. 3.

[88] «Solche Länder waren schon im Mittelalter immer auf Sicherheitsmaßnahmen bedacht,

zöllen profitiert habe. Diese Feststellung wird durch das benutzte Aktenmaterial erhärtet, denn nicht alle Güter, von denen beim Passieren der Landesgrenzen Zoll erhoben wurde, blieben im Land. Vor allem wären die Mast- und Schlachtviehherden, die an den einzelnen Zollstationen verzollt wurden, zu groß gewesen, als daß sie im Osnabrücker Raum hätten Absatz finden können[89]. Dänische, holländische, flämische, brabantische, jülichsche und bergensche Ochsenhändler trieben ihr meist in Dänemark eingekauftes Vieh – wovon Korrespondenzen zeugen – durch das Fürstentum Osnabrück nach Süden: über Vechta und Fürstenau an der Nordgrenze des Territoriums weiter in Richtung Rheine oder Lingen[90].

Für andere Güter, die auf dem Transport das Fürstentum passierten, sind – wie gezeigt – ebenfalls Zölle erhoben worden, wenngleich hier auch Mengenangaben im Gegensatz zu den durchgetriebenen Viehherden nicht auffindbar waren oder fehlen.

Die Bedeutung der Zölle als Einnahmequelle für das Fürstentum steht aber in keinem Verhältnis zu den anderen, wie z. B. den Steuern, was aus der relativ geringen Aufmerksamkeit, die man dem Ausbau des Zollwesens schenkt, hervorgeht.

4. Holz und Pferde

Angesichts der erwähnten allmählich eingetretenen Holzknappheit im Fürstentum erscheinen bereits um die Wende des 16. Jahrhunderts obrigkeitliche Ausfuhrverbote. Das erste stammt von Bischof Philip Sigismund, der in seiner Eigenschaft als Oberholzgraf der Marken den Holzexport verbietet[91]. Nach den Waldverwüstungen in der Zeit des Dreißigjährigen Krieges erneuert Bischof Franz Wilhelm einige Jahre nach Friedensschluß das Ausfuhrverbot für Bauholz aus dem Fürstentum[92]. Merkwürdigerweise – und für diese Unterlassung ist eigentlich keine Erklärung zu geben – hat Bischof Ernst August I. als Nachfolger Franz Wilhelms weder die Holzexporte erneut verboten noch die Ausfuhr irgendwie anders unter Kontrolle gestellt.

Zu Beginn des 18. Jahrhunderts erläßt Bischof Carl von Lothringen als Nachfolger Ernst Augusts I. Verbote für die Ausfuhr von Pferden aus dem Fürstentum[93]. Auch auf

---

aufgeschlossen für Landfriedens- und Handelsverträge, und sie lebten finanzpolitisch verhältnismäßig stärker von den Verkehrszöllen. Das fällt in Westfalen besonders auf bei den Ländern Münster, Osnabrück, Bentheim und Hoya.» KUSKE, S. 5.

[89] So haben am 28. 9. 1626 insgesamt 1142 Ochsen, am 30. 9. 1626 700 Ochsen und am 16. 10. 1626 728 Ochsen die Nordgrenze des Fürstentums in Richtung Süden passiert. St. A. O. AA 137, Nr. 2. – Lt. Aufstellung vom 26. 7. 1652 sollen «Oxen, so auß Denemark kommend» mit einem Zoll von 1 rthl. belegt werden. St. A. O. AA 137, Nr. 1. – Der Umfang der durch das Fürstentum hindurchgetriebenen Pferdeherden betrug etwa jeweils dreißig bis vierzig Tiere. St. A. O. AA 137, Nr. 2.

[90] Diese Angaben sind aus einer Klage zu erfahren, die von den Ochsenhändlern wegen des Bestehens eines konkurrierenden Zolles zwischen dem Fürstentum an den Landesgrenzen und der Stadt Fürstenau angestrengt wird. Diese Händler kaufen die Ochsen in Dänemark ein und treiben sie nach Hause zur Weide. St. A. O. AA 137, Nr. 2.

[91] KLÖNTRUP II, S. 323ff.

[92] Verordnung Franz Wilhelms vom 27. 10. 1656, Verbot, ohne Erlaubnis Bauholz ins Ausland zu bringen. CCO II, S. 63, Nr. 193. – Verordnung Franz Wilhelms vom 7. 7. 1658 an alle Ämter, wonach die Bauholzausfuhr weiterhin verboten ist. CCO II, S. 67, Nr. 209. – Verordnung Franz Wilhelms vom 9. 7. 1659, wonach die Bauholzausfuhr weiterhin verboten bleiben solle. CCO II, S. 71, Nr. 217.

[93] Verordnung Bischofs Carl vom 5. 5. 1702, wonach es bei Strafe der Konfiskation verboten ist, Pferde auszuführen oder an Aufkäufer, Roßhändler und Juden zwecks Ausfuhr zu verkaufen. CCO II, S. 156, Nr. 498. – Das Verbot wird jedoch bereits mit Verordnung des Bischofs

diesem Gebiet hat sein Vorgänger keinerlei Maßnahmen getroffen, obwohl er doch für seine Truppenverbände ständig Pferde nötig gehabt hat. Die Unterlassung entsprechender Verordnung läßt aber den Schluß zu, daß die Pferdezucht keine überragende Bedeutung im Territorium Osnabrück hatte.

5. Versuch der Einführung einer territorialen Allverbrauchssteuer (Akzise)

In dieser Untersuchung wurde bereits kurz vom Versuch Ernst Augusts zur Einführung einer Akzise im ganzen Fürstentum gesprochen[94]. Zwar existierte die gezeigte Einfuhrbelastung für Lebensmittel, welche jedoch nicht die straffen Vorschriften einer Akzise aufweist. Kraft ihres erwähnten Zollprivilegs erhob die Stadt Osnabrück aber innerhalb ihrer Jurisdiktion bei der Wareneinfuhr in die Stadt eine städtische Allverbrauchssteuer[95].

Erstmalig wurde das «Akziseprojekt» vom Bischof im Jahre 1673 den Ständen vorgelegt, jedoch von diesen abgelehnt[96]. Eine erneute Vorlage sicherte den Ständen erhebliche Vorteile zu, und SCHÖTTKE[97] meint: «Dieser Entwurf berücksichtigte ohne Zweifel geschickt die wirtschaftlichen Verhältnisse des Landes, daß er aber auf eine wirtschaftliche Förderung nicht angelegt war, zeigt der hohe Satz für die Ausfuhrprodukte. Schon im einzelnen hatten die Stände mancherlei an dem Projekt auszusetzen, u. a., daß alle auf den Märkten zum Verkauf gestellten Waren frei bleiben müßten. Das Domkapitel aber verlangte, daß vor allem die Stadt Osnabrück ihre Akzise aufgeben müsse, ehe man an eine solche für das ganze Land denken könne. Natürlich aber weigerte sich die Stadt, diese ihre beste Einnahmequelle preiszugeben. Und zum Glück für die Stadt versteiften sich die anderen Stände so sehr auf ihre vollständige Exemtion, daß das ganze Projekt daran scheiterte.»

Nach abermaliger Vorlage im Jahre 1686 scheitert die Einführung dieser «Consumtionsaccise» hauptsächlich daran, daß sich, wie SCHÖTTKE[98] meint, die Stände des Fürstentums der Reste des ihnen verbliebenen Steuerbewilligungsrechts nicht begeben wollten. Solches wäre aber, wenn Ernst August seine Pläne hätte durchsetzen können, zweifelsohne eingetreten: die Akzise als ständig fließende Einnahmequelle hätte keiner weiteren Genehmigung der Stände mehr bedurft.

---

vom 27. 5. 1702 aufgehoben. CCO II, S. 156, Nr. 502. — Am 9. 1. 1702 wird das Ausfuhrverbot von Bischof Carl erneuert. CCO II, S. 161, Nr. 527.

[94] Vgl. drittes Kapitel dieser Untersuchung.
[95] SCHÖTTKE, S. 17.
[96] SCHÖTTKE, S. 16 (unt. Hinw. a. St. A. O. AA 22, Nr. 18). — Ernst August hatte daraufhin die Stände wissen lassen, er werde sich trotzdem bemühen, die geplante Akzise einzurichten. Ebd.
[97] SCHÖTTKE, S. 17. — Ders., S. 17 (unt. Hinw. a. St. A. O. L. A., A 7), nennt vier Klassen von (geplanten) akzisepflichtigen Gegenständen:
 1. Getränke, gebräuchlichste Verbrauchsartikel, Nahrungs- und Genußmittel,
 2. Produkte der Tuch- und Wollindustrie, Vieh,
 3. Ackerbauprodukte, Salz,
 4. Branntwein, Bier, Holz, Holzkohle, Heu usw.
Vorgesehen waren vier Klassen:
 1. Klasse, Akzise bei der Einfuhr,
 2. Klasse, Akzise bei der Ausfuhr,
 3. Klasse, Akzise bei der Ein- und Ausfuhr,
 4. Klasse, Akzise beim Verkauf oder Verbrauch auf dem Lande.
[98] SCHÖTTKE, S. 17 (unt. Hinw. a. St. A. O. L. A., A 7).

V. Zusammenfassung

Im Fürstentum Osnabrück herrschte, wie festgestellt wurde, nach dem Dreißigjährigen Kriege eine obrigkeitliche Preisregelung für Nahrungsmittel, die allerdings keine spezifische Errungenschaft der Zeit nach Friedensschluß ist. Unter den obrigkeitlichen Einflußnahmen auf die Preisbildung nimmt die für landwirtschaftliche Produkte eine bevorzugte Stellung ein. Schon die Getreidepreise sind amtlich fixiert. Die «Korntaxe» wird in jedem Jahr neu festgesetzt, offenbar deshalb, um sich der ausländischen Getreidemarktpreisbildung anzupassen. Mit dieser Regelung wird praktisch eine konstantere Preisbildung für die Endprodukte (Brot, Bier) gewährleistet, jedoch auf der anderen Seite den Händlern wie einheimischen Erzeugern die Gewinnspanne begrenzt. Die gesamte Getreidepolitik ist von dem ständigen, wenn auch zeitweise verschieden großen Zwang zum Import diktiert. Irgendwelche Einfuhrbeschränkungen gibt es nicht.

Die an den Landesgrenzen des Fürstentums Osnabrück erhobenen Zölle sind ausgesprochene Finanzzölle und werden in gleicher Höhe von Gütern, welche durch das Territorium transportiert wurden wie von solchen erhoben, die innerhalb des Fürstentums verkauft werden. Von den Zollprivilegien der Stadt Osnabrück wurde gesprochen.

Für die Vieheinfuhr gilt das oben Gesagte, nämlich, daß sie ebenfalls nur mit rein fiskalisch orientierten Zöllen belastet wird. Der Fleischpreis ist, mindestens in der Stadt Osnabrück, infolge seiner Bedeutung für die Versorgung der Bevölkerung, amtlich festgelegt.

Insgesamt ist zu sagen, daß eine obrigkeitliche Preisregelung für landwirtschaftliche Produkte im Fürstentum Osnabrück wohl bestand, hinsichtlich ihres Umfanges oder ihrer Spezifizierung nicht über den damals allgemein üblichen Rahmen hinausgeht. Die Festsetzung von Höchstpreisen und die obrigkeitlichen Getreideeinkäufe unterstreichen den Versorgungsgesichtspunkt, von dem sich die Regierung des Fürstentums bei ihren Maßnahmen leiten läßt.

Ergebnis der Untersuchung

Zum Abschluß der vorliegenden Untersuchung soll auf die Ergebnisse im einzelnen nicht mehr eingegangen werden. Die Resultate wurden vielmehr bereits am Schluß der einzelnen Kapitel zu geben versucht.

Es kam hier vor allem darauf an, die Maßnahmen der damaligen politischen Instanzen nach Ende des Dreißigjährigen Krieges im Sektor der Landwirtschaft und Agrarverfassung darzustellen, mit der allgemeinen Entwicklung zu vergleichen und ihre Wirkung auf die agrarischen Verhältnisse des Fürstentums Osnabrück zu untersuchen. Es wurde versucht, den Text auf die Darstellung des Generellen, Typischen, gewissermaßen auf die im Osnabrücker Territorium anzutreffende «große Linie» zu beschränken.

Das Ende des Dreißigjährigen Krieges hätte wegen des vielerorts notwendigen Neubeginns in Form des Wiederaufbaues als Einleitung einer neuen Epoche in der Landwirtschaft dienen können. Aber noch sind die entscheidenden Entdeckungen und Entwicklungen – die im 18. Jahrhundert folgen – auf biologischem, chemischem und technischem Gebiet nicht gemacht. So vollzieht sich der Wiederaufbau und weitere Ausbau der Agrarwirtschaft auch in dem nicht stark kriegszerstörtem Territorium des Fürstentums Osnabrück in den alten, traditionalen Bahnen: alte Maßnahmen werden weitergeführt, auf ihnen andere aufgebaut, neue kommen hinzu. Die Obrigkeit greift jedoch

– allgemein und in Osnabrück im besonderen – nach Kriegsende recht aktiv auf verschiedenen Teilgebieten der Landwirtschaft ein. Dieser Vorgang ist zwar, wie ausführlich dargelegt wurde, nicht originell, so doch wesentlich stärker als vor dem Kriege spürbar. Einmal geschieht es im Interesse des – territorial allerdings verschieden stark notwendigen – Wiederaufbaues, zum anderen aus steuerpolitischem Motiv: zur Sicherung der staatsfinanzwirtschaftlichen Einnahmen. Aus den dargelegten Gründen benötigt der Territorialherr konstant und stärker als vor dem Kriege fließende Steuerquellen. Im Fürstentum Osnabrück hat bei allen obrigkeitlichen Maßnahmen, die Landwirtschaft und Agrarverfassung betreffen, der steuerpolitische Gesichtspunkt bei weitem vor anderen den Vorrang. Auf die Gründe hierfür wurde ausführlich eingegangen. Zwar wird eine Art «Bauernschutzpolitik» betrieben, nicht aber unter dem Aspekt von Zielsetzungen der modernen Agrarpolitik. Korrespondenzen und landesherrliche Edikte zeigen das immer wieder. Und nur so wird es verständlich, daß manche der untersuchten Maßnahmen von ausgesprochen schädlicher Wirkung für die Landwirtschaft des Fürstentums waren.

Der ursprüngliche Plan dieser Untersuchung war, merkantilistische Maßnahmen der Obrigkeit und ihre Wirkung auf die Agrarwirtschaft des Fürstentums Osnabrück darzustellen. Der deutsche Kameralismus nimmt sich ja in vielen anderen deutschen Territorien der Agrarwirtschaft nach Ende des Dreißigjährigen Krieges besonders an. Im untersuchten Gebiet hingegen beginnen merkantilistische Maßnahmen in der Landwirtschaft nicht vor dem 18. Jahrhundert, wenn auch manche – erwähnten – Formulierungen der Stände (wie z. B.: das Geld müsse «im Lande bleiben») auf merkantilistisches Denken hinweisen. Vor allem ist das erwähnte Motiv für obrigkeitliches Eingreifen in Landwirtschaft und Agrarverfassung noch vormerkantilistisch: es ist ausschließlich oder wenigstens überwiegend ein ‚Steuerträger-Erhaltungs-Motiv'. Der Merkantilismus vertritt ja – wenn auch zunächst ohne Rücksicht auf die praktische Verwertbarkeit des erzielten Güterzuwachses – ein ausgesprochenes Produktivitätsmotiv. Und dieses fehlt in dem hier untersuchten Zeitabschnitt im Fürstentum Osnabrück noch, obwohl Bischof Ernst August I. als ausgesprochen moderner absolutistischer Regent gilt.

Anhang

Meldungen über wüst liegende und vakante Höfe und Kotten im Fürstentum Osnabrück

Vogtei	1656	1667/69	1693/97	1715/16
		Amt Iburg		
Stadtkirchsp. Schledehaus	8[1]	8	10	9
Dissen				
Laer	27	10		9
Glandorf	19	7		
Hilter	19	9		3
Belm	6	4		11[2]
Borgloh	8	5	5	
Hagen	5	3	2	—
Glane	6	3		
Osede	—	1		
Bissendorf	11[3]		1	
Insgesamt	109	50	18	32

St. A. O. AA 94, Nr. 4.

		Amt Vörden		
Bramsche	19	11		
Gehrde	8[4]			
Neuenkirchen b. Vörden	2	1		
Vörden			4	
Engter			33[5]	
Damme	7	5	3	
Insgesamt	36	17	40	

St. A. O. AA 94, Nr. 1.

		Amt Grönenberg		
Oldendorf		11		
Buer		11[6]	9	
Melle	5		7	
Riemsloh	10	3		
Neuenkirchen b. Melle		6		
Wellingholzh.	4		6	
Grönenberg	10			
Insgesamt	29	31	22	

St. A. O. AA 94, Nr. 2.

[1] 1 davon wüst.
[2] alle von anderen bewirtschaftet.
[3] alle 11 von anderen besetzt.
[4] 1 davon wüst.
[5] davon 12 verheuert, auch verarmte angegeben.
[6] bei 6 zahlt Grundherr Abgaben.

Vogtei	1656	1667/69	1693/97	1715/16
		Amt Fürstenau		
Bippen⁷		11	13	
Fürstenau		11	5	
Schwagsdorf			1	
Merzen	9		12	11
Ankum	19	23	22	22
Menslage		11	8	
Alfhausen	2[8]		9	6
Badbergen		10	11	9
Insgesamt	30	66	68	48

St. A. O. AA 94, Nr. 5.

		Amt Hunteburg		
Venne		—		
Hunteburg		5	8	8
Osterkappeln	14	4	11	
	14	9	19	8

		Amt Wittlage		
Barkhausen	—	9	26	26
Lintorf	—	24	29	57
Essen	1		29	28[9]
Insgesamt	1	33	84	111

St. A. O. AA 94, Nr. 6.

		Insgesamt:		
Wüst/vakant	219	206	251	199

(Nach der Symbolik der Statistik bedeuten: Strich (—) = Fehlmeldung erstattet; offenes Feld = keine Meldung vorliegend.)

Gesamtzahl der Höfe und Kotten im Fürstentum zum Vergleich (1663):

Amt Iburg	2217
Amt Vörden	810
Amt Grönenberg	1120
Amt Fürstenau	2000
Amt Hunteburg	522
Amt Wittlage	658
Amt Reckenberg[10]	390

[7] meldet 1781 noch 37 «Stätten», die vakant oder mit keinem «beständigen Wehrfester» besetzt sind oder teilweise «dismembriert».
[8] offenbar Blätter fehlend, verloren.
[9] gemeldet in St. A. O. AA 23, Nr. 1.
[10] Über wüste od. vakante Höfe finden sich hier — bis auf eine des Rentmeisters Korber v. 28. 8. 1656, alles besetzt, St. A. O. AA 23, Nr. 1 — keine Meldungen. Aus VINCKE, Lage, S. 1.

Zahl der Vieh Haltenden und Entwicklung des Viehbestandes in der Neuenkirchener Mark (b. Melle)
aus FREDEMANN, S. 46

Gemeinde	Bauern		Heuerleute		Pferde		Enter		Kühe		Rinder	
	1545	1655	1545	1655	1545	1655	1545	1655	1545	1655	1545	1655
Neuenkirchen	52	53	—	28	73	45	1	14	173	146	106	90
Suttorf	21	23	—	20	69	49	2	5	109	89	93	69
Holterdorf	28	28	—	20	70	38	3	10	120	88	80	73
Küingsdorf	17	18	—	17	51	25	5	6	84	72	53	31
Redecke	10	12	—	9	40	19	2	8	55	50	50	32
Insingdorf } Ostenfelde }	23	25	—	16	93	41	4	12	118	89	96	77
Schiplage	13	12	—	10	42	19	7	4	73	38	48	20
Dielingdorf	8	8	—	7	49	24	4	9	59	43	45	38
Eicholt	9	8	—	9	49	23	4	8	56	42	41	28
zusammen	181	187	—	136	536	283	32	76	847	657	612	458

Enter = einjähriges Pferd.

Direkte Staatssteuern im Fürstentum Osnabrück bis zum Dreißigjährigen Kriege

Jahr	Steuerobjekt	Anmerkung
1350	Kopfsteuer	Klassifiziert
1456	(wahrsch.) Kopfsteuer	
1489	Viehsteuer	
1512	Kopfsteuer	
1519	Kopfsteuer	
1525	Kopfsteuer	je 6 sch. für Mann und Frau, 1—2 sch. für Kinder und Dienstboten
1532	Kopfsteuer	
1534	Kopfsteuer	Hausherr und Frau je 1 rthl., Dienstboten 4 sch.
1542	Türkensteuer	
1554	(wahrsch.) Kopfsteuer	
1555	Kopfsteuer	*für 3 Jahre*
	Viehsteuer	auf lebenswichtige Import- und Exportgüter
	Akzise	
1556	Viehsteuer	blieb jetzt 20 Jahre
1557	Erb-(Grund-)Steuer	
1557	Gewerbesteuer	
1558	Viehsteuer	für Knechte und Mägde, auch Grundherren herangezogen
	Kopfsteuer	
1573	Erb-(Grund-)Steuer	teils auch durch Grundherren bezahlt, Einteilung in Klassen
1574	Viehsteuer	
1576	Viehsteuer	seit 1556 bestehend, dann neu beschlossen, blieb 20 Jahre lang bestehen
1593	Erb-(Grund-)Steuer	
1598	Feuerstättensteuer löst Viehsteuer ab	Ritterschaft und Domkapitel, ebenso Stadt Osnabrück herangezogen
1599	Erb-(Grund-)Steuer	
1600	Erb-(Grund-)Steuer	4 × je 1 rthl.
1602	Kopfsteuer	17 Klassen, auch für Stände: Domprälat zahlt 6 rthl., Magd 9 Pfg.
1604	Viehsteuer	
1609	Erb-(Grund-)Steuer	
1615	Viehsteuer	dreifach erhoben
1619	Kopfsteuer	

Zusammengestellt aus:
Dühne, S. 22.
Stüve, Examen Exemtorum, S. 333 ff.
Stüve II, S. 30, 159, 182f., 403, 428, 505, 587f., 700.
Vincke, Lage, S. 64.
Westerfeld, Beiträge, S. 69.
Wrasmann, S. 71.

Handwerksordnung (Löhnungstabelle)

vom 27. 3. 1702, mit Hinweis darauf, daß das entsprechende Edikt des Bischofs Philip Sigismund die Grundlage der untenerwähnten Lohnsätze bildet: (St. A. O. AA 23, Nr. 4)

«Es soll biß Michaelis thäglich ... nachspecificirtes gegeben werden»:

	ohne Kost		mit Kost	
	Sch.	Pfg.	Sch.	Pfg.
Maurermeister	7	–	3	–
Steinhauer	6	–	3	–
Geselle	6	–	2	4
Handlanger	4	–	1	9
Zimmermeister	6	–	2	6
Zimmerknecht	4	8	2	–
Sagenschneider	4	8	2	–
Rademacher	4	8	2	–
Dachdeckermeister	5	3	2	4
Geselle	4	8	2	–
Handlanger	4	–	1	9
Strohdecker	4	–	2	–
Handlanger	4	–	1	9
Kleinschnitzlermeister	7	–	3	–
Geselle	4	8	2	4
Lehrjunge	3	6	1	9
Korn- und Grasmäher	4	8	2	–
Strohschneider	4	8	2	–
Drescher	4	8	1	9
Taglöhner	3	6	1	6
1 Frau für Waschen usw.	3	–	1	–

Weitere Angaben über Gesindelöhne (dabei gewährt man – offenbar als Handgeld bei der Anmietung – einen «Weinkauff»):

1 Vollknecht	Sommer 8 rthl.
	Winter 5 rthl.
1 Halbknecht	Sommer 2½ rthl.
	Winter 1½ rthl.
1 Schäfer	Sommer 4 rthl.
	Winter 2 rthl.
1 Vollmagd	Sommer 2 rthl.
	Winter 2 rthl.

Das Weinkaufsgeld beträgt jeweils für 1 Jahr Anmietung etwa 7–10 Sch. – Die Arbeitszeit geht von 4 Uhr früh bis 7 Uhr abends «und die ruhestund» von 7–8 und 11–13 Uhr; von Michaelis bis Ostern ist Dienstzeit von 6 Uhr früh bis 5 Uhr abends, wobei ein Viertel des obenerwähnten Lohnes abzuziehen ist und die Morgenruhestunde wegfällt. Bei Arbeit im Turnus des Sommerzeitplans zahlt man die volle Löhnung.

Anzahl der Handwerker im Fürstentum Osnabrück
aus STÜVE, Gewerbswesen, S. 23 ff.

- 57 Mühlen
- 74 Kaufleute
- 135 Kramer
- 22 Feldschere
- 368 Bierbrauer
- 132 Bierzapfer
- 20 Branntweinbrenner
- 96 Bäcker
- 159 Schneider
- 170 Schuster
- 239 Schmiede
- 19 Glaser
- 60 Leineweber
- 139 Wollenweber oder Tuchmacher
- 42 Zimmerleute
- 351 Sägenzieher oder Zimmerknechte
- 99 Pflug- oder Rademacher
- 100 Holschen- oder Mollenhauer
- 55 Böttcher
- 45 Drechsler oder Stuhlmacher
- 41 Tischler
- 13 Sattler oder Riemenschneider
- 11 Töpfer oder Ziegler

Gewerbetreibende verschiedener Ortschaften im Ksp. Bramsche

	Bramsche	Achmer	Pente	Rieste	Epe	Sögeln
Kauf- od. Handelsleute	9	–	–	–	–	–
Krämer o. Höckerer	5	–	–	–	–	–
Bierbrauer	25	–	–	2	–	–
Bierzapfer	4	1	–	1	–	–
Branntweinbrenner	1	–	–	–	–	–
Bäcker	4	–	–	–	–	–
Schmiede	7	–	1	1	–	–
Schuster	12	1	–	1	1	–
Schneider	4	–	–	6	1	–
Linnenweber	–	–	–	1	–	–
Wollweber	16	–	–	–	–	–
Zimmerleute	2	–	–	1	1	–
Sagensnider (Sägenschneider)	1	7	–	5	3	2
Hollschen-Moltenhauer	–	1	2	2	–	–
Bötticher	1	–	–	–	–	–
Drechsler, Stuhlmacher	3	–	–	1	–	–
Tischler, Schreiner	1	–	–	–	–	–
Insgesamt Kirchsp. Bramsche	95	10	3	21	6	2

Hesepe b. Bramsche hatte keine Handwerker. — Aus: HASEMAN, S. 70 (unt. Hinw. a. das Steuerregister vom Jahre 1667, St. A. O. Rep. 9, Ab. 88, Nr. 76). — (Hollschen-Moltenhauer = holzbearbeitende Handwerker, u. a. Holzschuhmacher, eig. Anm.)

GEWERBEBETRIEB, S. 66, nennt für Kirchspiel und Dorf Ankum, Amt Fürstenau, folgende Handwerker im Jahre 1667:

Töpfer und Ziegler	1	Schuster	6
Sattler und Riemenschneider	1	Schmiede	4
Schreiner und Tischler	–	Bäcker	7
Drechsler und Moltenhauer	3	Branntweinbrenner	–
Pflug- und Rademacher	2	Bierzapfer	9
Sägenschneider und Zimmerknechte	6	Bierbrauer	15
Zimmermann	1	Feldscher	1
Wollweber und Tuchmacher	3	Krämer	5
Glaser	–	Kauf- und Handelsleute	4
Schneider	5	Müller	4

Getreidepreise im Fürstentum Osnabrück von 1624–1780.
Die «Osnabrücker Korntaxe»

Jahr	1 Malter Weizen	1 Malter Roggen (alles in rthl.)	1 Malter Gerste	1 Malter Hafer
1624	9	6	5,5	3
1625	11	8,5	6	2,5
1626	11	5	4,25	3
1630	9	6	6	2,5
1640	9	7	5,5	2,5
1650	10,5	8	6	2,5
1660	8	6	4	2
1670	6	4	4	2,25
1680	7,5	5	4	2
1690	6	5	5	3
1700	8	5	5	3
1710	9	6	5,5	3
1720	10	8	6	3,5
1730	9	5	4	2,5
1739	10	7	5,5	3,5
1740	18	12	8	4
1750	10	6	5,5	3
1757	16	8	7,5	5,5
1758	18	8	8	6
1759	15	10	7,5	6
1760	20	13	10	8
1761	30	24	21	20,5
1762	14	10	9	7,5
1763	12	8	6	3,5
1770	11	10	7	5
1780	11	9	7	5

Aus: HASEMANN, S. 143 (unt. Hinw. a. «Allgemeiner Reichs-Calender für das Hochstift Osnabrück» vom Jahre 1783). Der Raumersparnis halber gibt er die Preise nur von zehn zu zehn Jahren an, bei erheblichen Preisschwankungen die aufeinanderfolgender Jahre. Vgl. auch die im achten Kapitel dieser Untersuchung erwähnte Zusammenstellung von FISCHER.

Maße und Münzen im Gebiet des Fürstentums Osnabrück (nach Twelbeck)

Längenmaße

1 Meile: Im Fürstentum Osnabrück kein bestimmtes Maß, sondern bedeutet eine Strecke, die ein Fußgänger ohne Anstrengung in zwei Stunden zurücklegen kann. Genaue Längenmaße anzugeben ist — nach TWELBECK, S. 3 — infolge vorher herrschender Unklarheiten erst ab 1780 möglich.

Flächenmaße

1 Malter Saat	=	12 Scheffel Saat
1 Scheffel Saat	=	4 Viertel
1 Viertel	=	4 Becher
1 Scheffel Saat	=	1779 m²
	=	11,79 Ar (a)
1 Viertel	=	295 m² oder 2,95 Ar
1 Becher	=	74 m² oder 0,74 Ar
2 Scheffel Saat	=	1 Morgen
1 Morgen	=	25 Ar, also:
4 Morgen	=	100 Ar = 1 ha

Getreidemaße

1 Malter	=	12 Scheffel
1 Scheffel	=	4 Viertel
1 Viertel	=	4 Becher
1 Scheffel	=	30 Pfd. Hafer
	=	40 Pfd. Gerste
	=	44 Pfd. Roggen
	=	50 Pfd. Weizen

Gewichtsmaße

1 Osnabr. Pfund	=	32 Lot
	=	16 Unzen
1 Unze	=	2 Lot
1 Zenter	=	108 Osnabrückische Pfund
1 Osnabr. Pfund	=	500 g (etwa).

Die Maße, bes. die Flächenmaße sind — nach TWELBECK, S. 6 f. — im Fürstentum Osnabrück nicht einheitlich gewesen. Man verwendete Osnabrücker, Dammer, Ankumer, Menslager, Quachenbrücker Maß.

Münzen

Recheneinheiten waren im 16. Jh. in Osnabrück Mark, Schilling und Pfennig. Geprägt wurden nur Pfennige, Halb- und Viertelpfennige: Mark und Schilling waren nur Rechengrößen. TWELBECK, S. 10 ff.

1 Mark	=	12 Schilling
1 Schilling	=	12 Pfennig

Ab 1400 waren im Gebiet des Fürstentums Goldgulden in Umlauf, deren Verhältnis zur Mark schwankend war, ursprünglich waren:

1 Goldgulden	=	7–8 Schillinge, 1533 aber
1 Goldgulden	=	28 Schillinge

Entwertung erfolgt infolge des geringer gewordenen Silbergehalts des Schillings.

Nach 1500 rechnet man im Fürstentum nach Talern (rthl.), seit 1554 bis ins 19. Jahrhundert hinein ausschließlich oder überwiegend danach. Es wurden gerechnet:

    1 rthl.   = 21 Schillinge (Sch.)
    1 Sch.   = 12 Pfennige (Pfg.)
    2 Pfg.   = 1 Heller

Weitere Währungsrelationen sind:

    1 Ortstaler   = 1 Vierteltaler
    1 Vierteltaler = 5 Sch. 3 Pfg.
    1 Joachimstl. = 1 rthl., bis 1670, dann:
    1 Joachimstl. = $1^{1}/_{4}$ rthl.
    1 Speziestl.   = $1^{1}/_{3}$ rthl.
    (harter Taler)

In Niedersachsen sind Gute Groschen (gg) und Mariengroschen (mgr) in Umlauf, die im 17. und 18. Jh. auch im Fürstentum Osnabrück geprägt werden:

    1 rthl.   = 24 ggr.
         = 252 Pfg.
    1 gg.   = $10^{1}/_{2}$ Pfg. in Osnabrück
    1 rthl.   = 36 mgr.
         = 252 Pfg. Umrechnung unter Berufung
           auf KLÖNTRUP.

Währungsrelationen aus nord- und westeurop. bzw. deutschen Territorien (ausführlicher vgl. TWELBECK, S. 17 ff.):

    1 rthl.   = $1^{1}/_{2}$ rhein. Gulden, also:
    1 rh. Gulden = 14 Osnabr. Schill.
    1 rthl.   = $2^{1}/_{2}$ holländ. Gulden, also:
    1 holl. Gulden = 8 Osnabr. Schill. (etwa).

Ferner stand 1 rthl. zu anderen im Umlauf befindlichen Münzen bzw. Recheneinheiten in folgender Relation:

  = 21 Osnabr. Schillinge;   = 80 Weißpfennig (albus)
  = 28 Münster. Schillinge;   = 120 Fettmännchen
  = 36 Mariengroschen;   = 20 Blaffert
  = 30 kaiserl. Groschen;   = $1^{1}/_{2}$ rhein. Gulden
  = 24 Gute Groschen;   = $2^{1}/_{2}$ holländ. Gulden
  = 72 Bremer Grote;   = 54 Petermännchen
  = 54 Emder Stüber;   = 252 Osnabr. u. Paderborner Pfg.
  = 90 Kreuzer;   = 336 Münster. Pfennig

1 Dukaten war etwa 2 rthl. Osnabrücker Währung.

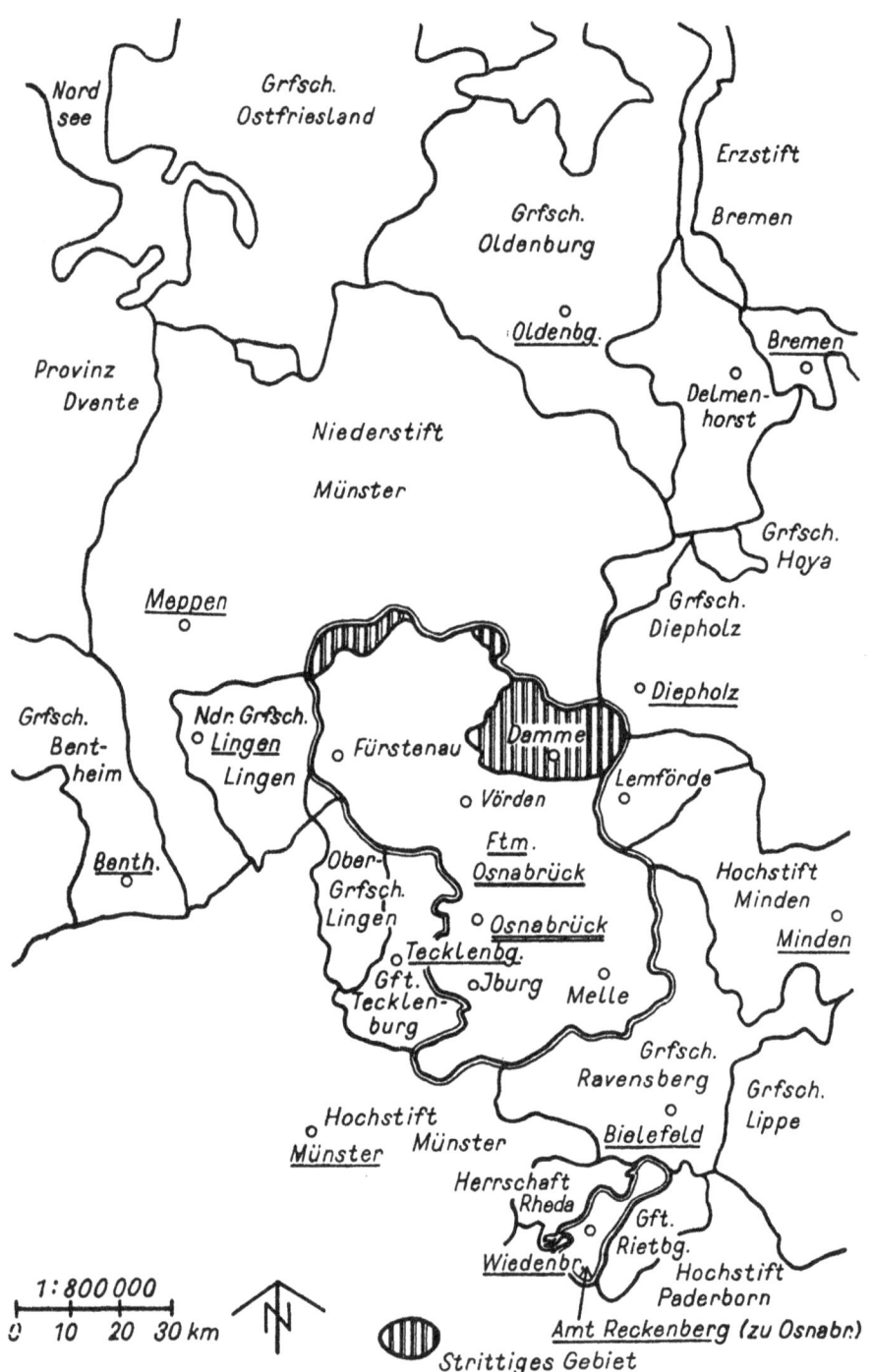

Karte I: Das Fürstentum Osnabrück im nordwestdeutschen Raum (etwa 1600).
Aus: Deutscher Planungs-Atlas Band II, Niedersachsen. Bremen 1950. (Veröffentlichungen des Niedersächsischen Amtes für Landesplanung und Statistik, Reihe K (Kartenwerke) Band IX, Bl. 153.)

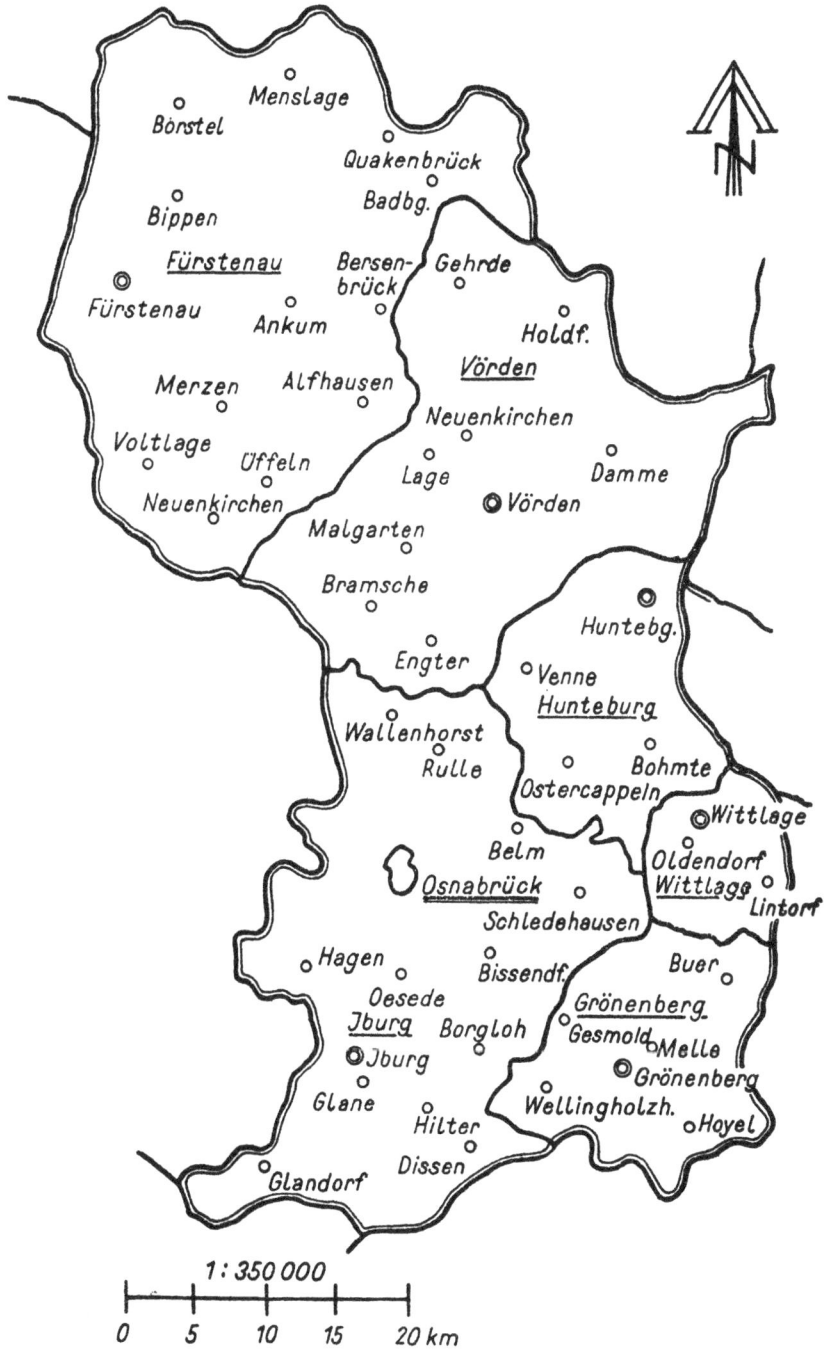

Karte II: Das Fürstentum Osnabrück im 17. Jahrhundert.
Nach Prinz, «Das Territorium des Fürstentums Osnabrück», Göttingen 1934. Karte 6, Grenzen des Fürstentums und der Ämter seit etwa 1370. (Ämternamen unterstrichen.) Das südlich gelegene Amt Reckenberg fehlt, vergleiche die andere Karte.

Verwendete Abkürzungen

AA: Abschnittsarchiv des Niedersächsischen Staatsarchivs zu Osnabrück (Rep. 100).
CCO I, II: Codex Constitionum Osnabrugensium. 2 Bde. (4 Teile); 1. Bd. Osnabrück 1793, 2. Bd. Osnabrück 1819.
G. d. S.: Grundriß der Sozialökonomik. IX Abteilungen. 1. Aufl., Tübingen (ab) 1914, 2. Aufl., Tübingen (ab) 1922.
H. d. Fw.: Handbuch der Finanzwissenschaft. 2. Aufl., hrsg. von Gerloff und Neumark; 1. Bd. Tübingen (ab) 1952.
H. d. Lw.: Handbuch der Landwirtschaft. 5 Bände, hrsg. von Aereboe, Hansen, Roemer; Berlin 1930.
H. d. St.: Handwörterbuch der Staatswissenschaften. Vier Auflagen, 4. Aufl. 8 Bde. und 1 Ergbd., hrsg. von L. Elster, Ad. Weber, Frh. von Wieser; Jena 1923/29.
H. d. Sw.: Handwörterbuch der Sozialwissenschaften (zugleich Neuauflage des Handwörterbuchs der Staatswissenschaften), hrsg. von v. Beckerath, Brinkmann, Gutenberg, Haberler, Jecht, Jöhr, Lütge, Predöhl, Schaeder, Schmidt-Rimpler, W. Weber, v. Wiese; Göttingen (ab) 1952.
Mitt.: Mitteilungen des Vereins für Geschichte und Landeskunde von Osnabrück (Historischer Verein), Osnabrück.
Mitt. Hasegau: Mitteilungen zur Geschichte des Hasegaues; Lingen/Ems.
St. A. O.: Akten des Niedersächsischen Staatsarchivs zu Osnabrück.
W. d. V.: Wörterbuch der Volkswirtschaft. Vier Auflagen, 4. Aufl., 3 Bde., hrsg. von L. Elster; Jena 1931—1933.

Quellen- und Literaturverzeichnis

Benutze Quellen

A) Ungedruckte

Akten des Niedersächsischen Staatsarchivs zu Osnabrück, Abschnittsarchiv (Rep. 100).

B) Gedruckte

Codex Constitutionum Osnabrugensium, Bd. I u. II (4 Teile), 1. Bd. Osnabrück 1783, 2. Bd. Osnabrück 1819.

LODTMANN, Acta Osnabrugensia oder Beyträge zur Rechts- und Geschichtskunde von Westfalen insonderheit vom Hochstift Osnabrück. Teil I, II, III, Osnabrück 1778/82.

Benutzte Literatur

Bei Heranziehung von *mehreren* Abhandlungen *desselben* Verf. erscheint für die einzelnen Titel jeweils eine Kurzbezeichnung, z. B. BELOW, Agrargeschichte; BELOW, Ansiedlung; BELOW, Flurzwang; usw.

Die in den Fußnoten dieser Untersuchung mit dem *vollständigen* Titel angeführte Literatur wurde zu dieser Arbeit nicht herangezogen. Sie wird deshalb im Literaturverzeichnis nicht genannt.

ABEL, Agrarpolitik. Göttingen 1951.
-, Agrarpolitik, Teil I und II. H. d. Sw.
-, Agrarkrisen und Agrarkonjunktur in Mitteleuropa vom 13.–19. Jahrhundert. Berlin 1935.
-, Landwirtschaftspolitik. Bd. 14 der Handelshochschule. Wiesbaden 1949/53.
AEREBOE, Landwirtschaftlicher Arbeiter (Landarbeiter). H. d. St. 4. Aufl.
BELOW, VON, Agrargeschichte. H. d. St. 4. Aufl.
-, Ansiedlung. H. d. St. 4. Aufl.
-, Flurzwang. H. d. St. 4. Aufl.
-, Die Fürsorge des Staates für die Landwirtschaft, eine Errungenschaft der Neuzeit. Conrads Jahrbücher, Bd. 110 (1918), S. 702 ff.
-, Geschichte der deutschen Landwirtschaft des Mittelalters in ihren Grundzügen. Hrsg. aus dem Nachlaß von Friedrich Lütge. Jena 1937.
-, Probleme der Wirtschaftsgeschichte. Tübingen 1920.
-, Territorium und Stadt. 2. Aufl. München und Berlin 1923.
-, Der Untergang der mittelalterlichen Stadtwirtschaft (Über den Begriff der Territorialwirtschaft). Jahrbücher für Nationalökonomie und Statistik, LXXVI, 3. Folge, 21. Bd. (1901), S. 449 ff., 593 ff.
-, Unfreiheit. W. d. V. 2. Aufl.
BRINKMANN, TH., Ackerbau. H. d. St. 4. Aufl.
BUCHENBERGER, Agrarwesen und Agrarpolitik. 1. Bd., 2. Aufl., bearbeitet von Wygodzinski. Leipzig 1914. (In: Lehr- und Handbuch der Politischen Ökonomie, hrsg. von Ad. Wagner; dritte Hauptabteilung, zweiter Teil.)
-, Grundzüge der deutschen Agrarpolitik. Berlin 1899.
CONRAD, Agrarpolitik. H. d. St. 3. Aufl.
DETTEN, VON, Der Wald als Wirtschafts- und Kulturelement in Altwestfalen. Paderborn 1908.
DIETZE, VON, Agrarkrisen. W. d. V. 4. Aufl.
-, Agrarpolitik. W. d. V. 4. Aufl.
-, Landarbeiter. W. d. V. 4. Aufl.

DRECHSLER, Der Agrarkredit in Niedersachsen als Spiegel der wirtschaftlichen Entwicklung. Schriften der Wirtschaftswissenschaftlichen Gesellschaft zum Studium Niedersachsens, A, Beiträge, Heft 49. Oldenburg 1939.
DÜHNE, Geschichte des Kirchspiels Badbergen und der Bauerschaft Talge. Bd. 2, Osnabrück 1873.
DÜRING, VON, Geschichte des Stifts Börstel. Mitt. Bd. 18 (1893), S. 220 ff.
–, Ortschaften-Verzeichniß des ehemaligen Hochstifts Osnabrück. Mitt. Bd. 21 (1896), S. 40 ff.
FEISE, Der Ackerbau in der Provinz Hannover. Wirtschaftswissenschaftliche Gesellschaft zum Studium Niedersachsens, Reihe A, Heft 29. Oldenburg 1936.
FRAAS, Geschichte der Landbau- und Forstwissenschaft. München 1865.
FRANZ, Der Dreißigjährige Krieg und das deutsche Volk. 2. Aufl., Jena 1943.
FREDEMANN, Geschichte und Besiedlung der Neuenkirchener Mark. Neuenkirchen b. Melle 1935.
FUCHS, Agrargeschichte. W. d. V. 4. Aufl.
–, Allmende. W. d. V. 4. Aufl.
–, Bauer. W. d. V. 4. Aufl.
–, Bauernbefreiung. W. d. V. 4. Aufl.
–, Flurzwang. W. d. V. 4. Aufl.
–, Gemeinheitsteilung. W. d. V. 4. Aufl.
–, Grundgerechtigkeiten. W. d. V. 4. Aufl.
–, Siedlungswesen. H. d. St. 4. Aufl.
(o. Verf.), Gewerbebetrieb im Dorf und im Kirchspiel Ankum im Jahre 1667. Mitt. Hasegau, Bd. 14 (1905), S. 66.
GOTHEIN, Die deutschen Kreditverhältnisse und der Dreißigjährige Krieg. Leipzig 1893.
GOLTZ, FREIHERR VON DER, Ackerbau. H. d. St. 3. Aufl.
–, Geschichte der deutschen Landwirtschaft, Bd. 1. Stuttgart 1902.
GUTMANN, Bauernbefreiung. H. d. St. 4. Aufl.
HANSSEN, Agrarhistorische Abhandlungen. Bd. I u. II. Leipzig 1880/84.
HARDEBECK, Die Redemeyer und Hausgenossen. Mitt. Hasegau, Bd. 18 (1912), S. 13 ff.
–, Die Heuerleute. Mitt. Hasegau, Bd. 10 (1901), S. 20 ff.
–, Die Hollandgänger und Dänemarker im Kreise Bersenbrück. Mitt. Hasegau, Bd. 14 (1905), S. 10 ff.
–, Erdbeben, Hagelschlag, Mißwachs und Teuerung im Osnabrücker Land, speziell im Artland. Mitt. Hasegau, Bd. 15 (1906), S. 40 ff.
–, Die im Kirchspiel Ankum zur Schafhaltung Berechtigten. Mitt. Hasegau, Bd. 11 (1902), S. 36 ff.
–, Der landesherrliche Spann- und Leibdienst. Mitt. Hasegau, Bd. 14 (1905), S. 14 ff.
–, Verzeichnis, was eine Bauerntochter aus dem Kirchspiel Ankum von einem vollerbigen Hofe als Mitgift bekam. Mitt. Hasegau, Bd. 18 (1912), S. 19 ff.
HARTONG, Die Deesberger Mark. Sonderdruck des Oldenburgischen Jahrbuches, Bd. 33. Oldenburg 1929.
HASEMANN, Norddeutsche Bauernhöfe in der Geschichte. Die Siedlungen im Kirchspiel Bramsche, Bez. Osnabrück und die wirtschaftlichen Verhältnisse der Höfe bis Ende des 18. Jahrhunderts. Bramsche 1933.
HATZIG, Sitzungsberichte des Osnabrücker Historischen Vereins (die Eigentumsordnung von 1722). Bericht von Schirmeyer. Mitt. Bd. 37 (1912), S. 340 f.
HECKEL, VON, Naturalleistungen. W. d. V. 2. Aufl.
HEYNE, Hand- und Lehrbuch der Schafzucht. Stuttgart 1924.
HUGO, VON, Übersicht über die neuere Verfassung des im Jahre 1802 säkularisierten Hochstifts Osnabrück. Mitt. Hasegau, Bd. 2 (1893), S. 1 ff.
INAMA-STERNEGG, VON, Die volkswirtschaftlichen Folgen des Dreißigjährigen Krieges für Deutschland. Raumers Histor. Taschenbuch, 4. Folge (1864), S. 14 ff. (Maschinenschrift-Abschrift).
–, Deutsche Wirtschaftsgeschichte in den letzten Jahrhunderten des Mittelalters, Bd. III/1 und III/2. Leipzig 1901.

KAHL, Amortisationsgesetze. H. d. St. 3. Aufl.
KELTER, Das deutsche Wirtschaftsleben des 14. und 15. Jahrhunderts im Schatten der Pestepidemien. Jahrbücher für Nationalökonomie und Statistik, Bd. 165 (1953), Heft 2/3.
–, Geschichte der obrigkeitlichen Preisregelung. Jena 1935.
(o. Verf.), Kirchspielbeschreibungen III, Amt Wittlage, Kirchspiel Lintorf. Mitt. Bd. 7 (1864), S. 228 ff.
KLÖNTRUP, Alphabet. Handbuch der besonderen Rechte und Gewohnheiten des Hochstifts Osnabrück. Bd. I, II, III, Osnabrück 1798.
KÖCHER, Der Ursprung der Grundherrschaft und die Entstehung des Meierrechts in Niedersachsen. Zeitschr. d. Historischen Vereins f. Niedersachsen (1897), S. 1 ff.
KÖTZSCHKE, Bauer, Bauerngut, Bauernstand. H. d. St. 4. Aufl.
–, Allgemeine Wirtschaftsgeschichte des Mittelalters (in: Handbuch der Wirtschaftsgeschichte, hrsg. von Brodnitz). Jena 1924.
KNAPP, Die Landarbeiter in Knechtschaft und Freiheit. 2. Aufl., Leipzig 1909.
KRZYMOWSKI, Geschichte der deutschen Landwirtschaft. 2. Aufl., Stuttgart 1951.
KULISCHER, Allgemeine Wirtschaftsgeschichte des Mittelalters und der Neuzeit, Bd. 2. München und Berlin 1929.
KUSKE, Wirtschaftsgeschichte Westfalens. Münster 1949.
LAMPRECHT-BELOW, Geschichte des Grundbesitzes, in: Grundbesitz. H. d. St. 4. Aufl. Ergbd.
LANG, Ackerbau. W. d. V. 4. Aufl.
LANGETHAL, Geschichte der teutschen Landwirthschaft, Bd. III und IV. Jena, Bd. III, 1854, Bd. IV, 1856.
LÜTGE, Über die Auswirkungen der Bauernbefreiung in Deutschland. Jahrbücher für Nationalökonomie und Statistik, Bd. 157 (1943), S. 353 ff.
–, Die bayrische Grundherrschaft. Untersuchungen über die Agrarverfassung Altbayerns im 16.–18. Jahrhundert. Stuttgart 1949.
–, Einführung in die Lehre vom Gelde. München 1948.
–, Luthers Eingreifen in den Bauernkrieg. Jahrbücher für Nationalökonomie und Statistik, Bd. 158 (1943), S. 369 ff.
–, Die mitteldeutsche Grundherrschaft. Jena 1934. 2. Aufl. Stuttgart 1957.
–, Deutsche Sozial- und Wirtschaftsgeschichte. Berlin, Göttingen, Heidelberg 1952.
–, Das 14. und 15. Jahrhundert in der Sozial- und Wirtschaftsgeschichte. Jahrbücher für Nationalökonomie und Statistik, Bd. 162 (1950), S. 161 ff.
LUKAS, Geld und Kredit. Heidelberg 1951.
MAUER, Agrarkredit, durchgesehen und ergänzt von Wegener. G. d. S. VII, S. 193 ff.
–, Das landwirtschaftliche Kreditwesen Preußens agrargeschichtlich und volkswirtschaftlich gesehen. Straßburg 1907.
MAYER, Geschichte der Finanzwirtschaft vom Mittelalter bis zum Ende des 18. Jahrhunderts. H. d. Fw. I, S. 236 ff.
MEYER, Die Agrarpolitik des Hauses Braunschweig-Lüneburg. Hannoverland, Jg. 8 (1914), S. 128 ff.
MIDDENDORF, Der Verfall und die Aufteilung der gemeinen Marken im Fürstentum Osnabrück bis zur napoleonischen Zeit. Mitt. Bd. 49 (1927), S. 1 ff.
MÖSER, Patriotische Phantasien, Teil II, III, IV. (In: Mösers sämtliche Werke, hrsg. von Abeken und v. Voigts.) Berlin 1842/43.
NAUDÉ, Die merkantilistische Wirtschaftspolitik Friedrich Wilhelms I. und der Küstriner Kammerdirektor Hille. Historische Zeitschrift, XC (1902), S. 1 ff.
NESEMANN, Die Kriegsleiden des Hasegaues und der benachbarten Gebiete während des Dreißigjährigen Krieges. Mitt. Hasegau, Bd. 8 (1899), S. 3 ff.
NIEHAUS, Das Heuerleutesystem und die Heuerleutebewegung. Quakenbrück 1924.
ONKEN, Geschichte der Nationalökonomie, 1. Teil, die Zeit vor Adam Smith. Leipzig 1902.
OPPERMANN, Sammlung meierrechtlicher Verordnungen. Nienburg 1861.
PFANNENMÜLLER, Grundlagen und Entwicklung der Bienenzucht Niedersachsens. Jahrbuch der Geographischen Gesellschaft Hannover, 1929.

PFEIFFER, Die westfälische Bauernfamilie als Gegenstand geschichtlicher Forschung. Zeitschrift Westfalen, Bd. 19 (1934).
PÜTZ, Theorie der Allgemeinen Wirtschaftspolitik und Wirtschaftslenkung. Wien 1948.
REHKER, Die landesherrlichen Verwaltungsbehörden im Bistum Osnabrück vom Regierungsantritte Johanns IV. von Hoya bis zum Tode Franz Wilhelms (1553—1661). Mitt. Bd. 30 (1906), S. 1 ff.
Artikel Rente, Meyers Lexikon, Bd. 10, 7. Aufl., Leipzig 1924/33.
RHODE, Geschichte der Saline Rothenfelde. Mitt. Bd. 31 (1906), S. 1 ff.
RICHARD, Ausführliche Abhandlung von den Bauerngütern in Westfalen, besonders im Fürstenthum Osnabrück, mit Anlagen. Göttingen 1818.
RITTER, Geschichte der Landwirtschaft. H. d. Lw.
RÖSSMANN-SCHULTE, Über Korn- und Viehpreise in alter Zeit. Mitt. Hasegau, Bd. 15 (1906), S. 47 ff.
ROSCHER, Nationalökonomik des Ackerbaues. 14. Aufl., bearb. von Dade. Stuttgart 1912.
—, Über Kornhandel und Theuerungspolitik. 3. Aufl. Stuttgart und Tübingen 1852.
ROTHERT, Die Besiedlung des Kreises Bersenbrück. Quakenbrück 1924.
—, Westfälische Geschichte Bd. II und III. Gütersloh 1949.
—, Die Einwirkungen des Dreißigjährigen Krieges auf Westfalens Wohlstand. Westfäl. Forschungen Bd. 4 (1941), S. 134 ff., Münster.
RUDLOFF, Historische und rechtliche Entwicklung des Osnabrücker Lehn-Wesens. Mitt. Bd. 8 (1866), S. 363 ff.
RUNGE, Albert Suho als Quelle für den Osnabrücker Chronisten Lilie. Mitt. Bd. 16 (1891), S. 173 ff.
SCHIRMEYER, Osnabrück und das Osnabrücker Land. Osnabrück 1948.
SCHLOEMANN, Beitrag zur Geschichte der Besiedlung und Bevölkerung der Angelbecker Mark im 16.—18. Jahrhundert. Mitt. Bd. 47 (1925), S. 175 ff.
SCHMOLLER-NAUDÉ, Getreidehandelspolitik, Bd. III. Acta Borussica, Denkmäler der Preußischen Staatsverwaltung im 18. Jahrhundert. Berlin 1901/31.
SCHNATH, Ernst August, der erste Kurfürst von Hannover 1629—1698. Vortrag im Histor. Verein für Niedersachsen am 21. 11. 1929. Hann. Magazin, Jg. 5 (1930), Heft 3/4, S. 37 ff.
SCHOTTE, in: Frhr. Kerckering zur Borg, Beiträge zur Geschichte des westfälischen Bauernstandes, S. 1 ff. Berlin 1912.
SCHÖTTKE, Die Stände des Hochstifts Osnabrück unter dem ersten evangelischen Bischof Ernst August von Braunschweig-Lüneburg (1662-1698). Mitt. Bd. 33 (1908), S. 1 ff.
SKALWEIT, Das Dorfhandwerk vor Aufhebung des Städtezwanges. Abhandlungen des Europäischen Handwerksinstitutes Frankfurt/M., Heft 1. Frankfurt/M. o. Jahr.
SPANGENBERG, Beiträge zur älteren Verfassungs- und Verwaltungsgeschichte des Fürstentums Osnabrück. Mitt. Bd. 25 (1900), S. 1 ff.
STACKELBERG, FREIHERR VON, Grundlagen der theoretischen Volkswirtschaftslehre. Bern 1948.
STÜVE, Geschichte des Hochstifts Osnabrück, Bd. II. Jena 1872.
—, Geschichte des Hochstifts Osnabrück von 1624—1647, Band III, aus dem Nachlaß herausgegeben. Mitt. Bd. 12 (1882), S. 1 ff.
—, Topograph. Bemerkungen über die Stadt Osnabrück, Markt und Gewerbsleben derselben. Mitt. Bd. 4 (1855), S. 23 ff.
—, Das Examen Exemtorum. Mitt. Bd. 6 (1860), S. 333 ff.
—, Das Finanzwesen der Stadt Osnabrück bis zum Westphälischen Frieden. Aus dem Nachlaß herausgegeben. Mitt. Bd. 11 (1878), S. 1 ff.
—, Gewerbswesen und Zünfte in Osnabrück. Mitt. Bd. 7 (1864), S. 23 ff.
—, Der Handel von Osnabrück. Mitt. Bd. 6 (1860), S. 80 ff.
—, Jagdprotocoll von 1652. Mitt. Bd. 6 (1860), S. 309 ff.
—, Wesen und Verfassung der Landgemeinden in Westfalen und Niedersachsen. Jena 1851.
—, Zur Geschichte der Stadtverfassung von Osnabrück. Mitt. Bd. 8 (1866), S. 1 ff.
—, Topograph. Bemerkungen über die Feldmark der Stadt Osnabrück und die Entwicklung der Laischaftsverfassung. Mitt. Bd. 5 (1858), S. 33 ff.

TEMME, Der Piesberger Bergbau von seinen Anfängen bis zur Jetztzeit. Jahresber. d. Naturw. Vereins z. Osnabrück, Nr. 6 (1885), S. 54 ff.
TRIMPE, Ackerbau im Artland. Mitt. Hasegau Bd. 4 (1895), S. 23 ff.
–, Die Leibeigenschaft. Mitt. Hasegau Bd. 4 (1895), S. 31 ff.
TWELBECK, Maße und Münzen im Gebiet des ehemal. Bistums Osnabrück. (Masch. schr.) Osnabrück 1949.
DELLA VALLE, Die Benediktinerinnenklöster des Bistums Osnabrück im Mittelalter. Verfassungs-, wirtschafts- und ständegeschichtliche Studien. Mitt. Bd. 39 (1916), S. 143 ff.
VINCKE, Die Besiedlung des Osnabrücker Landes bis zum Ausgang des Mittelalters. Mitt Bd. 49, (1927), S. 158 ff.
–, Die Lage und Bedeutung der bäuerlichen Wirtschaft im Fürstentum Osnabrück während des späten Mittelalters. Quellen und Darstellungen zur Geschichte Niedersachsens, Bd. 37, Hildesheim 1928.
WEBER, H., Forste. W. d. V. 4. Aufl.
WEBER, Max, Wirtschaftsgeschichte. München und Leipzig 1923.
WEBER-MEINHOLD, Agrarpolitik. Berlin 1951.
WELLMANN, Untersuchungen über die Betriebsorganisation der Landwirtschaft im Fürstentum Osnabrück. Diss. Gießen. Berlin 1908.
WENZEL, Die Grundherrschaft des ehemaligen Benediktinerinnenklosters Herzebrock in Westfalen. Mitt. Bd. 37 (1912), S. 54 ff.
WESTERFELD, Beiträge zur Geschichte und Volkskunde des Osnabrücker Landes. Haltern 1939.
–, Beiträge zur Geschichte der Besiedlung des Osnabrücker Landes. Osnabrück 1920/29.
–, Die Hausgenossen des ehemal. Hochstifts Osnabrück mit besonderer Berücksichtigung der Wetterfreien. Mitt. Bd. 50 (1929), S. 179 ff.
WIEMANN, Die Osnabrücker Stadtlegge. Mitt. Bd. 35 (1910), S. 1 ff.
WIESER, FREIHERR VON, Geld. H. d. St. 4. Aufl.
–, Theorie der Gesellschaftlichen Wirtschaft. G. d. S. I, Tübingen 1914.
WITTICH, Epochen der deutschen Agrargeschichte. G. d. S. VII, 2. Aufl. Tübingen 1922.
–, Die Grundherrschaft in Nordwestdeutschland. Leipzig 1896.
WRASMANN, Das Heuerlingswesen im Hochstift Osnabrück, Teil I. Mitt. Bd. 42 (1920), S. 53 ff.
WYGODZINSKI, Agrarpolitik, H. d. St. 4. Aufl.

Bei Fragen zur Produktsicherheit wenden Sie sich bitte an:
If you have any questions regarding product safety,
please contact:

Walter de Gruyter GmbH
Genthiner Straße 13
10785 Berlin
productsafety@degruyterbrill.com